品史录

秦怀保 著

人民出版社

序

王树增

　　秦将军所著《品史录》出版，可喜可贺。

　　所谓品史，本是悟天地沧桑，叹时光须臾，感世事交集与人生熙攘，一份家国情怀而已。《品史录》上至春秋，下至晚清，岁月枯荣，人情霜雪，尽显笔端。写史者，取材多为断代，纵论则鲜见。中华文明之渊远，中国历史之流长，位于世界文明史之首。面对令人敬畏的幽深长卷，成竹在胸，落笔从容，足显著者心胸格局宏阔。史海淘珠，必先懂海；海天极目，无边无涯。学识不厚，则海况不明；学识不宽，则海路偏狭。心中无路，安可行舟？舟难至远，何以得珠？秦将军的《品史录》取材极宽，涉猎极广，非多年积累，厚积而薄发，必不能够；著者慧眼识珠，艺高胆大，成此著述，绝非一时之兴、一刻之功。可以说，《品史录》凭一颗诚心评述天下兴亡，乃著者人生观使然。以"不以物喜，不以己悲"的胸襟，视家与国为一体，以国运为己运，这便是秦将军著述中的责任担当。

　　所谓品史，本是阅览人间百态，感怀世事沧桑。推及前人顾盼来者，触景生情，一种忧患意识而已。历史是包罗万象的汪洋，高尚与卑鄙，英雄与懦夫，痛苦与欢乐，前进与倒退，繁华与衰败，处处杂糅一体，每每熔于一炉，写作如同史海寻贝，沙海淘金，一字一句均为胆识与眼力。《品史录》中，上至庙堂下至庶民，均收入笔端；宇宙洪荒，市井野趣，皆为内容；至于朝代更替，外乱内讧，奸雄嘴脸，忠勇品格，更是墨色饱满。"先天下之忧而忧，后天下之乐而乐"的人文精神，跃然字里行间。著者忧的是苦寻长治久安之策，患的是如何铺就黎民安康之路。中华民族上下几千年，历史的可贵之处在于，忧患者多来自民间。平民视角的叙述有别于官史修辞，传世的历史札记多自平民立场出发，令历史生动的往往不是官史典籍而是民间札记。旁观者清的道理自然是其一；更重要的是：历史评判权力在人民，因为历史是人民创造的。这是唯物史论亘古不破的核心真理。

所谓品史，本是触感而发，随性而言。夜有微凉，茶尚余温，评天说地之事，推心置腹而已。秦将军的《品史录》或事、或人、或物；议论、杂感、评说，杂糅一体。经天纬地时怒发冲冠，街谈巷议时妙趣横生，两相兼容，从无抵触；而谋篇布局如仰头苍穹，俯首蝼蚁，仰俯自由，无微不至。这份自由文体的传统，仍源于著者的人文情怀。《品史录》根基是道德评说，强调的是积极人生的入世劝世，主张的是三省吾身的修养和警醒，彰显出中国传统思想家深入浅出的内敛风格，深入则察其根末，究其肌理；浅出则促膝而谈，俯首皆是。"品史"与"治史"有天壤之别，从阅读者的角度上讲，少有"治史"之心，多为品评之趣，著者动笔之初，已与读者心领神会。著者采用的是平实语言和平民语境，推心置腹，扎实可靠。至于君清臣正，明镜高悬，扬善抑恶，宁静自守，这既是人类的道德彼岸，更是《品史录》所找寻求索的现世此岸。"高山仰止，景行行止，虽不能至，然心向往之"，中国文人的彼岸理想从古至今从未泯灭。秦将军亦是。

《品史录》终于成卷。洋洋数十万言，贵在一"品"字。

对历史趋势的品评，目的在于促进社会文明的发展。评史不难，难在觉醒。人类历史偶有钝挫之时，刻意的品评就是一剂清醒良药，振奋精神，自觉启蒙，让理性与宽容回归，心底宽阔，方可前行。

对往事故人的品评，在于促进人的道德尺度的提升。历史是人之行为的串联，品评他人他事，强调的便是道德的作用。家国一体，命运相息，无论帝王将相庶民百姓，都是历史舞台上的演员，每个人应该对这个舞台负责，这就是所谓"天下兴亡，匹夫有责"的古训。

对百态人生的品评，在于面对镜中自我，力求清醒客观，就此改善人生质量。就个人而言，人格高低决定生活质量优劣。

在数不尽风流，说不尽苦乐，唱不完悲欢的历史万花筒中，更难体味"人有悲欢离合，月有阴晴圆缺，此事古难全"的无奈，在感叹人生苦短之时，多几份人格样品，多知晓些荣辱悲欢，扪心内省，自律警觉，或许能找到快乐活下去的些许理由，这一"品"，令我们这些俗世之人更为动情。

将军有此著述，着实不易。

著史需要海量阅读。将军戎马一生，军务锁身，野帐冰河，冷剑热血，一生少有闲暇。不挖千口井，不得一捧泉，不破万卷书，不知万事缘。尽管将军嗜读早有口碑，但典籍浩瀚，书海茫茫，熬不干几盏灯，呕不尽一腔血，何谈读书有成？行旅秉烛，鞍上捧卷，甘苦自知。

著史需要通学积累。人类乃是人间万事万物之大杂烩，自古就有史学便是杂学之说。天文地理、兵农工医、哲学美学、经济商业、文学艺术、周易经学，乃至奇门淫巧、风水八卦，历史从少不得任何一项，若想著史，先为杂家，没有相当的学识积累，史如何去品？

著史需要哲理思索。历史是变幻中的时空交错。时过境迁，世事流变，自然科学之进程，文明发展之进步，都将改变历史的价值判断：今为痛苦，明为欢乐，今为高尚，明为卑鄙，今为英雄，明为大逆，今为前进，明为后退。著者须审时度势，理出历史大规律，辨明是非大道理，考验的是哲理思辨的真本事。

著史需要艰苦劳作。著述乃是人生大辛苦。一字一句，搜肠数遍而不得获，断发数根而不成篇，冬寒夏暑，呕心沥血，悬梁刺骨，孤灯难眠。所著不是自家欣赏的个人日记，在取悦自己的同时更要取悦读者，两者相顾，苦情加倍，两情相悦，苦尽甘来。

中国几千年的历史博厚精深，世界上没有哪个民族的历史如此纷繁复杂。读秦将军的《品史录》，从窥见一般继而推及心念，实现自省自悟，从这个意义上讲，《品史录》有文史价值，更有阅读价值。

将军自谦，说其读书偶有心得，随手记录在案，不料"无意成卷"，实则是将军的"居庙堂之高则忧其民，处江湖之远则忧其君"的品性胸怀。好友怂恿，勉为其难，略集案头笔墨之时，将军深谙乐趣所在："哀吾生之须臾，羡长江之无穷"，和读者一起对历史长河进行一番品头论足，散去郁结，畅快胸襟，更偶有薄收，茅塞顿开，岂不快哉！

庙堂高远，匹夫叨念，都是责任担当；剑胆琴心，亦文亦武，均为人生气势；将军解甲，笔耕不辍，实乃大境界也。

读后感慨，且为小序。

目　录

前面的话

　　历史是一面镜子，也是一座知识和智慧的宝库。读史可以知兴替、明得失、开胸襟。兴替者，兴衰成败的规律；得失者，事物的是非曲直；胸襟者，看问题的眼界。

　　读史犹如喝茶，需要潜心品味。

　　史书不等于历史。史书作为历史的记录载体，必然受到它所处时代环境以及史家的价值观、个人素养等因素的制约。只有潜心品味，才能辨伪去妄，求得较为真实的历史。

　　读史必须尊重历史、敬畏历史。看待历史人物、历史事件，不能脱离当时的历史环境。只有潜心品味历史的真实面貌，才能正确地评价其成败得失并从中引出正确的结论。

　　读史要服务现实，但不能以功利主义的态度对待历史。历史需要不断地挖掘和证明，而这种挖掘和证明不是为某种实用提供借口和依据。只有采取严肃的态度潜心品味，才能客观公正地探究事物发展的所以然，为现实提供科学的借鉴和参考。

　　我有读史的爱好和习惯。在工作岗位上时，曾断断续续地阅读过二十五史的大部分篇目。退休后，有时间较为系统地读史品史，便再次从

《史记》开始读起。为尽可能地从真实的历史中有所得益，把不同版本的史籍、不同的史论相对照，边读边思，信手录下。品味中，不经意间成文二百余篇。当初并无立著的打算，唯恐粗错不可成书。著名作家王树增先生看过文稿后不吝鼓励提议出版，并欣然作序。承蒙人民出版社抬爱，选择其中七十一篇公开发行。特一并致谢。中华五千年历史及相关史话浩瀚精深。书中粗疏错谬之处，敬请读者批评赐教。

秦怀保

二○一八年五月

酒的是与非

中国酿酒的历史悠久。《吕氏春秋》、《战国策》有"仪狄作酒"一说，"昔者，帝女令仪狄作酒而美，进之禹"；东汉许慎《说文解字》中有"杜康作秫酒"的记载，说杜康是夏代的第五代君王；《黄帝内经》中讲，黄帝曾与行医的岐伯讨论"汤液醪醴"；《神农本草》说，神农时代就有了酒。综合这些记述，中国酿酒最迟始于夏代，距今已有四千多年。

仪狄造酒，献于大禹。"禹饮而甘之，曰：'后世必有饮酒而亡国者'，遂疏仪狄而绝旨酒。"（《战国策》）这可能是有文字记载的最早的酒以酿祸说。果不然，夏政权传到桀这一代时，"为之为琼室、象廊、瑶台、玉床，行淫纵乐。为肉山、脯林，酒池可以运舟，一鼓而牛饮者三千人，以为戏剧。"（《纲鉴易知录·夏纪·桀癸》）桀重酒色荒淫无度，"不务德而武伤百姓，百姓弗堪。"（《史记·夏本纪》）遂被汤所灭，夏政权改为殷商。

其实，世间万物的功与过、是与非、得与失、祸与福，都不是绝对的。酒可伤身，也可治病益体；可乱性误事害国，也可使人奋而壮行，为大丈夫之事；可让人放荡无常，也可让人超脱旷达。正如水可滋润万物，可载舟，也可为患，可覆舟；火可造福人类，也可成灾。关键在于如何运用它，要用之于正道，用之得法，用之有度。《尚书·酒诰》中就倡导饮酒须讲酒德："饮惟祀"（只有在祭祀时才能饮酒），"无彝酒"（不要经常饮酒），"执群饮"（控制聚众饮酒），"禁沉湎"（禁止过度饮酒）。

秦穆公求贤用才

　　秦穆公（又称缪公）是一位很有作为的君主，在位 39 年，使秦国由一个比较弱小的国家，一跃而成为春秋霸主之一。

　　秦穆公为了成就霸业，十分重视网罗人才。百里奚原为虞国大夫，很有才能，虞国被晋国灭亡之后成为晋国俘虏，后又作为陪嫁的奴隶在送往秦国途中逃跑，到楚国成为放牛人。秦穆公了解到这一情况后，就备了一份厚礼，想派人去请求楚王把百里奚送到秦国。大臣公孙支劝说："这可不行，如果你用这样贵重的礼物去换百里奚，就会让楚王知道百里奚是一位人才，还会送给你吗？"秦穆公采取公孙支的计谋，用五张羊皮换回了百里奚，由此百里奚被称为"五羖大夫"。百里奚到秦国后，又向秦穆公推荐了具有治国才能的蹇叔。秦穆公封百里奚为左庶长，蹇叔为右庶长，称为"二相"。后来，蹇叔的儿子西乞术、白乙丙，百里奚的儿子孟明视也相继投奔秦国。五张羊皮换回来五位贤人，成为千古佳话。

　　秦穆公不仅千方百计求得贤才，而且十分尊重和善于使用人才。公元前 627 年，郑国有人向秦国出卖情报说："我主管其城门，郑国可以偷袭。"秦穆公征求百里奚和蹇叔的意见，他们说："途经几个国家去偷袭别国，很少有得到益处的。郑人出卖郑国，怎能知道我们国家没有人将我们的行动告诉郑国呢？不可以这样做。"秦穆公不听劝阻，派百里奚的儿子孟明视、蹇叔的儿子西乞术和白乙丙为将率兵出征，结果在路过晋国时被晋军大破于崤山，没有一人逃脱，孟明视等三位秦将也成为晋国俘虏。三人回到秦国，秦穆公身着素服迎在城外，对他们哭着说："孤以不用百里奚、蹇叔言以辱三子，三子何罪乎？子其悉心雪耻，毋怠。"（《史记·秦本纪》）遂恢复了三人的官职，对他们更加厚待。孟明视等对秦穆公十分感谢，决心立功赎罪，更加努力地操练士兵，演练战法。过了一年，孟明视认为秦军已经具备了打败晋军的实力，经秦穆公同意出兵攻晋，因晋军有备而又吃了败仗。孟明视觉得秦穆公这次不会饶过他了，万没想到，秦穆公不但没有责备他，还让他继续执掌兵权。孟明视感恩不尽，认真总结前两次失败的教训，改进军队训练方法和作战战术，还变卖家财抚恤伤亡将士，与士兵朝夕相处，同甘共苦。

正当秦军紧张训练的时候，晋襄公命大将先且居率领晋、宋、陈、郑四国军队攻打秦国。面对士气昂扬的四国联军，孟明视沉着冷静，认为秦军尚未做好准备，不可应战，就命令紧闭城门，加紧训练。许多秦国人都认为孟明视是胆小鬼，建议解除他的指挥权。秦穆公却对大家说："孟明视肯定能打败晋军，咱们等着瞧吧。"公元前 624 年，孟明视认为攻伐晋国的条件已经成熟，请求秦穆公亲自出征，秦军一路势如破竹，晋国兵败只得投降割地。秦穆公看到憋了三年的气今日总算出了，就率领大军到崤山，在当年秦军打败仗的地方，把阵亡将士的尸骨埋好，给他们追悼发丧，痛哭三天。他对全军发誓说：将士们听着，我向你们发誓。我要告诉你们，古人办事虚心听取老年人的意见，所以不会有什么过错。"以申思不用蹇叔、百里奚之谋，故作此誓，令后世以记余过。"（《史记·秦本纪》）用以表明反复思考自己不采纳蹇叔、百里奚的意见所造成的过失，因此发出这样的誓言，让后代记住自己的过错。人们听到这件事，都为之流下眼泪，说："秦穆公诚信待人，终于得到孟明视等人胜利的报答。"

　　人才是建功立业和治国兴邦之本。"国有贤良之士众，则国家之治厚。贤良之士寡，则国家之治薄。"（《墨子·尚贤》）秦穆公求贤用才成就霸业的史实告诉后人，一个有作为的领导者，在对待人才问题上，应当有三种境界：其一，要有求才之心。高度重视人才，思贤若渴，千方百计把更多的优秀人才吸引到自己周围。其二，要有用才之胆。对优秀人才，要充分信任，大胆任用，提供建功立业的岗位和机遇，即使出现某些挫折和过失，也不轻易怀疑和动摇。其三，要有容才之量。任何贤者都不是尽善尽美的，都会有这样那样的缺陷和不足，而且越是在某些方面有特殊才能的人，在另外一些方面就越是可能有不足。要有肚量，允许优秀人才有毛病、犯错误，允许他们在成长和实践过程中不断完善自己。

燕王哙图美誉招实祸

燕王哙即位以后，子之为燕国的国相。子之位尊权重，主决国家大事，但他仍不满足，便利用燕王哙喜好得到美好赞誉的弱点，一步一步地窃取国家权力。

苏代作为齐国使臣出使到燕国，燕王哙问他："齐王这个人怎么样?"苏代回答说："肯定不能称霸。"燕王问："为什么呢?"苏代说："不信任他的大臣。"苏代想用这些话刺激燕王，使他尊重子之。于是燕王十分信任子之。子之因此赠给苏代一百镒黄金，任凭他来使用。

不久，一个叫鹿毛寿的人对燕王说："不如以国让相子之。人之谓尧贤者，以其让天下于许由，许由不受，有让天下之名而实不失天下。今王以国让于子之，子之必不敢受，是王与尧同行也。"(《史记·燕召公世家》)意思是：你不如把国家让给国相子之。人们之所以称道尧为君贤圣，是因为他把国家让给了许由，许由没有接受，因此尧有了让天下的美名而实际上并没有失去天下。如果现在您把天下让给子之，子之也一定不接受，但这表明您有和尧同样的高尚品德。于是，燕王哙便把国家托付给了子之，子之的地位更加尊贵起来。

后来，又有人对燕王哙说："大禹举荐了伯益，却任用启的臣子当官吏。等到大禹年老时，又认为启不足以担当治理天下的重任，把君位传给了伯益。不久，启就和他的同党攻打伯益，夺走了君位。天下人都说大禹名义上是把天下传给了伯益，而实际上接着又让启自己夺了回去。现在，大王说是把国家托付给了子之，但官吏却没有一个不是太子的臣子，这正是名义上把天下托付给了子之，实际上还是太子执政啊！"燕王哙于是把俸禄三百石以上的官吏的印信收起来，交给了子之。子之就面向南坐在君位上，行使君王的权力。燕王哙年老不处理政务，反而成为臣子，国家一切政务都由子之决断。

子之当国三年，"国大乱，百姓恫恐。"（《史记·燕召公世家》）将军市被和太子平谋划，准备攻打子之。齐国众将也劝说齐王湣，趁这个机会去攻打燕国，一定能把燕国打垮。太子平邀集同党聚合众徒，将军市被包围了王宫，攻打子之，没有攻克。将军市被和百官又翻过头来攻打太子平。结果将军市被战死，国内造成了几个月的战乱，死了好几万人。齐王湣率领五都的军队，并且偕同北方边境的士卒，一起讨伐燕国，燕国的士兵竟然不迎战，连城门也不关闭。结果，齐军大胜，燕王哙也死了，燕王哙死后两年，太子平才被立为国君。

这个故事虽十分荒诞，却是史实。一个君王，为了得到莫名其妙的所谓与尧齐名的美誉，竟然糊涂到把整个国家拱手让给他人，可见其成名之心是多么严重，也可见重虚名者至愚。其结果，不仅使燕国遭受巨大灾难，也使自己落了个悲惨下场。无疑，应当崇尚和珍视荣誉，但赞誉只能来自对国家和民族做出实实在在的贡献，来自造福人民群众的卓越功绩。图虚名者，必招实祸！

鲍管之交

　　春秋时期，管仲被任用为齐国宰相，辅佐齐桓公成为春秋第一霸主，管仲也被称为"春秋第一相"。"管仲既用，任政于齐，齐桓公以霸，九合诸侯，一匡天下，管仲之谋也。"（《史记·管晏列传》）而管仲能够被齐桓公重用并发挥作用，全赖于他的好朋友鲍叔牙的大力推荐，可以说，没有鲍叔牙就没有管仲的作为，也就没有齐国的霸业。两千多年来，鲍管之交一直成为人们传颂的佳话。

　　鲍管之交为人们称颂，首先在于他们的真切相知。管仲少年家境贫困，为了谋生，做过当时认为微贱的商人，从过军，几次想当官未能如愿，闯荡多年都没有成功。鲍叔牙与管仲交往多年，深知管仲是一个有大智慧和卓越才能的人，两人友情很深。他们一起经商，赚了钱管仲总是多分给自己，少分给鲍叔牙。有人背地议论管仲贪财、不讲友谊。鲍叔牙知道后解释说，管仲不贪金钱，他家中贫困，多分给他钱是我情愿的。管仲三次参加战斗，但三次都从战场上逃跑回来，有人讥笑他贪生怕死。鲍叔牙向人们解释说，管仲不怕死，他家有年迈的母亲，全靠他一人供养，所以他不得不这样做。管仲多次想为鲍叔牙办几件好事情，不过都没办成，反而给鲍叔牙造成了许多新的困难，人们因此认为管仲没有办事本领。鲍叔牙却认为管仲是一个很有本领的人，事情没有办成只是机会没有成熟罢了。管仲晚年曾感动地说："生我者父母，知我者鲍子也。"（《史记·管晏列传》）

鲍管之交为人们称颂，关键在于他们真诚相助。齐僖公有三个儿子，即太子诸儿、公子纠和小白。管仲和鲍叔牙分别辅佐公子纠和公子小白。齐僖公驾崩后，太子诸儿继位，是为齐襄公。齐襄公品质卑劣，人们都为齐国前途忧虑。鲍叔牙曾对管仲劝其辅佐公子小白很不满意，认为小白在僖公三个儿子中最小，将来没有希望继承君位，常常称病不出。管仲不这样认为，劝导鲍叔牙说："国内诸人因厌恶公子纠的母亲，以至于不喜欢公子纠，反而同情公子小白没有母亲。公子纠即使日后废兄立君，也将一事无成。公子小白虽然不如公子纠聪明，但却有远虑。到时候不是你鲍叔牙来安定国家，还有谁呢？"鲍叔牙听取了管仲的意见，尽心竭力侍奉公子小白。后来，齐襄公与鲁桓公夫人（襄公之妹）私通，醉杀鲁桓公，具有政治远见的管仲和鲍叔牙预感到齐国将发生大乱，便分别保护公子纠和公子小白逃到鲁国和莒国。公元前686年，齐国内乱爆发，齐襄公被杀，一时国中无君，一片混乱。两个逃亡在外的公子见时机成熟，都急切回国以夺取国君宝座。管仲得知公子小白已经先出发回国，便在途中截击并射中公子小白。公子小白急中生智装死，才先期回国并顺利登上君位，称为齐桓公。齐桓公即位后要封鲍叔牙为宰相，鲍叔牙曰："臣幸得从君，君竟以立。君之尊，臣无以增君。君将治齐，即高傒与叔牙足也。君且欲霸王，非管夷吾不可。夷吾所居国国重，不可失也。"（《史记·齐太公世家》）意思是：我有幸跟从您，您终于成为国君。您的尊贵地位，我已无法帮助您提高。您如果只想治理齐国，有高傒和我也就够了。您如果想成就霸王之业，没有管仲不行。管仲所居之国，其国必强，不能失去这个人才。在鲍叔牙的再三劝说下，齐桓公消除一箭射杀之仇，赏以厚礼任管仲为大夫，后又授上卿，主持政务。管仲就任后，进行一系列政治经济改革：在全国划分政区，组织军事编制，设官吏管理；建立选拔人才制度，士经三审选，可为"上卿之赞"；按土地分等征税，禁止贵族掠夺私产；发展盐铁业，铸造货币，调节物价。在对外关系上，主张"尊王攘夷"，联合华夏诸国，抵抗山戎族南侵。这些改革成效显著，齐国国力大振，逐渐成为各国的霸主。齐桓公对管仲十分敬重，称之为"仲父"。

鲍管之交为人们称颂，还在于他们相互真信不疑。管仲为齐桓公创立霸业呕心沥血身患重病，齐桓公前去探望，询问他谁可以接替相位。齐桓公欲任鲍叔牙，管仲诚恳地说："鲍叔牙是君子，但他善恶过于分明，见人之恶，终身不忘，这样是不可以为政的。"管仲向齐桓公推荐了为人忠厚、不耻下问、居家不忘公事的隰朋。易牙听说齐桓公与管仲这段对话，便去挑拨鲍叔牙，说管仲阻止齐桓公任用鲍叔牙。鲍叔牙听后笑道："管仲推荐隰朋，说明他一心为国家社稷考虑，不存私心偏爱友人。现在我做司寇，驱逐佞臣，正合我意。如果让我当政，哪里还有你们这些人的容身之处！"易牙讨了个没趣。从中可看出鲍叔牙为人的正派与豁达，也可看出他对管仲深信不疑。至于管仲对鲍叔牙的信任，从"生我者父母，知我者鲍子也"的肺腑之言中，也看得十分清楚。

成就齐国霸业，应赞鲍管之交；赞鲍管之交，尤应赞鲍叔牙古君子之风！

晋文公磨难成霸业

　　晋文公重耳六十二岁才被立为晋君，即位后励精图治，政绩显赫，与齐桓公、宋襄公、秦穆公、楚庄王并称为"春秋五霸"。他即位前，则有长达十九年的流亡生活，周游列国，挨饿受辱，饱经风霜。前期受磨难，后期建霸业，勾画了重耳的人生轨迹。

　　重耳生于公元前697年，为晋献公之子，少年好学，善交贤能。晋献公即位时，重耳已经二十一岁。公元前655年，晋献公听信骊姬的谗言，致使太子申生自杀，重耳惧怕受到谋害不辞而别，回守蒲城。第二年，"献公使宦者履鞮趣杀重耳。重耳逾垣，宦者逐斩其衣袪。重耳遂奔狄。"（《史记·晋世家》）重耳爬墙逃生，被追杀的宦臣割下衣袖得以逃脱，从此开始了漫长的逃亡生涯。

　　重耳逃亡的第一站是狄国。狄国是重耳母亲的故乡，重耳在这里度过了十二年相对平静的流亡生活。

　　公元前651年，晋献公将崩，欲将君位传给骊姬之子奚齐。然而献公尸骨未寒，里克、邳郑父等人先后杀死奚齐和悼子（献公与骊姬妹之子）。里克等人杀死二位公子后，派人请重耳回去即位，重耳怀疑是设下的圈套，借故谢辞。里克等人又到梁国请回晋献公的另一个儿子夷吾即位，称晋惠公。惠公即位后，肆意打压昔日作乱的公子党，大兴党狱，重用亲信，并派人到狄国刺杀重耳。重耳带着一帮人急忙从狄国逃出。

由于从狄国出逃紧急，重耳一行连盘缠都没顾上带，一路颠簸到了卫国。到卫国后，没有得到一丝援助，钱财、粮食都没有得到补给。重耳饥饿难忍，放下架子向一个农夫乞讨，农夫从地上拾起土块让他吃，调侃重耳。为了让重耳活命，随行的介子推从自己腿上割下一块肉，与采摘的野菜煮在一起让他充饥。

重耳离开卫国，先后到齐国、曹国、宋国、郑国、楚国、秦国。到齐国、楚国、秦国受到热情款待，但在曹国、郑国又受到冷遇。曹共公拒绝接纳重耳一行，听说重耳身体有缺陷，竟然在重耳洗澡时偷窥，使重耳受到侮辱。郑文公则催促重耳一行赶快赶路，不要在郑国闲待。

公元前 637 年，晋惠公病重。正在秦国为人质的公子圉听到这一消息后，偷偷溜回晋国继承父业，是为晋怀公。晋怀公缺乏才干，又实行残暴统治，遭到国人一致反对。秦穆公对晋怀公的不辞而别很恼火，便于公元前 636 年，派军队护送重耳回国，重耳被众人拥立为君，称晋文公。

"文公修政，施惠百姓。"（《史记·晋世家》）重耳即位后，拔擢贤能，以狐偃为相，先轸为帅，赵衰、胥臣辅其政，起用了大批贤臣能将；改革朝政，安排百官，赋职任功，弃责薄敛，施舍分寡；在生产上，号召改进工具，施惠于民，奖励垦殖；在贸易方面，降低税收，积极引商入晋，互通有无。很快，便使晋国政局稳定，社会安定，经济发展，国力有了极大提高。与此同时，对外联秦合齐，保宋制郑，尊王攘楚。作三军六卿，勤王事于洛邑，败楚师于城濮，盟诸侯于践土，重耳成为继齐桓公之后的春秋第二个霸主。晋文公在位只有九年，却奠定了晋国春秋强国的地位，使晋国的霸业持续长达百年之久。

在君王世袭制中，像晋文公重耳这样经历过长期磨难者，十分少见。

而像他这样在很短时间便成就如此伟业者，也十分少见。正是长期周游列国的艰苦逃亡生活，使他丰富了人生阅历，开阔了视野，进一步懂得了政权来之不易和创业的艰辛，懂得了人民的疾苦和民众的需求，懂得了执掌政权后应如何除弊兴利、革故鼎新。可以说，没有前十九年的磨难，就不可能有后九年的辉煌。真可谓，当大任者，应先劳其筋骨，苦其心智！

范蠡三徙三散

春秋战国，是一个英雄和奇才辈出的时代。在众多历史名人中，范蠡的经历和事迹最为传奇，他做官功成名就后急流勇退，经商成为巨富后尽散家财。司马迁称赞他"忠以为国；智以保身；商以致富，成名天下。"

范蠡的事迹和思想，集中表现在"三迁徙"和"三聚三散"。

范蠡（公元前约536—公元前448年），春秋楚国宛（今河南南阳）人。他出身贫寒，但聪敏睿智，胸怀韬略，年轻时就博览群书，满腹经纶并志向远大，后与好友文种前往越国，在越王勾践手下任职。公元前494年，吴王夫差为报父仇，和越国发生了夫椒之战，越王勾践大败，仅剩五千兵卒逃入会稽山。范蠡向勾践献"卑辞厚礼，乞吴存越"之策，并陪同勾践夫妇在吴国为奴三年。三年后归国，他与文种拟定兴越灭吴之术，是越国"十年生聚，十年教训"的策划者和组织者。经过二十余年的苦心勠力和数次征战，越国终于在公元前473年灭掉了吴国，越军向北进军淮河，兵临齐、晋边境，号令中原各国。勾践称霸，封范蠡为上将军。范蠡认为，盛名之下，难以长久，"飞鸟尽，良弓藏；狡兔死，走狗烹。越王为人长颈鸟喙，可与共患难，不可与共乐。"（《史记·越王勾践世家》）于是写奏章向勾践辞官，分散家产，打点包装细软珠宝，私自与他的部属乘船渡海而去，始终未再返回越国。范蠡离开越国之时，曾劝说好友文种也一起离开，文种不听。不久，文种被勾践赐剑自杀而死。此为一徙、一聚一散。

离开越国，范蠡乘船过海到了齐国。辗转到齐国以后，他变姓名为鸱夷子皮，带领儿子和门徒在海边结庐而居，勠力垦荒耕作，兼营副业并经商。没几年，就积累了数千万家产。范蠡仗义疏财，施善乡梓，贤明能干，为齐人所赏识。齐王把他请到国都临淄，拜为主持政务的相国。范蠡喟然叹曰："居家则致千金，居官则至卿相，此布衣之极也。久受尊名，不祥。"（《史记·越王勾践世家》）于是，才三年，他再次急流勇退，向齐王交还了相印，散尽家财给知交和乡邻。此为二徙、二聚二散。

范蠡带领全家从齐国来到了陶（今山东定陶）。这个地方居于天下之中，东邻齐、鲁，西接秦、郑，北通晋、燕，南连楚、越，是最佳经商之地。他自号陶朱公，在耕畜的同时经商，根据时节、气候、民情、风俗等，人弃我取，人取我与，顺其自然，待机而动，没过多久便聚财巨万（一说万万金）。后来，范蠡次子因杀人被囚禁在楚国，他便派少子前去探视，并带上一牛车黄金打通关系解救次子。可是长子坚持要替少子去，并以自杀相威胁，范蠡只好同意。过了一段时间，长子带着次子的死讯回到家。家人都感到悲伤，唯有范蠡笑道："我早就知道次子会被杀，不是长子不爱弟弟，是有所不能忍也！他从小和我在一起，知道为生的艰难，不忍舍弃钱财。而少子生在家道富裕之时，不知财富来之不易，很易弃财。我先前派少子去，就是因为他能舍弃钱财，而长子做不到。次子被杀是情理之中的事，无足悲哀。"此为三徙、三聚三散。

"三徙"和"三聚三散"，充分展现了范蠡在对待名利问题上的智慧和豁达，开风气之先，真可谓拿得起、放得下的典范。拿得起，是说他有成就事业的卓越才干，从政，辅佐勾践灭吴称霸，官至上将军，并著有兵书两篇（可惜已失传），到齐国又被拜为相国；经商，逐时居货，随时逐利，四通诸侯，治产积居，著有商经，被称为商圣。放得下，是说他对名利能淡然处之，功成名就两次急流勇退，"十九年之中三致千金，再分散与贫交疏昆弟。"（《史记·货殖列传》）如何对待名与利，是世间每一个人一生中都躲不开的课题。天下熙熙，皆为名利而来；天下攘攘，皆为名利而往。纵观古今，为名利所诱者有之，求一己名利，不顾道德伦理，不顾国家法纪；为名利所累者有之，名与利成为做人做事的桎梏，一生为名利活着，名利缠身，做人都变了形，自己已经不是自己；为名利而亡者有之，文种留恋名利被勾践赐剑自刎，李斯为保全名利惨遭腰斩，直至清代和珅贪占受贿富可敌国狱中自尽。相比之下，更能看出范蠡的难能可贵和高尚风范！

人活着不可能离开名与利，但不能只是为了名与利而活着。对名与利，要取之有道，不能违纪违法，也不能突破道德规范；要拥之有度，不能贪婪，不能独占独吞，要顾及左邻右舍；要用之有据，有名不可沽名钓誉，有功不可以公谋私，有财不可奢侈铺张。

功过秦始皇

对于秦始皇的功过是非，历史上众说纷纭，且褒者寡，贬者众。执肯定的以李贽、李白为代表，盛赞秦始皇为"千古一帝"（李贽：《藏书·目录》），"秦王扫六合，虎视何雄哉"（李白：《秦王扫六合》）；执否定的以贾谊为代表，咒骂秦始皇"怀贪鄙之心，行自奋之智"，"以暴虐为天下始"（贾谊：《新书·过秦论》）。一位历史人物的评价分歧如此之大，绝无仅有。

秦始皇的主要功绩：（一）平定六国，扩大疆域，在中国第一次建立了统一的多民族国家。（二）废除分封制，创立了中央集权的封建制度。设立三公九卿中央政务机构，"分天下以为三十六郡，郡置守、尉、监。"（《史记·秦始皇本纪》）郡下设县，县下设乡、亭、里。（三）统一经济制度，统一文字。"使黔首实田"，全国实行土地私有制，农户据实登记田地，按亩纳税。"一法度衡石丈尺。车同轨。书同文字。"（《史记·秦始皇本纪》）解决了此前诸侯割据时期的文字异音异形的问题。

秦始皇的过错主要是：（一）推行暴政，严苛刑法，实行繁重的赋税、徭役、兵役；（二）生活腐败，"分作阿房、骊山。关中计宫三百"（《纲鉴易知录·后秦纪》）；（三）焚书坑儒，"除犯禁者四百六十余人"。

　　衡量一个历史人物的功过是非，首要也是最重要的，要看他对国家统一、社会发展进步所发挥的作用。秦始皇这方面的贡献是开天辟地、彪炳史册的。秦王扫六合，奠定了统一多民族国家和广阔疆域的基础；创立比较完备的中央集权封建制度，使"汉承秦制"直至清代，保证了国家的统一和历史传承；统一度量衡和文字，推动了经济和文化繁荣发展。一代君王，如有上述贡献之一则足以流芳千古！当然，秦始皇也有极为严重的过错，特别是焚书坑儒、摧残文化，对中华文化的发展和传承，造成了不可挽回的损失和恶劣影响。

　　秦始皇的功过是非，有其历史社会原因。秦国从秦穆公初成霸业到秦始皇，经过了二十余代君王。秦统一中国，有过去打下的基础和历史的必然。而秦始皇十九岁执政，经过十三年，先灭韩国、赵国、魏国，再取燕、楚、齐诸国，在这样短的时间实现统一大业，不能不说是奇功绝绩。至于创建中央集权封建制度，统一文字和度量衡，更是显示了他的雄才大略和非凡的智慧与胆略。毋庸置疑，秦始皇的过错，主要的责任在他本人，但也有一定的社会历史原因。秦灭六国常年征战，势必造成赋税、劳役、兵役加重，增加人民负担；自商鞅以来，秦多崇尚法治，加之天下初定，为了反击和防止六国诸侯复辟，势必加重刑罚，控制舆论。这些都是必要的，问题在于有些做得太过分了，超过了人民所能承受和忍耐的限度；有些政策和做法，在全国统一后根据形势变化应该调整却没有进行调整，结果铸成历史大错。至于建造阿房宫之类的奢侈之举，则完全是封建统治者自私和追求享乐本性的暴露。

　　秦于公元前221年统一中国，公元前207年灭亡。一个新生的中央集权的封建政权，在这样短的时间内轰然倒下，也应进行具体分析。秦始皇的过错，特别是实行暴政和对民众的残酷剥削，为秦王朝的覆灭种下了祸根。二世胡亥昏庸无能，赵高专权胡作非为，则加速了秦政权的灭亡。还有一个不可忽视的重要原因，则是六国的复辟势力。他们借陈胜吴广起义之机，"燕、赵、齐、楚、韩、魏皆立为王"，"诸侯咸率其众西乡"（《史记·秦始皇本纪》），成为推翻秦政权的重要力量。项羽的爷爷项燕"为秦将王翦所戮者也"，项家"世世为楚将"（《史记·项羽本纪》），项羽就是打着灭秦复楚的旗号起兵的。

客观公正地讲，秦始皇是一个应当肯定的有卓越功绩的历史人物。那么，为什么两千多年来褒者寡、贬者众呢？这可能与秦始皇以法家理念治国，曾经焚书坑儒，而汉代以来大多推崇儒家思想，倡导儒家思想治国有很大关系。

得天下与治天下

陆贾（约公元前 240—公元前 170 年）是西汉著名的政治家、文学家和思想家，名为有口辩士，颇具政治智慧。他曾两次出使南越（今广东、广西一带），为维护西汉边疆稳定，沟通中原地区与南越的经济文化交流做出重要贡献。公元前 190 年，陆贾受汉高祖刘邦之命，诏谕趁秦朝灭亡之机，自立为南越武王的故秦南海尉赵佗，称臣归属汉朝，立为南越王。吕后专政时，西汉与南越关系破裂，赵佗乃自尊为南越武帝。汉文帝即位后，陆贾再次出使南越，成功地劝说赵佗废去帝号，"愿长为藩臣，奉贡职"（《史记·南越列传》），重新恢复了南越与中原的臣属关系。陆贾的另一个贡献是，在吕后专权、刘氏天下岌岌可危的时候，劝说丞相陈平与太尉周勃摒弃前嫌团结一致。他对陈平说："天下安，注意相；天下危，注意将。将相和调，则士务附；士务附，天下虽有变，即权不分。为社稷计，在两君掌握耳。臣常欲谓太尉绛侯，绛侯与我戏，易吾言。君何不交欢太尉，深相结？"（《史记·郦生陆贾列传》）陈平听取陆贾的建议，修好与周勃的关系，后来联手铲除诸吕，复立刘氏王朝。史评："及诛诸吕，立孝文帝，陆生颇有力焉。"（《史记·郦生陆贾列传》）

然而，最能显示陆贾思想和政治智慧的，是他与汉高祖刘邦关于"得天下与治天下"的一段对话，和他所著的《新语》十二篇。

陆贾经常在刘邦面前谈论《诗经》、《尚书》等儒家经典。刘邦听后很不高兴，大骂道："老子的天下是骑在马上南征北战打出来的，哪里用得着《诗》、《书》！"陆贾答曰："马上得之，宁可以马上治乎？且汤武逆取而以顺守之，文武并用，长久之术也。昔者吴王夫差、智伯极武而亡；秦任刑法不变，卒灭赵氏。乡使秦以并天下，行仁义，法先圣，陛下安得而有之？"（《汉书·郦陆朱刘叔孙传》）意思是：您在马上可以取得天下，难道您也在马上治理天下吗？商汤和周武，都是以武力征服天下，然后顺应形势以文治守成，文治武功并用，这才是使国家长治久安的最好办法啊。从前吴王夫差、智伯，都是因极力炫耀武力而使国家灭亡；秦王朝也是一味使用严酷刑法而不知变更，最后导致自己的灭亡。假设秦朝统一天下之后，实行仁义之道，效法先圣，那么，陛下您又怎么能够取得天下呢？刘邦听了这一席话，脸上露出惭愧之色，对陆贾说："那就请你尝试着总结一下秦朝失去天下，我们得到天下，原因究竟在哪里，以及古代各王朝成功和失败的原因所在。"

于是，陆贾奉旨论述国家兴衰存亡的征兆和原因，一共写了十二篇。每写完一篇就上奏给皇帝，刘邦读后每每大加称赞，把陆贾的这部书称为《新语》。《新语》的主要内容包括：

天道论。陆贾认为，秦朝二世而亡的根本原因在于失民。因此，夫欲建国、强威、辟地、远征者，必得之于民。而要得之于民，就必须握道而治，依德而行，席仁而坐，仗义而强，文武并用，德刑相济。

仁义论。陆贾认为，必须吸取秦王朝因极武、尚刑、横征暴敛而骤亡的教训，以仁义治，才能万世不乱。据土子民、治国治众者，不可以图利，只有重义轻利，卑宫室而高道德，谨仁义而稀力役，减免赋税徭役，让利于民，才是持久之道、长行之法。

尚贤论。陆贾认为,秦王朝覆灭的另一个原因是秦王不能选贤任能,重用了赵高、李斯等擅权弄柄的佞臣。仗圣者帝,仗贤者王,仗仁者霸,仗义者强,仗馋者灭,仗贼者亡。君主要以仁义为巢,以仁义为本,做到慎微、辨惑,诛锄奸臣贼子之党,广纳忠贤之士。

无为论。陆贾认为,夫道莫大于无为,行莫大于谨敬。政府不要随意干涉民间事务,事逾烦天下逾乱,法逾滋而奸逾炽。以君子之为治,决然若无事,寂然若无声,不言而信,不怒而威,故无为乃有为。

陆贾是汉代第一个较为系统总结秦王朝灭亡教训的人,贾谊的《过秦论》还在其后。陆贾身为儒家,同时吸取道家、法家、阴阳家诸家思想,他不仅是汉代重儒第一人,也是建立汉代新儒学的第一人。陆贾劝刘邦从《诗》、《书》中领悟治乱之理和他的《新语》,对刘邦产生了很大影响。刘邦晚年曾写过《手敕太子》的诏书,诏书云:"吾遭乱世,当秦禁学,自喜,谓读书无益。洎践祚以来,时方省书,乃使人知作者之意。追思昔所行,多不是。"从中可以看出刘邦思想发生的巨大变化。陆贾官至太中大夫,官位并不算高,但他以自己的卓越智慧,对汉初统治思想的形成和发展发挥了重大影响,这也为两汉四百年特别是西汉初年的政权巩固和社会发展,奠定了重要基础。

陆贾的《新语》十二篇,虽然有些内容值得商榷,但毕竟提出和初步回答了西汉天下初定需要迫切回答的重大历史性课题。这就是,如何从"得天下"走向"治天下"。如果说,张良在楚汉战争中"运筹帷幄之中,决胜千里之外",是辅佐刘邦"马上夺天下"的第一功臣,那么,陆贾便称得上是辅佐刘邦"马下治天下"的第一功臣。

萧规曹随

    公元前 193 年，西汉第一任相国萧何病重。汉惠帝问萧何："你百年之后，谁可以接替你担任相国？"萧何推荐了曹参。萧何死后，曹参代萧何为相国，"举事无所变更，一遵何约束。"（《纲鉴易知录·汉纪·孝惠皇帝》）长期以来，"萧规曹随"为人们所推崇和传颂。

    据司马迁《史记·曹相国世家》记载，曹参担任相国后，从各郡和诸侯国中挑选一些质朴而不善文辞的厚道人，任命为丞相的属官。对官吏中那些语言文字苛求细枝末节，想一味追求声誉的人，就辞退了他们。曹参自己整天痛饮美酒。卿大夫以下的官员和宾客们见曹参不理政事，上门来的都想善言相劝，可是这些人一到，曹参就立即拿美酒给他们喝，直到喝醉后离去，始终没能够开口劝谏。相国住宅的后园靠近官吏的房舍，官吏在房舍里整天饮酒歌唱，大呼小叫。曹参的随从很厌恶这件事，但对此又无可奈何，于是就请曹参到后园中游玩，一起听到了那些官吏们醉酒高歌、狂呼乱叫的声音，希望曹参去加以制止。谁想，曹参反而叫人取酒设座自己也痛饮起来，并且与那些官吏相应高歌。

    汉惠帝听到曹参不理政事、终日饮酒的情况后，对曹参的儿子中大夫曹窋说："你回家后，私下问问你父亲，就说高帝刚刚永别了群臣，皇上又很年轻，您身为相国，整天喝酒，遇事也不向皇上报告，根据什么考虑国家大事呢？"曹窋回家后闲暇时陪着父亲，把惠帝的意思变成自己的话规劝曹参。曹参听后大怒，打了曹窋二百板子，说："快点儿进宫去侍奉皇上，国家大事不是你应该说的。"到上朝时，惠帝责备曹参说："为什么要责罚曹窋？上次是我让他规劝您的。"曹参脱帽谢罪说："请陛下自己仔细考虑一下，在圣明英武上您和高帝谁强？"惠帝说："我怎么敢与先帝相比呢？"曹参又说："陛下看我和萧何谁更贤能？"惠帝说："您好像不如萧何。"于是曹参曰："陛下言之是也。且高帝与萧何定天下，法令既明，今陛下垂拱，参等守职，遵而勿失，不亦可乎？"（《史记·曹相国世家》）意思是：陛下说得很对。高帝和萧何平定天下，法令已明确，如今陛下垂衣拱手，我等谨守各自职责，遵循原有的法度不随意更改，不就行了吗？惠帝听后说："好，您休息吧。"

曹参做汉朝相国，前后有三年时间。他死后，百姓歌之曰："萧何为法，顜若画一；曹参代之，守而勿失。载其清净，民以宁一。"（《史记·曹相国世家》）大意为：萧何制定法令，明确划一；曹参接替萧何为相，遵守萧何的法度而不改变。曹参施行他那清净无为的做法，百姓因而安宁不乱。

曹参按照清净无为的治国理念，实行"萧规曹随"，取得成功并为百姓所歌颂，符合西汉初期的形势需要。秦统一中国之前，七强争雄，各国长期征战不息。秦王朝统治的十四年间，暴政重赋，百姓甚苦。接着，陈胜、吴广起义，各地揭竿而起，楚汉之争，又是长达七年之久的战乱。曹参接任相国时，汉高祖刘邦刚刚去世，国家结束战乱只有短短几年时间。经过长期的战争摧残和兵役重赋之后，国家和老百姓都需要休养生息。曹参采取不折腾的政策，对刘邦和萧何制定的法令守而勿失，保持了西汉初期政策制度的连续性和稳定性，有利于社会安定和民众的休养生息，可谓正应其时。正如司马迁的评述："参为汉相国，清静极言合道。然百姓离秦之酷后，参与休息无为，故天下俱称其美矣。"（《史记·曹相国世家》）

　　然而，清静无为，不能是无所作为。同样，"曹随萧规"，就保持政策制度的连续性而言，是可取的，但绝不应一味因循守旧、墨守成规。一项政策制度的正确与否，要看与当时的形势任务是否相符合。而形势任务是不断发展变化的，政策和法规制度也需要不断进行调整，不断地除旧布新，当破则破，当立则立。否则，只能是阻碍社会的发展进步。

裂地立藩与七国之乱

汉孝景皇帝刘启在位第三年，发生了以吴王刘濞为首的七国叛乱，史称"七国之乱"。

早在汉文帝时期，吴王之子刘贤进京朝见，陪同皇太子刘启下棋。刘贤下棋中对刘启不恭敬，刘启一气之下操起棋盘向刘贤投击过去，当场把他打死。朝廷送刘贤的灵柩回吴国下葬，吴王刘濞愤怒地说："天下刘氏一家，死在长安就葬在长安好了，为什么一定送回来下葬呢？"又派人送回灵柩葬在了长安。吴王从此渐渐地不奉行藩臣之礼，称病不再进京朝见。吴国由于铸铜煮盐，财力雄厚。吴王有意笼络人心，比如，不向民众征收赋税，士兵服役由官府发给代役金，赏赐平民，对其他封国官吏前来追捕的逃犯公然给予保护，等等。这种状况持续了四十多年。

这期间，后来任御史大夫的晁错屡次上书要求削减吴国的封地。汉文帝治政宽缓，不忍心加以诛罚，致使吴王一天比一天骄横。汉景帝继位后，晁错再一次建议曰："高帝封三庶孽，分天下半。今吴王不朝，于古法当诛。文帝不忍，德至厚，王当改过自新，反益骄，诱天下亡人谋作乱。今削之亦反，不削亦反。削之，其反亟，祸小；不削，其反迟，祸大。"（《纲鉴易知录·汉纪·孝景皇帝》）意思是：从前汉高祖平定天下之初，分封刘姓亲属为王，封国占去了天下的一半。当今吴王托病不来朝见天子，按照古代法律应当诛杀。文帝厚德不忍心杀他，他本应改过自新，却反而更加骄横放肆，招诱天下亡命之徒图谋作乱。现在是削减他的封地也反叛，不削减他的封地也反叛。如削减，反得快，灾祸小；不削减，反得迟，最终祸害更大。后来，晁错弹劾楚王刘戊在薄太后逝世服丧期间私自在丧室奸淫妇女，汉景帝下令免除死刑，削去他的东海郡。不久，又追查赵王刘遂所犯罪过，削去他的常山郡；追查胶西王刘卬在卖爵事务中营私舞弊，削去他的六县封地。

吴王刘濞担心，削减封地的趋势发展下去迟早要削减到自己头上，便加紧谋划准备发难。他先后派人鼓动胶西王刘卬、楚元王刘交等谋反。公元前 154 年春，汉景帝发出削减吴国会稽郡、豫章郡的诏书。诏书一到，吴王刘濞首先发兵反叛，发布动员令，要求六十二岁以下、十四岁以上的男人都要出征，征集兵员二十余万。遂后，"吴王濞、胶西王卬、楚王戊、赵王遂、济南王辟光、菑川王贤、胶东王雄渠皆举兵反。"(《汉书·景帝纪》)汉景帝得到七国反叛的消息后，任命周亚夫为太尉，率领三十六位将军迎击吴楚联军，同时派出曲周侯郦寄、将军栾布、窦婴等迎击其他反叛国的军队。

七国反叛打的旗号是"清君侧"，要诛杀主张削藩的御史大夫晁错。一向敌视晁错的吴国丞相袁盎通过窦婴进见汉景帝，对汉景帝说："吴、楚相遗书，言高皇帝王子弟各有分地，今贼臣晁错擅适诸侯，削夺之地，以故反，欲西共诛错，复故地而罢。方今计独有斩错，发使赦吴、楚七国，复其故地，则兵可毋血刃而俱罢。"(《资治通鉴·汉纪八》)意思是：吴、楚互致书信，说高皇帝刘邦封子弟为王各得封地，今天贼臣晁错擅自责罚封王，削夺封国土地，因为这个缘故才反叛的。他们准备起兵西进诛杀晁错，恢复原来的封地就作罢。当今唯一的对策是斩晁错，然后派遣使者赦免吴、楚七国，恢复他们原来的封地，这样兵不血刃就可以安定下来。经汉景帝御批，晁错身穿朝服在东市被腰斩，父母、妻子、同母的兄弟姊妹也全都押赴街市处决。晁错被诛杀后，七国反叛的军队并没有撤兵。汉景帝派袁盎到吴国颁布诏书，吴王刘濞拒拜诏书，说："我已为东帝，尚谁拜！"（《资治通鉴·汉纪八》）后由周亚夫等率大军经过三个月激战，终于平定了七国之乱。

七国之乱的本质，是汉朝中央集权政府与诸侯国之间矛盾的爆发。这场叛乱的根源，早在汉高祖刘邦时期已经铸就。刘邦从楚汉之争到汉王朝建立，初期分封异姓王，后来担心异姓王叛逆，实行"非刘氏不王"，大封刘氏子弟为王，裂地为藩，"齐七十余城，楚四十余城，吴五十余城；封三庶孽，分天下半。"（《资治通鉴·汉纪八》）而且被分封的各位藩王，可以随意任命自己的官吏，有自己的军队，俨然是国中之国。这与秦始皇平定六国后建立统一的中央集权政权相比，显然是一种历史的倒退。如果说初期封韩信、彭越等人为王，是为了争取他们的忠心，以赢得楚汉战争的胜利和建立汉王朝；而汉王朝建立后再大封刘氏为王，则只能是削弱中央政权，酿成国家的分裂。七国之乱，实为裂地为藩的必然结果。平定七国之乱之后，校尉邓公在与汉景帝的一段对话中讲得很好，他说："吴为反数十岁矣，发怒削地，以诛错为名，其意不在错也。""夫晁错患诸侯强大不可制，故请削之，以尊京师，万世之利也。"（《汉书·爰盎晁错传》）意思是：吴国蓄意谋反已经几十年了，因为封地被削减而怒，以诛杀晁错为名起兵反叛，他们并不在意晁错的死活。晁错忧虑各封国的势力强大起来朝廷不好控制，所以才请求削减他们的封地，来壮大朝廷的实力，这是造福万代的好事。正确处理中央政权与地方政权的关系，历来是关乎国家统一和稳定的一件大事。中央政权强大，才能保障国家的稳定统一；地方势力坐大，势必造成动乱甚至分裂。汉景帝听信逸言，把七国之乱的原因归罪于晁错，岂不谬哉？

晁错"为人峭直刻深"、博学善思，具有政治远见，号曰"智囊"，是西汉与贾谊齐名的著名思想家、政治家。他并非不知奏请削减七国封地的风险，却知难而行、知险而进。他的父亲听说削藩一事，从老家颍川赶来，规劝晁错说："皇上刚刚即位，你执掌朝政，侵削诸侯的封地，疏远皇族之间骨肉亲情，人家都满口怨言憎恨你，你为的是什么？"晁错回答："固也。不如此，天子不尊，宗庙不安。"（《汉书·爱盎晁错传》）意思是：本该这样，不这样做天子就不能独尊，国家就不会安定。晁错为国家远虑，衣朝服腰斩东市，虽不善终，世叹其忠，岂不悲哉、壮哉！

"独尊儒术"的历史评价

公元前 140 年，中国思想史上发生了一个划时代的重大事件。这就是董仲舒提出"罢黜百家，表彰六经"的建议，得到汉武帝刘彻的赞同和采纳，从而，逐渐确立了儒家思想的统治地位。之后，儒家思想成为两千多年来中国传统文化的正统和主流思想。

确立"独尊儒术"的政策，适应了汉武帝继位后在政治上和经济上进一步强化中央集权制度的需要。西汉初年，汉高祖刘邦不喜儒学，使儒学的学术源流几乎断绝。汉惠帝和文景时期，政治上主张无为而治，经济上实行轻徭薄赋，诸子学说虽有所复苏，但道家黄老的清静无为思想居支配地位，各种不同流派的思想家也都乐说黄老之言。

汉武帝即位时，历经"文景之治"，社会经济有了很大发展，同时随着地主阶级的日益强大，从政治上和经济上进一步强化中央集权制度，已成为封建统治者的迫切需要。在这种情况下，主张清静无为的黄老思想已经不能满足上述政治需要，而儒家的春秋大一统思想、仁义思想和君臣伦理观念，显然与汉武帝时期所面临的形势和任务相适应。于是，在思想领域，儒家便逐渐占据了统治地位。

"独尊儒术"政策的确立和推行，经历了一个曲折的过程。汉武帝继位之初，丞相卫绾便奏言："所举贤良，或治申、韩、苏、张之言乱国政者，请皆罢。"（《资治通鉴·汉纪九》）（申，为申不害；韩，为韩非；苏，为苏秦；张，为张仪。皆为春秋战国时期法家代表人物。）太尉窦婴、丞相田蚡荐举儒生王臧为郎中令，赵绾为御史大夫，褒扬儒术，贬斥道家，甚至建议不向"好黄老之术"的窦太后奏事。窦太后觉察后，"召案绾、臧，绾、臧自杀，诸所与为者皆废。"（《史记·孝武本纪》）窦太后去世后，汉武帝全面执掌朝政，独尊儒术的政策才得到有力推行。

儒家思想在中国封建社会意识形态领域占据统治地位，也有一个渐进发展的过程。汉武帝时期虽确立了独尊儒术的政策导向，但总体上讲，尚处于道、法、儒等诸子并存，向儒学思想占主导地位的转变过程中。他任用了儒家董仲舒、公孙弘等人，也任用了尊黄老学说的汲黯、司马谈等人，并对法家桑弘羊、张汤等人委以重任。他崇尚武力，重用酷吏，推举法典，这些举措也与儒家的主张不相符合，被称为"儒表法里"。汉武帝之后，儒家思想逐步得到强化，但东汉至魏晋南北朝时期的一段时间，由于佛教和道教的发展，儒家思想又处于一个低潮阶段。唐代末期儒学开始复兴，宋代程朱理学出现以后，又把儒家思想推到了一个前所未有的高峰。在随后的近千年历史中，儒家思想便成为中国封建社会占绝对统治的国家意识形态。

以儒家思想为核心的意识形态，巩固了封建统治的社会秩序。尊王和绝对王权，是儒家思想的重要内容。董仲舒宣扬"天人合一"、"天人感应"、"君权神授"，为君王行使皇帝的权威提供了理论依据；提倡孝悌为本，主张"君为臣纲"、"父为子纲"、"夫为妻纲"，强化了封建制度的社会秩序；教化人们遵循修身、齐家、治国、平天下的顺序，理顺国家政权和家族性个体农业者之间的关系。从而，有利于封建社会的稳定。

以儒家思想为核心的意识形态，维护了民族团结和国家统一。儒家思想强调大一统，宣扬宗法观念，引申出的家国同构观念直接导致家庭或家庭成员和国家子民品质的统一，有助于巩固中央集权。这种思想的长期教化，增强了中华民族的凝聚力，逐步形成了维护国家和民族团结统一、反对分裂的共同价值观和心理素质。因此，自汉代以来的两千多年历史中，我国疆域版图合时为多，分时为少，使中国成为一个统一多民族的伟大国家。

以儒家思想为核心的意识形态，保障了中华文明的传承。儒家思想在长期的发展过程中，把兴学置教、培养官吏、教化民众紧密结合起来，既有《诗》、《书》、《礼》、《易》、《春秋》这样的教科书，又有《三字经》、《弟子规》这样的民间普及本，形成了一整套行之有效的传承机制。这种传承，也带动和保障了以儒家思想为核心的中华文明的传承。以儒家思想为核心的中华文明，不仅具有强大的凝聚力，而且具有巨大的包容性和生命力。汉代以来，多次改朝换代，即使经过五胡乱华、蒙古入关、清朝统一的战乱，其统治者都继承了中华文明的衣钵。世界五大古代文明中，古巴比伦文明、古埃及文明、古希腊文明和古印度文明先后被断送，唯有中华文明传承不息，没有中断。

以儒家思想为核心的意识形态，培育了中华民族的传统美德。儒家思想把仁、义、礼、智、信作为为人处世的道德标准，并注重对民众的教化。董仲舒提出："古之王者，莫不以教化为大务。立学校以教于国，设庠序以化于邑，渐民以仁，摩民以谊，节民以礼，故其刑罚甚轻而禁不犯者，教化行而习俗美也。"（《纲鉴易知录·汉纪·世宗孝武皇帝》）儒家思想的教化，提升了中华民族的道德水准，使中国成为礼仪之邦。

任何事物都具有两重性。独尊儒术也带来了不可忽视的负面影响，有些至今仍成为中华民族的精神负担和桎梏。比如，儒家的人治思想和专制主义，与强调靠制度、规则来约束人们行为的法治观是格格不入的，势必成为建立现代司法制度的思想障碍；儒家的尊王和绝对王权思想，必然造就奴化观念和等级观念，往往会扼杀人们的平等意识和创新意识；儒家的唯心主义哲学和"内省"思想，造成脱离客观实际，滋长主观主义和闭关锁国的关门主义。汉武帝时期，在推行独尊儒术的同时，还注意吸取法家等诸子的某些思想，后来特别是宋代以后，把儒家思想上升到国家意识形态的绝对统治地位，使之越来越僵化、教条化。这样发展的结果，必然是越来越守旧保守，越来越脱离实际，因而导致明清时期对西方发生的工业革命不闻不问，而使近代中国落后挨打。

司马迁忍辱成一家之言

　　司马迁一生中最大的成就，是撰写了我国第一部纪传体通史——《史记》。司马迁自称其作《史记》"究天人之际，通古今之变，成一家之言"。东汉史学家班固称赞道："其文直，其事核，不虚美，不隐恶，故谓之实录。"（《汉书·司马迁传》）唐宋八大家之首的韩愈，称颂《史记》的风格"雄深雅健"。柳宗元赞颂《史记》"朴素凝练，简洁利落，无枝蔓之疾；浑然天成，滴水不漏，增一字不容；遣词造句，煞费苦心，减一字不能。"南宋史学家郑樵认为，《史记》使百代而下，史家不能易其法，学者不能易其书，六经之后，唯有此书。梁启超认为，"史界太祖，端推司马迁"，称《史记》为中国通史之创始者。鲁迅则把《史记》誉为"史家之绝唱，无韵之《离骚》"。

　　然而，这部"史家之绝唱"，却是司马迁在受宫刑（是一种被割掉生殖器官的酷刑，又称腐刑）之辱的情况下完成的。

　　司马迁生于公元前145年。其父司马谈为太史令。司马迁幼年在故乡龙门（今山西河津；另有一说为夏阳，今陕西韩城）过着贫苦的生活，十岁开始读书，二十岁开始游历各地。后来到长安做了郎中，几次同汉武帝出外巡游。司马谈死前含泪拉着司马迁的手说："自获麟以来四百余年，诸侯相互兼并，史书丢弃殆尽。如今汉朝兴起，海内统一，我作为太史都未能予以论评载录，断绝了天下的修史传统，对此我甚感惶恐，你可要记在心上啊！"司马迁俯首流涕曰："小子不敏，请悉论先人所次旧闻，弗敢阙。"（《史记·太史公自序》）意思是，儿子虽然驽笨，但我会详述先人所整理的历史旧闻，不敢稍有缺漏。于是，司马迁开始动手编写《史记》。

公元前99年，李陵出击匈奴，兵败投降，汉武帝大怒。司马迁为李陵辩护，得罪了汉武帝，先被捕入狱，后又被判为死刑。汉朝的死刑要免除有两条路：一是交50万钱，二是接受宫刑。司马迁拿不出那么多钱赎罪，宫刑既残酷地摧残人体和精神，也极大地侮辱人格。司马迁痛苦欲绝甚至想到了自杀。"草创未就，适会此祸，惜其不成，是以就极刑而无愠色。仆诚已著此书，藏之名山，传之其人，通邑大都，则仆偿前辱之责，虽万被戮，岂有悔哉！"（《汉书·司马迁传》）他想到《史记》还没有完成，便坚定了一个信念：一定要活下去，为了完成这部著作，再重的刑罚、再大的侮辱，也要勇敢面对，决不后悔！这时，司马迁已经四十七岁。他忍受着肉体上和精神上的巨大痛苦，发愤立著，终于在公元前93年，完成了《史记》这部包括十二本纪、三十世家、七十列传、十表、八书，共一百三十篇52万多字的伟大著作。

品味司马迁的经历和事迹，可以从中感悟人生真谛，受到启示。

生与死的辩证观。司马迁获罪被判死刑之后，一种选择是，伏法受诛；另一种选择是，忍辱接受宫刑，活下来完成《史记》的创作。"人固有一死，死有重于泰山，或轻于鸿毛，用之所趋异也。"（《汉书·司马迁传》）司马迁认为，如果自己伏法受诛，"若九牛亡一毛"，没有任何意义。他毅然选择了后者。常言道："慷慨赴死易，忍辱求义难。"这也是一种巨大的勇气。人生的意义在于活得有价值。那些为社会发展进步做出贡献，特别是像司马迁这样做出大贡献的人，虽死犹生，得到人们永远的怀念和尊重；而那些对社会发展进步做了坏事，特别是做了大坏事的人，则虽生犹死，死后也要受到人们的鄙视和唾骂！

辱与荣的辩证观。对于司马迁接受宫刑的心境，《史记》作了如下记述："仆以口语遇遭此祸，重为乡党戮笑，污辱先人，亦何面目复上父母之丘墓乎？虽累百世，垢弥甚耳！是以肠一日而九回，居则忽忽若有所亡，出则不知所如往。每念斯耻，汗未尝不发背沾衣也。"（《汉书·司马迁传》）在当时看来，"行莫丑于辱先，而诟莫大于宫刑"。司马迁接受宫刑，确实是奇耻大辱，连乡党和朋友都不能理解，加以讥笑。然而，正是由于他敢于面对宫刑这样的奇辱，完成了《史记》这样的著作，才赢得了后人的崇高赞誉，流芳千古。荣辱不能以一时论是非。有些历史人物，在世时千方百计追求功名，甚至不惜沽名钓誉，但却终究得不到后人的认可，有的甚至成为历史笑柄和留下了骂名。

成败、得失的辩证观。司马迁面对获罪和宫刑的打击，曾经用周文王被拘禁羑里推演《周易》，孔子遭遇陈蔡困厄作有《春秋》，屈原被放逐著有《离骚》，左丘明双目失明编撰了《国语》，孙子受膑刑却论述兵法，韩非被囚禁在秦国写有《说难》、《孤愤》等事例来激励自己。他从中看出，"此人皆意有所郁结，不得通其道也，故述往事，思来者。"（《史记·太史公自序》）于是，下决心完成这部记述从黄帝直到汉武帝的历史巨著。对于司马迁来说，因为替李陵讲几句公道话而获罪，进而受宫刑，这确实是人生的一大挫折，是一种失败和损失。但恰恰是这一挫折，进一步激发了他的斗志，使他以更大的决心和意志，投入并完成了《史记》的编撰。事物的发展就是这样，坏事可以变成好事，有失才能有得，失败往往孕育着成功，挫折也是一种财富。人生不可能总是东风万里。勇于和善于开逆风船的人，才可能走得更远。

李陵降匈奴的是非之辩

李陵（公元前134—公元前74年），西汉飞将军李广之孙，李广长子李当户的遗腹子。他擅长射箭，爱护士兵，又因李家世代为将，被提拔为建章宫羽林军军官，后又被任命为骑都尉。公元前99年，汉武帝遣贰师将军李广利带骑兵三万出征匈奴。汉武帝在武台召见李陵，令他为李广利监护辎重。李陵主动请缨，经汉武帝应允率五千步兵独立成军，辅助李广利正面作战。在浚稽山，李陵与八万匈奴骑兵遭遇，虽浴血奋战，但终因寡不敌众战败被俘，投降匈奴。后来，汉朝夷其三族。

李陵以特殊的经历使他成为历史上颇有争议的人物。有人以李陵投降匈奴而不耻于他，也有人对他表示同情、惋惜甚至认可。对李陵投降匈奴表示同情、惋惜甚至认可的人，理由主要有以下几点：

一者，认为战斗失利是因为汉武帝和李广利指挥失误，没有及时增派援兵，而李陵在敌众我寡的情况下英勇杀敌，并取得很大战果，投降匈奴是不得已而为之。持这一看法的人，最早当属司马迁。汉武帝听到李陵战败降匈奴之后，十分愤怒，曾询问当时为太史令的司马迁。司马迁言："陵事亲孝，与士信，常奋不顾身以殉国家之急。其素所畜积也，有国士之风。今举事一不幸，全躯保妻子之臣随而媒孽其短，诚可痛也！且陵提

步卒不满五千，深輮戎马之地，抑数万之师，虏救死扶伤不暇，悉举引弓
之民共攻围之。转斗千里，矢尽道穷，士张空拳，冒白刃，北首争死敌，
得人之死力，虽古名将不过也。身虽陷败，然其所摧败亦足暴于天下。彼
之不死，宜欲得当以报汉也。"（《汉书·李广苏建传》）司马迁这段话的大
意是：李陵对亲人孝敬，对士人诚信，经常奋不顾身解救国家危难。从他
的一向表现看，有国士之风。今天他办了一件不幸的事，那些贪生怕死只
顾保全身家性命的臣子，便任意构陷，夸大其罪，是令人痛心的！况且李
陵只率领不到五千人的步兵，长驱直入到达匈奴腹地，面对数万敌军，使
匈奴顾不上救死扶伤，招来全部会射箭的民众一起围攻李陵。李陵转战千
里，箭尽路绝，士兵拉的是空弩，冒着白刃箭血，还在同敌人拼死搏斗，
能得到士兵拼死之力，就是古代名将也不能超过他。他虽然失败被俘，然
而他所摧败敌军的战绩，也足以光耀天下了。李陵所以不死，是想在适当
的时机报效汉朝。《史记》和《汉书》对这场战斗作了如下记述：根据汉
武帝的诏令，李陵率五千步兵孤军深入到匈奴腹地浚稽山。李陵到达后，
遇到三万匈奴骑兵，后来匈奴骑兵增加到八万，一日交战数十回合，打得
十分惨烈。原计划强弩都尉路博德来接应李陵军，却因故没有到达。李陵
率部浴血奋战八昼夜，杀敌万余人，士兵们把箭用完了，只能砍断车辐作
武器，手持短刀与敌人搏斗，最后被匈奴围堵在山谷之中。被俘的前一天
夜间，李陵便衣独步出营，制止左右随从说："不要跟随我，大丈夫一人
去捉单于就可以了！"过了很久，李陵回来叹息说："兵败，就死吧！"有
的军吏劝他另找出路，李陵说："我不死，非壮士。"于是砍掉所有旗帜，
埋藏了珍宝，令军士各自逃命。天亮，李陵与校尉韩延年率十余名军士突
围，数千名匈奴骑兵追击，韩延年战死。李陵说："没有脸面向陛下报告
了。"于是向匈奴投降。司马迁与李陵为同时期人，这些记述应当是真实
的。从以上记述可以看出，让李陵孤军深入，且遭遇强敌之后没有增兵

援助，确属战役指挥失误（汉武帝后来对此表示后悔，说："陵当发出塞，乃诏强弩都尉令迎军。坐预诏之，得令老将生奸诈。"（《汉书·李广苏建传》））李陵在敌众我寡的情况下，英勇奋战，取得非凡战绩，确实是在弹尽粮绝的情况下才投降的。而且，李陵在投降之前有过激烈的思想斗争，曾有过以死报国的决心。但是，这些都不能成为他走上投降之路的正当理由。无论如何，对敌投降，是与"志士仁人，有杀身以成仁，无求生以害仁"的中华传统美德所不相容的。

二者，认为李陵投降匈奴是为了适当时机报效汉朝，而汉武帝杀了李陵的母亲妻子，绝了他返汉的念头。李陵投降匈奴是为了适当时机报效汉朝，源于司马迁对汉武帝说"宜欲得当以报汉也"。司马迁当时讲这句话时，并没有多少事实根据，只不过是一种善意的猜想。而李陵因母亲妻子被杀才不返回汉朝的说法，也值得商榷。汉武帝听到李陵投降的消息后，便把李陵的母亲妻子和为李陵说情的司马迁关进监狱。之后，汉武帝对没有派兵援助李陵一事表示悔悟，便派使者慰赏逃回来的士兵。一年多后，武帝派因杆将军公孙敖深入匈奴迎接李陵。公孙敖无功而归，说"李陵教单于用兵以防备汉军"。武帝听到这一消息后，才杀死李陵母亲妻子，并把司马迁判腐刑。后来，西汉派使者出使匈奴，李陵责问使者为什么杀我全家，使者说："因为听说你教匈奴用兵。"李陵说："是李绪，不是我。"李陵痛恨自己的家因李绪而灭族，便派人杀了李绪。李陵在匈奴很受尊崇和重用，单于把女儿嫁给他做妻子，并立他为右校王。汉武帝去世后，大将军霍光曾派遣与李陵一向友好的任立政等到匈奴召他回汉，并以归来后"毋忧富贵"相许。李陵却以"我已经穿上胡服"、"大丈夫不能第二次受辱"为由，予以拒绝。上述史实说明，李陵投降匈奴后重返汉朝的念头，即使有过，也不是十分坚定的。如果说，因为汉武帝得到不准确信息杀了自己全家，引起李陵的愤怒，尚情有可原；但在汉武帝死后，李陵仍拒绝汉朝派人召回，只能理解为他留恋和不能割舍在匈奴受到的尊崇重用了。更何况，中华民族传统美德历来主张，国事应大于家事，爱国应高于爱家。

三者，认为李陵投降匈奴以后，并没有办过多少危害汉朝的事情。史籍中对李陵投降匈奴后的记载不多，但有一点可以肯定，就是很受单于的器重。"单于壮陵，以女妻之，立为右校王，卫律（投降匈奴的另一位汉将）为丁灵王，皆贵用事。"（《汉书·李广苏建传》）此外，还记载有两件事。一件是，李陵受单于之命，劝说苏武投降。苏武是李陵投降匈奴前一年受汉武帝派遣出使匈奴的，单于因故把苏武扣留。苏武被扣留后受尽威胁和苦难，誓死不降。李陵为苏武置办酒宴，陈设乐舞，趁机对苏武说："单于说我与您平素交往很深，因此派我来劝您，单于将诚心对待您。终究不能回汉朝，白白地在这无人之地自找苦吃，谁能看见您的信义之心呢？从前您的哥哥苏嘉任奉车都尉，随皇帝到雍城棫阳宫，扶辇下殿阶，辇撞到柱子上，折断了辕，以大不敬罪受到弹劾，拔剑自杀，皇帝赐给了二百万钱的安葬费。你的弟弟苏贤随同皇帝去河东郡祭祀上神，宦骑与黄门驸马争船，驸马被推入河中淹死，宦骑逃跑，皇帝命令苏贤追捕宦骑，没能捉到，苏贤忧虑害怕，饮药自杀。你的妻子年轻，听说改嫁了。只剩下两个妹妹、两个女儿和一个儿子，现在已经十多年了，也不知是死是活。人生如同早上的露珠一样短促，何必长时间地折磨自己！我开始投降时，心神恍惚，如疯若狂，为自己背叛汉朝而痛心，加上老母亲被囚禁在保宫，您不想投降的心情怎么会超过我呢？况且皇帝年老，法令没有常规，大臣无罪而被诛灭的有数十家，安危难以预料，您还为谁守节呢？希望听从我的计策，什么也别说了。"苏武对曰："武父子亡功德，皆为陛下所成就，位列将，爵通侯，兄弟亲近，常愿肝脑涂地。今得杀身自效，虽蒙斧钺汤镬，诚甘乐之。臣事君，犹子事父也，子为父死亡所恨。愿勿复再言。"(《汉书·李广苏建传》)李陵又与苏武宴饮了几次,继续劝说他投降。苏武说:"我早已心甘情愿去死,你一定要使我投降,就请结束今天的欢宴,让我死在你面前!"李陵见苏武对汉朝如此忠诚,长叹"嗟呼,义士!陵与卫律之罪上通于天。"随之,泪如雨下与苏武告别离去。从中可以看出,李陵执行单于劝降苏武的命令是很认真的,也看出了他与苏武誓死守节形象的截然不同。另一件事,是征和三年(公元前 90 年),李陵作为汉军降将,参加匈奴与汉军之间的大规模会战。"匈奴使大将与李陵将三万余骑追汉军,转战九日,至蒲奴水;虏不利,还去。"(《资治通鉴·汉纪十四》)有人认为,这次战斗的地点是九年前李陵战败投降的浚稽山,他对那里地形很熟悉,汉军能够取得胜利,可能是李陵在其中发挥了什么作用。这一观点显然很滑稽。据记载,这次会战汉军分三路共投入兵力十四万余人,还动员了楼兰、尉犁等六国军队协助作战,总体兵力远远多于匈奴。这同九年前李陵率五千步兵孤军深入,与八万匈奴军队遭遇截然不同。再者,与李陵共同率领匈奴部队对汉军作战的,还有匈奴的大将,李陵就是有心暗中对汉军相助,也不可能有所作为。需要指出的是,李陵投降匈奴后参加对汉军作战,造成了恶劣的历史影响。后世不少汉奸或试图当汉奸者,总是以这件事为历史根据,寻找投靠新主子并为新主子卖命的理由。抗日战争时期,就有人以李陵为例,替汪精卫之流充当日本汉奸进行辩解开脱。

四者,认为李陵投降匈奴以后,多次表达过愁苦、悲伤和悔恨的心境。李陵的这种心境,主要反映在有关他设宴庆贺苏武返回汉朝的记载和《李陵答苏武书》中。苏武历尽艰辛,十九年持节不屈,终于在公元前 81 年,由汉昭帝派使者接回汉朝。回归前,李陵设酒宴为苏武祝贺,说:"你今天回去,美名传颂于匈奴,功勋显扬于汉朝,即使古代史书所载,图画所描绘的,有谁能胜过您。我李陵虽无能怯懦,假使汉朝暂且宽赦我的罪过，保全我的老母，使我能施展由于投降匈奴之耻而积蓄已久的志愿，或许能像曹沫那样寻找机会立功。"李陵起身舞蹈，唱道："径万里兮度沙幕，为君将兮奋匈奴。路穷绝兮矢刃摧，士众灭兮名已隤。老母已死，虽欲报恩将安归！"（《汉书·李广苏建传》）在答苏武书中，李陵写道："自从初降，以至今日，身之穷困，独坐愁苦。终日无睹，但见异类。""与子别后，益复无聊，上念老母，临年被戮；妻子无辜，并为鲸鲵；身负国恩，为世所悲！子归受荣，我留受辱，命也如何？身出礼仪之乡，而入无知之俗；违弃君亲之恩，长为蛮夷之域，伤已！"这些，或许是李陵真实心境的表露。但是，这对于评价他投降匈奴的是与非，并没有多少价值。正如一个人犯罪之后的悔悟和悲伤一样，对于判定他有罪还是无罪是没有太大意义的，只能作为一种情感上的遗憾！

　　这一史实再一次告诫人们，在事关国家民族利益和尊严的大是大非面前，是不能有任何动摇的，即使是一念之差，也可能会酿成终生大错。李陵投降匈奴的错误选择，抹黑了他的一生，是一个扭曲和悲剧的人生：出生自忠良之家，却做了降将；一心想光耀门楣，却害得家人被灭族；虽然在异域过着优裕的生活，却始终难消胸中的悔闷。到头来，落了个有国难回，有志难酬，有口难辩。可悲呼？可叹呼？

知足不辱，知止不殆

汉宣帝时，疏广被封为太子太傅，疏广的侄子疏受被封为太子少傅。叔侄二人共同负责教授太子读书学习，一时传为美谈。

疏广年轻时好学，通晓《春秋》，在家教授学业就很有名气，求学的人从很远的地方投奔到他的门下。疏广哥哥的儿子疏受，也很有学问，讲究礼仪，谦恭谨慎，敏捷而且善于辞令。二人精心教授太子，汉宣帝非常满意，对他们很器重。

他们二人在太子太傅和太子少傅的岗位上五年，皇太子十二岁，就通晓《论语》、《孝经》。疏广对疏受说："吾闻'知足不辱，知止不殆'，'功遂身退，天之道'也。今仕（官）至二千石，宦成名立，如此不去，惧有后悔，岂如父子相随出关，归老故乡，以寿命终，不亦善乎？"（《汉书·隽疏于薛平彭传》）意思是，我听说有这样的话，"知道满足不会受辱，懂得止步没有危险"，"功成名就主动引退，符合天道"。如今官做到二千石，官当成了，名声树立了，这样还不离职，恐怕要后悔的。还不如我们叔侄二人一起出关，告老还乡，寿终正寝，不也很好吗？疏受磕头说："听从您的指教。"当时，两人就借口有病，请假回家。假期满三个月后，两人请求皇上让他们继续回家养病，并说病进一步加重了，上书请求辞官退休。皇帝以为疏广和疏受年纪老了，便准许二人退休，加赐黄金二十斤，皇太子又赠送黄金五十斤。

疏广回到家乡以后，每天让家人陈设食具，摆上酒食，邀请族人老乡宾客一起娱乐。多次询问家中还有多少金子，催促卖掉来供设酒食。过了一年多，疏广的子孙私下对疏广兄弟辈中的老人说："子孙希望他在世时多少置办些产业立下基业，如今每天吃吃喝喝，资财将要耗尽。希望你们凭老辈人的身份，劝说他置买田宅。"老辈人把这些话转告给了疏广，疏广曰："吾岂老悖不念子孙哉？顾自有旧田庐，令子孙勤力其中，足以共衣食，与凡人齐。今复增益之以为赢余，但教子孙怠惰耳。贤而多财，则损其志；愚而多财，则益其过。且夫富者，众人之怨也；吾既亡以教化子孙，不欲益其过而生怨。又此金者，圣主所以惠养老臣也，故乐与乡党宗族共飨其赐，以尽吾余日，不亦可乎！"（《汉书·隽疏于薛平彭传》）这段话的大意是，我难道老糊涂了不顾念子孙吗？但是原本有旧田宅，让子孙在这些田宅里辛勤劳作，足够供应穿衣吃饭，跟普通人一样。如果再增加他们的财产而出现赢余，只不过是让子孙怠惰罢了。贤明的人有过多财富，就会抛弃自己的志向；愚昧的人有过多财富，就会增加他们的过失。再说富有的人，是众人怨恨的对象；我自然没有什么能用来教化子孙的，就不打算增加他们的过失又招致众人对他们的怨恨。另外，这金子是皇帝赏赐给我用来养老的，所以乐意跟乡亲宗族共同分享这些恩赐，来度完我的余生，不是也可以吗？族人听了这些话后，个个心悦诚服。

疏广的故事，说明了人生的两个重要课题：一个是要正确看待功名地位；另一个是要正确看待金钱和财富。

毫无疑问，功名地位，是衡量一个人成功与否的重要标志。因此，追求功名和社会地位，便往往成为人们的人生奋斗目标。有些人已经有了很高的功名地位，仍然不满足，千方百计去谋取更大的功名、更高的官位，甚至野心恶性膨胀，不讲道德，不择手段。然而，功名地位也是一把双刃剑。当一个人的功名地位在超过他所具备的德才的情况下，或者当一个人不能正确地使用自己手中的权力，把功名地位作为谋得私利的工具的情况下，这时的功名地位将成为一种危险。纵观中国历史，历朝历代，追逐和留恋位高权重，最后被摔得粉身碎骨，落得身败名裂的人还少吗？加之，封建官场你争我斗的险恶环境，于是乎，一些封建士大夫中的智者，在功成名就之后，便像疏广、疏受一样，选择了急流勇退。这种消极态度和明哲保身的做法，在今天看来并不值得称道。但从中也可以体悟出一个道理，就是在功名地位问题上，可以有进取心，但绝不能有野心，需要保持一颗平常心。

金钱和财富是每个人都离不开的，同样，对其也必须有一个正确的态度。金钱和财富，既要取之有道，又要用之有度。金钱和财富本来是为人服务的，如果搞得不好，人反而会成为金钱和财富的奴隶。放眼古今，被金钱和财富所驱使，夺取他人钱财行窃害命者，豪取国家资产以身试法者，挥金如土酒色过度丧命者，视财如命甘当守财奴者，可谓数不胜数。至于把大量金钱财富留给子孙，也不是一种明智的选择。疏广说得好："贤而多财，则损其志；愚而多财，则益其过。"林则徐也说过类似的话："子孙胜过我，留钱干什么；子孙不如我，留钱如留祸。"留家产万贯，不如育子孙立身之德、教子孙一技之长。如果放松对子孙的教育，留下的家产越多，就越会贻害子孙，到头来，家中出的只能是一些损祖毁宗的败家子！

西汉和亲

　　和亲，是西汉初期汉王朝确立的一项处理与匈奴关系的政策，对于促进民族和睦，实现边境和平安定，发挥了重要作用，影响深远。

　　最早提出和亲政策的是建信侯刘敬（本姓娄，后刘邦赐姓刘）。

　　公元前200年，韩王信因受刘邦猜疑谋反，联络匈奴进犯西汉。汉高祖刘邦率三十万大军征战匈奴，被围困于平城白登，七日后才获得解救。刘邦对匈奴数犯边境十分担忧，问计于刘敬。刘敬说："汉朝天下刚刚平定，士兵们被兵火搞得疲惫不堪，对匈奴是不能用武力制服的。匈奴首领冒顿杀了他父王自己做了君王，又把他父亲许多妃妾作自己妻子，他凭借武力树威势，是不能用仁义道德说服的。只能够从长计议，让他的子孙后代臣服汉朝了，然而又怕陛下不能办到。"刘邦说："果真可行的话，为什么不能办！只是该怎么办呢？"刘敬曰："陛下诚能以适长公主妻之，厚奉遗之，彼知汉适女送厚，蛮夷必慕以为阏氏，生子必为太子，代单于。何者？贪汉重币。陛下以岁时汉所余彼所鲜数问遗，因使辩士风谕以礼节。冒顿在，固为子婿；死，则外孙为单于。岂尝闻外孙敢与大父抗礼者哉？兵可无战以渐臣也。若陛下不能遣长公主，而令宗室及后宫诈称公主，彼亦知，不肯贵近，无益也。"（《史记·刘敬叔孙通列传》）意思是，陛下如果能把皇后生的公主嫁给冒顿作妻子，给他送上丰厚的礼物，他知道是汉帝皇后生的女儿，又送来丰厚的礼物，一定因爱慕而把公主作正妻，生下的儿子必定是太子，将来接替君位。匈奴贪图汉朝的丰厚礼物。陛下拿一年四季汉朝多余而匈奴少有的东西多次抚慰赠送，顺便派能言善辩之士用礼节开导启发他们。冒顿在位，当然是汉朝的女婿；他死了，汉朝的外孙就是君王。哪曾听说外孙子敢同外祖父分庭抗礼的呢？军队可以不出战便使匈奴逐渐臣服了。如果陛下不能派公主去，而让皇族女子或者嫔妃假冒公主，他们知道了就不尊敬亲近，那样就没什么好处了。刘邦采纳刘敬的建议，要送公主去匈奴。吕后得知后日夜哭哭啼啼。刘邦不得已便找了个宫女以公主名义，嫁给冒顿作妻子，并派遣刘敬前往与匈奴订立了议和联姻盟约。这就是西汉与匈奴的第一次和亲。

西汉的和亲政策，大体可分为三个阶段：

汉高祖到汉景帝时期，为第一阶段。西汉初年，由于秦王朝的残暴统治和楚汉之争带来的连年战乱，社会经济受到极大破坏；政治上地方割据势力很大，中央集权尚未巩固。而这时北方匈奴却日益强大，是一个"控弦三十余万"的强盛奴隶制国家。刘邦"平城白登之困"的实践证明，单纯用武力解决北方边患在当时是不可能的，和亲与赂馈便成为西汉对匈奴政策的主要手段。因此，从刘邦开始，直到文景时期，都沿用了这一政策。《汉书》记载这一时期和亲事有九处之多。这一时期的和亲政策，并没有从根本上解决北方边患问题，匈奴仍数次侵扰西汉边界，但在一定程度上缓和了民族矛盾。到汉景帝时，匈奴"时时小入盗边，无大寇"。

汉武帝当政时期，为第二阶段。这一时期，西汉王朝经过几十年的休养生息，经济社会有了很大发展。政治上，汉武帝继续执行景帝的削藩政策，战胜了同姓王的叛乱，地方割据势力已被削弱，巩固了中央集权；经济上，发展农业生产，实行国家垄断铸钱、盐铁官营等一系列措施，国家逐步富裕，收入增加；军事上，采纳晁错"徙民实边"和贾谊积极防御的建议，实行耕战结合，养马备战，力量也日益强大起来。随着西汉与匈奴力量对比的变化，汉武帝与匈奴断绝和亲，于公元前127年、公元前124年和公元前119年三次大规模对匈奴用兵，大败匈奴，并打通了西汉通往西域的道路。与此同时，汉武帝采纳张骞的建议，与西域强国乌孙和亲，先后将细君公主、解忧公主嫁给乌孙王。与乌孙的和亲，达到了"断匈奴右臂"的预期目的，在西汉和乌孙的联合攻击下，匈奴屡屡战败，每况愈下。

从汉宣帝开始，为第三阶段。这个时期，西汉和匈奴的关系从战争又回到了和亲政策。出现这种情况，一方面汉武帝时期虽然对匈奴的战争取得了很大胜利，但"征发烦数，百姓贫耗"，"海内虚耗，人口减半"，西汉国力损耗很大；另一方面，匈奴被西汉连连战败，国力大减，匈奴贵族之间也在长期战乱中发生分裂，形成南、北匈奴，互相对峙。以呼韩邪单于为首领的南匈奴，为了借助西汉的力量统一匈奴，三次入汉，表示臣服，请求和亲，使汉匈之间的关系进入了一个新时期。王昭君出塞，就发生在这一时期。

西汉和亲政策的变化说明，解决国家安全问题，必须和平手段与武备相结合。西汉初期，国家初定，连年战乱后急需休养生息，用军事手段解决北方边患不具备条件，和亲是不得已的主要手段。这个时期，尽管西汉极力通过和亲和馈赠大量财物与匈奴修好，但匈奴十分骄横，仍不断侵掠，和亲并没有达到预期的效果，被和亲的汉女在匈奴地位也大都不高。后来，随着西汉国力恢复和日益强盛，汉武帝积极备战，经过三次对匈奴用兵，匈奴实力大降，到汉宣帝时，呼韩邪单于在战败穷困的情况下决计归汉，亲自到长安朝拜宣帝重提和亲。因此，才有了王昭君出塞，呼韩邪单于即以其为"宁胡阏氏"，开创了汉匈和亲最辉煌时期和最成功范例，赢得了汉匈边界较长时间的和平安定。

西汉和亲的深远影响在于，促进了民族间的经济文化交流，有利于民族融合。西汉之后，和亲政策作为中原政权发展与其他少数民族关系的一种方式，一直被延续了下来。史书有记载的和亲就多达170余例，如唐代文成公主嫁吐蕃赞普松赞干布、衡阳公主嫁阿史那·社尔，就取得了很大成功。从政治方面看，和亲不但带来和亲双方的友好相处，也在很多时候维护了中原王朝大一统的局面。东突厥阿史那·社尔与衡阳公主结婚后，在唐与周边的多次战争中屡建战功，有力地维护了唐朝的统一，便是具有代表性的一例。从经济方面看，和亲过程中，不仅聘礼、贡物、回赐及与之相关的互市等活动频繁，出嫁公主还带了中原先进的生产技术、生产工具，为少数民族地区农业、手工业发展提供了条件；少数民族的物产和经济，又丰富和充实了中原地区经济，有利于促进双方经济的发展。从文化方面看，和亲公主带去了中原文化，有利于推动汉文化与少数民族文化交流。考古学家在少数民族聚居地区发掘的大量汉文化文物，就是很好的例证。从血缘方面看，和亲过程加强了民族之间的交流，不仅和亲公主与少数民族君王的后代兼有汉族和少数民族的血统，也势必会造成平民之间的联姻，促进民族之间的血缘融合，增强整个中华民族的凝聚力。

恩格斯在论述中世纪封建主之间的联姻现象时指出："结婚是一种政治行为，是借一种新的联姻来扩大自己势力的机会；起决定作用的是家世的利益，而决不是个人的意愿。"（恩格斯：《家庭、私有制和国家的起源》）西汉和亲政策的产生以及和亲的发展历史，也充分证明了这一点。从政治上看，其积极意义是明显的。就和亲者个体而言，绝大多数和亲公主、宫女并不是出于自愿，婚姻没有爱情基础，有的甚至在孤独忧郁中早死他乡，这无疑是十分残酷的悲剧。但在当时的历史条件下，这又是不可避免和难以改变的。

谨度不骄，高而不危

在《后汉书》中，有两处关于如何身受贵宠而长久之道的史实记载。读后感到颇有教益。

一处是，《光武帝纪》记载，刘秀称帝的第二年，大司马吴汉率九位将军在邬城的东面攻击檀乡寇贼，大获全胜。刘秀把功臣都封为诸侯，其中封邑大的有四县，其余的人封邑大小不等。刘秀下诏令曰："人情得足，苦于放纵，快须臾之欲，忘慎罚之义。惟诸将业远功大，诚欲传于无穷，宜如临深渊，如履薄冰，战战栗栗，日慎一日。"（《后汉书·光武帝纪》）意思是，人的心意得到满足后，就容易放荡不羁，为了得到一时的快乐，忘记了谨慎刑罚的道理。诸位将领功业远大，如果想要永远传位给子孙后代，应该如同面临深渊，如同在薄冰上行走一样，战战兢兢，一天比一天谨慎。博士丁恭建议说："古代帝王封给诸侯的地方一般不超过一百里，增加主干，削弱枝叶，使封侯的领地不要过大，这是达到天下治理的办法。现在封给诸侯四个县，不符合古代的法度。"光武帝刘秀对他说："古代国家的灭亡，都是由于国君无道，不曾听说过因为给功臣封地大而国家灭亡的。"于是派谒者前往授给被分封的诸侯印绶，并在分封的策书上写道："在上不骄，高而不危；制节谨度，满而不溢。敬之戒之。传尔子孙，长为汉藩。"（《后汉书·光武帝纪》）告诫受封的将领们：居于上位不骄傲，位高也没有危险；守节制谨法度，虽然满盈也不漫溢。你们一定要敬肃戒慎，才能使子孙代代富贵。

博士丁恭的建议显然是正确的。诸侯坐大，必然会危害国家统一和中央集权，这已被西汉时期发生七国之乱的教训所证明。对于这一点，以光武帝刘秀的才智不可能不懂得，只是由于当时天下未定，为了赢得平定割据势力的战争，需要重奖有功的将领。天下平定之后，刘秀便立即下诏，把分封的王降为侯，撤销封国，"其宗室及绝国封侯者凡一百三十七人"，"省并西京十三国"（《后汉书·光武帝纪》）。然而，刘秀告诫受到分封的将领们，不能因为受到贵宠就放荡不羁，一定要谨慎刑罚，谨度不骄，才能高而不危。这些话显然是十分有道理的。

另一处记载是，《樊宏传》中樊宏和樊儵父子，身份显贵而为人谨约的故事。樊宏是光武帝刘秀的舅舅，先后被封为长罗侯、寿张侯，其子樊儵为儵燕侯，其兄樊丹为射阳侯，兄子樊寻为玄乡侯，族兄樊忠为更父侯。光武帝对樊宏非常敬重，亲自多次祭祀樊氏墓地，登门拜望，并给予许多封赏。樊宏一生为人温厚，办事讲法度，身份显赫以后，更是谦柔谨慎，不求侥幸。他常告诫其子："富贵盈溢，未有能终者。吾非不喜荣势也，天道恶满而好谦，前世贵戚皆明戒也。保身全己，岂不乐哉！"（《后汉书·樊宏阴识列传》）意思是，富贵过了头，没有能得到善终的。我不是不喜欢荣耀和权势，但天道厌恶盈满而好谦虚，前世贵戚的下场就是明戒。保身全己，岂不快乐吗？他每次朝会，都按期先到，俯伏在宫殿静待，到了时间才起来；每次上对国家有利应办的奏章及讨论利害得失的发言，都亲自书写。在他的感染和教化下，宗族没有犯法的。公元 51 年，樊宏去世，遗嘱要求薄葬，各种殉葬品一无所有。樊宏的儿子樊儵，也很有父亲为人谨慎简约的遗风。建武初期，皇家的法纪禁令还不是那么苛严细致，诸王们长大成人以后，都纷纷招聚宾客。因为樊儵是外戚的缘故，诸王都争着邀请他到府中聚会，而樊儵却坚持清洁自保，没有与他们结交。沛王刘辅结交刺客报复杀人的事情败露后，贵戚子弟大多被搜捕入狱，而樊儵则因不参与而获得幸免。后来，他的弟弟樊鲔想为儿子樊赏求婚，迎娶楚王刘英的女儿敬乡公主。樊儵得知后制止曰："建武时，吾家并受荣宠，一宗五侯。时特进一言，女可以配王，男可以尚主，但以贵宠过盛，即为祸患，故不为也。且尔一子，奈何弃之于楚乎？"（《后汉书·樊宏阴识列传》）意思是，建武年间，我家一门五侯大受荣宠。那时只需要开口说一声，男的可以娶公主，女的可以配王侯，只因为贵宠尊荣过分了，就会遭到祸患，所以不那么做。再说，你就一个儿子，怎忍心将他远远抛到楚国去呢。樊鲔不听从樊儵的劝告。孝明帝十三年，楚王刘英被人指控与渔阳王平、颜忠等造作图书、有逆谋，遭到废黜，后自杀身亡。孝明帝追思樊儵的忠恳朴实，又得知他曾经制止樊鲔和楚王结亲的事，所以樊儵的几个儿子都没有因楚王有罪的事受到牵连。

宠贵过盛，即为祸患，未有能终，这在历史上几乎成为一个规律。出现这种现象大体有两种情况：一种是，有些人位高权重、富贵加身之后，便会忘乎所以，放荡不羁，甚至为所欲为，危害他人和国家，最后搞得身败名裂；另一种是，位高权重者，往往处于统治阶级内部权力斗争的风口浪尖，很容易成为被攻击的目标，一些人便在相互争斗中翻身落马。这后一种情况，有的属于欲加其罪，何患无辞；有的却属于自身不谨慎、有过错，在权力斗争中授人以柄。从中可以看出，尽管并不是每一个"谨度不骄"者，都能够做到"高而不危"，但保持谦虚谨慎、戒骄戒躁的作风，无论对于个人、家庭还是国家，都不失为一种福音。

"四知先生"杨震

　　杨震（公元59—124年），弘农华阴（今陕西华阴东）人，东汉时期名臣，历任襄城令、荆州刺史、东莱太守、涿郡太守、太仆、太常、司徒、太尉等职。他一生有不少作为值得后人称颂。早年一心一意自费设塾授徒，先后在牛心峪学馆和华阴泉学馆讲学三十年，四方学者络绎不绝，学生多达三千余人，可以同孔子有三千弟子相媲美。他唯才是举，选贤任能，任太常期间所选用的陈留、杨伦等，都是当时的名士；任太尉期间皇帝舅父官居大鸿胪的耿宝、皇后哥哥官居执金吾的阎显，先后推荐自己的亲信入朝做官，因德才不具，都被他义正词严地拒绝。他疾恶如仇，敢于直谏，先后上奏汉安帝的乳母王圣骄横放纵、一些大臣修建府邸官署耗资巨大，规劝皇帝亲贤臣、远小人，而且在皇帝听不进这些正确意见的情况下，再三苦谏。而他最为人们敬仰和称道的，是为官清廉，不谋私利，坚持做"清白吏"的可贵品德。

　　永初六年（公元112年），杨震由荆州刺史升迁为负责一郡政务的东莱太守，赴任途中，路经昌邑（今山东巨野县东南）。昌邑县令王密是杨震任荆州刺史时举茂才提拔起来的官员，听说杨震途经本地，为了报答恩情，特意备黄金十斤。白天谒见后，王密又趁夜深人静之时，将黄金送给杨震。杨震不但不收，还批评说："我和你是故交，关系比较密切，我很了解你的为人，而你却不了解我的为人，这是为什么呢？"王密说："现在深夜无人知道。"杨震说："天知，神知，我知，子知。何谓无知！"（《后汉书·杨震列传》）王密听后十分惭愧，只好作罢。后人因此称杨震为"四知先生"。

汉安帝元初元年（公元114年），杨震调任涿郡太守。他在涿郡任职期间，从不吃请受贿，也不因私事求人、请人、托人，请客送礼。他的子孙们与平民百姓一样，生活十分简朴。亲朋好友劝他为子孙后代置办些产业，杨震坚决不肯。他说："使后世称为清白吏子孙，以此遗之，不亦厚乎！"意思是，我这样做，让后世人都称他们为"清白吏"子孙，这样的遗产，难道不丰厚吗？

杨震的可敬可贵之处，在于他清正为官问题上的高度慎独精神。"慎独"一词，最早见于《中庸》："莫见乎隐，莫显于微，故君子慎其独也。"南宋朱熹对这个词作过这样的说明："君子慎其独，非特明显之处是如此，虽至微至隐，人所不知之地，亦常慎之，小处如此，大处亦如此；明显处如此，隐微处亦如此，表里内外，粗精隐显，无不慎之，方谓'诚其意'。"（《朱子语类》）用现在的话讲，就是无论公开的情况下，还是隐秘的情况下，无论是大处，还是细微之处，都要遵循法度道德办事；而且越是在个人独处的情况下，越要谨慎小心，不要因为别人不在场或不注意的时候干坏事。在中华民族传统美德中，慎独既是一种道德修养境界，也是一种道德修养方法。只有具备高度的慎独精神，才能做到处处严以律己，时时自尊、自爱、自警、自励，不为各种复杂情况和各种诱惑所左右，真正成为一个有道德的人，一个脱离了低级趣味的人。

杨震"年五十，乃始仕州郡。"（《后汉书·杨震列传》）他入朝为官在汉安帝刘祜统治时期。在此期间，先是邓氏外戚专权，后是以安帝乳母王圣、中黄门李闰、江京为首的宦官集团当道，东汉王朝已是政风日下，内忧外患不断。杨震为官清廉、疾恶如仇，敢于直谏的行事风格，自然显得很不入时，并受到一些朝中大臣的嫉妒和仇恨。延光三年（公元 124 年），中常侍樊丰等人趁汉安帝巡游泰山之机竞相修建宅邸，杨震准备好奏章等安帝回京后上奏此事。樊丰等人知道这个消息后十分害怕，当时恰好发生太白犯昂的自然星象变化，太史官奏说这一星象变化昭示人臣有悖逆犯上行为。樊丰等人趁机将星象变化归罪到杨震身上。安帝本来就对杨震数次直谏朝政弊端有所不满，便连夜派使者收缴了杨震的太尉印绶，并在樊丰等人的鼓动下，下诏遣送杨震回归故里。杨震接诏后，立即动身返乡，在途经洛阳城西几阳亭时，慷慨悲愤地对他的儿子和门人说："死者士之常分。吾蒙恩居上司，疾奸臣狡猾而不能诛，恶嬖女倾乱而不能禁，何面目复见日月！身死之日，以杂木为棺，布单被裁足盖形，勿归冢次，勿设祭祠。"（《后汉书·杨震列传》）说完饮毒酒而死。这样一位清廉正直而有作为的朝中重臣，落个如此下场，说明当时东汉王朝是如何的腐败和黑暗。而杨震在这样的环境下，尚且能够慎独不懈，独善其身，实为难能可贵，更加值得尊重和敬仰！

"铜臭"一说的由来

　　东汉灵帝刘宏在位期间，外戚和宦官轮流专权，朝廷政治腐败，风气污浊不堪。光和元年至中平六年（公元 178 年至公元 189 年），实行公开卖官鬻爵。"开鸿都门榜卖官爵，公卿州郡下至黄绶各有差。其富者则先入钱，贫者到官而后倍输，或因常侍、阿保别自通达。"（《后汉书·崔骃列传》）当时，像段颎、樊陵、张温这样虽然功劳很大、名望很高的人，也都是先交足了钱，才登上公位的。崔烈是北方名门望族，历任郡守及朝廷卿职。中平二年（公元 185 年），崔烈想当司徒，便通过关系，花五百万钱买了个司徒官职。到册拜之日，宫廷举行隆重的封拜仪式，灵帝刘宏亲自出席。望着崔烈春风得意的样子，灵帝突然觉得崔烈的司徒一职卖得太便宜了，忍不住对身边的亲信说："悔不小靳，可至千万！"事后，崔烈问自己的儿子崔钧："我当了三公（司徒位列三公），外面有什么议论呀？"崔钧说："父亲您很有英名，又历任卿守，议论的人都认为您应当为三公，但如今登上三公之位，却令天下失望。"崔烈又问："这是为什么呢？"崔钧对曰："论者嫌其铜臭。"（《后汉书·崔骃列传》）这便是"铜臭"一说的由来。

　　其实，中国历史上的卖官鬻爵，并不是开始于东汉灵帝时期。据《史记·秦始皇本纪》记载，始皇四年十月，"蝗虫从东方来，蔽天。天下疫。百姓纳粟千石，拜爵一级。"又据《汉书·食货志上》记载，汉文帝采纳晁错的建议，"令民入粟边，六百石爵上造，稍增至四千石为五大夫，万二千石为大庶长，各以多少级数为差。"汉武帝时期，对外征战四夷，对内兴功利，役费并兴，天下虚耗，国库空虚。于是，朝廷在大卖武爵的同时，也采取捐资授官的措施补充国库的亏空。"大司农陈臧钱经用，赋税既竭，不足以奉战士。有司请令民得买爵及赎禁锢免（减）罪；请置赏官，名曰武功爵。"（《汉书·食货志下》）"弘羊又请令民得入粟补吏，及罪以赎。"（《汉书·食货志下》）由此可以看出，纳粟卖爵和纳资卖爵在秦代和西汉初期已经出现，开始时只是卖爵位，捐资授官则起于汉武帝。那时的这些举措，大都是筹资用于赈灾和卫边御敌，属于临时应急的措施，而且是政府行为，所收取的粟和资收归国库。

自此以后，官爵捐纳制度历代沿袭，积渐而滥。一般说来，一代政权建立之初，政治比较清明，卖官鬻爵的现象就会少一些；而帝王昏庸，政治腐败，卖官鬻爵之风便日益泛滥。一些执政掌权者为了聚敛财富，竟把官爵当作商品出卖，成为一大弊政。东汉桓帝刘志时期，卖官鬻爵的风气就很盛行，"占卖关内侯、虎贲、羽林、缇骑营士、五大夫钱各有差。"（《后汉书·孝桓帝纪》）晋武帝司马炎灭吴后逐渐怠惰政事，奢侈腐化，也是一个卖官的皇帝。据《晋书·刘毅传》记载，司马炎问司隶校尉刘毅："我可以与汉朝哪位皇帝相比？"刘毅直言不讳地说："你可以与东汉桓帝、灵帝相比。"晋武帝听后很不高兴，说："我功德虽不如古人，平定吴国，统一天下，桓帝、灵帝怎么能与我相比呢？"刘毅对曰："桓灵卖官，钱入官库；陛下卖官，钱入私门。以此言之，殆不如也。"（《晋书·刘毅传》）唐高宗时，尚书令李义府："既主选，无品鉴才，而溪壑之欲，惟贿是利，不复铨判，人人咨讪。又母、妻、诸子卖官市狱，门如沸汤。"（《新唐书·奸臣传上·李义府》）到了唐代后期，朝廷各级官员更是贪污贿赂，买官卖官成风。北宋徽宗、南宋理宗、元世祖忽必烈、明代嘉靖当政时期，也都是卖官鬻爵之风比较盛行，出现了丞相蔡京、贾似道，尚书右丞相桑哥，奸相严嵩等一批纳贿"以官爵为货而贩之"的大贪官。南明福王即位南京，马士英辅政，招权纳贿，卖官鬻爵，投降过李自成而后逃到南京的官员，凡行贿者，均可官复原职，许多文盲、役吏因以重金行贿，也做了军队的将帅。清代把纳捐买官作为一种制度，而且纳捐名目繁多。宰辅大臣和珅，就是一个卖官鬻爵的大贪官。他执政二十余年，恃宠弄权，贿如山积，家中财产富可敌国。

这一腐败现象的严重危害是显而易见的。卖官鬻爵必然导致吏治腐败，而吏治腐败伤及国家根本，又是万腐之源。这一腐败现象的盛行，对于国家来说，会败法乱政，误国祸国，侵蚀国家政权的基础，以致冲毁国家政权的大厦；对于人民群众来说，更是深受其害。因为卖官鬻爵，必然会产生大量昏庸无能和贪婪成性的官虎吏狼。这些人买官的目的是"以本求利"，一旦走上官位必然迫不及待地横征暴敛，巧取豪夺，弄得民不聊生。

卖官鬻爵现象之所以能够历代沿袭，有其一定的社会基础。中国几千年形成了"学而优则仕"的思想文化传统，做官成为众多人的毕生追求。只有当了官，才算功成名就，才能衣锦还乡，光宗耀祖。于是，一些人便千方百计设法进入仕途，而最便捷的方式就是跑官、买官，通过拉关系、走后门，贿赂当权者，以资财换取官位。此外，看重功名的社会风气，"一人得道，鸡犬升天"的现实，也使买官者有了强烈的欲望和动力，使这一腐败现象得以盛行。但是，造成卖官鬻爵现象得以存在和猖獗的根本原因，在于官僚体制给卖官者提供了营私舞弊的可能。在中国历史上，虽然每个朝代对官员的选拔、考核、升迁，都有明确的规定，然而，由于权力掌握在皇帝和少数几个位高权重的大臣手中，这些规定自然难以得到真正的贯彻执行。某些权臣只要取悦于皇帝，便可恣意妄行，一手遮天，使选拔官吏的法令成为一纸空文，导致权钱交易、卖官发财的行为肆意横行。

遏制和彻底消除卖官鬻爵的腐败现象，除了坚决打击卖官的贪官，通过教育等手段逐步消除产生这种腐败现象的社会基础之外，一项关键和重要的措施，是建立并坚持一套科学的民主选官用官制度和机制。要扩大人民群众对官员选拔、任用、考察的知情权、参与权和决定权，真正把官员进、退、任、免的权力交给人民大众。从而，使想卖官者没有营私舞弊的空子可钻，使想买官者无投机取巧的门路可投。当然，这在封建专制的制度下，是不可能实现的。

曹操唯才是举

史学家认为，曹操之所以能由弱变强、统一北方，成为魏、蜀、吴三国鼎立中最强的一极，最重要的有两点：一则在于他具有高超的谋略；二则在于他善于选人用人。

曹操选人用人的思想，集中地反映在他的三次《求贤令》中。

建安十五年（公元 210 年）春，曹操下第一道《求贤令》，令曰："自古受命及中兴之君，曷尝不得贤人君子与之共治天下者乎！及其得贤也，曾不出闾巷，岂幸相遇哉？上之人不求之耳。今天下尚未定，此特求贤之急时也。'孟公绰为赵、魏老则优，不可以为滕、薛大夫。'若必廉士而后可用，则齐桓其何以霸世！今天下得无有被褐怀玉而钓于渭滨者乎？又得无盗嫂受金而未遇无知者乎？二三子其佐我明扬仄陋，唯才是举，吾得而用之。"（《三国志·魏书·武帝纪》）其主要意思是：当今天下尚未平定，正是急需寻求各种人才的时候。如果一定要从廉洁高尚的人中选用，那么齐桓公又怎么能称霸于世呢？现在天下难道没有姜子牙那样身穿粗布衣服、胸怀谋略，而在渭水之滨垂钓的人吗？又难道没有像陈平那样盗嫂受金，很有才能却没有被我们了解的人吗？你们应当帮助我发现和选拔被埋没的人才。只要有才能就可以推举，让我能够任用。

　　建安十九年（公元214年）十二月，魏、蜀、吴三国鼎立之后，曹操为了使魏国在激烈的争霸中保持人才优势，发布了第二道《求贤令》。令曰："夫有行之士未必能进取，进取之士未必能有行也。陈平岂笃行，苏秦岂守信邪？而陈平定汉业，苏秦济弱燕。由此言之，士有偏短，庸可废乎！有司明思此义，则士无遗滞，官无废业矣。"（《三国志·魏书·武帝纪》）意思是，有良好道德的人未必能有所作为，有作为的人未必有好的品德。不能说陈平品行好，也不能说苏秦守信用。但陈平能协助刘邦夺取天下，苏秦能扶助弱小的燕国。由此说来，有才能的人虽然有短处，但怎么能废置不用呢？主管选拔官吏的人想通了这个道理，有才能的人就不会被埋没和遗漏，政事也就不会被废弃了。

　　建安二十二年（公元217年），曹操已经六十三岁，他壮志不已，着眼完成统一天下大业所需要的大批人才，于这年八月下了第三道《求贤令》。令曰："昔伊挚、傅说出于贱人，管仲，桓公贼也，皆用之以兴。萧何、曹参，县吏也，韩信、陈平负污辱之名，有见笑之耻，卒能成就王业，声著千载。吴起贪将，杀妻自信，散金求官，母死不归，然在魏，秦人不敢东向；在楚，则三晋不敢南谋。今天下得无有至德之人放在民间，及果勇不顾，临敌力战；若文俗之吏，高才异质，或堪为将守；负污辱之名，见笑之行，或不仁不孝而有治国用兵之术：其各举所知，勿有所遗。"（《三国志·魏书·武帝纪》）意思是，当年伊尹和傅说出身奴隶，管仲是齐桓公的敌人，但由于重用他们而使国家兴旺。萧何、曹参是县里的小官，韩信、陈平是市井无赖，但他们能够帮助汉高祖刘邦成就帝业。吴起杀妻求将，散金求官，母死不奔丧，但他在魏国，秦国不敢东侵；在楚国，三晋不敢南犯。现在难道没有奇才异能的人埋没在民间吗？对于那些勇敢果决、不顾生命，遇到敌人奋力死战的人；或者担任下级官吏，确有超人的才能和优异的素质能够任将军、郡守的人；或者不仁不孝，背上不好的名声，行为被人耻笑，但能治国用兵的人，你们都要将自己知道的推举上来，不要遗漏。

曹操在三次《求贤令》中都讲到了陈平，可见他对陈平的重视和推崇。从上述《求贤令》中可以看出，曹操选人用人思想的核心是唯才是举、唯才是用，只要有治国用兵的突出才干，即使是道德品质方面有缺陷，不仁不孝，也要大胆举荐和使用。而陈平，则是最能够说明他这一选人用人思想正确性的典型人物。

陈平是西汉王朝的开国功臣，少年时喜读书，有大志。陈胜、吴广起义后，六国贵族纷纷起兵，陈平开始跟魏王咎，不久因受谗言归顺项羽，后来又投奔汉军。汉将魏无知把陈平推荐给刘邦，刘邦与陈平两人纵论天下大事，十分投机，便破例任陈平为都尉，留在身边做参乘，并命他监护三军将校。这一下引起汉军将领们的不满，纷纷说陈平品德不端，在家中私通嫂嫂，反复无常不讲信义，到汉营后又收受钱物。刘邦经不住众人诋毁，便召来魏无知责问。魏无知对曰："臣所言者，能也；陛下所问者，行也。今有尾生、孝己之行而无益处于胜负之数，陛下何暇用之乎？楚汉相距，臣进奇谋之士，顾其计诚足以利国家不耳。且盗嫂受金又何足疑乎？"（《史记·陈丞相世家》）意思是，我说的是才能，陛下问的是品行。现在如果有人有尾生、孝己（尾生是历史上记载的一个忠贞爱情、为情而死的青年，孝己是传说中孝子的典范）那样的品行，但对胜负的命运没有好处，陛下哪有闲暇使用这样的人呢？楚汉对峙，我推荐善于奇谋的人，只关心他的计谋是否确实能够有利于国家罢了。至于私通嫂嫂，接收钱财，又有什么值得怀疑的呢？

刘邦听了魏无知上述一番话又与陈平交谈之后，消除了疑虑，提拔陈平为护军都尉。从此，陈平为刘邦六出奇计夺取天下：公元前203年，刘邦被项羽围困在荥阳城，陈平献计，用重金离间项羽与谋臣范增和大将钟离眛的关系，并除掉了范增这个项羽手下唯一的著名谋臣；项羽猛攻荥阳，陈平让一个貌似刘邦的将军化装成汉王出去诈降，吸引楚军主力，使刘邦等成功突围；韩信夺取了齐地，派使者来要求刘邦封他为假齐王，刘邦采用陈平的计谋，顺水推舟，封韩信为齐王，防止了汉军的分裂；划定楚河汉界之后，陈平抓住有利时机，建议刘邦攻打项羽，汉军发动垓下之战击溃楚军，项羽自刎乌江；公元前 201 年，有人告韩信谋反，刘邦接受陈平的计谋，伪游云梦逮捕韩信，避免了一场流血战争；公元前 200 年，刘邦被匈奴困于平城七天七夜，后采纳陈平计策，重贿冒顿单于的阏氏，得以成功解围。刘邦去世以后，吕后专权，大封诸吕为王，陈平借吕后病死之机，与太尉周勃合谋，平定诸吕之乱，迎立代王刘恒为汉文帝，从而巩固了刘氏西汉政权。司马迁如此评价陈平的功绩："六奇既用，诸侯宾从于汉；吕氏之事，平为本谋，终安宗庙，定社稷。"（《史记·史太公自序》）由此看来，曹操在《求贤令》中反复提及陈平，便不足为怪了。

正是由于曹操奉行不拘一格、唯才是举的选人用人路线，使他的身边聚集了一大批能战善谋的文武之才。武将如夏侯惇、夏侯渊、许褚、典韦、张辽、曹仁、张郃、徐晃、曹洪、乐进、于禁、庞德、张绣等，谋士和文官如荀彧、荀攸、程昱、郭嘉、贾诩、毛玠、陈群、陈琳、司马懿等，可谓"武将如云，谋士如雨"。其中，张辽、徐晃、张郃等原来都是敌军部将，一旦归顺，曹操都给予重用；张绣曾杀死曹操一子一侄，投降后，曹操弃仇录用，拜为扬武将军；陈琳在袁绍手下时，曾写过《讨曹操文告》，历数曹操罪过，曹操知道他是个人才，打败袁绍后没有杀他，收为己用。如此强大的人才团队，为曹操称霸群雄、夺取天下，奠定了坚实的基础。

曹操强调大胆选拔使用像陈平这样虽德行有些不肖、但才干突出的人，反映了当时群雄争霸对人才需要的实际。一般说来，打天下和创业时期，面对强敌，局势险恶，各种困难重重，只有依靠大批才能卓越的人才，才能够锁定胜局、开创局面，这些人才即使在品德方面有些缺陷，统治者也可以容忍和不加计较；而坐天下和守业时期，形势比较平稳，需要在伦理道德和法规制度建立起来的秩序下治理国家，统治者对各类官员德行方面的要求自然就会高一些。于是乎，便形成了"打天下和创业时期重才，坐天下和守业时期重德"这样的选人用人规律。

诸葛亮高风亮节

　　三国时期的诸葛亮，是一位备受后世尊崇的传奇人物。他博学多谋，以《隆中对》判定天下大势，屡献奇计助刘备先取荆州、再取益州，使蜀汉成为三足鼎立中的重要一极；忠贞报国，以《出师表》坦陈忠诚之心，呕心沥血辅佐后主刘禅，南征不毛之地，六伐中原，鞠躬尽瘁，死而后已，可谓忠臣的楷模、智慧的化身。诸葛亮的忠贞和智慧，还表现在他对家产问题的态度上。

　　建兴十二年（公元234年），诸葛亮统兵十万第五次北伐。临行前，他向蜀汉后主刘禅递上一道奏表："亮自表后主曰：'成都有桑八百株，薄田十五顷，子弟衣食，自有余饶。至于臣在外任，无别调度，随身衣食，悉仰于官，不别治生，以长尺寸。若臣死之日，不使内有余帛，外有赢财，以负陛下。'"（《三国志·诸葛亮传》）从这份奏表中，可以看出诸葛亮在对待家产问题上的高风亮节：

　　其一，坦然自报家产。中国古代没有官员财产申报制度，诸葛亮称得上是主动申报个人财产的旷古第一人。他家中有多少财产呢？"成都有桑八百株，薄田十五顷，子弟衣食，自有余饶。"诸葛亮的全部家产是薄田15顷，800棵桑树。按汉代一顷为一百亩，每亩折合现在0.69亩计算，

15 顷相当于拥有 1000 余亩田产。西晋初年对官员占田地的规定是"其官品第一至于第九，各以贵贱占田，品第一者占五十顷，第二品四十五顷，第三品四十顷，第四品三十五顷，第五品三十顷，第六品二十五顷，第七品二十顷，第八品十五顷，第九品十顷。"（《晋书·货食志》）诸葛亮任蜀国丞相，领司隶校尉、益州牧、录尚书事，刘备去世前托孤白帝城，后主刘禅事诸葛亮如父，"政事无巨细，咸决于亮。"（《三国志·诸葛亮传》）他身居"一人之下，万人之上"的高位数十年，家产只相当于小小的八品官，可见其为官之清廉。正因为如此清廉，才能做到无所隐讳，敢于公开，坦然自报家产。

其二，不以公职谋取私利。诸葛亮在奏表中讲道："至于臣在外任，无别调度，随身衣食，悉仰于官，不别治生，以长尺寸。"意思是，至于臣在外任职当官，没有收取和聚敛钱财，随身的衣物和饮食，完全由政府供给，也没有另外经营生计和理财，来增加自己微薄利益。衡量一个官员是否廉洁，不仅看他的财产多少，还要看他的财产收入是如何来的，是否取财有道，符合有关法律法规和道德规范。诸葛亮身为一国丞相，政权、军权、财权集于一身，不利用职权聚敛财物和从事经营理财活动，只是靠政府供给解决自己的衣物饮食，实为可赞可敬。

其三，不追求余帛赢财的淡定态度。诸葛亮在奏书中表示：等到臣死的时候，不使我家中有多余的币帛，外面有多余的钱财，否则便是辜负了陛下。"及卒，如其所言。"（《三国志·诸葛亮传》）诸葛亮去世以后，果然做到了如他所说的，家无余财。他不仅自己淡泊名利，不追求钱财，也教育子女静以修身，俭以养德，不要让世俗名利毁掉远大理想。在诸葛亮看来，父母留给子孙的，最重要的不是多少家产，而是教育子孙能够修德明志，增长才干。诸葛亮 46 岁时喜得贵子，儿子诸葛瞻出生。他在《诫子书》中写道："夫君子之行，静以修身，俭以养德。非淡泊无以明志，非宁静无以致远。夫学须静也，才须学也。非学无以广才，非志无以成学，淫慢则不能励精，险躁则不能治性。"意思是，品德高尚、德才兼备的人，是依靠内心安静、精力集中来修养身心的，是依靠俭朴的作风来培养品德的。不看清世俗的名利就不能明确自己的志向，不身心宁静就不能实现远大的理想。学习必须专心致志，增长才干必须刻苦学习。不努力学习就不能增长才智，不明确志向就不能在学习上获得成就。过度享乐和怠惰散漫就不能奋发向上，轻浮急躁就不能陶冶性情。诸葛亮的早年教育，对诸葛瞻的成长起到了重要作用。诸葛瞻从小颖慧好学，虽不像其父那样有旷世奇才，也是一位品学兼优人士。他从军队低级军官做起，直至尚书仆射加军师将军，统帅蜀国诸将。公元263年，他与魏将邓艾交战于绵竹，与其长子诸葛尚一起阵亡。

诸葛亮不仅家无余财，死后对自己的丧葬安排也十分俭朴。"亮遗命葬汉中定军山，因山为坟，冢足容棺，殓以时服，不须器物。"（《三国志·诸葛亮传》）冢墓只要容下棺木即可，穿当时的衣服入殓，不需要其他器物来陪葬。诸葛亮的才智和高风亮节，不仅得到蜀国上下的拥戴，也受到了敌方的尊重。魏军伐蜀时经过定军山一带，将领们专门祭拜诸葛亮庙，并下令士兵不准在诸葛亮坟墓附近割草、牧马和砍柴。根据考古发现，我国汉代到隋唐时期，皇帝和王公大臣死后，绝大多数都要把大量金银玉器等珍宝作为随葬物品。诸葛亮却不准使用任何贵重的器物陪葬。正因为如此，后来那些皇帝和王公大臣的坟墓一个个被盗，有的甚至连尸骨都被挖出来抛弃荒野，而诸葛亮的坟墓却至今保存完好。这让后人不得不既赞叹诸葛亮的崇高境界，又赞叹他的过人智慧！

羊祜与"堕泪碑"

西晋王朝的最大贡献，莫过于消灭了东吴，结束了东汉以来长期的割据分裂状态，使中国重归统一。而取得灭吴战争胜利的第一功臣，当属羊祜。宋末元初著名学者陈元靓评述："西晋帝业，实羊之功。"(陈元靓：《事林广记·后集》)

羊祜是西晋王朝的开国元勋，著名的战略家、军事家、政治家。他出身汉魏名门士族之家，上溯九世皆有人出仕二千石以上的官职，父亲为曹魏时期上党太守，母亲蔡氏是汉代名儒蔡邕的女儿，姐姐是司马懿之子司马师的妻子。羊祜博学多才，清廉正直，先后任中书侍郎、给事中、黄门郎、秘书监、中领军、中军将军、卫将军等职。公元269年，晋武帝司马炎"有灭吴之志，以祜为都督荆州诸军事、假节，散骑常侍、卫将军如故。"(《晋书·羊祜列传》) 不久，羊祜又被加封为车骑将军、征南大将军，全面主管灭吴战争诸事项。从公元269年起到公元278年因病去世，羊祜十年时间在灭吴战争准备上做了五件大事。

开发荆州，稳固边境。羊祜刚赴任时，荆州形势很不稳固，百姓生活不够安定，就连军粮也不充足。于是，他首先把精力放在开发荆州方面。吴国石城驻军离襄阳七百多里，经常侵扰边境。羊祜巧用计谋，使吴国撤销了石城的守备。然后，把驻守的晋军分作两半，一半执行巡逻戍守的军事任务，一半垦田，当年便垦田八百余顷。羊祜刚到任时，军队连一百天的粮食都没有，后来粮食积蓄可用十年。他还开办学校，大兴教育，很快安定了荆州的社会秩序。

采取军事蚕食和提倡信义的两面策略，瓦解吴国。羊祜借鉴历史上孟献子经营武牢而郑人畏惧，晏弱筑城东阳而莱子降服的经验，挥兵挺进荆州以东的战略要地，先后建立五座城池，并以此为依托，占据肥沃土地，夺取吴人资财。同时，实施怀柔、攻心之计。晋国军队路过吴国边境，收割田里稻谷以充军粮，每次都要根据收割数量用绢偿还。打猎的时候，约束部下不许超越边界线。一次晋军抓到吴军两位将领的孩子，羊祜知道后命令将孩子放回。后来，那两名少年的父亲率其部一起来降。吴将邓香进犯夏口被活捉，羊祜把他放回，邓香感恩率部归降。羊祜的这些做法，使吴人心悦诚服，尊称他为"羊公"。吴国将领陆抗叹道："彼专为德，我专为暴，是不战而自服也。"（《资治通鉴·晋纪》）称赞羊祜用兵"虽乐毅、诸葛孔明不能过也。"

大办水军，严格训练部队。羊祜认为，征伐东吴，必须凭借荆州地处长江上游的优势，大力建设水军。益州刺史王濬不修名行，但恢廓有大志，是一个有争议的人物。羊祜极力肯定王濬的军事才能，推举他负责修舟舰并训练水军。"濬乃作大船连舫，方百二十步，受二千余人。以木为城，起楼橹，开四出门，其上皆得驰马来往。""舟楫之盛，自古未有。"（《晋书·王濬列传》）羊祜还抓紧水、陆部队的实战训练，使晋军的作战能力得到极大提高。

适时力主发起灭吴战争。经过多年的充分准备，荆州边界晋军的实力已经远远超过了吴军。吴国境内吴主孙皓的高压统治使各种矛盾日益激化，具有较高军事才能的吴军主帅陆抗也已病死。羊祜认为灭吴的条件和时机已经成熟，于公元 276 年上书晋武帝司马炎请求伐吴。这篇奏疏就是历史上有名的《请伐吴疏》。羊祜在这篇奏疏中精辟地分析了敌我力量的变化，指出当前是灭吴的最佳时机，制定了具体的作战方针、兵力部署和实施方案。这篇奏疏得到了司马炎的肯定，却遭到了贾充、荀勖等朝中大臣的反对。他们提出，西北地区鲜卑未定，不应当两线作战。羊祜再次上表道："东吴平定，则胡人自然安定，当前只应当迅速完成灭吴大业。"当时正好遇到晋军在秦、凉等地作战失利，伐吴一事便被搁置了下来。公元 278 年，羊祜积劳成疾，身染重病。他奉诏抱病乘辇车上殿，再一次向司马炎陈述伐吴主张。羊祜曰："今主上有禅代之美，而功德未著。吴人虐政已甚，可不战而克。混一六合，以兴文教，则主齐尧舜，臣同稷契，为百代之盛轨。如舍之，若孙皓不幸而没，吴人更立令主，虽百万之众，长江未可而越也，将为后患乎！"（《晋书·羊祜列传》）意思是，当今主上有受禅让的美名，但功德尚未著称于世。吴人暴政已经到了极点，此时伐吴可以不战而胜。统一天下而兴办文教，则晋主可比尧舜，而臣下犹如稷契，这是百代难逢的盛事。如果放过这个机会，孙皓或不幸死去，吴人另立英明君主，虽有百万大军，长江也是难以越过的，这不是留下后患吗？

推荐杜预代替自己作伐吴统帅。司马炎听取羊祜的建议，决定伐吴，并打算让羊祜卧病统领征吴诸将。羊祜说："取吴不必我亲自参加，但平吴之后还要圣上操心去治理啊！关于功名的事，臣不敢自居。若我的一生即将完结，应当将未成事业托付他人，希望能审慎选出这个人。"病逝前，他举荐博学多通、具有非凡军事才能的杜预接替自己，担负起晋军灭吴统帅的重任。杜预接替羊祜以后，不负众望，进一步做好战前准备，并多次上书劝告司马炎不要再优柔寡断，立即对吴开战。公元 279 年 11 月，西晋调集大军二十多万，分六路水陆并进讨伐东吴，于第二年正月便取得了灭吴战争的胜利。

羊祜虽然未能亲自统率晋军伐吴，但他在长达十年的战争准备中为灭吴奠定了坚实的基础，是当之无愧的第一功臣。平定东吴后，群臣给晋武帝司马炎上寿祝贺，司马炎端起酒杯流着泪说："这是羊太傅（即羊祜）的功劳啊！"

羊祜不仅功勋卓著，而且有很高的德操志趣。他虽出身名门士族，却不附结权贵，不趋炎附势。曹魏时期，不主动卷入曹爽与司马集团的斗争。高平陵之变后，夏侯霸为逃避杀戮投降蜀国，亲属们都怕受牵连与其家断绝关系，唯有羊祜安慰体恤其亲人，亲近恩礼，愈于常日。他淡泊名利，多次推辞封赏。羊祜曾对从弟羊琇说："东吴平定之后，我当戴上隐士的角巾，东回故里，经营一个能容棺材的坟墓。一个贫穷之士而身居高位，怎能不因势盛气满受指责呢？汉朝弃官归乡的疏广就是我的榜样。"他秉公无私，处事谨慎。羊祜任职历魏晋两朝，参与许多国家重大举措，争权夺利的事却与他无关。他所献的好计谋和正直议论，事后都把稿子烧掉，世人很少知道；所推荐提拔的官员，都不知道是谁举荐了自己。他一身清廉，生活节俭。"祜立身清俭，被服率素，禄俸所资，皆以赡给九族，赏赐军士，家无余财。"（《晋书·羊祜列传》）

正因为羊祜有这样的卓越功勋和美德，使他赢得了人们的崇高敬意和尊重。公元278年，羊祜病逝，晋武帝司马炎着素服吊丧，在寒风中泪水沾满鬓须，化为冰珠。荆襄民众听说羊祜去世的消息，无人不痛哭，为之罢市以示哀悼，大街小巷哭声相接。东吴守边将士也为之哀泣。"其仁德所感如此。"羊祜的仁德就是这样感动了所有的人。襄阳百姓在岘山羊祜生前游息的地方建庙立碑，每年按时祭奠。看到此碑的人无不流泪，杜预因此把此碑命为"堕泪碑"。后来，"堕泪碑"多次被历朝修缮，孟浩然、范仲淹、王士禛等名流皆有和唱之作，前往观瞻者至今络绎不绝。

历史将永远记住那些为实现国家统一、民族振兴、社会繁荣进步作出过贡献的人。羊祜十年致力灭吴战争的筹划和准备，为结束分裂、国家重归统一奠定了坚实的基础，其功可赞；不附权贵，淡泊名利，秉公无私，一生清廉，其德可敬。他在世时就"名德远播，朝野具瞻"，至今仍为人们所敬仰和赞颂。有些历史人物，虽然也为国家统一和社会发展进步作出了突出贡献，或者因为其虽有大功也有大过，或者因为其业绩尚可而德行不足，或者因为其前期很有作为而后期走向反面，对他们的褒奖和肯定，都没有像对羊祜这样众口一词、古今如一。羊祜在世时，有些人对他身居高位不争权夺利，参与朝廷重大决策不愿让世人知道，举荐官员不让人知晓的做法，感到不理解，认为这样做谨慎守密太过分了。羊祜解释道："是何言欤！夫人则造膝，出则诡辞，君臣不密之诫，吾惟惧其不及。不能举贤取异，岂得不愧知人之难哉！且拜爵公朝，谢恩私门，吾所不取。"（《晋书·羊祜列传》）这段话的意思是，话怎么能这样说呢?！现在一般人在你跟前促膝谈心，像是很亲近，一出门就说假话坏话，所谓君臣之间不守密的训诫，我怕自己还没有做到呢。身居要位而不荐拔贤人奇才，岂不在知人的问题上有愧吗? 况且，被推荐者报恩私门，这是我不愿意做的。一方面，在灭吴这样事关国家利益的重大问题上敢言敢为；另一方面，一生谨慎守密。这就是羊祜成功的原因所在。在事关国家利益的重大问题不敢言、不敢为，便不可能有所建树；而在封建官场尔虞我诈的环境中不谨慎守密，便不可能独善其身。抛开所处的历史环境不说，羊祜这两点成功秘诀，对后人也不失为有益的启示。

奢侈之费，甚于天灾

　　西晋王朝建立不久便轰然走向灭亡的一个重要原因，是以晋武帝司马炎为代表的统治集团极度奢侈腐败。曾任尚书左丞、冀州刺史、司徒左长史的直臣傅咸，针对当时的情况上书尖锐地指出："奢侈之费，甚于天灾。"（《晋书·傅咸传》）

　　晋武帝司马炎为西晋开国君主，公元265年被封为晋王太子，第二年逼迫魏元帝曹奂禅让称帝，在位35年。应当说，司马炎在位的前半期励精图治，算得上是一位有作为的皇帝。他鉴于曹魏末年为政严苛，风俗颓废，生活豪奢，乃"矫以仁俭"，救助鳏寡孤独不能自存者，免逋债宿负，诏郡国守相巡行属县，并能容纳直言。公元268年，司马炎向郡国颁下五条诏书："一曰正身，二曰勤百姓，三曰抚孤寡，四曰敦本息末，五曰去人事。"（《晋书·武帝纪》）从中可以看出，他即位之初立志正身亲民，要干出一番事业的勃勃雄心。为了完成灭吴大业，他派羊祜坐守荆州，进行了长达十年的充分准备，于公元280年夺取了灭吴战争的胜利，结束了长达近百年的分裂局面，实现了国家统一。全国统一后，制定"户调式"的经济制度，采取一系列措施发展生产，农业生产逐年上升，国家赋税收入逐年充裕，人口逐年增加，仅灭吴后不到三年，全国人口就增加了一百三十多万户。与此同时，他还组织编纂并颁发《泰始律》，大力推动文化繁荣，进行了三省制度等政治改革，使西晋初年的社会经济文化得到了较快的恢复和发展，史称"太康之治"。当然，他推行的分封制、品官占田荫客制等士族制度，也为激化阶级矛盾和民族矛盾，以及后来的"八王之乱"和"五胡乱华"埋下了祸根。但总体上看，司马炎称帝后的前半期，仍可称得上是一位自律、勤政、有政绩的君主。

但是，在实现国家统一、出现太康盛世的情况下，司马炎逐渐怠惰政事，荒淫无度。西晋皇族和贵族，在士族政策的庇护下有着优越的经济基础，政治安定和统一更帮助他们累积了大量财富，于是纵情享乐，过着极为豪华奢侈的生活。一时间，西晋统治集团中各种龌龊行为比比皆是，各种腐朽风气甚嚣尘上。

豪奢之风。"帝既平吴，颇事游宴，怠于政事，掖庭殆将万人。常乘羊车，恣其所之，至便宴寝；宫人竞以竹叶插户，盐汁洒地，以引帝车。"（《资治通鉴·晋纪三》）可见司马炎生活是何等的豪华和奢侈。司马炎是这样，他的大臣和亲信也多是豪奢之人。太尉何曾"帷帐车服，穷极绮丽，厨膳滋味，过于王者"，每天膳食值钱一万，还说没有可吃的东西。何曾的儿子何劭，每天膳食费二万钱。而大司马石苞之子石崇和晋武帝司马炎之舅王恺的富有和奢华，更是令人咋舌。王恺在宴请宾客时常安排一些女伎奏乐助兴，一次一位吹笛子的女子吹得有些走调，王恺便当众把她处死。石崇每次请客饮酒，常让美女斟酒劝客，如果客人不饮酒，他就让侍卫把美人杀掉，一次竟连杀了三个美女。石崇和王恺竞相斗富。王恺家用糖水涮锅，石崇就用蜡烛代替柴火烧火；王恺用赤石脂抹墙，石崇就用椒料和泥；王恺用紫色丝帛做四十里的步障，石崇就用更贵重的锦帛铺设了五十里的步障。司马炎为了帮助自己的舅舅，便把宫里收藏的一株两尺多高的珊瑚树赠给王恺，让他去与石崇斗富；但石崇随后便取出了六七株三四尺高的珊瑚树。可见当时豪奢之风是多么盛行。

拜金贪财之风。西晋统治集团不遗余力地追求利益，贪婪地搜刮民财。史书记载，石崇"财产丰积，室宇宏丽。后房百数，皆曳纨绣，珥金翠。"他在任荆州刺史时，"劫远使商客，致富不赀。"（《晋书·石崇传》）从中可看出石崇的豪富和他的巨额财产是如何积聚起来的。爱钱、贪钱、掠钱，一切向钱看，一切可以用钱来交换，成为当时朝野的一种风尚。鲁褒曾写《钱神论》讥讽当时的拜金之风。他写道："钱多者处前，钱少者居后。处前者为君长，在后者为臣仆。君长者丰衍而有余，臣仆者穷竭而不足……由此论之，谓为神物。无德而尊，无势而热，排金门而入紫闼。危可使安，死可使活，贵可使贱，生可使杀。是故忿争非钱不胜，幽滞非钱不拔，怨仇非钱不解，令问非钱不发。""谚曰：'钱无耳，可使鬼'。凡今之人，惟钱而已。故曰军无财，士不来；军无赏，士不往。"（《晋书·鲁褒传》）把当时拜金主义无所不在的状况，刻画得淋漓尽致。

荒淫之风。公元 273 年，晋武帝选中级以上文武官员家的处女入宫；次年又选下级文武官员和普通士族家处女入宫，入宫者达五千余人。灭吴之后，又选取东吴宫女五千人入宫。晋惠帝皇后贾南风"荒淫放恣，与太医令程据等乱彰内外"（《晋书·惠贾皇后传》）。她的手下有人专门物色健美的男子，送入宫中供其淫乐，然后再秘密杀死。上行下效，大臣、士族们也都荒淫无度。尚书纪瞻邀请朝廷要员到家中做客，席间叫出自己的宠妾给大家表演歌舞，一位姓周的要员在众目睽睽之下脱去衣服，冲上去要奸淫一名宠妾，在众人的强力制止下才作罢。有些贵族子弟甚至经常举办性聚会，观摩各自房事。

放荡颓废之风。西晋是我国庄老哲学最为盛行而又被严重歪曲的历史时期。面对当时社会腐败和黑暗，士人们出于悲观和无奈，在崇尚虚浮、避世、无为的同时，倡导纵欲主义的唯我论。曾任西晋中书侍郎、光禄勋的张湛在《列子注》中说："任情极性，穷欢尽娱，虽近期促年，且得尽当生之乐也。"又说："惜名拘礼，内怀于矜惧忧苦以至死者，长年遐期，非所贵也。"这些论述，揭示了当时流行的消极、悲观、放荡的人生观。著名的西晋"竹林七贤"，就是一批对当时社会不满，常相聚喝酒纵歌的名士，后来因对司马氏集团的政治态度不同发生分化，他们中有的人文学上虽有所成就，生活上却显得放纵和颓废。"七贤"之一的刘伶，平生嗜酒，作《酒德》，宣扬老庄思想和纵酒放诞的情趣。他经常喝得大醉，裸身于屋中，有客人进来找他，他竟说："天地是我的房屋，室内是我的衣裤，你为什么要钻进我的裤裆里来？""七贤"中的阮咸，一生沉湎在酒里，他曾用大盆盛酒，有一群猪来饮酒，便与猪共饮。达官显贵中的放荡纵欲行为更是令人发指。"惠帝元康中，贵游子弟相与为散发倮身之饮，对弄婢妾，逆之者伤好，非之者负讥，希世之士耻不与焉。"（《晋书·五行》）

与西晋统治集团穷奢极欲的腐朽生活形成鲜明对照的是，广大民众的饥寒交迫和苦不堪言。统治集团的残酷压迫，"八王之乱"带来的连年战争，加上当时蝗、旱灾荒不断，民众无以为生只好四处逃难。西晋末年全国的流徙人口近 30 万户，达 100 余万人，涉及秦、雍、并、冀、梁、益、豫、荆、衮、宁等十余州。当时，并州刺史刘琨在奏书中对壶口关一带民众的生活状况作了如下陈述："臣自涉州疆，目睹困乏，流移四散，十不存二，携老扶弱，不绝于路。及其在者，鬻卖妻子，生相捐弃，死亡委危，白骨横野，哀呼之声，感伤和气。"他在晋阳看到的情况是："府寺焚毁，僵尸蔽地，其有存者，饥羸无复人色，荆棘成林，豺狼满道。"（《晋书·刘琨传》）统治集团腐败与民众困苦的巨大反差，势必造成双方的严重对立，引起人民群众的强烈不满和奋力反抗，西晋王朝的灭亡便是顺理成章的事情了。

西晋王朝的腐败，有两个较为鲜明的特点：一个是蔓延迅速。灭掉东吴实现全国统一后，司马炎便开始怠惰政事，走向荒淫挥霍，短短数年、十数年，上行下效，各种腐败奢侈的丑恶风气便盛行朝野。另一个是程度严重。上自皇帝、皇后，下至士族官吏，豪奢、淫乱、贪财、炫富、虚浮、纵欲、颓废，竞相仿效攀比，荣辱美丑不分，为中国历史上所罕见。正是这两个特点，决定了西晋政权的快速灭亡，使西晋王朝继秦王朝之后，成为国家统一政权中寿命最为短暂的一个封建王朝。

司马炎作为开国君主，建立西晋王朝，统一国家，开创了太康盛世；而他在位时推行士族制度、分封制，后期荒淫无度，使西晋王朝成为我国历史上最腐朽黑暗的统治集团，又造成了西晋的快速灭亡。可谓成也司马炎，败也司马炎。这一历史事实说明，治国如同滚石上山。只有持之以恒，毫不动摇，毫不自满，毫不松懈，才能不断有所作为，使国家不断发展进步；一旦居功自傲，一旦懈怠，一旦追求享乐，就会一退千里，前功尽弃，害政误国。

清谈误国

西晋时期，社会上弥漫着一种清谈虚浮之风。清谈，又称"谈玄"、"玄言"，专门讨论一些抽象的脱离实际的问题。西晋官僚们也大倡玄风，他们以"名士"自居，终日谈论玄远，不去处理和解决实际问题，一边潇洒地挥着麈尾，一边侃侃而谈。

这种清谈之风，是东汉时期的"清议"逐渐演变而来的。东汉末年，在政治腐败的浊流中，官僚士大夫中有一批独立不羁、不随波逐流的名士，他们品评人物、抨击时弊，号称"清议"，当时起到了一定的激浊扬清作用。"党锢事件"之后，"清议"力量遭到沉重打击。魏晋特别是西晋时期，一些士大夫面对国家的分裂动荡以及统治者的高压政治，或出于无奈，或出于保全自己，便不再"匹夫抗愤，处士横议"，也不再"以天下名教是非为己任"，而是转向讨论老、庄、周易之学，竞尚虚无，谈玄说理，并把这种虚浮放诞的风气，视为高雅风流之举。士族名流相遇，不谈国事，不言民生，谁要谈如何治理国家，如何强国裕民，何人政绩显著，就被讥笑为专谈俗事，遭到讽刺。名士们在清谈中表现出的追求个性和自由，虽然对繁荣文学创作具有一定的积极意义，但这种不良风气对国家经济社会发展造成的危害，却是十分严重的。西晋著名思想家、政治家傅玄曾上书晋武帝司马炎，对当时盛行清谈虚浮之风进行尖锐地批评，指出："近者魏武好法术，而天下贵刑名；魏文慕通达，而天下贱守节。其后纲维不摄，而虚无放诞之论盈于朝野，使天下无复清议，而亡秦之病复发于今。"（《晋书·傅玄传》）傅玄可能是我国历史上发出清谈会误国、亡国警示的第一人。

西晋众多的清谈家中，王衍是一位领军者和代表人物。王衍出身于魏晋名门琅琊王氏，从兄王戎好清谈，为"竹林七贤"之一，王衍也是"口不论世事，唯雅咏玄虚而已。"魏晋时期是一个尊崇名士，而名士们又善于清谈的年代。王衍年轻时便推重玄学而且很有才华，常常把自己比作子贡，为许多人所推崇，历任中领军、中书令、尚书令、太尉，位至三公。史书对王衍作了如下记述："兼声名藉甚，倾动当世。妙善玄言，唯谈《老》《庄》为事。每捉玉柄麈尾，与手同色。义理有所不安，随即改更，世号'口中雌黄'。朝野翕然，谓之'一世龙门'矣。累居显职，后进之士，莫不景慕仿效。选举登朝，皆以为称首。矜高浮诞，遂成风俗焉。"（《晋书·王衍传》）从中可以看出他在朝野的地位和影响，以及当时清谈虚浮风气的盛行。

晋武帝司马炎去世后，西晋统治集团内部发生大纷争，先是皇后贾南风掌权，后是长达十六年的"八王之乱"。面对朝野的动荡不安，王衍等一些官员仍整日玄谈，不以国家大事为重，考虑的只是自己的日后万全之计。贾皇后陷害太子司马遹，王衍的女儿是司马遹的妃子。太子司马遹曾亲手写信给王衍和妃子，陈述自己被诬陷的经过。当时任尚书令的王衍，害怕因此遭祸患，便把太子的信函收藏起来，并自己上表解除了女儿与太子的婚约。后来贾皇后被废黜，官员们上书弹劾王衍身为大臣唯求自保，为了避免灾祸，完全没有忠诚正直的操守，为了勉励直臣的气节，应当对他给予公开谴责，并监禁终身。由于当时掌握朝中大权的孙秀等人的庇护，王衍才保住了官位。东海王司马越辅政掌握朝中大权时，王衍任司徒，他在纷繁变乱的局势中不认真考虑国家的治理，却精心营造自己的后路。青州和荆州都是当时的军事要地，物产也很丰饶。王衍对司马越说："中原现在已经大乱，应当依靠各地的负责大臣，先让文武兼备的人才出任地方长官。"于是，他让自己的弟弟王澄为荆州刺史，族弟王敦为青州刺史，并对二人说："荆州有长江汉水的坚固，青州有靠大海的险要。你们两个镇守外地，而我留在京师，就可以称得上狡兔三窟了。"王澄是一个无赖，王敦则有狼子野心。对王衍不顾国家危亡，只为自己谋后路任人唯亲的做法，当时有见识的人都很鄙视。

"八王之乱"使西晋局势岌岌可危，徙迁至中原的少数民族纷纷起兵，企图在混乱中夺取政权。东海王司马越讨伐苟晞时，王衍以太尉身份担任太傅军司。司马越去世后，众人推举王衍为元帅。王衍认为当时战事频繁，惧怕而不敢担当，推辞说："我年少时就没有做官的愿望，然而积年累月，升迁至现在的地位。今天的大事，怎能让我这样一个没有才能的人来担任统帅呢？"不久，西晋的军队被石勒攻破。王衍向石勒陈说西晋灭亡的原因，说明责任不在自己。他说自己年轻时就不喜欢参与政事，想求自身避免灾祸，并劝说石勒自称皇帝。石勒听后大怒道："你名声传遍天下，身居显要职位，年轻时即被朝廷重用，一直到头生白发，怎么能说不参与政事呢？破坏天下，正是你的罪过！"石勒对身边的人说："我行走天下多年，从来没有见过这样的人，还应该让他活下去吗？"身边的人说，这样的人有什么可惜的呢？石勒不想用刀刃加害王衍，命令士兵推倒墙壁把他压死。王衍临死时叹道："呜呼！吾曹虽不如古人，向若不祖尚浮虚，勠力以匡天下，犹可不至今日。"（《晋书·王衍传》）意思是，唉！我辈即使不如古人，平时如果不崇尚浮华虚诞清谈那一套，勉力来匡扶天下，也不至于到今天的地步。

王衍去世数十年后，东晋征西大将军桓温北伐收复洛阳。桓温登高远眺，慨然曰："遂使神州陆沈，百年丘墟，王夷甫诸人不得不任其责！"（《晋书·桓温传》）大意是，国土失陷，中原百年来成为一片废墟，王衍等人摆脱不了他们的责任。

长期以来，人们对魏晋清谈褒贬毁誉，争议不断。魏晋清谈作为一种文化现象，客观上丰富了中国哲学理论的内容，解放了人们的思想，推动了审美意识、文学创作和文艺批评理论的发展，在我国文化发展史上有其一定的地位。但是，这股清谈虚浮之风一旦在政治领域兴起和泛滥，决非国家社稷之福。西晋时期的有识之士葛洪、裴頠、傅玄、江敦、熊远等，都曾著论对当时朝政中盛行的不顾国家兴衰谈论玄远的风气，提出严词批评。就连王衍这样的清谈名士，临死之时也对雅好清谈造成亡国之祸，有所反省和自责。

"清谈误国，实干兴邦。"这一千年古训，揭示了国人特别是国家统治者和管理层的思想作风，与国家事业兴衰成败的必然联系。牢牢汲取西晋王朝清谈虚浮误国、败国的历史教训，力戒虚浮，不搞清谈、不尚空谈，不做表面文章，坚持奋力务实，讲实情、干实事、求实效，是实现国家民族振兴进程中，一时一刻也不可忘怀的。

急于建垂史之功导致丧命亡国

公元383年，东晋时期北方统一政权前秦的统治者秦王苻坚，发动吞并东晋的战争，双方在豫州淮南郡淝水地区展开决战，史称"淝水之战"。在这场战役中，前秦出动步兵60万，骑兵27万，羽林郎（禁卫军）3万，共约90万大军向东晋建康进军，"前后千里，旗鼓相望"，"东西万里，水陆齐进"（《晋书·苻坚载记》）。而东晋迎击前秦主力的"北府兵"只有8万余人。先是东晋勇将刘牢之率精兵5千奔袭洛涧，造成前秦军队1.5万余人丧命；后是两军在淝水隔岸对峙，晋军用计谋抢渡过河后猛攻，前秦军队在后撤中竞相奔逃，向北方溃败，主将苻融被晋军追兵杀死，苻坚本人也中箭负伤，逃回洛阳时前秦的军队仅剩下10余万人。淝水之战以后，前秦元气大伤，苻坚于公元385年被羌族姚苌所杀，前秦随之灭亡，中国北方重新陷入分裂混乱的局面。

长期以来，人们对导致苻坚淝水惨败直至丧命亡国的原因有许多评述，除军事指挥失误方面的原因之外，最具代表性的当属司马光的"聚胜而骄"说。司马光认为："论者皆以为秦王坚之亡，由不杀慕容垂、姚苌故也。臣独以为不然。许劭谓魏武帝治世之能臣，乱世之奸雄。使坚治国无失其道，则垂、苌皆秦之能臣也，乌能为乱哉！坚之所以亡，由聚胜而骄故也。魏文侯问李克，吴之所以亡，对曰：'数战数胜'。文侯曰：'数战数胜，国之福也，何故亡？'对曰：'数战则民疲，数胜则主骄，以骄主御疲民，未有不亡者也。'秦王坚似之矣。"（《资治通鉴·晋纪》）司马光的这一评述固然很有道理，但促使秦王苻坚发动吞并东晋战争的深刻根源，却是他急于统一天下，追求建立彪炳史册的"混一六合"之功。

在当时国家四分五裂的混乱局面中，苻坚称得上是一位颇有作为和建树的君王。苻坚是氐族人，生于公元 338 年，前秦开国君主苻洪之孙，东海王苻雄之子。公元 357 年，年仅 19 岁的苻坚诛杀暴君苻生，在朝臣的一致拥戴下登上前秦王位，号称"大秦天王"。他即位之后，广招贤才，整顿吏治，提拔重用了以王猛为代表的一批精明廉洁的汉族士人；惩处不法豪强，平息内乱，实行与民休养生息的政策；劝农桑，修水利，大力发展农业生产；积极恢复太学和举办各种学校，推行教化，要求百石以上的官吏必须"学通一经，才成一艺"。通过这些措施，使前秦的经济社会很快得到恢复和发展，几年后便出现了安定清平、家给人足的新气象。与此同时，苻坚展开了征伐黄河流域割据势力的战争。公元 369 年至 370 年，北伐前燕，降斩燕军十五余万人，燕主慕容暐俯首投降，前燕灭亡；公元 373 年，攻取东晋的蜀地；公元 376 年，先后消灭了仇池（今甘肃成县一带）的氐族首领杨纂和前凉国、代国等割据势力；公元 382 年，派大将吕光进军西域，相继讨平了西域三十六国。至此，前秦占有了黄河流域和长江上游的广大地区，成为北方的统一政权。

在统一北方之后，苻坚便迫不及待地提出攻打东晋。公元 382 年 10 月，苻坚召集群臣商议攻晋。他说："吾统承大业垂二十载，芟夷逋秽，四方略定，惟东南一隅未宾王化。吾每思天下不一，未尝不临食辍哺，今欲起天下兵以讨之。略计兵杖精卒，可有九十七万，吾将躬先启行，薄伐南裔，于诸卿意何如？"（《晋书·苻坚载记》）大意是，我从继承大业以来，已经二十多年了，现在四方大致平定，只有东南方一角，还没有蒙受君王的教化。我每当想起天下还没有统一，就饮食无味，如今打算起天下兵进行讨伐。我粗略计算了一下兵力，能有九十七万。我准备亲率大军东伐，你们以为如何？面对苻坚的主张和发问，除了善于阿谀奉承的秘书监朱彤表示赞同外，其他大臣纷纷表示反对。群臣退朝后，苻坚又留下弟弟苻融商议。苻融也不同意伐晋，认为当时伐晋有"三不可"：一是"岁镇在斗牛，吴越之福"，从星象上看天意不顺。这实际上是指，当时人们仍然把东晋看作是中华的正统政权，东晋虽然比较弱，但天意不会灭绝它；二是东晋上下安和，没有灾祸和挑衅行为，无隙可乘；三是我国多年征战，士卒疲惫，人民厌战。苻坚见苻融也不同意伐晋，顿时变脸色大力训斥。苻融哭泣着说："晋朝不能灭掉，道理昭然若揭。现在烦劳师旅大规模出动，恐怕也不能获得成功。况且臣的忧患，还不在这里。陛下宠幸养育鲜卑人、羌人、羯人，让他们布满京师，这些人和我们都有深仇大恨。兴兵伐晋只有少数士兵留守京师，臣恐怕有不测之祸将发生在心腹和腋下，后悔就来不及了。臣顽钝愚笨，提议诚然不值得采纳，王景略（王猛）是一时的英雄豪杰，陛下常常把他比作诸葛亮，唯独忘掉了他临终的遗言了吗？"（王猛，前秦明臣，临终前曾对苻坚说："东晋虽然远在江南，但正统所在，民心归附。我死以后，千万不要打算攻晋。"）"苻融及尚书原绍、石越等上书面谏，前后数十，坚终不从。"（《晋书·苻坚载记》）苻坚宠幸的张夫人、最宠爱的小儿子苻诜、太子苻宏等，也都苦口婆心地劝说不能伐晋，他一律不听。而乘机"恢复燕祚"的前燕降将慕容垂，怂恿苻坚伐晋，却大受称赞，并被赏赐帛 500 匹。

　　是什么原因促使苻坚拒不听群臣和亲人的再三劝阻，一意孤行地发动讨伐东晋的战争呢？这从苻坚同他素来信任敬重的佛门道安的一段对话中，可以找到答案。道安问苻坚："陛下顺应不愿意统御尘世，居住在中原，控制着四方，自己是以和尧、舜争比昌盛，何必顶风冒雨，去经营远方呢？"苻坚回答："非为地不广、人不足也，但思混一六合，以济苍生。"（《晋书·苻坚载记》）他在南游灞上时进一步对群臣说："今天下垂平，惟东南未殄。朕忝荷大业，臣责攸归，岂敢优游卒岁，不建大同之业！"（《晋书·苻坚载记》）求"混一六合"之功，建"天下大同之业"，这就是苻坚不听劝阻，执意伐晋的根本动机和原因所在。在这一强烈愿望的驱使下，他听不进也不愿意听取不同意见，不顾也不认真考虑当时伐晋的时机是否成熟，只看到自己的强大和有利方面，看不到对方的优势和对自己不利的方面，认为灭掉东晋"若商风之陨秋箨"，甚至发出了"投鞭于江，足断其流"的狂言。这样缺乏理智地去发动一场战争，结果只能是遭到惨败。

苻坚不顾当时的实际情况决意伐晋，导致丧命亡国的史实再一次说明，任何人包括英雄人物的所作所为，都不能脱离他所处的历史条件。英雄人物的作用，在于顺应历史发展潮流，充分运用所处的历史条件，抓住机遇，在可能的范围内去创造非凡的业绩；而不可以超越他所处的历史条件，随心所欲，在不可能的范围去创造历史。苻坚在平定北方割据势力之后，提出伐灭东晋、实现"混一六合"，这一主张无疑是符合国家要统一的历史发展总趋势的。但是，前秦连年征战，国力不支，民众厌战，加之当时在广大民众的心目中东晋才是中华政权的正统，民心也不在前秦一方。在这种情况下强行发动伐晋战争，不仅没有能够完成统一天下的大业，反而前功尽弃，连刚刚统一的北方政权也丢掉了。超越历史条件，企图建立垂史之功者，必将铸成垂史之错。这就是后人从苻坚伐晋中应当得到的历史启示。

佞佛乱国

梁高祖武帝萧衍，是南北朝时期一位十分称奇的皇帝。

他亲手创建梁朝，又因处置失当致使梁朝走向灭亡。一位皇帝，自己夺取政权又丧失政权，历史上绝无仅有。

他博学多通，著《孔子正言》、《老子讲疏》等儒、道的书二百余卷，又著《涅槃》、《大品》、《净名》、《三慧》等佛教的书数百卷；诗赋文才与当时的著名文士谢朓、沈约、任昉、范云等齐名，称之为"竟陵八友"；素善钟律制定礼乐，创制准音器，制十二笛十二律，更创多首新歌；绘画、棋艺、书法，也都有相当高的造诣。作为一位皇帝，如此多才多艺而且成果巨丰，实属少见。

他在位48年，专注养生，食不过量，年五十以后不近女色，被侯景囚禁台城时年已八十六岁，而且是因饥饿而死。在中国长达二千余年历代封建帝王中，其执政时间之长可进入前十名，寿命之长除了乾隆，无出其右者。

然而，最为称奇并值得后人引以为戒的，是他晚年崇尚佛教，信佛、拜佛、兴佛，到了发颠、发狂、发疯的程度，直至佞佛乱国亡国。

梁武帝萧衍，南兰陵（今江苏省常州市）人，其父萧顺之是南齐高帝萧道成的族弟，曾做过南齐侍中、丹阳尹等高官。萧衍自幼喜欢读书，"博学多通，好筹略，有文武才干。"（《南史·梁本纪上》）南齐末年，齐废帝东昏侯萧宝卷暴虐无道，各地纷纷起义。东昏侯冤杀萧衍的兄长、尚书令萧懿后，时任雍州刺史的萧衍起兵攻占国都建康，东昏侯被手下大臣诛杀。萧衍因消灭东昏侯立下赫赫战功，拥立萧宝融为齐和帝，自任大司马掌管中外军国大事。公元502年，齐和帝禅让帝位给萧衍，萧衍改国号为梁，是为梁武帝。

建立梁国、登上皇位以后，萧衍吸取齐朝灭亡的教训，在位前期取得了相当的政绩。他上台伊始，便废止东昏侯设立的淫刑乱役，将宫女二千人赐予将士，下诏将凡属后宫、乐府、西解等处的妇女全部放遣。他提倡节俭，下诏禁绝除习礼乐、缮甲兵以外的一切浮费，并身体力行，经常只穿布衣，食菜蔬，"一冠三载，一被二年"，"日止一食，膳无鲜腴，惟豆羹粝食而已。"（《梁书·武帝纪》）他十分勤于政务，"虽万机多务，犹卷不辍手，燃烛侧光，常至戊夜"（《梁书·武帝纪》），不分春夏秋冬，总是五更天起床直到深夜，批改公文奏章，冬天把手都冻裂了也不停笔。他广泛纳谏，下令在门前设立两函（今称盒子），一曰谤木函，一曰肺石函，如果功臣和有才能的人，没有因功受到奖赏，或者有良才没有被使用，都可以往肺石函中投书信；如果是一般百姓，想给朝廷提什么批评建议，则可以往谤木函中投书信。他重视对官员的选拔任用，要求地方长官一定要清廉，经常召见他们训导为国治民之道，并把政绩突出的小县令升迁到大县做县令，大县令提拔到郡做太守。姚思廉在《梁书》中这样描述梁朝前期的情景："兴文学，修郊祀，治五礼，定六律，四聪既达，万机斯理，治定功成，远安迩肃。加以天祥地瑞，无绝岁时。征赋所及之乡，文轨傍通之地，南超万里，西拓五千。"（《梁书·武帝纪》）这些话中虽有溢美之词，但当时经济发展、文化繁荣、社会安定，当属事实。

然而，梁武帝萧衍后期却执迷上了佛教。他在《三教诗》中，讲述了自己由信奉儒学、道教，到崇信佛教的转变过程："少时学周孔，弱冠穷六经，孝义连方册，仁恕满丹青，践言贵去伐，为善存好生。中复观道书，有名与无名，妙术镂金版，真言隐上清，密行贵阴德，显证表长龄。晚年开释卷，犹月映众星，苦集始觉知，因果方昭明，示教惟平等，至理归无生。"（《广弘明集·述三教诗》）而且，他崇信佛教到了十分疯狂的程度。

醉心佛教义理。萧衍将南涧涅槃师慧超、建初寺律师明彻、光宅寺成实师法云等敕为"僧正"、"家僧"，屡邀请其讲《般若》、《涅槃》等佛教经典。他大力组织译经活动，征召扶南国沙门僧伽婆罗传释达十七年，翻译《阿育王经》、《解脱道论》等合十一部、四十八卷。这一时期，据不完全统计，注释的佛教经典多达上千卷。他除著述《大品》、《涅槃》等诸经义记数百卷外，热衷于亲自登台讲授佛经，"听览余闲，即于重云殿及同泰寺讲说，名僧硕学，四部听众，常万余人。"（《梁书·武帝纪》）范缜著《神灭论》批驳佛教教义，萧衍下敕书给范缜加上罪名，被流放到广州。他创立三教同源说，把孔子、老子说成是释迦牟尼的学生，把佛教比作太阳，把儒和道比作众星，对三家学说进行调和的目的，在于推崇和推行佛教。

大肆兴建寺院。萧衍为了推行佛教，不惜大量财力物力人力在全国大兴寺院。"于钟山造大爱敬寺，青溪边造智度寺，又于台内立至敬等殿。"（《梁书·武帝纪》）"又立七庙堂，月中再过，设净馔"，用以祭奠他的母亲献皇太后。据唐代僧人法琳《辩证论》记载，梁朝寺院2846所，僧尼82700余人，这个数字较宋、齐两代增加了许多。他还用金银铜大量铸造佛像，如下令铸建同泰寺十方金铜像、十方银像、光宅寺丈八铜像，又敕僧佑造剡溪石像，坐躯高五丈，立形高十丈，并建三层高的大堂来保护石像。

广开各类佛教法会。萧衍经常聚集僧俗，召开各类佛教法会。以下是《南史·梁本纪》中萧衍于大同元年至三年参加法会的记载："大同元年三月丙寅，幸同泰寺，设无遮大会"；大同元年夏四月"壬戌，幸同泰寺，铸十方银像，并设无碍会"；大同二年三月戊寅，"幸同泰寺，设平等法会"；大同二年"秋九月辛亥，幸同泰寺，设四部无碍法会"；大同二年冬十月"壬午，幸同泰寺，设无碍大会"；大同三年"夏五月癸未，幸同泰寺，铸十方铜像，设无碍法会"；同年"八月辛卯，幸阿育王寺，设无碍法喜食，大赦"。召开的佛教法会名目还有救苦济会、四部大会、四部无碍法会、盂兰盆斋会，等等。

多次舍身为寺奴。所谓舍身，是一种自愿入寺，为僧众执役，以供养于佛的修行方式。《南史》记述，梁武帝萧衍在位期间曾四次到同泰寺舍身（《梁书》记载三次）。第一次大通元年（公元527年）三月，时年六十四岁，时间4天；第二次在中大通元年（公元529年）九月，时年六十六岁，"癸巳，幸同泰寺，设四部无遮大会。上释御服，披法衣，行清净大舍，以便省为房，素床瓦器，乘小车，私人执役"（《南史·梁本纪中》），后被群臣以钱一亿万赎回，时间16天；第三次在中大同元年（公元546年）三月，时年八十三岁，时间37天；第四次在太清元年（公元547年）三月，时年八十四岁，时间51天，"群臣以钱一亿万奉赎皇帝菩萨，僧众默许。"（《南史·梁本纪中》）萧衍由此成为历史上有名的菩萨皇帝。

实行以佛义治国。萧衍提出"唯佛一道，是为正道"，尊佛教为国教。他不仅自己皈依佛门，吃斋礼佛，而且要求王公贵族和平民百姓也都信仰佛教，企图把梁朝造成佛国，自己也成为僧正。更为可笑的是，他把从事佛事和推行佛教理念作为治国之道。大同元年（公元535年），京都瘟疫大流行，萧衍不去组织防疫治病，而是在重云殿为万民设"救苦斋"，以身为褥，祈福消灾。萧衍还把佛教讲究慈悲和宽容的理念，用于国家管理，疏于法治，特别是对皇室和世族大家、公卿大臣采取过于放纵的政策。他的六弟临川王萧宏，平庸无能，贪鄙聚敛，沉湎声色，家中积有现钱三亿余万，其余物品不计其数。萧衍明知萧宏劣迹斑斑，却一味放纵，甚至对他与自己的女儿永兴公主私通也不闻不问。天监四年（公元505年），萧宏奉诏都督诸军讨伐魏国，临阵退缩，致使梁军惨败。萧衍对他竟然没有丝毫责备，反而置酒百般安慰，一年后又加官晋爵，封为司徒、太子太傅，后又晋升为司空、太尉。他的侄儿萧正德"少而凶慝，招聚亡命，破冢屠牛，兼好弋猎"，有杀人越货行为，后一度投奔魏国不得志又回到梁国，萧衍却对这些罪过一再宽宥，并委以防守长江的重任。侯景发动叛乱时，萧正德为谋取皇位竟与侯景勾结，派船支援侯景的军队攻至台城，包围了梁武帝萧衍。

梁武帝萧衍佞佛对梁朝的经济社会发展带来了极为严重的不良后果：大兴寺院，大肆操办佛事，浪费大量财力、物力和人力，增加了国家和人民的负担；僧尼泛滥，这些人不从事生产活动，不承担赋役，阻碍了社会生产发展，减少了国家税赋收入和兵役来源；以佛义治国，对皇室大臣和奸佞之徒施以佛心，姑息养奸，导致国法国纪废弛；皇帝整天研修佛经，执迷于佛事，甚至干脆出家当和尚，疏于朝政，致使国事荒废。萧衍佞佛所营造的佛教气氛，搞得举国上下一片乌烟瘴气，政治腐败，经济凋敝，军事上不堪一击。公元548年，魏国大败侯景。侯景率败兵八百人南逃夺取梁朝寿阳城，他公然对人说："我取河北不成，取江南却有把握。"侯景反梁渡江时，也只有兵八千人，马数百匹，而当时梁朝兵力是侯景兵力的数十倍，仅各地增援的诸侯王兵力就达二三十万人马。但以萧衍为首的君臣却被吓得不知所措，诸侯王们各怀异心，萧正德与侯景勾结开城门迎侯军入城，于是便有了萧衍被围困台城并饿死的一幕。从中可以看出，当时梁朝已极度腐败。之后，早已摇摇欲坠、朝不保夕的萧梁政权，经过简文帝萧纲、元帝萧绎、敬帝萧方智，在支离破碎中维系了短短五年，公元557年陈霸先废敬帝建立陈朝，萧梁灭亡。南梁王朝虽历经四帝，实际上是成败于梁武帝萧衍一帝。对于南梁王朝如此迅速地走向灭亡，史学家们尽管众说纷纭，但萧衍佞佛无疑是一个十分重要的原因。

南北朝时期，是佛教在我国迅速发展传播的时期。在这样的历史条件下，萧衍信仰佛教本无大非。但是任何事物都应当有一个度。更何况作为国家的最高统治者，信仰和爱好已经不仅仅是个人的私事。"吴王好剑客，百姓多疮瘢；楚王好细腰，宫中多饿死。"一个单位、一个国家领导者的信仰和爱好，不仅影响到下属的风气，甚至关乎一个单位、一个国家的前途命运。佛教作为人类社会发展到一定阶段的一种文化现象，具有一定的社会整合、控制功能，以及对社会群体和个人的心理调适作用，如果实行正确的管理引导，对社会发展会产生积极作用，否则将会产生巨大的负面影响。梁武帝自己执迷佛教并诏令全国信佛，既麻醉了民众，也麻醉了自己。至于以佛治国，更是误国、乱国的荒唐之举，结果只能是害己害国。

魏孝文帝推动民族融合

　　南北朝时期，是我国历史上继战国之后，又一次民族大融合的时期。出现这次民族大融合，除了魏晋以来匈奴、鲜卑、氐、羯、羌等少数民族大批内迁，到北方各地与汉族杂居相处；两晋末年统治者对各族人民残酷剥削和压迫，人民生活困苦，迫使各族人民联合起来，共同斗争，使民族之间联系更加密切；十六国时期连年相互征战，打破了各族原有的部落组织，有利于民族融合；魏晋以来，北方出现过几次统一局面，使民族融合进程进一步加快等原因之外，以北魏孝文帝拓跋宏为代表的有政治远见的少数民族统治者，实行改革，推行汉化政策，也是一个十分重要的条件。

　　魏孝文帝拓跋宏（公元467—499年），是献文帝拓跋弘的长子，北魏王朝的第六位皇帝。孝文帝的先人是鲜卑族拓跋部，原来居住于今黑龙江、嫩江流域的大兴安岭一带，过着游牧生活。后来，拓跋部逐步西迁，西晋末年因帮助并州刺史刘琨对抗匈奴族刘聪、羯族石勒有功，首领被封为代公，进而封为代王并建立代国，不久代国被前秦昭宣帝苻坚所灭。淝水之战以后前秦瓦解，拓跋珪纠合旧部自称为魏王，建立魏国，史称北魏。之后，北魏开始了统一北方的战争，先后征服后燕，大败胡夏，大破柔然，攻克北燕、降服北凉，于公元439年统一北方，与南方的刘宋政权，形成了南北朝对峙的格局。北魏统治者在民族征服的过程中，对鲜卑族以外的各族人民实行民族歧视和残酷压迫政策，曾出现过多次疯狂的民族杀戮，使民族矛盾不断激化。鲜卑拓跋部人数本来就不是很多，北魏得到北方大片领土以后，更加显得本部人太少。每有征战，往往驱迫汉人和非鲜卑人列于阵前，让鲜卑骑兵在阵后督战，用这样的方法来保存本部人。北魏统治阶级的压迫和剥削，引起了各族人民的强烈反抗，北魏中期农民起义年年爆发。特别是公元 445 年盖吴领导的陕西杏城起义，参加民众十余万人，魏太武帝拓跋焘亲率 6 万骑兵才得以平定，使北魏统治者受到极大震动。公元 471 年，年仅五岁的拓跋宏继承皇位，是为魏孝文帝，由太皇太后冯氏抚养并主持朝政。冯氏属北燕皇族后裔，是汉人，对拓跋宏自幼进行汉文化教育。为了缓和当时的民族矛盾和阶级矛盾，巩固北魏的统治，冯太后和孝文帝吸收汉族的先进文化，在政治、经济、文化等领域实行了一系列改革，历史上把这些改革统称为孝文帝改革。改革的措施和内容主要是：

推行均田制、三长制、租调制。鲜卑拓跋部属游牧民族，进入中原以后开始重视农耕经济。孝文帝时期接受汉族官员给事中李安世和李冲的建议，在"计口授田"的基础上颁发《均田令》。这一法令规定"诸男夫十五以上受露田四十亩，妇人二十亩，奴婢依良"（《魏书·食货志》），并对土地的类别与性质、授田对象、各种具体情况的授田数量及授田方法、还田方法等作出了明确规定，是我国历史上第一部详细的成文土地法。与此同时，改变户调制度的混乱局面，"五家立一邻长，五邻立一里长，五里立一党长，长取乡人强谨者为之"（《魏书·食货志》）。实行新税制，将田租额大幅度降低，"一夫一妇帛一匹，粟二石。民年十五以上未娶者，四人出一夫一妇之调；奴任耕，婢任绩者，八口当未娶者四；耕牛二十头当奴婢八"（《魏书·食货志》）。意思是，一夫一妇，帛一匹，粟二石；未娶丁男帛一丈，粟五斗；任耕织的奴婢帛五尺、粟二斗五升；受田耕牛帛二尺，粟一斗。这三项制度的推行，改善了农民的生产生活条件，强化了中央对地方的控制，促进了农业生产，增加了国家收入。

改官制，实行官吏俸禄制。北魏王朝建立之初，"每于制定官号，多不依周汉旧名，或取诸身，或取诸物，或以民事，皆拟远古云鸟之义。"（《魏书·官氏志》）孝文帝即位亲政之后，"诏群僚议定百官，著于令"（《魏书·官氏志》），采用汉族的官制、律令。推行士族制度，进行诸州士族门第评定，按照"以贵袭贵，以贱袭贱"的原则，官职按门第高下来分配。鲜卑拓跋部是一个以掠夺为职业的集团，军事上靠掳夺鼓动军心，政事上也靠掳夺和贪污来使用百官。史称"魏百官不给禄，少能以廉白（清白）自立者"。官员们经常的、普遍的、残酷的贪污行为，激起了民众的强烈不满和反抗。公元484年，孝文帝下决心实行俸禄制，"始准古班百官之禄，以品第各有差"，"户增调帛三匹，粟二斛九斗，以为官司之禄。"（《魏书·食货志》）班禄以后，官得赃一匹，即处死刑。通过实行俸禄制，严厉惩罚贪官，开国以来的贪污积弊，一时显得颇有变化。

推广中原文化习俗。孝文帝认为，巩固北魏的统治，必须大力吸收中原先进文化，改革一些落后的风俗。采取的措施包括：易汉服，革衣服之制，从官员开始改穿汉服，不得再着胡服。断北语，规定不再说鲜卑复合语，改说单音节的汉语，"今欲断诸北语，一从正音。年三十以上，习性已久，容或不可卒革；三十以下，见在朝廷之人，语音不听仍旧。若有故为，当降爵黜官"（《魏书·咸阳王禧传》）。改汉姓，下令把鲜卑族人的姓氏（通常为复姓），改为汉族的单姓。改籍贯，迁居中原的鲜卑人，籍贯不再称"代人"，死后葬于当地，不得回到北方落叶归根，以绝故土之恋。通婚姻。孝文帝提倡鲜卑人与汉人通婚，他自己率先娶汉族大姓卢、崔、郑、王四家的女儿为妃，把自己的女儿嫁给汉族大姓，还为自己的六个弟弟都娶了汉族地主的女儿为妻，通过婚姻把两个民族的利益与命运联系在一起。

学习汉族文学艺术典章制度。孝文帝从小接受汉文化教育，不仅"五经六义"能拿来就讲，史书传记、诸子百家涉猎颇多，对汉族诗文也很有研究。他积极创办学校，传播汉文化知识，推崇孔子和儒学。"又诏选诸孔宗子一人，封崇圣侯，邑一百户，以奉孔子之祀。又诏兖州为孔子起园柏，修饰坟垄，更建碑铭，褒扬圣德。"（《魏书·高祖纪》）恢复汉族礼乐制度，"诏改长尺大斗，依《周礼》制度，班之天下。"（《魏书·高祖纪》）

迁都洛阳。为了学习中原先进文化，加强对黄河流域的控制，孝文帝毅然决定把魏都从平城迁至洛阳。他担心大臣们反对，先提出要大规模进攻南齐，仍遭到尚书令拓跋澄等人的反对。孝文帝对拓跋澄说："国家兴自北土，徙居平城，虽富有四海，文轨未一，此间用武之地，非可文治，移风易俗，信为甚难。崤函帝宅，河洛王里，因兹大举，光宅中原，任城意以为何如？"（《魏书·拓跋澄传》）意思是，平城虽好，但是个用武的地方，不适宜文治改革政治，现在我要移风易俗，非得迁都不行。这回我出兵伐齐，实际上是想借这个机会，带领文武官员迁都中原，你看怎样？公元493年，孝文帝率领30万大军南下，迁都于汉文化积淀深厚的中原腹地洛阳。这一举措，体现了他一代帝工的雄才大略，也反映了他推行改革、吸收汉文化的决心。

查阅史家对孝文帝实行改革、吸收汉文化的评价，历来褒贬不一，持否定态度的不乏其人。有的指责孝文帝的汉化政策是"迂腐汉化"，造成了拓跋部精神的丧失，甚至把北魏的灭亡归结为推行汉化政策。历史地、全面地评价这一史实，孝文帝推行汉化改革，无疑是应当充分肯定的。尽管这场改革的某些具体内容和做法显得有些简单化、绝对化，比如全面恢复周礼制度、实行士族制度等，对汉文化中的糟粕也不加分析地吸收，对保持发扬鲜卑族的优秀文化成分重视不够。但总体上看，这一改革顺应了历史的发展趋势，促进了北魏的政治经济发展，巩固了北魏的统治，特别是在推动民族同化和民族融合方面，发挥了巨大历史作用。那种把北魏灭亡归结为孝文帝推行汉化改革的观点，更是不能够成立。纵观北魏一百四十多年的历史，太武帝拓跋焘执政时处于鼎盛时期，到文成帝拓跋濬时已开始走向衰弱。这恰恰反映了一个政治、经济、文化落后的游牧民族，统治中原地区的力不从心。孝文帝拓跋宏推行汉化改革，无疑是想改变这一被动局面，巩固北魏的统治。然而，拓跋宏于公元 499 年英年早逝，他在世时推行汉化就阻力重重，去世后改革便遭受夭折。加之，孝文帝的继承者宣武帝拓跋恪宠任奸佞、奢侈放荡，孝明帝时荒淫残虐的胡太后擅权，导致国政大坏，官吏贪污腐败盛行，广大民众和镇兵在镇将和豪强的残酷压迫剥削下苦不堪言，终于爆发了六镇起义，关陇、河北等地各族人民也纷纷起义。公元 534 年，北魏分裂为由高欢控制的东魏和宇文泰掌握的西魏。北魏王朝虽然灭亡了，孝文帝推进汉化的改革却为促进民族融合留下了一份丰厚的历史遗产，为后来隋唐时期结束长期的分裂局面，重新走向国家统一奠定了基础。

北魏孝文帝推行汉化改革的史实，深刻地揭示了先进文化在历史发展进程中的巨大作用。鲜卑拓跋部入主中原之前属奴隶制游牧部落，建立魏国后凭借其特有的强悍野蛮性，仅用数十年便战胜大小割据者，统一了黄河流域。北魏统治者占据中原以后，面对的是汉族业已成熟的封建政治经济制度和长期发展的文化。在这样的高端文化面前，仅仅依靠鲜卑拓跋部的低端文化，显然难以维系其统治。于是乎，推行汉化便成为巩固北魏统治的必然选择。结果是，征服者最终被中原的先进汉文化所征服。这说明，一个民族战胜另一个民族，不仅要靠军事力量和经济力量，还要靠先进文化的力量，而且最终取决于文化的力量。这一点，也被后来的元朝和清朝发展历史所反复证明。因此，实现国家和民族的振兴，既要重视发展经济力量和军事力量，也要十分重视发挥先进文化的力量。

民族融合，最重要最根本的是民族文化的融合。这种融合，不应当是用一种民族文化去代替或消灭另一种民族文化，而应当是各民族文化之间的相互学习吸收和扬弃。当然，在这一相互学习吸收和扬弃的过程中，先进民族文化所发挥的主体和主导作用，则是必然的，也是应该给予正视和承认的。

陈后主梦断"胭脂井"

南朝陈最后一位皇帝陈叔宝，沉湎酒色，生活荒淫。公元 589 年，隋文帝杨坚发兵伐陈，很快便攻入陈国宫城。陈国百官纷纷逃跑，后主陈叔宝说："锋刃之下，未可及当，吾自有计。"（《南史·陈后主本纪上》）随后，他便携张贵妃、孔贵嫔钻进后宫一口枯井里。隋兵打进宫中四处找不到陈后主，发现枯井的围栏上有胭脂的颜色，料定井中有人。隋兵窥井而呼之，后主不应，遂欲向井中扔石，后主急忙应声。士兵们用绳子引三人同乘而上，陈后主被押往隋都长安，张贵妃、孔贵嫔被诛杀。因这口井栏上染过张贵妃、孔贵嫔的胭脂，后人称之为"胭脂井"，也有人因陈后主曾躲在井里称之为"辱井"。陈后主梦断"胭脂井"，成为中国历史上又一个骄奢亡国的典型事例。

南朝陈建立于公元 557 年。南梁末年，陈霸先通过平定"侯景之乱"渐渐控制了梁朝政权。太平二年（公元 557 年），梁敬帝萧方智禅位，陈霸先代梁称帝建立陈朝，是为陈武帝。从陈朝建立到陈后主即位之前，共26 年，历经四帝。《南史》评述，武帝陈霸先"雄武多英略，性甚仁爱。及居阿衡，恒崇宽简。雅尚俭素，常膳不过数品"（《南史·陈武帝本纪》）；文帝陈蒨"起自布衣，知百姓疾苦，国家资用，务从俭约。妙识真伪，下不容奸。"(《南史·陈文帝本纪》)废帝陈伯宗仅在位两年。宣帝陈顼在位 14 年,曾乘北齐大乱之机北伐,一度攻占吕梁、寿阳,但最后被北周夺走。陈顼在位期间兴修水利、开垦荒地,大力发展农业;生活上也还算俭朴,去世时下诏"凡厥终制,事从省约。金银之饰,不须入圹,明器之具,皆令用瓦。唯使俭而合礼,勿得奢而乖度。"(《陈书·宣帝纪》)总体来说,陈朝的前几位皇帝都比较崇尚节俭,他们在位时虽然与敌国存有战争,国内也发生了平定王僧辩余部和萧勃、王琳叛乱之战,但陈朝政治上比较清明,经济文化得到了恢复和发展。

公元 582 年,宣帝陈顼病逝,其长子陈叔宝继承皇位。陈叔宝当上皇帝不久,便开始了极为放荡奢侈的生活。

盛修宫室。自陈武帝开国以来,内廷陈设简朴。陈叔宝嫌其简陋,不能作为藏娇之屋,于是在临光殿前造临春、结绮、望仙三阁。"各高数十丈,连延数十间,其窗、牖、壁带、县楣、栏、槛皆以沈、檀为之,饰以金玉,间以珠翠,外施珠帘,内有宝床、宝帐,其服玩瑰丽,近古所未有。每微风暂至,香闻数里。其下积石为山,引水为池,杂植奇花异卉。"(《资治通鉴·陈纪》)真可谓豪华至极。他还下令建大皇寺,内造七级浮屠,工程尚未竣,就为大火所焚。盛修宫室造成府库空虚,官员们只得增加民众税赋,士民嗟怨。

淫乐无度。《陈书》记载,后主陈叔宝居临春阁,张贵妃居结绮阁,袭、孔二贵嫔居望仙阁,"又有王李二美人、张薛二淑媛、袁昭仪、何婕妤、江修容等七人,并有宠,递代以游其上。"(《陈书·后主沈皇后列传》)《资治通鉴》中说,陈后主左右嬖佞珥貂者五十人,妇人美貌丽服巧态以从者千余人。陈叔宝将宫人中有文学者命为女学士,每引宾客对贵妃等游宴,便使诸贵人及女学士与狎客共同赋诗,互相赠答,并从中选为曲词,再选千百数有容色的宫女歌唱,终日置酒作乐,歌吟艳词,你唱我和,拥娇抱艳，玩得通宵达旦。他亲作《玉树后庭花》等艳诗，供宫女吟唱，被后人称为亡国之音。酒乐之余，他还沉迷于佛事，常请来高僧击鼓敲钟，宣讲佛经。

荒误国事。陈叔宝整日寻欢作乐，怠于朝政。他最宠爱的贵妃张丽华容色端丽，光彩溢目，"又工厌魅之术，假鬼道以惑后主。置淫祀于宫中，聚诸女巫使之鼓舞。"（《南史·后妃列传》）偶尔临朝，百官奏事，陈后主"置张贵妃于膝上共决之"。在陈叔宝的百般宠爱下，张丽华逐步干预朝政，又与孔贵嫔勾结，笼络宦官李善度、蔡临儿等人，掌握朝政大权。一时间，张丽华的权势熏灼四方，内外家族多被重用，大臣执宰亦从风而靡，阉宦便佞之徒内外交结，贿赂公行，赏罚无常，百官懈怠，纲纪瞀乱，人心离散。得到隋朝大举伐陈的消息后，陈后主不去研究部署如何御敌，却说："东南是个福地，从前北齐来攻过三次，北周也来了两次，都失败了。这次隋兵来，还是一样来送死，没什么可怕的。"君臣们依然挟妓纵酒赋诗如故，似乎亡国的威胁并不存在。

对于陈后主的纵情淫奢，陈朝一些正直的大臣多次苦谏相劝，他却拒而不听。秘书监、右卫将军兼中书通事舍人傅𬘡在狱中上书道："陛下顷来酒色过度，不虔郊庙大神，专媚淫昏之鬼，小人在侧，宦竖弄权，恶忠直若仇雠，视生民如草芥，后宫曳绮绣，厩马余菽粟，百姓流离，僵尸蔽野，货贿公行，帑藏损耗，神怒民怨，众叛亲离，臣恐东南王气自斯而尽。"（《资治通鉴·陈纪》）陈后帝看到这份上书后勃然大怒，将傅𬘡赐死狱中。事过三年，陈朝便被隋朝所灭。

南北朝后期，陈朝建立时北强南弱的态势已经十分明显。北周灭齐实现北方统一，特别是杨坚建立隋朝以后励精图治，国力进一步大大增强，陈朝被统一是迟早的事情。尽管如此，陈后主淫奢无度，仍然是导致陈朝迅速灭亡的一个重要原因。

翻开南北朝的历史，这一时期沉湎于淫奢的帝王不止陈后主陈叔宝一人。北魏南安王拓跋余，即皇帝位后彻夜畅饮，夜夜笙歌，纵情声色犬马，在位仅八个月被杀。北魏顺帝元悦，史载他"为性不伦，俶傥难测，又绝房中而更好男色，轻忿妃妾，至加捶挞"，在位第二年被杀。北齐武成帝高湛，昏庸无能，专事酒色，在位四年让位自任太上皇，年仅三十二岁便因酒色过度而死。北齐后主高纬，政权摇摇欲坠仍荒淫无道，在位两年慌忙把皇位传于自己八岁的儿子高恒，专事淫乐，二十一岁被北周军队所杀。北周宣帝宇文赟，暴虐荒淫，沉湎酒色，五位皇后并立，去世时仅二十二岁。南朝宋孝武帝刘骏荒淫贪残，纵酒嗜猎，奸淫堂妹，与生母乱伦，称尊十一年一命归天。宋前废帝刘子业荒淫无人性，诏令宗室诸王妃子进宫强迫身边人恣情奸淫，命众宫女赤身裸体相互追逐，有一宫女不从命竟被他下令砍下脑袋。齐废帝萧宝卷，兴建仙华、神仙、玉寿诸殿，大肆赏赐臣下，与贵妃潘玉奴、宦官梅虫儿日夜玩乐，在位两年被杀。出现这一情况，是由于南北朝时期战乱不断，政权更替频繁，一些统治者感到命运难测，人生苦短，便及时行乐，走向了纵酒纵色，肆意奢侈。统治者荒淫奢侈，势必造成民众困苦、朝政废弛、国力衰退，这又成为这一时期的政权大多短命的原因之一。

国富而民苦是隋朝灭亡的一个重要原因

隋朝有一个十分罕见的历史现象：国家富强却迅速走向灭亡。从统一南方到为唐所灭只有短短 29 年，自隋朝建立算起也仅有 37 年。造成这一历史现象的一个重要原因是：国虽富不能与民共享。

隋朝以实现国家统一，结束中国长达 300 多年的分裂局面而彪炳史册。公元 588 年末，隋文帝一声令下，征南大军短短三个月便使陈国轰然灭亡。如此迅速地实现南北统一，除了陈国的腐败脆弱以外，也以铁的事实证明了隋朝的强大。对于北方强大的突厥汗国，隋朝也表现了强盛的态势。南北朝时期，突厥汗国日益强大起来，佗钵可汗时，"控弦数十万，中国惮之，周、齐争结姻好，倾府藏以事之。"（《隋书·突厥列传》）佗钵可汗经常骄横地对手下说："我在南方有周、齐两儿常孝顺，何患贫也。"隋朝建立以后，经过几次出兵大捷，从根本上扭转了上述局面，突厥开始向隋朝皇帝称臣，自沙钵略可汗开始，到业护可汗、都兰可汗、启民可汗，"岁时贡献不绝"，都保持着对隋朝的称臣纳贡关系。此外，隋朝还向西打败吐谷浑，使其"奉表称藩，并献万物"，镇守伊吾、开通西域，在张掖召集西域二十国使者大朝会；向东两次派兵到达琉球，加强与琉球的经济文化联系；向南收复交州，占领占婆。除了出兵高句丽损兵折将，隋朝的四方政策几乎无往而不胜。隋朝强盛，是后人的共识。

　　史籍中有多处关于隋朝富有的记载。《资治通鉴》中有这样一段记述：开皇十二年（公元 592 年），负责府库的官员向隋文帝上言道："府藏皆满，无所容，积于廊庑。"文帝问："朕既薄赋于民，又大经赐用，何得尔也？"官员对曰："宁积于人，无藏府库。河北、河东今年田租三分减一，兵减半功，调全免。"（《资治通鉴·隋纪二》）物产丰富到了国库装不下的程度，只得减免各地的税赋。另有记载，由于农业丰收，隋朝建有多处国家储备粮食的仓城。其中建于大业二年（公元 606 年）的洛口仓，方圆 20 余里，穿 3000 窖，窖 8000 石；回洛仓，仓城周长 10 里，穿 300 窖。经计算，这两个仓城的粮食足够 400 万人吃上整整一年。此外，西京太仓、东都含嘉仓、华州永丰仓、陕州太原仓所储存的米粟也多则上千万石，少则数百万石。长安、洛阳、太原府库所储存的布帛，各有几千万匹。隋朝还从公元 585 年开始，在全国各地建立义仓（又称社仓），作为民间储粮赈灾的措施。"诸州百姓及军人，劝课当社，共立义仓。收获之日，随其所得，劝课出粟及麦，于当社造仓窖贮之。即委社司，执帐检校，每年收积，勿使损收。若时或不熟，当社有饥馑者，即以此谷赈给。"（《隋书·食货志》）《贞观政要》中记述，唐太宗李世民曾说，隋文帝末年，"计天下储积，得供五六十年"。按照这一说法，隋朝的积储，一直可用到唐朝高宗时期。

　　隋朝的强盛和富有，还表现在国土面积和人口规模上。大业五年（公元 609 年），"是时天下凡有郡一百九十，县一千二百五十五，户八百九十万有奇。东西九千三百里，南北万四千八百一十五里。隋氏之盛，极于此矣。"（《资治通鉴·隋纪五》）

　　与国家十分富足形成显明对比的是，广大民众却十分贫困。由于隋文帝实行均田制时，没有把国家掌握的土地完全用于均田，官僚地主占地太多并不断侵占农民土地，广大农民地少而人众，仍有许多人衣食不给。炀帝杨广时期，许多地方要农民提前交租调，甚至"逆收十年之租"。隋朝统治者致力于把社会财富变为国家财富，当社会需要时却不愿意使用这些财富。唐太宗称隋文帝和隋炀帝"不爱百姓而爱仓库"。义仓本来是民间公共积累用于赈灾的一种有效方式，隋文帝却于公元595年开始，以民间自我管理有问题为由，逐步把义仓的管理权限收归政府，隋炀帝更是把是否开仓赈灾提升到中央政府批准。国家的积储不能用于民众，加之隋朝末年自然灾害频发，广大民众生活困苦不堪。《隋书·食货志》记载："是时百姓废业，屯集城堡，无以自给。然所在仓库，犹大充牣，吏皆惧法，莫肯赈救，由是益困。初皆剥树皮以食之，渐及于叶，皮叶皆尽，乃煮土或捣藁为末而食之。其后人乃相食。"

造成民众贫困的另一个原因，是一系列浩大工程和巡游带来的繁重徭役。早在隋文帝杨坚时期，就征用大批役工造仁寿宫，修广通渠，并多次修筑长城。炀帝杨广即位以后，更是巨大工程一个接一个，其中有的工程尽管具有历史贡献，但当时造成了严重后果。据文献记载，迁都洛阳城的修建，共用一年两个月，每月役丁200万人，总计约2800万月工。按照当时隋朝的人口，除去老人、妇女和小孩，平均全国男丁每人要出两次月工。由于役使促迫，役丁大量死亡，"僵仆而毙者，十四五焉。每月载死丁，东至城皋，北至河阳，车相望于道。"（《隋书·食货志》）公元605年至610年下令修建的南北大运河，更是征诏役丁无数，"丁男不供，始以妇人从役。"炀帝杨广的多次巡游，尤为给民众带来巨大负担。大业五年（公元609年），西巡吐谷浑，随行士兵40余万，在大斗拔谷遭遇大风雪，冻死"十之二三"。大业元年（公元605年）八月，炀帝巡游扬州，随行队伍多达几十万人，500里之内的地方政府都要前来献食，如果供应不丰，还要问罪。公元607年，炀帝巡游北境，发河北十余郡丁男开凿太行山打通前往并州的大路。他为了宣扬武威，率大军50余万人，马10万匹，并发丁男百余万人筑西起榆林东至紫河（今内蒙古自治区呼和浩特市一带）的长城，而且限令二十天筑成，丁役死去十之五六。加之屡屡对外用兵，特别是三次发动对高句丽的战争，动用巨大的人力财力物力，大批士兵阵亡，其中第一次出征宇文述所率35万军队，回来时只有2000多人，进一步加重了广大民众的苦难。

由于日益贫穷和困苦，酿成了广大民众对政府的强烈不满和怨恨，隋朝末年，以农民为主体的武装起义风起云涌。大业七年（公元611年），齐郡邹平人王薄聚众长白山（今山东邹平县境内），自称知世郎，又作《无向辽东浪死歌》，劝农民起义，避役民众多往归附；平原郡刘霸道起义，聚众至十余万人；漳南勇士孙安祖拒绝当兵，聚众起义，自称将军；蓨县（今河北景县）人高士达在清河境内聚众，自称东海公。大业八年（公元612年），灵武郡白瑜娑聚众起义，攻掠陇西一带；济北郡人韩进洛聚众数万人反隋；济阴郡人孟海公起义，聚众数万人；北海郡人郭方预聚众3万人，自称卢公，攻破郡城；济北郡人甄宝车，聚众万人，攻夺城邑；齐郡人孟让等据长白山，有众十余万；清河人张金称、渤海郡人孙宣雅、平原郡人郝孝德、北海郡人郭方预、河间郡人格谦，各有众数万或十余万人。大业九年（公元613年），余杭郡人刘元进起兵，一月内聚众数万人；梁郡人韩相国起兵不到一月，聚众十余万人；吴郡人朱燮、晋陵县人管崇聚众十万人，袭破隋朝赵六儿营；济阴郡人吴海流、东海郡人彭孝才聚众数万人反隋；梁慧尚在广东开封县聚众4万人攻破苍梧郡城；东阳郡人李三儿、向但子聚众万余人反隋；扶风郡沙门向海明自称弥勒出世，聚众数万人，称皇帝；杜伏威、辅公祏在淮南聚众，击败江都留守派来镇压的隋军，等等。自公元613年起，不仅各地农民纷纷起义，隋朝的统治集团也开始分化，杨玄感、梁师都、刘周武、李轨、李渊、李密等隋朝的将军和高官也相继举兵反隋。大业十四年（公元618年）三月，右屯卫将军宇文化及等隋官煽动卫士哗变，攻入宫中，炀帝杨广被缢杀，隋朝灭亡。

一个国家，不是灭于贫弱，而是在十分富足和强盛的情况下走向灭亡，令人沉思和警醒。"国富民穷"还是"民富国强"，是治国理政的一个古老话题。荀子在《富国》中说道："田野荒而仓廪实，百姓虚而府库满，夫是之谓国蹶。"意思是，国家富足而民众贫弱，这样的国家是必然要倾覆的。国以民为本。国家的财富来自于广大民众，也要用之于广大民众，正所谓民以养国，国亦养民。没有民富，便不会有真正的国强。如果国家的富足和强大，不是建立在民众富有的基础上，相反以民众的贫穷为代价，国家政权与民众就不可能成为一个共同体，广大民众就会对这个国家的兴衰成败漠不关心，对这样的国家政权离心离德。隋朝的最高统治者"不爱百姓爱仓库"，把大量的社会财富转变为国家财富，不注重关心和解决广大民众的疾苦，其结果是，在积累大量国家财富的同时，也积累了大量的社会矛盾，积累了广大民众对国家政权的淡漠、不满和怨恨。这样的国家政权，又怎么能够不走向灭亡呢?!

玄武门之变

唐朝武德九年六月初四（公元 626 年 7 月 2 日），唐高祖李渊的次子李世民在国都长安皇宫的北宫门玄武门，发动了一次流血政变，史称"玄武门之变"。

李渊建立唐朝称帝以后，封长子李建成为太子，次子李世民为秦王，四子李元吉为齐王。在三个皇子中，李世民的功劳最大。李建成战功不如李世民，因为是长子而被立为太子。秦王李世民在外屡建战功，威望日高，李渊先后封他为司徒、尚书令、中书令，至无可再封时，则创造了一个史无前例的天策上将之职授予他。太子李建成自知功劳和威望比不上李世民，心怀妒忌，担心自己地位不稳，便与四弟齐王李元吉联合，采取种种手段排斥李世民。李世民与太子李建成、齐王李元吉明争暗斗，嫌隙和仇视日益加深，从太子的步步紧逼中感受到自己有生存威胁。秦王府幕僚长孙无忌、尉迟恭等人与李世民密谋，决定先发制人，除掉太子李建成和齐王李元吉。武德九年六月初四，李世民率领长孙无忌、尉迟恭等人入朝，并在玄武门埋下伏兵。李建成、李元吉也一起入朝，当他们来到临湖殿时察觉到情况变化，立即掉转马头准备返回宫府。李世民跟在后面呼喊他们，李元吉张弓向李世民射箭连发不中，李世民用箭把李建成射死，李元吉也被尉迟恭等人射杀。太子李建成的部下、翊卫车骑将军薛万彻等得知消息后，率两千兵马急驰赶到玄武门，被秦王府战将张公谨关闭在门外无法进入，而后在与守卫玄武门的官兵交战中溃散，逃入终南山中。战斗结束后，李世民让尉迟恭入宫向唐高祖李渊报告。李渊听后问左右："不料今天发生了这种事情，你们认为应该怎么办呢？"中书令萧瑀、黄门侍郎陈叔达等人说："建成与元吉本来就没有参与举义兵反抗隋朝的谋略，又没有为天下立下功劳。他们嫉妒秦王功劳大、威望高，便一起策划奸邪的阴谋。现在，秦王已经声讨并诛杀了他们。秦王功盖宇宙，天下归心，陛下如果能够决定立他为太子，将国家大事委托于他，就不会再生事端了。"李渊见大局已定，曰："善！此吾夙心也。"（《资治通鉴·唐纪七》）意思是说，好！这正是我的夙愿啊。这次政变中，李建成的儿子安陆王李承道、河东王李承德、武安王李承训、汝南王李承明、钜鹿王李承义，李元吉的儿子梁郡王李承业、渔阳王李承鸾、普安王李承奖、江夏王李承裕、义阳王李承度等幼儿也都被杀害，还在宗室的名册上删除了他们的名字。政变后的第四天，即武德九年六月初七（公元 626 年 7 月 5 日），李渊立秦王李世民为皇太子，颁布诏书称"从今天起，国家和军队的各项事务，无论大小，全部委托太子来处理和决定。"武德九年八月初八（公元 626 年 9 月 3 日），李渊颁布诏书，将皇帝位传给太子李世民，自为太上皇。第二天，李世民在东宫显德殿即皇帝位，是为唐太宗。

千百年来，史学家们对"玄武门之变"的是与非，众说纷纭，褒贬不一。总而论之，主要有以下两类评判。

其一，道德评判。就是以儒家伦理道德为标准，来看待"玄武门之变"的是非功过。持这类观点，最具代表性的当属北宋翰林学士范祖禹和明末清初史学家王夫之。范祖禹在《唐鉴》一书中写道："建成虽无功，太子也。太宗虽有功，藩王也。……立子以长不以有功，以行不以众，古之道也……且建成既为太子，则国其国也，安在于有功乃使之击贼以立威，结豪杰以自助？是导之以争也，祸乱何从而息乎？"王夫之认为："太宗亲执弓以射杀其兄，疾呼以加刃其弟，斯时也，穷凶极惨，而人心无毫发之存者也。"中国传统的儒家伦理道德，历来主张"君子事君忠、事亲孝、事弟悌，君子不趁人之危。"在皇位传承上，强调实行以宗法制度为基础的嫡长子继承制。李世民发动"玄武门之变"，尽管事出有因，甚至属身处险境所迫，但显然违背了这些原则。靠发动政变夺取皇位，杀兄弑弟，骨肉相残，是"不顾亲"、"不知义"的行为，属"古今之大恶"。还有的史学家进一步认为，李世民靠发动政变夺取皇位，开了一个不好的先例，唐朝三纲不正，无君臣父子夫妇，盖其源于唐太宗李世民。唐朝后来发生的几次政变，如，武则天废李显登上帝位，武则天死后韦皇后杀皇帝李显，太平公主和李隆基杀韦皇后立李旦为帝，李隆基又杀太平公主自己当上皇帝，以及"安史之乱"时李隆基的儿子李亨自称皇帝尊李隆基为太上皇，都与"玄武门之变"为后世树立的不良典范有关。

其二，历史评判。就是以对国家统一和社会政治、经济、文化发展所发挥的历史作用为标准，来看待"玄武门之变"的功过是非。《旧唐书》作者刘昫、当代学者柏杨等，可算作持这一类观点的代表人物。刘昫指出："建成残忍，岂主鬯之才；元吉凶狂，有覆巢之迹。若非太宗逆取顺守，积德累功，何以致三百年之延洪、二十帝之纂嗣？或坚持小节，必亏大猷，欲比秦二世、隋炀帝，亦不及矣。"(《旧唐书·高祖二十二子列传》)柏杨讲得更为直截了当，他在《柏杨白话版资治通鉴》中指出："中国人应该庆幸李世民夺嫡成功，李世民为中国带来名垂千古的'贞观之治'，成为治世的典范。"持此类观点者，以李世民的功绩特别是他登上皇位后创造"贞观之治"的丰功伟绩，来证明发动"玄武门之变"的正确性。他们认为，李世民的功业和才干都远远超过李建成。如果让李建成继承皇位，唐朝就不会出现"贞观之治"的辉煌，甚至会重蹈隋炀帝杨广昏庸无道，致使隋朝速亡的覆辙。而李世民继位以后，认真吸取隋朝灭亡的教训，充分展现出卓越的治国才能：善于用人、唯才是举，重用了房玄龄、魏徵、长孙无忌等能臣贤相；广开言路，虚怀纳谏，认真改进朝政；以身作则，政治清明，下大力肃整官吏中的滥用职权和贪污渎职现象；进一步完善三省六部制和科举制，形成了较为完善的封建中央集权和选拔人才制度；重视农业，同时促进商业发展，减轻赋税劳役，推动了经济和社会繁荣；诏令在全国收集图籍，"群书大备"，繁荣文艺创作，文化建设空前发展；开放国境，大力发展与各国的经济文化交流，首都长安成为当时世界性大都会；实行积极进取、灵活应对、冷静务实、措置有序的地缘战略，在取得一系列军事胜利的同时，成功地处理与各少数民族政权的关系，开拓了中华民族的疆土。"唐地东极于海，西至焉耆，南尽林邑，北抵大漠，皆为州县，凡东西九千五百一十里，南北一万九百一十八里。"（《资治通鉴·唐纪十一》）李世民尽管在执政后期有些独断专行、好大喜功，但仍不失为中国历史上一位杰出的英明君主。由此得出结论：由李世民而不是李建成继承皇位，是历史的正确选择；而铸就这一历史选择的"玄武门之变"，也应当给予肯定。

毫无疑问，评价一个历史人物，应当主要看他对社会发展进步所产生的作用。李世民的功业和才干都远远超过太子李建成。从李世民继位以后唐朝的发展而言，"贞观之治"的确是中国历史上少有的大治时代，他确实是一个理想的皇帝。然而，众多历史人物往往都是美与丑、功与过、是与非混于一身，即使最杰出的历史人物也不可能是完美无缺的。"玄武门之变"这场唐初武德年间抢夺皇位继承权的公开厮杀，从根本上说，是封建专制主义包括皇位终身制和继位嫡长制的产物。尽管历史上宫廷内"推刃同气"的事件屡见不鲜，尽管李世民在才能和功绩上优于太子李建成，尽管发动政变属形势所迫，不得已而为之（对此，有些史学家有不同看法），但这一行动毕竟有违于维护封建秩序特别是皇权统治秩序的法条，也有违于传统的伦理观念，并不是一件十分光明磊落的事件。

司马光对"玄武门之变"有这样一段感慨："立嫡以长，礼之正也。然高祖所以有天下，皆太宗之功；隐太子以庸劣居其右，地嫌势逼，必不相容。向使高祖有文王之明，隐太子有泰伯之贤，太宗有子臧之节，则乱何自而生矣！"（《资治通鉴·唐纪七》）意思是，如果唐高祖李渊能像周文王那样舍嫡长子伯邑考立武王，太子李建成能有泰伯让国于弟季历那样的贤德，李世民有子臧辞曹国而不受的节操，"玄武门之变"的乱子就不会发生了。这一感慨，反映了不愿看到在李世民这位旷世明君身上，有"玄武门之变"污点的良好愿望。然而，历史没有假想。后人可以从不同的角度去评价历史中的人物和事件，却不能改变历史人物的命运以及避免历史事件的发生，也不可以决定历史事件的发生方式。

有些学者认为，李世民继承皇位以后，为了洗刷自己发动"玄武门之变"的污点，可能对他统治时期所编写的两部史书《高祖实录》、《太宗实录》的有关史实作了篡改，从而造成后来各种史籍对"玄武门之变"的记叙不够客观公正。这一观点的真实性尚需考证。但可以肯定的是，李世民即位以后，对当世和后世如何评价"玄武门之变"非常看重。据《资治通鉴》记载，他曾两次向史官索看《高祖实录》和《太宗实录》，并命令史官对"玄武门之变"的记载要"削去浮词，直书其事"。李世民在位二十余年，创造了大唐盛世。希冀用自己的非凡业绩来消除"玄武门之变"的阴影，或许是他的一种内在动力。"玄武门之变"虽然对李世民的历史评价有一定的负面影响，但如果没有这场事变，便不会有他的继承皇位和后来创造的"贞观之治"，也就不会有世人对他一生极高的历史评价。这就是历史发展的辩证法。

唐太宗与群臣论政九则

唐太宗李世民即位以后，经常与身边的大臣一起总结历史上各个朝代兴替的经验教训，特别是隋朝迅速灭亡的深刻教训，探索治国理政之道。其中，有些言论鉴古喻今，闪烁着历史智慧的光芒，至今读起来仍发人深省。现摘其九则。

为君之道，必须先存百姓

贞观初年，唐太宗李世民对随侍他的大臣们说："为君之道，必须先存百姓，若损百姓以奉其身，犹割股以啖腹，腹饱而身毙。"（《贞观政要·论君道第一》）意思是，作为君王的准则，必须要先保存百姓。如果用损害百姓的利益来供养自己，就好像割掉大腿的肉来填饱肚子，肚子饱了，人也死了。

贞观十一年，侍御史马周上书李世民。马周在这篇奏书中，分析从夏、商、周至隋朝兴衰更替的原因，认为实行节俭、施恩，赢得百姓的爱戴和拥护，是历代政治的根本。并指出，现在京城和益州等地正在大兴土木，各位王爷、妃嫔的服饰也极其精美，民间舆论都认为这太奢侈。奏书中讲道："自古以来，国之兴亡，不由积蓄多少，惟在百姓苦乐。且以近事验之，隋家贮洛口仓，而李密因之；东都积布帛，而世充据之；西京府库，亦为国家之用，至今未尽。向使洛口、东都无粟帛，则世充、李密未能必聚大众。但贮积者固是国之常事，要当人有余力而后收之，岂人劳而强敛之，更以资寇，积之无益也。然俭以息人，贞观之初，陛下已躬为之，故今行之不难也。为之一日，则天下知之，式歌且舞矣。若人既劳矣而用之不息，倘中国被水旱之灾，边方有风尘之患，狂狡因之以窃发，则有不可测之事，非徒圣躬旰食晏寝而已。……以陛下之明，诚欲励精为政，不烦远采上古之术，但及贞观之初，则天下幸甚。"（《旧唐书·马周传》）这段话的大意是，自古以来，国家兴亡不是由于积蓄的多少，而只是在于百姓的苦乐。以近代的事情来看，隋朝在洛口仓贮粟，为李密所用；在东京洛阳堆积布帛，结果被王世充占有；西京府库的财物也被大唐所用，至今还没用完。当时如果洛口、东京没有粟帛，那王世充、李密就不可能招聚大众。当然贮积粮钱财物本是国家的常事，但总得等百姓衣食有余，然后再去征收。如果百姓贫苦仍横征暴敛，最后还是帮助了贼寇，所积聚的财物并没有什么好处。不过，用节俭来与民休息，在贞观初年陛下已经亲自实行过，所以如今实行起来也不会困难。只要这样一实行，天下都会知道，并且会载歌载舞。如果百姓困苦，还征敛不停，一旦国家受水旱之灾，边境有异族入侵，狂悖狡黠的人就会乘机作乱，就将有不可预测的事情发生，那是仅靠陛下废寝忘食所解决不了的。如果以陛下圣明之德，真要励精图治，不用远求上古的办法，只要做到像贞观初年那样，天下就很幸运了。李世民看过马周的奏书说："最近我命令营造随身饰物一类小器物，没想到百姓因此而不满，这是我的错。"于是，下令停止制造宫中饰物。

正确认识和处理君与民、国家兴亡与百姓苦乐的关系，历来是治国理政的根本。百姓是国家的主体和根基，没有老百姓，哪里有什么国家和君主。因此，老百姓的苦乐，老百姓的穷富，才是国家兴亡成败、君主地位是否稳固的决定性因素。李世民从历代王朝兴亡的经验教训中，清楚地看到了这一点，把民比作水，把君比作舟，常用"水能载舟，亦能覆舟"告诫自己和大臣们。贞观二年，京城一带蝗虫成灾。李世民亲自到田野去看稻谷，看到蝗虫猖獗，捡起几只骂道："百姓视稻谷为生命，你却把谷子吃了，这是在危害百姓呀！如果说老百姓有罪过，责任只在我一人。如果你们有灵性，就应当啃噬我的心脏，不要危害百姓！"说话中要把蝗虫吃掉。左右大臣劝道："吃了恐怕会生病，万万不可。"李世民说："我只希望把灾祸转移到我身上，还怕什么疾病呢？"说完便一口把蝗虫吞下。如果史籍中记述的这个故事是真实的，足见李世民爱民情深。以人为本，关心百姓苦乐，乃是贞观之治历史经验的核心所在。

武以戡乱，文以守成

贞观六年正月初三，唐太宗李世民大宴群臣，席间演奏《秦王破陈乐》。李世民说，"朕从前曾受命专行率兵征伐，民间于是流传着这个曲子。虽然不具备文德之乐的温文尔雅，但功业却由此成就，所以始终不敢忘本。"尚书右仆射封德彝说，"陛下以神武之才平定天下，岂是文德所堪比拟。"李世民说："戡乱以武，守成以文，文武之用，各随其时。卿谓文不及武，斯言过矣！"（《资治通鉴·唐纪八》）意思是，平乱建国凭借武力，治理国家保持已取得的成就却仰赖文治，文武的妙用，各随时势的变化有不同。你说文不如武，此言差矣！于是，封德彝磕头认错致歉。

刚即位时，李世民曾与群臣谈教化问题。李世民说，"如今刚经过一场大劫乱，我担心百姓不容易教化。"魏徵回答："不然，久安之民骄佚，骄佚则难教；经乱之民愁苦，愁苦则易化。譬犹饥者易为食，渴者易为饮也。"（《资治通鉴·唐纪九》）意思是，我认为并非如此，长久安定的百姓容易骄逸，骄逸则难以教化；经过动乱的百姓易于忧患，忧患则容易教化。这如同饥饿的人不苟择食物，饥渴的人不苟择饮水一样。李世民对此表示赞同。封德彝不同意魏徵的说法，讲道："三代以后，人心渐趋浇薄奸诈，所以秦朝专用法律，汉代采取王道的同时掺杂霸道内容，正是想行教化而不能收效，哪里是能推行教化而不想推行呢？魏徵是一介书生，不识时务，如果听信他的空谈，必然败坏国家。"魏徵说："五帝、三王不是换掉百姓而施行教化，从前黄帝征伐蚩尤，颛顼诛灭九黎，商汤放逐夏桀，武王讨伐纣王，均能达到生前的太平盛世，难道不是承接大乱之后施行教化的缘故吗？如果说上古人淳朴，后代逐渐变得浇薄奸诈，那么到了今天，应当全部化为鬼魅了，君主怎么能统治他们呢？"李世民最后听从了魏徵施行教化的意见。

经过几年治理，国家面貌发生了可喜的变化。流散者回归乡里，年终判死刑者仅 29 人，东至于海，南极五岭，均夜不闭户，行旅不用带食粮，沿途就可以供给。李世民对长孙无忌说："贞观之初，上书者皆云：'人主当独运威权，不可委之臣下。'又云：'宜震耀威武，征讨四夷。'唯魏徵劝朕'偃武修文，中国既安，四夷自服。'朕用其言。今颉利成擒，其酋长并带刀宿卫，部落皆袭衣冠，徵之力也，但恨不使封德彝见之耳！"（《资治通鉴·唐纪九》）这段话的大意是，贞观初年，大臣们都说："君王应当独自运用权威，不能委任给臣下"，又说："应当耀武扬威，讨伐四方。"只有魏徵劝我说："放下武力勤修文教，中原安定后，四方钦服。"我采用了魏徵的意见。如今东突厥的颉利可汗成了俘虏，其部族首领成为我的宿卫官，各部落都受到中原礼教的熏染，这都是魏徵的功劳，只是遗憾封德彝见不到了。

以上记述的是李世民即位之初，一场实行"武治"还是实行"文治"治国方略的讨论。贞观初年，国家和老百姓经历了多年战乱，需要休养生息，李世民听取魏徵"偃武修文"的建议，不失时机地由率兵征战，转向发展经济、实施教化的"文治"方略，这无疑是完全正确的。实际上，用"偃武修文"并不能够准确地概括贞观时期所实行的治国方略。李世民在大力发展经济，轻徭减赋，推行教化，召集大批文人学士，举办文学馆等文化事业的同时，也十分重视武备和法制，并先后取得了对东突厥、吐蕃、吐谷浑、焉耆、高昌、西突厥、薛延陀、龟兹用兵的胜利。"文治"与"武治"并不是割裂、对立的关系，二者之间应当是互为补充、相得益彰。戡乱以武，需要辅之以文；守成以文，也需要辅之以武。守成时期注重文治，但不能够轻视更不能忘掉武备。总的看，贞观时期在"文治"与"武治"的关系的处理上基本上是正确的。但后期李世民好大喜功，急于建立平定四方的千古伟业，不听群臣劝告，于贞观十九年、二十年两次御驾亲征发重兵讨伐高句丽，虽然取得一定胜利，但损失惨重，得不偿失，成为他晚年的一个失误。

安不忘危，理不忘乱

贞观五年初，唐太宗李世民对侍臣说："自古帝王亦不能常化，假令内安，必有外扰。当今远夷率服，百谷丰稔，盗贼不作，内外宁静。此非朕一人之力，实由公等共相匡辅。然安不忘危，理不忘乱，虽知今日无事，亦须思其终始。常得如此，始是可贵也。"（《贞观政要·论慎终第四十》）意思是，自古以来的帝王也不能使天下长治久安，假如他们当时国内安定，那么必定就会有外乱骚扰。而如今远方外族归顺我朝，天下五谷丰登，盗贼不起，国家内外宁静。这绝不是我个人能力所能达到的，实在是各位大臣鼎力辅佐的结果啊。然而居安不能忘危，治平不能忘乱，虽然现在平安无事，也得考虑如何才能有始有终。要经常这样反省思索，才是难能可贵的。魏徵对此表示赞同，说："纵观历史，可以发现君主和大臣往往不能两全其美。有时君主圣明，而臣下不贤；有时遇上贤臣，却没有圣明的君主。如今陛下圣明，所以天下太平。假如当初大唐只有贤臣，而君主不想广施教化和仁义，要想促成今日之美政，也是不可能的。如今国家升平，但臣等还不敢就此坐享太平，也希望陛下能居安思危，孜孜不倦！"

同年十二月，康居国内附，要求唐朝派兵帮助镇压本国的内乱。李世民考虑到国家摆脱战乱不久，不能够为取虚名师行万里而劳苦百姓，便没有答应康居国的请求。他对群臣说："治国如治病，病虽愈，犹宜将护，傥遽自放纵，病复作，则不可救矣。今中国幸安，四夷俱服，诚自古所希，然朕日慎一日，唯惧不终，故欲数闻卿辈谏争也。"（《资治通鉴·唐纪九》）意思是，治理国家如同治病，病虽然好了，仍需要调养一段时间，倘若立即放纵自己，病又复发，那就不可救治了。如今中原幸得安定，四夷顺服，实在是自古以来所少有，然而我每日谨慎行事，唯恐不能持久，所以想多次听到你们的谏诤。魏徵对李世民说："国家内外俱得安定，我并不觉得高兴，只是高兴陛下能够居安思危。"

贞观六年，李世民对侍从的大臣们说："纵观古代的帝王，有兴起之时也有衰亡之日，好像有了早晨就必须有夜晚一样。这都是由于耳目受到蒙蔽，不了解当时政治的得失。忠诚正直的人不敢直言劝谏，邪恶谄谀的人却一天天得势，君王看不到自己的过失，所以导致灭亡。千万不能因为现在天下无事、四海安宁就不在意。做天子的，如果有道，人们就拥护他做人主；如果无道，人们就把他抛弃不用。这真可怕啊！"魏徵对曰："自古失国之主，皆为居安忘危，处理忘乱，所以不能长久。今陛下富有四海，内外清晏，能留心治道，常临深履薄，国家历数，自然灵长。臣又闻古语云：'君，舟也；人，水也。水能载舟，亦能覆舟。'陛下以为可畏，诚如圣旨。"（《贞观政要·论政体第二》）

上述李世民与魏徵的对话，揭示了国家安与危的辩证关系：安不忘危、治不忘乱，安定的局面才会长久；居安忘危、处治忘乱，危亡的局面就会到来。正是李世民君臣们的居安思危，激发了上下同心、励精图治的精神，造就了贞观时期四海安定的大好局面。太平盛世，不是靠歌功颂德赞美出来的。危机和危难，往往蕴藏在安定祥和之中。"生于忧患，死于安乐"，是为古今中外人类发展史所证实的铁律。居安思危的忧患意识作为一种重要的治国理念，须臾不可忘记和淡漠。

止盗之本，在于减赋富民

武德九年（公元 626 年）十一月，李世民与群臣讨论防止盗贼问题。有的大臣请求设严刑重法以禁盗。李世民微笑着答道："民之所以为盗者，由赋繁役重，官吏贪求，饥寒切身，故不暇顾廉耻耳。朕当去奢省费，轻徭薄赋，选用廉吏，使民衣食有余，则自不为盗，安用重法邪！"（《资治通鉴·唐纪八》）意思是，老百姓之所以做盗贼，是因为赋役繁重，官吏们贪财求贿，百姓饥寒交迫，便顾不得廉耻了。我主张应当杜绝奢侈浪费，减轻徭役和税赋，选用廉洁的官员，使老百姓吃穿有余，自然就不会再去做盗贼了，何必用严刑重法呢？果然，从此经过数年之后，天下太平，路不拾遗，夜不闭户，商人旅客可以在野外露宿。

李世民还曾对身边的大臣说："君依于国，国依于民。刻民以奉君，犹割肉以充腹，腹饱而身毙，君富而国亡。故人君之患，不自外来，常由身出。夫欲盛则费广，费广则赋重，赋重则民愁，民愁则国危，国危则君丧矣。朕常以此思之，故不敢纵欲也。"（《资治通鉴·唐纪八》）大意是，君主依靠国家，国家仰仗百姓。剥削百姓来奉养君主，如同割下身上的肉来充腹，腹饱而身死，君主富了而国家灭亡。所以君主的忧虑，不是来自外面，而是常在于自身。凡君主欲望多，则必然费用大，费用大则必然赋役繁重，赋役繁重则必然百姓愁苦，百姓愁苦则必然国家危急，国家危急则必然君主地位不保。我常常思考这些，所以不敢放纵自己的欲望。

李世民关于防止盗贼的话，蕴含着朴素的唯物主义思想。人们的社会存在，决定他们的价值观念和行为方式。产生盗贼的根本原因是贫困，消灭盗贼的根本出路也在于消灭贫困。生存需要，是人们的第一需要。执政者第一位的任务，是让老百姓吃好、穿好，有最基本的生活保障，在这个基础上才可能实现更高层次的社会发展目标。因此，任何时候都必须把最广大人民群众的民生问题，作为治国理政的第一位大事，否则，就不会有真正的天下太平。

兼听为明者，偏信为暗者

贞观二年，唐太宗李世民问魏徵："什么叫作圣明君主，什么叫作昏暗君主？"魏徵答道："君之所以明者，兼听也；其所以暗者，偏信也。《诗》云，'先人有言，询于刍荛。'昔唐虞之理，辟四门，明四目，达四聪。是以圣无不照，故共、鲧之徒，不能塞也；靖言庸回，不能惑也。秦二世则隐藏其身，捐隔疏贱而偏信赵高，及天下溃叛，不得闻也。梁武帝偏信朱异，而侯景举兵向阙，竟不得知也。隋炀帝偏信虞世基，而诸贼攻城剽邑，亦不得知也。是故人君兼听纳下，则贵臣不得壅蔽，而下情必得上通也。"（《贞观政要·论君道第一》）意思是，君主之所以能够圣明，是因为能够兼听到各方面的意见；之所以昏暗，是因为偏听偏信。《诗经》

上说，"古人说过这样的话，要向割草打柴的人征求意见。"过去唐尧、虞舜治理天下，广开四方门路，招纳贤俊；广开四方视听，了解各方面的情况，听取各方面的意见。因而圣明的君主能无所不知，像共工、鲧这样的人不能蒙蔽他，花言巧语也不能迷惑他。秦二世深居宫中，隔绝贤臣，疏远百姓，而偏信赵高，到天下大乱、百姓背叛时，他还不知道。梁武帝偏信朱异，所以侯景兴兵作乱举兵围攻都城，他竟然不知道。隋炀帝偏信虞世基，在各路反隋兵马攻城略地时，他还被蒙在鼓里。由此可见君主只有多方面地听取和采纳臣下的建议，才能使显贵大臣不能蒙上蔽下，而且下情能够上达君主。李世民表示很赞成魏徵的这些话。

贞观七年，李世民问魏徵："众位大臣的上书多有可取，迁至当面对答时则多是语无伦次，这是为什么呢？"魏徵答道："臣观百司奏事，常数日思之，及至上前，三分不能道一。况谏者拂意触忌，非陛下借之辞色，岂敢尽其情哉！"（《资治通鉴·唐纪十》）意思是，我观察各部门上奏言事，常常思考几天，等到了陛下的面前，则三分不能讲出一分。况且行谏的人最怕讲得不妥当触犯了陛下的忌讳，如果陛下不是语色和悦，怎么敢尽情陈述呢？于是，李世民接见大臣时，语言和脸色更加和蔼。

贞观八年，陕县县丞皇甫德参上书奏事，因言辞激切，触怒了李世民，李世民认为这是毁谤。侍中魏徵进言道："昔贾谊当汉文帝上书云云'可为痛哭者一，可为长叹息者六。'自古上书，率多激切。若不激切，则不能起人主之心。激切即似讪谤，惟陛下详其可否。"（《贞观政要·论纳谏第五》）这段话大意是，从前贾谊在汉文帝时上书，曾经说道："可以为帝王痛哭的事有一件，可以为帝王叹息的事有六件。"从古以来臣下的上书奏事，往往言辞都很激切，如果不激烈深切，就不能打动人主的心。言辞激切就好似毁谤，希望陛下详察我的话对不对。李世民听后悟出了其中的道理，赞赏魏徵说，只有你能说出这番道理来。于是，下令赐给皇甫德参帛二十段。

　　虚怀纳谏、择善而从，是李世民治国理政的一个鲜明特色，也是他开创贞观之治的一个法宝。在君权高于一切的封建时代，君主享有至高无上的权力，不可能形成真正的民主政治。通过纳谏听取各种不同意见，避免决策偏颇带来的种种失误，是封建专制权力的一个有力补充。李世民在执政 20 余年的大部分时间里，能够做到把自己的言行和决策置于群臣舆论监督之中，一再要求臣僚们"直言鲠议"，并规定宰相入朝议政要有谏官一道参议，即使被进谏中的难堪之言所激怒，也往往能够在冷静思考之后予以接受。正是由于这样虚纳善择，大大减少了贞观时期许多重大决策的失误，使李世民成为一位圣明君主。为君者，兼听则明；君明，则国家兴。这便是贞观之治留给后世的又一个重要启示。

君源臣流

　　贞观六年，有一位大臣上书请求除去奸佞之人。唐太宗李世民问："谁是奸佞之人？"这位大臣回答说："臣我身居草野，不能够确认谁是奸佞之人，希望陛下对群臣明言，或者假装恼怒加以试探，那些坚持己见、不屈服于压力的，便是耿直的忠臣；那些畏惧皇威而顺从旨意的，便是奸佞之人。"李世民说："君，源也；臣，流也；浊其源而求其流之清，不可得矣。君自为诈，何以责臣下之直乎！朕方以至诚治天下，见前世帝王好以权谲小数接其臣下者，常窃耻之。卿策虽善，朕不取也。"（《资治通鉴·唐纪八》）意思是，君主，是水的源头；群臣，是水的下流。混浊了源头而去希冀下流的清澈，是不可能的事情。君主自己作假使诈，又如何能要求臣下耿直呢！我正是以至诚之心治理天下，看见前代帝王喜好用权谋小计来对待臣下，常常觉得可鄙。你的建议虽好，我不采用。

贞观十六年，李世民对侍臣说："历史上有的是国君在上昏庸，不理政务，而臣子在下面兢兢业业地料理国家；有的是臣子犯上作乱，而君主清明。两者相比较，哪一个危害更大呢？"魏徵回答道："君心理，则照见下非。诛一劝百，谁敢不畏威尽力？若昏暴于上，忠谏不从，虽百里奚、伍子胥之在虞、吴，不救其祸，败亡亦继。"（《贞观政要·论政体第二》）意思是，君主用心治理国家，就能够明察秋毫，对臣子的是非曲直了如指掌，满朝百官谁敢不服，谁敢不尽心尽力为朝廷效力呢？倘若君主在上面昏庸残暴，忠臣的谏言不采纳，虽然有百里奚、伍子胥这样的忠臣在国家，依然无法避免祸患，所以国家败亡也就接踵而至了。李世民又问道："如果必定是这样，那么我看到北齐文宣帝昏庸残暴，大臣杨遵彦却能够用严明的政治匡扶朝纲，使北齐的统治得以维持，这又该作何解释呢？"魏徵说："遵彦弥缝暴主，救理苍生，才得免乱，亦甚危苦。与人主严明，臣下畏法，直言正谏，皆见信用，不可同年而语也。"（《贞观政要·论政体第二》）大意是，杨遵彦补救国君的过失，救治了百姓，才使国家幸免于难，但他本人也是非常困苦的。这哪能与国君威严圣明，臣子敬畏守法，敢于进献忠言，君臣之间互相信任支持相提并论啊！

这里讲述的是，君主与群臣在治国理政中，所处的不同地位和作用。古今中外，大到一个国家，小到一个单位，兴衰成败，很大程度上取决于主要领导者的素质和形象。为上者不正，为下者便歪；为上者正，为下者便不敢歪，即使有少数胆大妄为者，也能够被发现和清除，影响不了大局。没有李世民的虚怀纳谏，便不会有魏徵、王珪、马周、杜如晦、褚遂良、孙伏伽等一大批敢于犯颜直谏之臣，不会出现贞观时期特别是贞观前中期的朝官进谏蔚然成风。同样，正是由于李世民大力倡导并身体力行戒奢以俭，贞观时期朝官中才会形成一股清廉之风。除了前文中讲到的魏徵清正廉洁外，尚书右仆射温彦博家中贫困没有正屋，去世时灵柩只有在旁屋祭奠；户部尚书戴胄居所十分简陋，去世后连个祭拜吊唁的地方都没有；兵部尚书李勣不立产业，"得金帛，尽散之士卒，无私贮"……。

天子当有畏惮

贞观二年二月，唐太宗李世民对亲近的大臣说："人言天子至尊，无所畏惮。朕则不然，上畏皇天之监临，下惮群臣之瞻仰，兢兢业业，犹恐不合天意，未副人望。"（《资治通鉴·唐纪八》）意思是，人们都说君王至为尊贵，无所畏惧。我则并非如此，上怕皇天的监督，下惧群臣的注视，兢兢业业，还怕不符合上天的旨意和百姓的期望。魏徵说："这的确是达到治世的要旨，希望陛下能慎始慎终，那就好了。"

魏徵常常犯颜直谏，有时弄得李世民下不来台，他却面不改色，李世民都有些畏惧他。一次，魏徵告假去扫祖墓，回来后对李世民说："人们都说陛下临幸南山去游猎，外面都已经严阵以待、整装完毕，而您最后又没去，不知是为什么？"李世民笑着说："起初确实有这个打算，害怕你又会来嗔怪，所以中途停止了。"又有一次，李世民得到一只好鹞鹰，十分喜爱。他将鹞鹰旋转在臂膀上正在玩耍时，远远看到魏徵走了过来，因为怕又会引出一番"劝陛下不要玩物丧志"的进谏，便把鹞鹰藏在怀中。魏徵见到李世民以后上奏朝政大事，很久没有停下来，那只鹞鹰最后竟被闷死在李世民的怀里。

贞观六年，李世民对侍臣说："朕闻周、秦初得天下，其事不异。然周则惟善是务，积功累德，所以能保八百之基。秦乃恣其奢淫，好行刑罚，不过二世而灭。岂非为善者福祚延长，为恶者降年不永？朕又闻桀、纣，帝王也，以匹夫比之，则以为辱。颜、闵匹夫也，以帝王比之，则以为荣。此亦帝王深耻也。朕每将此事以为鉴戒，常恐不逮，为人所笑。"（《贞观政要·论君臣鉴戒第六》）意思是，我听说周朝和秦朝刚得天下的时候，治理国家的方法是一样的。但是周朝建国后唯务善事，积累功德和仁德，所以能够将自己的基业保持八百年之久。而秦朝恣意妄为，骄奢淫逸，喜好严刑峻法，所以只经历了两代帝王就灭亡了。这难道不是行善可以延长福祚，作恶可使国运衰败吗？我又听说桀、纣是帝王，以一个普通百姓与他们相比，普通百姓都觉得是耻辱；孔子的学生颜回、闵损是普通百姓，把帝王与他们相比，也认为是荣耀的。这也是帝王应当感到羞惭的。我总是将这些事引以为戒，常常怕比不上颜回、闵损这些贤德之士，被人们所耻笑。魏徵听后，意味深长地说："我听说鲁哀公对孔子说：'有个人很健忘，他换了住宅就把自己的妻子给忘了。'孔子说：'还有比这个人更健忘的，我看桀、纣这些君主，竟然忘了自己的身躯。'希望陛下以此为戒，以免被后人耻笑。"

李世民身为至高无上的天子，仍怀有一颗敬畏之心，实为难能可贵。敬者，恭恭敬敬，严谨做事；畏者，担心忧虑，有所顾忌。心怀敬畏，才会知道什么可为而什么不可为，从而做到心有所正，言有所规，行有所止。正是这种敬畏之心，促使李世民以那些骄奢淫逸、严刑峻法的帝王为戒，虚怀纳谏，力行节俭，常思己过，恭谨为政。古人云，人要有三畏：畏天，畏地，畏己。畏天，就是要顺应天道自然，敬畏真理；畏地，就是要感恩于养育自己的大地，敬畏百姓；畏己，就是要书写好自己的历史，敬畏人生。相反，有些人无所敬、也无所畏，自命不凡，老子天下第一，随心所欲，胡作非为，到头来只能是落得个身败名裂的下场。历史上，上自帝王将相，下至普通百姓，这种"先疯狂，后灭亡"的事例比比皆是。可见，常怀敬畏之心，既是一种人生观念和人生态度，也是一种人生智慧。

主贪必丧其国，臣贪必亡其身

贞观二年，唐太宗李世民对侍臣说："朕尝谓贪人不解爱财也。至如内外官五品以上，禄秩优厚，一年所得，其数自多。若受人财贿，不过数万，一朝彰露，禄秩削夺，此岂是解爱财物？规小得而大失者也。昔公仪休性嗜鱼，而不受人鱼，其鱼长存。且为主贪，必丧其国；为臣贪，必亡其身。《诗》云：'大风有隧，贪人败类。'固非谬言也。昔秦惠王欲伐蜀，不知其径，乃刻五石牛，置金其后。蜀人见之，以为牛能便金，蜀王使五丁力士拖牛入蜀，道成，秦师随而伐之，蜀国遂亡。汉大司农田延年赃贿三千万，事觉自死。如此之流，何可胜记！朕今以蜀王为元龟，卿等亦须以延年为覆辙也。"（《贞观政要·论贪鄙第二十六》）这段话的大意是，我曾经说过，贪婪的人不知道如何爱惜财物。像五品以上的官员，他们高官厚禄，一年所得的俸禄数目非常大。如果接受别人的贿赂，数目不过几万。然而，一旦丑行暴露，就会被革去官职和俸禄，这样做，哪里是爱惜钱财呢？要避免因小失大，得不偿失。过去，鲁国的丞相公仪休很喜欢吃鱼，但从不接受别人进献的鱼，因此他得以长期享受鱼的美味。国君贪婪必定丧国，臣子贪婪必定丧命。《诗经》上写道："大风吹时必有来路，贪心的人败坏善道。"所言不虚啊！过去，秦惠王要攻打蜀国，但不熟悉蜀国的道路，于是，他叫人刻了五头石牛，并把金子放在石牛身后。蜀国人看见了，以为石牛可以屙出金子来。蜀王便叫五个大力士把石牛拖到蜀国去，由秦入蜀的路就这样开辟出来了。于是，秦国大军尾随而至，灭掉了蜀国。汉代，大司农田延年接受贿赂三千万，事情败露后自杀身亡。这样的例子，不胜枚举。我现在以蜀王为警戒，你们也要把田延年当作前车之鉴。

　　贞观四年，李世民对公卿们说："古人云：'贤者多财损其志，愚者多财生其过。'此言可为深诫。若徇私贪浊，非止坏公法，损百姓，纵事未发闻，中心岂不常惧？恐惧既多，亦有因而致死。大丈夫岂得苟贪财物，以害及身命，使子孙每怀愧耻耶？卿等宜深思此言。"（《贞观政要·论贪鄙第二十六》）意思是，古人说："贤者多财损他的意志，愚者多财会造成他的过错。"这话可以深以为戒。徇私贪污，不但破坏国法，伤害百姓，即使事情没有败露，心中怎能不常怀恐惧呢？恐惧多了也会因此而导致死亡的。大丈夫岂能为贪求财物，而害了自己的身家性命，还使子孙总是蒙受羞耻呢？你们应当深入思考这些话。

　　贞观十六年，李世民对身边的侍臣说："古人云：'鸟栖于林，犹恐其不高，复巢于木末；鱼藏于水，犹恐其不深，复穴于窟下。然而为人所获者，皆由贪饵故也。'今人臣受任，居高位，食厚禄，当须履忠正，蹈公清，则无灾害，长守富贵矣。古人云：'祸福无门，惟人所召。'然陷其身者，皆为贪冒财利，与夫鱼鸟何以异哉？卿等宜思此语为鉴诫。"（《贞观政要·论贪鄙第二十六》）这段话的意思是，古人说："飞鸟栖息于树林，唯恐所栖之处不高，所以筑巢于树木的顶端；鱼藏于水中，唯恐所藏之处不深，所以穴居于水底洞穴中。然而能被人们所捕获的，都是因为贪食诱饵的缘故。"现在大臣受任命，居高位，享有丰厚的待遇应当忠诚正直，清廉无私，这样才能没有灾祸，长守富贵啊！古人又说："祸福无门，唯有人把它们召来。"如此说来，身遭灾祸的都是因为贪财求利，这与那些鱼鸟有什么不同呢？你们应当好好想想这些话，以此作为借鉴和告诫。

　　以上几段话，是李世民对大臣们进行的廉政训导，可谓寓理于事，循循善诱，语重心切。力戒和惩治贪腐，倡导和保持清廉，是自有官吏制度以来的一个永恒课题。总结和借鉴历史的经验教训，反对贪腐必须训导教育、刑罚惩戒、制度建设、优化政治环境四管齐下。训导教育，是通过提高官员们的官德，解决不愿贪腐的问题；刑罚惩戒，是通过严厉打击，解决不敢贪腐的问题；制度建设，是通过完善有关法规，包括财产分配和财产支配方面的法规，解决不能贪腐、贪腐无用的问题；优化政治环境，是通过营造公平公正、健康向上的政治氛围，解决不去贪腐的问题。贞观时期所以能够成为中国封建社会历史上官场风气比较清廉的时期，除了重视官德修养，形成防治贪腐的道德基础；制定颁发《贞观律》、《职制律》，构筑防止贪腐的法律防线；推行监察制度和谏议制度，建立防治贪腐的保障体制；实行考课和巡省，实施防治贪腐的监控制度以外，与当时的政治环境比较清正、开明有很大关系。李世民在用人上坚持唯才是举，对德才兼优的清廉官员大力褒奖重用，对渎职贪腐的官员严加惩办，清廉之臣往往受到时尚赞誉，而贪腐之举即使微小未受到惩处也为人们所讥讽。在这样一种扬清激浊的氛围中，官员们自然也多会以廉洁为荣，自律清谨。

治安则骄侈易生，骄侈则危亡立至

贞观十二年，唐太宗李世民对侍臣说："我通过读书，发现前代的君王做善事，都身体力行，不知疲倦；他们所任用的大臣，也都很贤德。然而和三皇五帝的时代相比，还是无法企及，这是为什么？"魏徵回答道："今四夷宾服，天下无事，诚旷古所未有。然自古帝王初即位者，皆欲励精为政，比迹于尧、舜；及其安乐也，则骄奢放逸，莫能终其善。人臣初见任用者，皆欲匡主济时，追纵于稷、契；及其富贵也，则思苟全官爵，莫能尽其忠节。若使君臣常无懈怠，各保其终，则天下无忧不理，自可超迈前古也。"（《贞观政要·论慎终第四十》）魏徵说的大意是，现在少数民族顺从入贡，天下太平无事，的确是自古以来都没有过的盛事。然而，历代的帝王刚刚即位的时候，都励精图治、勤于政务，以尧、舜为榜样；可等到天下太平了，就开始放纵自己，骄奢淫逸，没有谁做到善终。至于臣子，在开始被任用时，都怀有匡扶君主、济世救民的宏愿，效法尧舜时代的贤臣稷、契；等到他们拥有荣华富贵了，就开始处心积虑地盘算如何保住官位，苟全性命，不能把忠诚节操保持到底。如果君臣双方都能不懈怠，铭记善始善终的道理，那么国家就不必担心治理不好了，自然可以超越前古盛世。李世民听后说："正如你所说的。"

贞观十五年，李世民对大臣们说："朕有二喜一惧。比年丰稔，长安斗粟直三四钱，一喜也；北虏久服，边鄙无虞，二喜也。治安则骄侈易生，骄侈则危亡立至，此一惧也。"（《资治通鉴·唐纪十二》）意思是，我有两件高兴的事情，一件忧虑的事情。连年丰收，长安城稻粟每斗仅值三四钱，这是一喜；北方部族久已服顺，边境没有祸患，这是二喜。政治安定则容易滋生骄奢淫逸，骄奢淫逸则会马上遭致危亡，这是一件忧虑的事情。

贞观十六年，李世民向魏徵问道："我观察近代的帝王，有传位十代的，有的只延续一代两代的，也有自己取得天下又自己丢失的。我因此常常感到忧虑恐惧，或者是因为害怕抚养百姓未能使其各得其所；或者是因为怕自己心生骄逸念头，喜怒过度，而自己又不能觉察到。请你为我讲讲其中的道理，我将把这些作为行为的准则。"魏徵答道："嗜欲喜怒之情，贤愚皆同。贤者能节之，不使过度；愚者纵之，多至失所。陛下圣德玄远，居安思危，伏愿陛下常能自制，以保克终之美，则万代永赖。"（《贞观政要·论慎终第四十》）意思是，欲望和喜怒的情感，人人生而有之，无论贤者、愚者都在所难免。只是贤者能够有所控制，凡事不过度；愚者却恣意放纵，以致达到不可收拾的地步。陛下您圣德高远，能够居安思危，希望您能抑制私欲，保持善始善终的美德，成就完美的功业，造福千秋万代。

《贞观政要》中，记述李世民与群臣总结前朝兴亡的经验教训，探讨如何善始善终，使大唐王朝长治久安的内容，占有不小的篇幅。应当说，李世民在这个问题上是清醒的。但是，与贞观前中期相比，李世民在晚年也发生了一些消极的变化。比如：魏徵于贞观十三年上书列举李世民十个方面的"不克终"，并发现他"渐恶直言"，不再乐意听取不同意见；他逐渐习惯于奢侈生活，贞观十六年下诏要求对太子李治所用之物不得限制，并为自己修造宫殿，先是在东都洛阳修飞山宫，贞观二十一年又修翠微宫；他好大喜功，不听大臣们劝阻，耗费大量人力财力两次征伐高句丽，不仅自己得了病，还因大量造船引起了农民起义，激化了国内矛盾。所幸的是，这些晚年的失误，并没有发展到影响唐朝政局安危的程度。纵观他的一生和武功、文治、怀远，唐太宗李世民仍不失为一位中国历史上伟大的圣明皇帝。

历代君主，居位久者善始者多，善终者少。或是治理国家取得一定成绩之后，居功自傲，斗志衰退，不思进取；或是在长期歌舞升平的环境中，追求安逸奢侈生活，甚至荒淫无道。这几乎成了一种规律。正因如此，治国理政者的戒骄戒躁、善始善终，便显得更为可贵和重要。

深明大义的一代贤后

研究贞观之治，不能不提到一位女性人物，就是唐太宗李世民的皇后长孙氏。

长孙皇后"少好读书，造次必循礼则"，十三岁嫁给李世民，武德初年被册为秦王妃。当时，太子李建成因李世民功业既高猜忌滋甚。长孙氏"孝事高祖，恭顺妃嫔，尽力弥缝"，竭力争取李渊后宫对李世民的支持。"玄武门之变"中，她"同心影助"李世民，亲自慰勉将士，"左右莫不感激"。李世民继承皇位以后，长孙氏被立为皇后。她深明大义，母仪天下，成为一位出色的"贤内助"，在贞观之治中发挥了不可替代的作用。

位尊不骄，恭谨躬俭。长孙皇后贵为一国之母，却行事十分恭谨低调，力行节俭。她"性尤俭约，凡所服御，取给而已。"（《旧唐书·长孙皇后传》）身为皇后，她不仅自己俭素，还经常训导诸子以谦俭为先。太子李承乾的乳母遂安夫人嫌东宫的器用少，奏请增加一些。长孙皇后不许，说："为太子，所患德不立而名不扬，何忧少于器物也。"（《旧唐书·长孙皇后传》）贞观十年（公元 636 年），长孙皇后身患重病。太子看到她久治不愈，便提出奏请皇上用赦免罪人的办法，为她冥福祛病。长孙皇后说："死生有命，非人力所支。若修福可延，吾不为恶；使善无效，我尚何求？且赦令，国大事，佛、老异方教耳，皆上所不为，岂宜以吾乱天下法！"（《新唐书·长孙皇后传》）意思是，生死有命，并不是人的智力所能够转移的。如果行善积德便有福祉，那么我并没有做恶事；如果不是这样，胡乱求福又有什么好处呢？大赦是国家的大事，不能随意发布。佛教、道教乃异端邪说，都是皇上平素不做的事，为什么因为我一个妇道人家，去乱了国家的规矩呢？太子私下把这件事告诉了房玄龄，房玄龄禀明于李世民。李世民十分悲痛，想为皇后而大赦天下，长孙皇后执意阻止了他。不久，长孙皇后病逝，年仅三十六岁。她去世前对李世民说："妾生无益于时，死不可以厚葬，愿因山为垅，无起坟，无用棺椁，器以瓦木，约费送终，是妾不见忘也。"（《新唐书·长孙皇后传》）

盈满为诫，自抑外戚。李世民对长孙皇后宠爱有加，但她从不恃宠自傲，而以盈满为诫，不仅自己慎言慎行，对自己的亲属也严加训导，以防止出现前朝外戚专权乱政的悲剧。长孙皇后的哥哥长孙无忌，早年与李世民为布衣之交，辅佐李世民继承皇位建有大功，加上皇后兄长的外戚身份，被李世民视为心腹，贞观元年以"功列第一"进封齐国公，任吏部尚书，食邑千二百户。李世民想重用长孙无忌为宰相（尚书右仆射），长孙皇后固请曰："妾备位椒房，家之贵宠极矣，诚不愿兄弟复执国政。吕、霍、上官，可为切骨之戒，幸陛下矜察！"（《资治通鉴·唐纪八》）意思是，我身为皇后，家族的尊贵荣耀已经达到了顶点，实在不愿意我的兄弟再去执掌国政。汉代的吕氏、霍氏、上官氏三家外戚专权乱政，都是痛彻骨髓的前车之鉴，望陛下体恤明察！长孙无忌也畏惧权宠过盛，反复恳请辞去尚书右仆射一职，李世民无奈，解除了长孙无忌尚书右仆射的官职，授开府仪同三司。长孙皇后还编撰《女则》三十卷，采集古代后妃的得失事迹加以评论，用来教导自己做好一位称职的皇后。长孙皇后去世后，李世民看了《女则》一书极为悲痛，展示给身边大臣说："皇后这本书足以成为百世的典范。朕不是不知上天命数而沉溺于无益的悲哀，只是在宫中再也听不见规谏的话了，失却了贤内助，所以不能忘怀。"

劝善规过，救护贤臣。长孙皇后为人贤惠，李世民患病她昼夜不离身边，精心侍候；妃嫔以下有疾她也亲自探望，并拿出自己的药物饮食供其服用，宫中人人都爱戴她。她不参与朝政，但经常与李世民谈论历史，乘机提出有益的建议，规劝李世民改正过错。一次，房玄龄受谴回家。长孙皇后了解到这一情况后对李世民说："房玄龄侍奉陛下多年，小心翼翼，做事缜密，朝廷机密要闻，不曾有一丝泄露，如果没有大的过错，望陛下不要抛弃他。"房玄龄遂被召回官复原职。贞观六年，长乐公主将要出嫁。李世民因长乐公主是长孙皇后所生，十分疼爱，便敕令有关部门所给陪嫁比皇姑永嘉公主多一倍。魏徵在进谏中以汉明帝分封皇子采邑为例，指出这一做法不妥。李世民把此事告诉了长孙皇后。长孙皇后说："我总是听陛下称赞魏徵，不知是什么缘故，如今见其引礼仪来抑制君王的私情，这真是辅佐陛下的栋梁大臣呀！我与陛下是多年的结发夫妻，多蒙恩宠礼遇，每次讲话还都要察言观色，不敢轻易冒犯您的严威。何况大臣与陛下较为疏远，还能如此直言强谏，陛下不能不听从他的意见。"并请求李世民派宦臣去魏徵家中，赏赐给四百缗钱，四百匹绢。又一次李世民罢朝回到宫中，怒气冲冲地说："以后找机会一定杀了这个乡巴佬。"长孙皇后问是谁惹怒陛下，李世民说："魏徵常在朝堂上羞辱我。"长孙皇后于是退下，穿上只有盛典时才穿的朝服站在庭院中，李世民惊奇地问这是何故。长孙皇后说："妾闻主明臣直。今魏徵直，由陛下之明故也，妾敢不贺！"（《资治通鉴·唐纪十》）李世民转怒为喜。她在病重与李世民诀别时，还嘱告道："愿陛下亲君子，远小人，纳忠谏，屏谗慝，省作役，止游畋，妾虽没于九泉，诚无所恨。"（《资治通鉴·唐纪十》）意思是，希望陛下亲近君子，疏远小人，接纳忠言直谏，摒弃谗言，减少劳役，禁止游猎。这样，我即使在九泉之下，也毫无遗憾了。

在中国封建社会，皇后统率六宫、母仪天下，具有十分特殊的地位作用。她们虽不负有参加处理具体政治事务的职责，却能够以特殊的角色，进大臣和旁人难进之言，在指出君主得失，调节君臣关系、君民关系方面，发挥出重要作用。当政治风云变幻，或因健康、智力原因造成君主理政困难时，她们则可以凭借国母的身份，参与对国家最高政权的管理。她们中，有的奢侈成性、淫乱皇宫，有的把君主的人格践踏于脚下颐指气使、发号施令，有的甚至直接走上政治前台，把持朝政，成为害家乱国的"女祸"。因此，皇后的贤与不贤，对君主乃至当时的朝政，有着十分重要的影响。自秦汉到唐初，长孙皇后可称得上一代贤后。后人在赞颂李世民的武功、文治和开创的贞观之治时，不应忘记其身后的这位贤明皇后。

武则天秉政称帝

在中国两千多年封建社会历史中，名副其实的女皇帝只有唐朝的武则天一人。

武则天（公元 624—705 年），并州文水（今山西文水县）人。十四岁入后宫成为唐太宗李世民的才人。唐太宗去世后到长安感业寺为尼。唐高宗李治即位后，武则天被召回宫中封为昭仪，永徽六年（公元 655 年）立为皇后，先是参与政务，尊为"天后"，后与唐高宗一起临朝听政，合称"二圣"。唐高宗病逝之后，作为唐中宗、唐睿宗的皇太后临朝称制。天授元年（公元 690 年），废唐睿宗，正式自称皇帝，改国号为周。神龙元年（公元 705 年），宰相张柬之等人发动政变逼迫武则天退位。武则天被迫将皇位让给儿子唐中宗李显，恢复唐朝国号，第二年去世，享年八十二岁。武则天前后执掌朝政大权长达近 50 年，其中在皇帝位 15 年。是什么原因使武则天能够创造这一奇迹，登上皇帝之位呢？

唐高宗李治的宠爱、信任和懦昏多病。武则天天生丽质，被唐太宗纳入宫中后赐名"媚娘"。李治为太子时，便在唐太宗病重期间与武则天一见钟情，当上皇帝后不顾落下"烝庶母"的恶名，把武则天从感业寺收入宫中，很快又封为昭仪（二品）。武则天回宫后依靠高宗的宠爱迅速打败了萧淑妃，在与王皇后的斗争中，唐高宗也明显站在武则天一方。武则天为了夺取皇后之位，杀死自己的幼女嫁祸于王皇后，唐高宗则听信武则天的一面之词。"由是昭仪得入其訾，后无以自解，而帝愈信爱，始有废后意。"(《新唐书·武则天传》)在皇后废立问题上，长孙无忌、来济等朝中重臣"频死固争"进谏反对，尚书右仆射褚遂良"解巾叩头流血"，侍中兼太子宾客韩瑗"悲泣不能自胜"，唐高宗却决意下诏废除王皇后，立武则天为皇后。显庆五年（公元660年），唐高宗初患风眩病，破例委以皇后处理部分政务，开启了武则天参与朝政的历史。这期间，武则天的专恣专威曾经引起唐高宗的不满。麟德元年（公元664年），唐高宗让西台侍郎上官仪起草把武则天废为庶人的诏书。诏书尚未发出，武则天得知消息向唐高宗申诉，唐高宗害怕武则天怨怒便改变了主意，说："这是上官仪教我的。"不久，按照武则天的旨意，上官仪以参与谋反的罪名被杀害。上元元年（公元674年），唐高宗自称"天皇"，武则天被称为"天后"。由此之后，武则天在朝政中的地位作用更加显赫。"时帝风疹不能听朝，政事皆决于天后。自诛上官仪后，上每视朝，天后垂帘于御座后，政事大小皆预闻之，内外称为'二圣'。"(《旧唐书·唐高宗本纪》)上元二年，唐高宗甚至打算逊位于武则天，被中书侍郎郝处俊进谏而止。武则天上持朝政直至弘道元年（公元683年）唐高宗病逝。唐高宗传位于太了李显，仍在遗诏中称："军国大事有不决者，取天后处分。"(《旧唐书·唐高宗本纪》)从而，进一步为武则天后来的临朝听政和直接执掌朝政提供了根据。

武则天的强烈政治欲望、过人智慧和钢铁意志。她入宫前就有不同于常人的胸怀和志向。唐太宗召为才人的消息传来后，她的母亲杨氏恸泣与诀，武则天却说："见天子庸知非福，何儿女悲乎？"(《新唐书·则天武皇后传》)意思是，到皇帝身边怎么就不是福呢，怎么会成为女儿我悲伤的事呢？武则天在唐太宗身边做了 12 年的才人，受宠一时便被冷落一边，一直未能得到提升。这样的经历和磨砺，使她进一步激发了政治欲望，也积累了斗争经验。"后素多智计，兼涉文史。"（《旧唐书·则天皇后本纪》）武则天的政治抱负（或称之为政治野心）、足智多谋，在被唐高宗重新召回宫中以后，得到了充分展现。为了得宠并牢牢抓住唐高宗，她利用王皇后与萧淑妃之间的矛盾，先是"卑辞屈体"于王皇后，"武氏巧慧，多权数，初入宫，卑辞屈体以事后；后爱之，数称其美于上。"（《资治通鉴·唐纪十五》）她与王皇后联手打败萧淑妃之后，又转过来对付王皇后。为了争得皇后的位子，她在设计扳倒王皇后的同时，利用唐高宗对自己的宠爱、信任和唐高宗与朝中元老大臣的矛盾，拉拢许敬宗、李义府等人，使唐高宗面对元老大臣的固争苦谏不改变废除王皇后的决心；尔后，对反对废后的元老大臣采取先易后难的策略，各个击破，先是让唐高宗把褚遂良贬到京外，接着以与褚遂良潜谋不轨的罪名把韩瑗、来济二人也贬出京城，最后再对元老大臣的核心人物长孙无忌下手。长孙无忌不仅是唐朝功列第一的开国元勋，李世民去世前任命的首位辅政大臣，而且是唐高宗李治的舅父。打掉长孙无忌的左膀右臂之后，显庆四年（公元 659 年），在武则天的授意下，由许敬宗把长孙无忌编织进一桩朋党案，借处理太子洗马韦季方和监察御史李巢朋党案之机，诬奏韦季方与长孙无忌勾结陷害忠臣近戚，要使权归长孙无忌，伺机谋反。唐高宗先是吃惊不信，继而伤心怀疑，在许敬宗的巧言诱迫下，竟然不与长孙无忌对质，便下诏削去其官职和封邑，流徙黔州，其儿子及宗族被株连或遭流放或遭诛杀，长孙无忌也被逼迫自缢而死。长期残酷无情的宫廷斗争，还铸就了武则天冷酷、坚毅的品格。她不仅对自己的政敌毫不手软，甚至出于政治目的可以不顾亲情。为了陷害王皇后，促使唐高宗下定废后的决心，她竟然亲手杀死自己出生不久的女儿。次子李贤由太子废为庶人，唐高宗去世后，武则天担心他图谋不轨，便派人逼其自杀。

朝廷内部的派系斗争，为武则天立后称帝提供可以借助的力量。西魏、北周以来，逐渐形成了以八柱国为核心，由关陇地区豪族和鲜卑贵族组成的关陇集团。唐高祖李渊是八柱国之一李虎的后代，李渊的母亲、元贞皇后是八柱国之一独孤信的后代，李世民的长孙皇后是鲜卑拓跋氏上党王的后代，加之李渊起兵之初的骨干力量相当一部分是关陇地区的豪族，因此李唐王朝建立时，皇族和朝中重臣大多出自关陇集团。李世民推行科举制度、门荫制度和推荐制度并存的官员选拔制度，重用以房玄龄为代表的山东士族，以魏徵、马周为代表的寒族，以萧瑀、王珪为代表的南朝贵族，逐步降低了关陇贵族在朝中的影响。贞观末年，伴随着李世民身体每况愈下，朝廷越来越倚重长孙无忌、褚遂良等出身关陇贵族的老臣。李世民去世时，任命长孙无忌、褚遂良为辅政大臣。这两人相互配合，在两三年内先后把宇文节、韩瑗、来济等关陇贵族官僚提拔为宰相，并迫使不属关陇贵族的另一位辅政大臣李勣辞去尚书右仆射之职，成为一名挂名的宰相，致使唐高宗即位之后重现了关陇集团掌国的局面。李治继承皇位时已二十一岁，对长孙无忌等人把持朝政、自己处处受到掣肘早已心怀不满，想借废立皇后一事杀一杀关陇老臣的气焰，树立起皇帝的权威。可以说，在打击、削弱关陇集团这一点上，唐高宗和武则天是站在同一条战线的。李义府、许敬宗等人窥视到这一动向，便上书奏请废掉关陇豪族出身的王皇后，立武则天为皇后。当唐高宗听取李勣对废立皇后的意见时，李勣对曰："此陛下家事，无须问外人！"（《新唐书·李勣传》）也表现出了他与关陇集团的分歧。这场较量的结果，以唐高宗、武则天为首的统一战线，战胜了以长孙无忌为首的关陇老臣。武则天登上皇后位之后，一鼓作气，先后采取各种手段把褚遂良、韩瑗、来济、长孙无忌治罪，从此关陇集团走向衰落。这也为武则天后来执掌朝政和改朝称帝创造了条件。

　　武则天的几个儿子或暴卒，或被废，或难成大器，也为她秉政称帝提供了理由和可能。唐高宗和武则天共育有四个儿子。长子李弘，显庆元年（公元656年）被立为太子。"弘性仁厚，既承命，因感结，疾日以加。"（《新唐书·孝敬皇帝弘传》）他体弱多病，上元二年（公元675年）五月，与唐高宗、武则天同赴东京合璧宫时，暴病而死。有的史学家以武则天为诬陷王皇后曾杀死自己的幼女为由，认为李弘也是武则天毒害而死。这只是一种猜测，缺乏有关史证。二子李贤，容貌举止端庄，深得唐高宗喜爱，李弘死后继立为太子。《旧唐书》称李贤立为太子以后："处事明审，为时论所称。"（《旧唐书·章怀太子贤传》）李贤做太子期间与武则天关系紧张，武则天曾多次书信责备并派人送去《少阳正范》、《孝子传》等书籍，说李贤不懂得为人子、为太子，而宫中关于"太子不是皇后亲生"的流言更为母子关系雪上加霜。调露二年（公元680年），为武则天所信任的道士明崇俨被杀，武则天怀疑是太子李贤所为，随即派人搜查太子府，查出皂甲三百副。李贤遂因谋逆罪被捕囚禁，废为庶人，后又被逼自杀。三子李显是一个昏庸之辈。李贤被废之后，李显继立为太子，唐高宗病逝后继承皇位，是为唐中宗。李显即位后便不顾辅政大臣裴炎的反对，大肆重用韦皇后亲戚，试图组成自己的集团，仅在位36天就被废为庐陵王。李显的昏庸无能，从后来他二度登上皇位，沉迷于淫靡生活，听任韦皇后等人胡作非为，最后自己被韦皇后下毒而死，看得更加清楚。四子李旦，在唐中宗李显被废为庐陵王后称帝，是为唐睿宗。他"谦恭孝友，好学，工草隶，尤爱文字训古之书。"（《旧唐书·睿宗本纪》）但却不是一个敢于担当、能够驾驭复杂局面的政治家。李旦一生中有"三让天下"的轶事。第一次是垂拱二年（公元686年），武则天下诏复政于唐睿宗，李旦固辞不受，武则天便顺水推舟，继续临朝称制，后又改国号为周。第二次是圣历元年（公元698年），武则天将废黜为庐陵王的唐中宗李显召回，李旦

"数称疾不朝，请让位于中宗。"（《旧唐书·睿宗本纪》）第三次是景云元年（公元 710 年），李旦的第三子李隆基、妹妹太平公主发动兵变诛杀韦皇后，废黜少帝李重茂，拥立他重新登基，但在位仅 26 个月，他便把皇位让给了李隆基。如果说前两次"让天下"是为了躲避政治斗争漩涡的冲击，后一次"让天下"则是由于无力平衡和解决李隆基与太平公主之间日益尖锐的争端。有的史学家把唐睿宗称为"太极皇帝"。他算得上一位避祸自保的高手，绝不是一位治国理政的英才。唐高宗的其他几个儿子，也有的病死，有的被废黜，有的被杀害。这种皇位后继无人的状况，便成为武则天临朝称制的理由。

武则天能够秉政称帝，还与当时的社会习俗有所关联。生活在南北朝和隋朝时期的思想家颜之推，在《颜氏家训》中对当时的习俗作了如下记叙："邺下风俗，专由妇人主持门户，诉讼争曲直，请托工逢迎，坐着车子满街走，带着礼物送官府，代儿子求官，替丈夫叫屈，这是鲜卑的遗风吧！"又说，"南方贫士，都讲究场面，车马衣服一定要整齐，宁可让妻子在家饥寒。北方人士，多靠妇人管家，精美的衣服、贵重的首饰，不可缺少，男人只有瘦马老奴供使用。夫妇之间，你我相呼，不讲妇女敬夫的礼节。"（范文澜《中国通史》第三编，第 136 页）从中可以看出，当时北方受鲜卑统治的影响，礼法束缚比较微弱，妇女有发挥才能较多的机会。唐高祖李渊自称是西凉武昭王李暠的后裔。目前史学界对李渊的先世是汉族还是胡人，尚有分歧。但李世民的爷爷李昞的妻子独孤氏、李渊的皇后窦氏、李世民的皇后长孙氏，均属鲜卑等胡族血统。唐朝官员中也有不少出身胡族。因此唐代早期男尊女卑并不严重，社会风气和政治比较开明。武则天就是这种风气里产生出来的一位杰出女性。

长期以来，武则天一直是一个有争议的历史人物。有的称她为"封建时代杰出的女政治家"，有人说她是"杀君篡国的女魔"。但有一点，武则天统治时期唐朝经济社会取得了相当大的发展进步，却是不争的史实。她于上元元年（公元674年）提出的"建言十二事"，包括发展桑农、注重德化、减轻徭役、崇尚俭朴、广开言路、以德才举人、提高妇女地位等诸多内容，成为武则天的施政纲领。在用人上，改革科举，举行殿试，开创武举、自举、试官等制度，让大批寒门出身的子弟有了一展才华的机会，大胆提拔重用了狄仁杰、姚崇、宋璟等一大批贤臣名相。在经济上，采取薄赋敛、息干戈、省力役等措施保障农时，颁发《兆人本业记》作为州县劝农的参考，加强对地主官僚的监察，同时注重促进手工业和商业的发展，全国户口由唐高宗永徽二年（公元651年）的380万户，增加到唐中宗神龙元年（公元705年）的615万户。在军事上，面对西突厥复兴，契丹崛起，吐蕃为争夺西域也不断挑起事端的形势，不失时机地组织反攻，恢复安西四镇，在边地常驻军队，把屯田推广到甘肃张掖、武威，内蒙古五原和新疆木萨尔一带，稳定了边疆。在文化上，通过科举取士大大提高了官员队伍的文化素养，创设"北门学士"，组织编成大百科全书《文馆词林》和《三教珠英》，编辑我国第一部药典《新修本草》，繁荣文艺创作，出现了沈佺期、杜审言、骆宾王、富家谟、陈子昂、宋之问等名家，开启了唐文、唐诗创作的先河。武则天统治时期，前承贞观之治，后启开元盛世，成为唐朝的一个重要发展时期。

封建制度下，在中国这样一个儒家思想占主导地位的国度里，出现武则天这样一位问鼎皇位，掌握国家政权长达半个世纪并且颇有作为的女子，是一件开天辟地的事情。尽管她在位时做过许多错事，譬如为了维护帝位和政治稳定，任用来俊臣、周兴等酷吏，镇压政敌过于残酷，并株连无辜，杀了一些直臣良将；乱改官制，滥施禄位，造成官场混乱，官吏冗滥；晚年生活奢侈腐化，大兴土木，崇信佛道，在各地大建寺院、举办法事，增加了民众负担；等等。但武则天和她所书写的历史，不仅为唐朝中期的振兴奠定了基础，对于后来的社会进步和妇女解放也具有极为深刻的积极影响。

娄师德 "唾面自干"

　　娄师德（公元 630—699 年），唐高宗和武则天时期的一位重臣，屡建功绩，曾官拜宰相（同凤阁鸾台平章事）。他早年考中进士，在担任江都县尉时就表现出卓越才能，被扬州长史卢承业称赞 "吾子台辅之器"（《旧唐书·娄师德传》），具有三公宰辅之才。仪凤三年（公元 678 年），唐军在青海之战中被吐蕃所败，损兵过半，娄师德危急时刻挺身而出收集散亡将士，并奉命与吐蕃谈判，宣扬唐廷休战求和之意，使吐蕃数年不再犯边。唐高宗李治以娄师德有功，升任他为殿中侍御史，兼河源军司马。后来，吐蕃再次犯边，娄师德自告奋勇，头束红额巾应征诏令，率军在白水涧一带阻击吐蕃八战八捷，战后受封为左骁卫郎将、河源军经略副使。武则天天授初年（公元 690 年），娄师德出任左金吾将军、检校丰州都督，"衣皮袴，率士屯田，积谷数百万，兵以饶给，无转饷和籴之费。"（《新唐书·娄师德传》）他主管北方营田十余年，取得了储备粮食数百万斛的巨大成绩，边镇供应充足，免去了转运粮草的费用，受到武则天下诏书慰劳嘉奖。史称 "唐朝边兵屯田之盛，以娄师德主管时为最"。长寿元年（公元 692 年），娄师德被召回朝廷，封为夏官侍郎，兼管尚书省事务，出任过兵部尚书，不久又晋升为同凤阁鸾台平章事。武则天考虑到营田关系到边镇军粮供应，十分重要，于延载元年(公元 694 年) 任命娄师德为河源、积石(今青海贵德西)、怀远(今宁夏银川) 等军及河(今甘肃临夏)、兰(今甘肃兰州)、鄯 (今青海乐都)、廓 (今青海化隆一带) 等州检校营田大使。万岁通天元年（公元 696 年），他在率军迎战吐蕃进犯中兵败，被贬为原州员外司马，不久复官为同凤阁鸾台平章事。之后，娄师德先后出任清边道行军副大总管率军平定契丹、陇右诸军大使检校河西营田事，兼任天兵军副大总管负责招抚吐蕃，于圣历二年（公元 699 年）八月卒于会州（今甘肃靖远），终年七十岁。

"师德颇有学涉，器量宽厚，喜怒不形于色。自专综边任，前后三十余年，恭勤接下，孜孜不怠。虽参知政事，深怀畏避，竟能以功名始终，甚为识者所重。"(《旧唐书·娄师德传》)《旧唐书》、《新唐书》、《朝野佥载》、《太平广记》中，都载有娄师德对人宽厚、忍让的事例。

娄师德的弟弟被朝廷任命为代州刺史。赴任临行前，娄师德对他说："我的才能不算高，官做到了宰相。现在你又做了很高的地方官。这有点过分了，人们会嫉妒我们的，你应当怎样保全自己呢？"他的弟弟说："从今以后，即使有人把口水吐到我的脸上，我也不去还嘴，把口水擦去就是了。我以此自勉，绝不让你不放心。"娄师德却说："未也。洁之，是违其怒，正使自干耳。"(《新唐书·娄师德传》) 大意是，你不能这样做，人家拿口水唾你，是人家对你发怒了。如果你把口水擦了，说明你心怀不满，就使人家更加发怒，应当不去擦让唾沫自己晾干。这便是典故"唾面自干"的由来。

狄仁杰是由娄师德竭力举荐后被任命为宰相一职的。娄师德从不对人们讲述此事，狄仁杰对此也毫不知情。狄仁杰当上宰相后，有些轻视娄师德，并一再排挤他到外地任职。武则天发现这一情况后，问狄仁杰："娄师德有道德才能吗？"狄仁杰回答："作为将领谨慎守卫边疆，是否有才能我不知道。"武则天又问："娄师德善于识别人才吗？"狄仁杰答道："我曾经与他同事，没有听说他善于识别人才。"武则天说："朕所以知道你，便是由于娄师德的推荐，他可以称得上是善于识别人才的了。"并拿出十几篇娄师德举荐他的奏章给狄仁杰看。狄仁杰十分惭愧，感叹道："娄公盛德，我为其所包容久矣，吾不得窥其际也。"（《资治通鉴·唐纪二十二》）意思是，娄师德有盛德，我受到他的包涵宽容已经很久了，我看不到他盛德的边际啊！

娄师德升任宰相后，一次外出巡察屯田。下属已经先行启程。娄师德因患脚疾，便坐在光政门外的大木头上等待坐骑马匹的到来。这时，有个县令不认识娄师德，自我介绍后便与他并坐在大木头上。县令的手下看到后，赶忙告诉县令说："此人是宰相。"县令大惊，赶紧站起来赔不是，并称自己犯了死罪。娄师德微笑着说："人都有不认识的，何言死罪。"还乐呵呵地同县令聊起天来。

李昭德与娄师德同为宰相。一次，两人一起上朝，娄师德因身体肥胖行动缓慢，李昭德多次等待他都跟不上。李昭德于是很不耐烦地骂道："真受不了你这个杀千刀的乡巴佬。"娄师德听后不但不生气，反而笑着说："如果我娄师德都不算乡巴佬，那还有谁是乡巴佬呢？"

又一次，娄师德在大街上遇到一个混混指名道姓地骂他，他却装着没有听到。当有人转告他时，他说："恐怕是骂别人吧。"那人又说："这明明是在骂你的名字。"娄师德说："天下难道没有同姓同名的人！"那人还是为他愤愤不平。娄师德对那个人说："他骂我而你叙述，等于重骂我，我真不想劳驾你来告诉我。"

对于娄师德所表现出的宽容和忍让，史界历来褒贬不一。《旧唐书》本传评曰："娄师德应召而慷忾，勇也；荐仁杰而入用，忠也；不使仁杰知之，公也；营田赡军，智也；恭勤接下，和也；参知政事，功名有卒，是人之难也,又何愧于将相乎!"《朝野佥载》的作者张鷟对娄师德的宽容、忍让也十分推崇,认为他"直而温,宽而栗,外愚而内敏,表晦而里明。万顷之波,浑而不浊,百炼之质,磨而不磷。可谓淑人君子,近代之名公者焉。"甚至认为,与娄师德同朝为宰相的狄仁杰政治上虽然颇有作为,但在为人和清廉自守方面不如娄师德,若论贤臣名相,娄师德应在狄仁杰之上。但是,也有史家和学者认为,娄师德提倡的"唾面自干"是奴才哲学,他的宽容和忍让表现了一种逆来顺受、忍辱做官的畸形心态。

正确地评价一个历史人物,首先要从总体上把握他当时所发挥的历史作用。娄师德危急时刻挺身而出、应征诏令,在青海、甘肃、宁夏一带戍边营田三十余年,多次率军成功抗击吐蕃犯边,虽有败绩,但基本上维护了唐朝这一时期西北边境的稳定。特别是他主管北方营田,开创了唐朝边兵屯田兴盛之最,为边疆的巩固和生产发展作出了卓越贡献。他慧眼识才,极力推荐狄仁杰出任宰相却不求任何回报,即使后来受到狄仁杰的排挤也无怨无悔,表现了很高的思想境界。他在为官清廉方面,当时也很有声望。据《朝野佥载》记载,娄师德为官数十年,从不收人贿赂,后来虽官至台辅,家境仍然比较清贫。他任兵部尚书时,一次巡视并州,中午到了驿站,因担心人多打扰就与同行的人一起就餐。娄师德看到自己吃的是精细的白米饭,别人吃的却是粗糙的黑米饭,便召来驿长进行责备,并换了黑米饭和大家一起吃。总体上说,娄师德是一个应当肯定的历史人物。

对于娄师德"唾面自干"的宽容、忍让的处世态度,也需要放在他所处的历史条件下进行具体分析,才能够做出客观公正的评价。封建制度下,在"伴君如伴虎"的严酷政治环境中,"求全自保"往往成为官僚士大夫阶层奉行的生存之道。娄师德所处的武则天秉政时期,实行酷吏政治,面对当时恶劣的政治环境,他把"唾面自干"作为以屈求伸、功名始终的一种策略,有其客观历史原因。"唾面自干"的做法,既有积极的一面，也有消极的一面。把它用于同事、邻里等人与人之间的交往上，相互包容、宽以待人，体现了中华民族与人为善、以和为贵的传统美德，有利于增强团结，促进社会和谐；如果在事关国家民族利益和重大是非等原则问题上，也一味忍让，那便属于投机钻营和政治上的软骨头，是十分有害和万万不可取的。

值得称道的"伴食宰相"

卢怀慎（？—公元 716 年）是唐玄宗时期一位受人称道的宰相。他得到人们的尊敬和赞扬，不是因为立下了多少赫赫功绩，而是由于甘当配角，全力支持和配合才能胜过自己的另一位宰相姚崇。

卢怀慎祖籍范阳（今北京西南），出生于滑州（今河南滑县），早年考中进士，武则天时出任监察御史，后来历任御史中丞、御史大夫、黄门侍郎等职，唐玄宗开元元年为宰相（同紫微黄门平章事）。在有关卢怀慎生平的史籍中，并没有他建立突出功业的记述，只是讲到他出任御史中丞时，曾上书唐中宗李显建议把朝会由十日一次改为五日一次，唐中宗"不省"，没有听取这一意见；后来，他又三次上章疏陈述国政，对规定各级地方官员的任期、裁减冗员、严明官员赏罚提出建议，"疏奏不纳"，没有得到答复。李隆基继承皇位之后，卢怀慎晋升为同紫微黄门平章事，后迁为黄门监，与姚崇同朝为相共掌枢密。"怀慎自以才不及崇，故事皆推而不专。"（《新唐书·卢怀慎传》）看到自己的才能远远不如姚崇，便把朝中政务让给姚崇去处理，自己概不专断，积极进行配合。薛王的舅舅王仙童暴虐百姓，御史台掌握了他的罪行已经申报立案，皇帝却又下诏让紫微省、黄门省复查核实。卢怀慎听取姚崇的主张，便与姚崇联名上书奏说：

"王仙童的罪状已经十分清楚，如果御史都可以怀疑，那么其他人还怎么相信呢?"唐玄宗按照他们两人的意见同意结案。由于卢怀慎各项政务都依靠姚崇处置，当时被人们讥笑称为"伴食宰相"。

开元四年（公元716年），卢怀慎又兼任吏部尚书。当年秋，他因疾病恳求退休获得批准，不久便病逝。临终前，他写下遗表向唐玄宗推荐宋璟、李杰、李朝隐、卢从愿。称宋璟"立性公直，执心贞固，文学足以经务，识略期于佐时，动惟直道，行不苟合，闻诸朝野之说，实为社稷之臣"；李杰"勤苦绝伦，贞介独立，公家之事，知无不为，干时之材，众议推许"；李朝隐"操履坚贞，才识通赡，守文奉法，颇怀铁石之心，事上竭诚，实尽人臣之节"；卢从愿"清贞谨慎，理识周密，始终若一，朝野共知，简要之才，不可多得"（《旧唐书·卢怀慎传》）。不久，宋璟代姚崇为相，刑赏无私，随才授任，善守文以持天下之正，成为辅佐唐玄宗开创开元盛世的一代名相。李杰、李朝隐、卢从愿后来也都成为开元时期颇有建树和声望的重臣。

卢怀慎受到人们的称赞，还在于他为官清廉。"怀慎清俭，不营产业，器用服饰，无金玉绮文之丽。所得禄俸，皆随时分散，而家无余蓄，妻子匮乏。"（《旧唐书·卢怀慎传》）他到东都洛阳掌管选拔官吏，随身用具只有一个布袋。得病后，宋璟和卢从愿到家中探望，看到卢怀慎铺的席子单薄而破旧，门上没有帘子，风雨刮来便举起席子遮挡自己。天晚了摆饭招待，只有两盒蒸豆、数碗蔬菜而已。卢怀慎去世后，治丧时因家中没有积蓄，四门博士张星上书道："卢怀慎忠诚清廉，始终以正直之道处世，对他不给予优厚赏赐，就不能劝人从善。"于是朝廷诏赏织物百缎、米粟二百石。一次，唐玄宗李隆基外出打猎，适逢卢怀慎死去25个月后的大祥，他看到卢怀慎家围墙简陋低矮，墓前的石碑尚未竖立，泫然流泪，便停止打猎，赏赐缣帛，诏令官府为卢怀慎建碑，并亲自书写碑文。

　　史学家司马光曾经把卢怀慎对于姚崇，比作春秋时期的鲍叔牙对于管仲，郑国的子皮对于子产，汉朝的曹参对于萧何，十分推崇这种甘居于贤能者之下的高风亮节。赞曰："夫不肖用事，为其僚者，爱身保禄而从之，不顾国家之安危，是诚罪人也。贤智用事，为其僚者，愚惑以乱其治，专固以分其权，媢嫉以毁其功，愎戾以窃其名，是亦罪人也。崇，唐之贤相，怀慎与之同心勠力，以济明皇太平之政，夫何罪哉！"（《资治通鉴·唐纪二十七》）意思是，如果不才不贤的人当权，作为他的僚属，为了苟全性命保全禄位，无原则地秉承上司的旨意行事，不顾国家安危得失，这种人真是国家的罪人。如果贤良明智的人当权，作为他的僚属，用欺诈蛊惑来扰乱他的部署，用独断固执来削弱他的权力，用百般嫉妒来诋毁他的功绩，用执拗乖僻来窃取他的名望，这种人也是国家的罪人。姚崇是唐朝的贤相，卢怀慎与他齐心协力，以成就唐明皇的太平盛世，对这样的人有什么可以责备的呢！

　　人类历史犹如一幕幕舞台剧，需要有好的主角，也需要有好的配角。如果人人都去争当主角，势必成为一场闹剧。回首中国历史，各个朝代中大臣们之间互不服气、互不买账，相互拆台，你争我夺的现象比比皆是，有些名臣贤相也往往争斗得不亦乐乎，在无休止的内耗中搞得两败俱伤。结果，既害人伤己又误国。在推动社会发展进步的历史进程中，那些叱咤风云、功彪史册的主角人物固然应当称颂，而像卢怀慎这样甘居于贤能者之下、竭诚当好配角的人物，同样值得尊敬和称道。

从"开元盛世"到"安史之乱"

　　唐玄宗李隆基（公元 685—762 年），亦称唐明皇，在位 45 年。他前期拨乱反正、励精图治，开创的"开元盛世"成为唐朝的鼎盛时期；后期却因一系列失误酿成长达七年多的"安史之乱"，导致唐朝中衰。

　　《旧唐书》称李隆基"性英断多艺，尤知音律，善八分书。仪范伟丽，有非常之表。"（《旧唐书·玄宗本纪上》）唐隆元年（公元 710 年）六月，二十五岁的李隆基与太平公主共谋发动兵变，率领御林军一举消灭韦皇后一党。接着，又于公元 713 年 7 月果断出手除掉阴谋夺权的太平公主集团。掌握了皇帝应有的权力之后，唐玄宗李隆基把年号改为开元，以表明开启新政、再创唐朝伟业的决心。他政治开明，选贤任能，发展经济，加强军事，倡导节俭，提倡文教，密切对外交往，到开元二十年左右，唐朝便呈现出中国封建社会前所未有的盛世景象。国家疆域辽阔，一度南至罗伏州（今越南河静）、北括玄阙州（今俄罗斯安加拉河流域）、西及安息州（今乌兹别克斯坦布哈拉）、东临哥勿州（今吉林通化）。社会稳定，经济文化高度繁荣。"是时，海内富实，米斗之价钱十三，青、齐间斗才三钱，绢一匹钱二百。道路列肆，具酒食以待行人，店有驿驴，行千里不持尺兵。天下岁入之物，租钱二百余万缗，粟千九百八十余万斛，庸调绢七百四十万匹，帛百八十余万屯，布千三十五万端。"（《新唐书·食货志》）可见当时物产丰富、商业繁荣、道路畅通，社会治安良好。著名诗人高适、岑参、王维、李白、杜甫都生活在这一时期，音乐、绘画、雕塑等也都有很高的成就。人口有了很大发展。唐中宗神龙元年（公元 705 年），"户部奏天下户六百一十五万，口三千七百一十四万有畸。"（《资治通鉴·唐纪二十四》）到了天宝元年（公元 742 年），"天下郡府三百六十二，县一千五百二十八，乡一万六千八百二十九。户部进计帐，今年管户八百五十二万五千七百六十三，口四千八百九十万九千八百。"（《旧唐书·玄宗本纪下》）

然而好景不长。天宝年间，唐朝由鼎盛开始走下坡路。天宝十四年（公元 755 年）十一月九日，身兼范阳、平卢、河东三镇节度使的安禄山趁唐朝内部空虚腐败，联合同罗、奚、契丹、室韦、突厥等民族组成共 15 万大军在范阳起兵反唐。河北、河南郡县望风瓦解，当地大多数官员或降或逃，安禄山长驱直入，仅用二十五天就攻占东都洛阳，并于天宝十五年正月初一在洛阳自称"大燕皇帝"。安禄山的部队攻占洛阳后继续西进，兵指长安，唐玄宗李隆基仓皇出逃，不久唐都长安失陷。唐肃宗至德二年（公元 757 年），安禄山被其子安庆绪等人所杀。之后，史思明又杀死安庆绪，称"大燕皇帝"，成为叛军的首领。上元二年（公元 761 年），叛军发生内讧，史思明为其子史朝义所杀。这场叛乱历时七年又两个月，直到广德元年（公元 763 年）春天才得以平息。"安史之乱"造成了极其严重的后果。社会遭到空前浩劫，广大黄河中下游地区"焚埃略尽，百曹榛荒，寰服不满千户，井邑如墟，豺狼群嗥"，"东薄郑、汴，南界徐，北绵怀、卫及相，千里萧条，亭舍不烟"（《新唐书·郭子仪传》）。平息叛乱消耗大量人力财力，阶级压迫和阶级剥削更加深重，形成了唐中期的农民起义叛乱高潮，如宝应元年（公元 762 年）的浙东袁晁之乱、浙西方清之乱、苏常地区的张度之乱，永泰年间（公元765—766年）的邠州之乱等。唐王朝对周边少数民族地区的控制大大削弱。陇西、河西、塑方一带重兵调往内地平叛，造成边防空虚，吐蕃乘虚而入，安西四镇全部丧失，西域独立。唐朝管理的户数和人口锐减。唐代宗广德二年（公元764年），"是岁，户部奏：户二百九十余万，口一千六百九十余万。"（《资治通鉴·唐纪三十九》）与天宝元年相比，户数减少五百五十余万，人口减少三千二百余万。

那么，是什么原因使唐朝在开元盛世之后，便发生安史之乱并走向衰落呢？

唐玄宗荒于政务，生活腐化。唐玄宗李隆基在位前期，十分勤政并倡导节俭。他多次下诏"减膳，撤乐"，"禁女乐"，"罢奏祥瑞"，"焚锦绣珠玉于前殿"，"禁采珠玉及为刻镂器玩、珠绳帖绣服者，废织锦坊"（《新唐书·玄宗本纪》）。开元后期，他看到国家日益兴盛，自认为天下太平逐渐失去进取精神，以致生活奢华，减少过问政事。"天子骄于佚乐而用不知节，大抵用物之数，常过其所入。"（《新唐书·食货志》）宫廷经常举办大型宴会、同乐会。开元二十三年（公元735年），一次大宴五凤楼，各种音乐、舞蹈、戏剧，百剧杂陈，让三百里之内的刺史、县令，带领当地的乐舞伎人前来表演，连续五日之久。"上晚年自恃承平，以为天下无复可忧，遂深居禁中，专以声色自娱，悉委政事于林甫。"（《纲鉴易知录·唐纪·玄宗明皇帝》）开元二十八年（公元740年），李隆基追求美色，竟把自己的儿媳——寿王李瑁的王妃杨玉环召入宫中，后又封为贵妃，整日沉溺于声色之中。他对杨贵妃百般宠爱，"宫中供贵妃院织锦刺绣之工，凡七百人，其雕刻镕造，又数百人。"（《旧唐书·杨贵妃传》）由于杨贵妃得到重宠，其大姐被封为韩国夫人，三姐被封为虢国夫人，八姐封为秦国夫人，每月仅脂粉费就各赠十万钱，她的兄弟也都被封为高官。唐玄宗荒于政务势必造成大权旁落、佞臣弄权，而生活腐化必然增加民众负担，激化社会矛盾。

用人上严重失误。唐玄宗所以能够开创开元盛事，一个重要原因是坚持选贤任能，特别是任用了姚崇、宋璟、张说、张九龄等一大批能臣良相。"上即位以来，所用之相，姚崇尚通，宋璟尚法，张嘉贞尚吏，张说尚文，李元紘、杜暹尚俭，韩休、张九龄尚直，各其所长也。"(《资治通鉴·唐纪三十》)后来，唐玄宗满足于已取得的政绩，听不进不同意见，正直的张九龄等人先后被罢官，小人李林甫于开元二十四年(公元736年)爬上相位。"林甫媚事左右，迎合上意，以固其宠；杜绝言路，掩蔽聪明，以成其奸；妒贤嫉能，排抑胜己，以保其位；屡起大狱，诛逐贵臣，以张其势。自皇太子以下，畏之侧足。凡在相位十九年，养成天下之乱，而上不之寤也。"(《纲鉴易知录·唐纪·玄宗明皇帝》)李林甫病死以后，唐玄宗又任用杨贵妃的同曾祖兄杨国忠为相。杨国忠"无学术拘检，能饮酒，蒲博无行，为宗党所鄙"，凭借杨贵妃和杨氏诸姐得宠才受到重用。"国忠自侍御史以至宰相，凡领四十余使，又专判度支、吏部三铨，事务鞅掌，但署一字，犹不能尽，皆责成胥吏，贿赂公行。"(《旧唐书·杨国忠传》)杨国忠独揽大权以后，不顾百姓死活，欺下瞒上，好大喜功，穷兵黩武，两次发动征讨南诏的战争遭到惨败，损兵折将近20万人，导致民怨沸腾，社会危机进一步加重。他与安禄山争权夺利，安禄山发动叛乱，打出的旗号就是讨伐杨国忠。叛乱发生后唐玄宗逃亡至马嵬坡，愤怒的将士拒绝继续前行，杀死杨国忠和其子杨暄及韩国夫人、秦国夫人等，逼迫杨贵妃缢死，也反映了对杨国忠专权误国、外戚跋扈的极度仇视和愤恨。

节度使制度造成方镇坐大，中央政府无力掌控。唐朝初期沿用的是隋朝的府兵制。随着唐太宗、唐高宗等在位期间屡次开疆拓土，先后平定辽东、西突厥、吐谷浑等地区，使唐朝成为一个国境极为辽阔的国家。

同时，由于土地兼并的加速，均田制破坏，大批农民失去土地成为流民，府兵制的兵员大量流失。为了加强对边疆的控制、巩固边防和统理异族，唐玄宗在改革府兵制的同时，于边地设立方镇，并任命节度使管理方镇。"自高宗永徽以后，都督带使持节者，始谓之节度使，然犹未以名官。景云二年，以贺拔延嗣为凉州都督、河西节度使。自此而后，接乎开元，朔方、陇右、河东、河西诸镇，皆置节度使。"（《新唐书·兵志》）到唐玄宗开元、天宝年间，北方逐渐形成平卢、范阳、河东、朔方、陇右、河西、安西四镇、北庭伊西八个节度使区，加上剑南、岭南共十个节度使区。节度使初置时，作为军事统帅并没有管理州县民政的职责，后来所辖区内各州刺史均为其节制，"既有其土地，又有其人民，又有其甲兵，又有其财赋"（《新唐书·兵志》），逐渐成为总揽一区军、民、财、政的最高统治者。军事布局也出现了外重内轻的局面。天宝元年（公元742年），全国兵力为五十七万四千余，诸方镇兵占四十九万，中央管理和指挥的兵力只有不足八万。安禄山一人兼任范阳、平卢、河东三镇节度使，掌有重兵十八万三千人，其中范阳镇九万一千人，平卢镇三万七千人，河东镇五万五千人。"强臣悍将兵布天下，而天子亦自置兵于京师，曰禁军。其后天子弱，方镇强，而唐遂以亡灭者，措置之势使然也。"（《新唐书·兵志》）安禄山敢于冒天下之大不韪举兵反叛，就在于他势力坐大而中央政府无力节制。这从后来平息叛乱的进程中也看得很清楚。安禄山叛乱以后，唐肃宗李亨起于灵武，兴"九节度之师"讨之，然而"方镇相望于内地，大者连州十余，小者犹兼三四"，"天子顾力不能制，则忍耻含垢，因而抚之，谓之姑息之政。""由是号令自出，以相侵击，虏其将帅，并其土地，天子熟视不知所为，反为和解之，莫肯听命。"（《新唐书·兵志》）从而，致使平息这场叛乱的战争旷日持久。后来虽然叛乱得以平定，但方镇各自割据，自补官吏，不输王赋，甚至骄横称王称帝，这种与中央政府分庭抗礼的现象直至唐朝灭亡。

长期和平环境下武备松弛。《资治通鉴》这样记述唐玄宗后期武备松弛的情况：先前，府兵制的折冲府都有木契、铜鱼，朝廷如果要征发府兵，就颁下敕书、木契和铜鱼，经过都督府和郡府检验，木契、铜鱼都对合，然后就发兵。后来，府兵日益衰落，府兵装备的六驮马、武器和粮草也都消耗散尽，宿卫的府兵多雇人顶替，军官像对待奴隶一样对待士兵，被派往边疆戍边的府兵多被当作苦力使用，所以那些应该当府兵的人纷纷逃亡，各折冲府已没有兵员可交。天宝八年（公元749年）五月，李林甫奏请停止折冲府上下的铜鱼和木契，府兵只保留原来的官吏。从天宝年以后，招募的办法也逐渐荒废，"应募者皆市井负贩、无赖子弟，未尝习兵。时承平日久，议者多谓中国兵可销，于是民间挟兵器者有禁；子弟为武官，父兄摈不齿。猛将精兵，皆聚于西北，中国无武备矣。"（《资治通鉴·唐纪三十二》）意思是，应募的人都是一些市井的商贩和刁猾之辈，未经过严格的军事训练。当时天下太平日久，大多数人都认为中国可以裁减军队，因此民间禁止私人携带兵器，子弟做武官的父母兄弟都瞧不起。猛将精兵都聚集在西北方，而国内空虚，没有任何武备。由于军纪松散，天宝十年八月武库失火，"烧兵器三十七万"（《唐历》云：四十七万）。正因为国家武备如此松弛，安禄山才敢于起兵反叛，并能够长驱直入，迅速占领黄河中下游广大地区，直至攻陷东都洛阳和国都长安。

土地兼并和剥削加重，导致阶级矛盾日益尖锐。唐玄宗开元时期，社会经济虽然空前繁荣，出现了盛世局面，但同时由于封建经济的发展，也加速了土地兼并，致使大批农民迁徙流亡。唐玄宗曾在诏书中指出当时兼并出现的严重问题："王公百官及豪富之家，比置庄田，恣行兼并，莫惧章程。借荒者皆有熟田，因之侵夺，置牧者唯指山谷，不限多少。爰及口分永业，违法买卖；或改籍书，或云典贴，令百姓无处安置。"天宝年间"豪富兼并，贫者失业"的状况更加严重。与广大百姓生存日益困难形成显明对比的是，皇宫贵族的极度挥霍奢侈。"上以国用丰衍，故视金帛如粪壤，赏赐贵宠之家，无有限极。"（《资治通鉴·唐纪三十二》）唐玄宗的御膳常常"水陆珍馐数千盘"，每顿饭的费用为"中人十家之产"。"于是钱谷之臣，始事隽刻"。为了满足皇室挥霍的需要，必然是加重对百姓的盘剥。"太府卿杨崇礼句剥分铢，有欠折溃损者，州县督送，历年不止。"后来，杨崇礼的两个儿子分别在太府和京仓任事，"亦以苛刻结主恩。""王铁为户口色役使，岁进钱百亿万缗，非租庸正额者，积百宝大盈库，以供天子燕私。"（《新唐书·食货志》）"安史之乱"的直接原因虽然是统治阶级内部矛盾激化，但广大人民群众处在水深火热之中，无疑为安禄山等发动叛乱提供了可乘之机。

民族矛盾处置失当。由于唐玄宗后期在处理少数民族关系中妄自尊大，一些边帅也经常不顾大局、作威作福，严重损害了唐朝与周边少数民族的关系。地处中亚的石国自隋朝以来一直与中原政权保持着良好关系。安西四镇节度使高仙芝垂涎石国的财富，于天宝九年无端挑起战事，金宝财物"尽入其家"，并把石国国王及妻子押擒到京师。"石国王子逃诣诸胡，具告仙芝欺诱贪暴之状。诸胡皆怒，潜引大食欲共攻四镇。"（《资治通鉴·唐纪三十二》）遂后引起怛罗斯战役，高仙芝兵败，石国归附大食。剑南节度使鲜于仲通不知方略，他的属官姚州太守张虔陀更是放肆妄为，竟然利用南诏国国王阁罗凤谒见督府都督之机勒索贿赂，侮辱同来的妇女。阁罗凤愤怒起兵攻破云南，杀死张虔陀，并取羁縻三十二州。鲜于仲通勾结把持朝政的杨国忠，不问青红皂白于天宝十年和天宝十三年两次征伐南诏，并自恃兵多不顾阁罗凤求和，结果两次遭到惨败，致使南诏国脱离唐朝与吐蕃结盟。此外，河北北部一带长期以来杂居着许多契丹、奚等少数民族，唐太宗打败突厥以后又迁徙许多突厥人在这一带居住。这些少数民族与汉族习俗不同，相互歧视。安禄山正是利用少数民族与汉族之间的矛盾，极力拉拢少数民族上层人士作为反叛唐朝的骨干力量（例如，天宝十三年发动叛乱之前，一次提升二千五百名奚人和契丹人出任将军和中郎将），联合少数民族部落武装发起叛乱。而在平息这场叛乱中，少数民族部落除了回纥（又称回鹘）以外，很少有对唐朝出手相助者，相反，有的还乘机独立和出兵侵占唐朝领地。

唐玄宗李隆基开创"开元盛世"又酿成"安史之乱"的经验教训说明，一个朝代的兴衰，统治阶级特别是最高统治者的自身形象、政策策略、选人用人至关重要。形象是旗帜，犹如无声的命令，具有上行下效的巨大作用；政策和策略是生命，决定着成与败、兴与衰；选人用人是关键，贤能者兴国，奸佞者必误国、败国。开创"开元盛世"，得之于这三个方面；酿成安史之乱，也失之于这三个方面。

安史之乱成为唐朝由盛而衰的转折点。这场叛乱平息以后，中央王朝已经无力控制地方，进入了藩镇割据的混乱时期。

用之则行，舍之则藏

　　李泌（公元 722—789 年）是唐朝中期又一位具有传奇色彩的人物。他幼年便有神童的称誉，"泌七岁，能赋棋"，被《三字经》列为启发人们早学的典范。他"精究易象"，"服气修道，周游名山"，创制的祭神方式为时人所接受，研究的"养和"养生之法"因以献帝，四方争效之"，是当时宗教界极具影响力的人物。他"善属文，尤工于诗"，"有文集二十卷"，《长行歌》《八公诗》等广为流传。他还是一位著名的藏书家、教育家，创办的"端居室"（后人称为"邺侯书院"）是中国书院史上最古老的一所书院，诗人韩愈曾用"邺侯家多书，插架三万轴"（《送诸葛觉往随州读书》），赞颂他的藏书之多。

　　但是最为传奇的，当属他政治生涯中用之则行，舍之则藏，先后五次入朝为官，四次归隐或被排斥离京。

　　第一次，发生在唐玄宗天宝年间。李泌是西魏太保、八柱国、司徒李弼的六代孙，加之少年聪慧有才，很受张九龄、韦虚心、张廷珪等朝中大臣的器重。他向朝廷献《复明堂九鼎议》议论时政，又受诏讲学老子，受到唐玄宗的重视，"得待诏翰林，仍供奉东宫，皇太子遇之厚。"（《新唐书·李泌传》）李泌曾经写诗讥讽杨国忠、安禄山等人，由此受到杨国忠的嫉恨，于是以"讽刺朝政"为由，被诏斥到蕲春郡（今湖北省蕲春县）安置。"乃潜遁名山，以习隐自适。"（《旧唐书·李泌传》）他干脆脱离官场，到名山中隐居起来。

第二次，在唐肃宗至德、乾元年间。安禄山叛乱发生以后，唐玄宗仓皇出走，皇太子李亨灵武即位，是为唐肃宗。唐肃宗到处寻找李泌，李泌也从隐居地赶往灵武。肃宗要授李泌官职，他"称山人，固辞官秩"，以宾友的身份俾掌枢务。"至于四方文状，将相迁除，皆与泌参议，权逾宰相。"（《旧唐书·李泌传》）李泌当时很受唐肃宗的器重，也显示出了卓越的军事、政治才能。他在分析敌我态势之后，向唐肃宗提出了用两年时间平息安禄山叛乱的战略构想："今若令李光弼自太原出井陉，郭子仪自冯翊入河东，则思明、忠志不敢离范阳、常山，守忠、乾真不敢离长安，是以两军縶其四将也，从禄山者，独承庆耳。愿敕子仪勿取华阴，使两京之道常通，陛下以所征之兵军于扶风，与子仪、光弼互出击之，彼救首则击其尾，救尾则击其首，使贼往来数千里，疲于奔命，我常以逸待劳，贼至则避其锋，去则乘其弊，不攻城，不遏路。来春复命建宁为范阳节度大使，并塞北出，与光弼南北犄角以取范阳，覆其巢穴。贼退则无所归，留则不获安，然后大军四合而攻之，必成擒矣。"（《资治通鉴·唐纪三十五》）有的史学家称李泌的这一方略可与诸葛亮的"隆中对"相媲美。可惜的是，唐肃宗没有完全采纳这一正确方略，而是急功近利，坚持先收复长安，结果把叛军赶回河北，从而形成割据局面，致使平息叛乱的时间大为拖延。唐肃宗打算任命英武多才的建宁王李倓为天下兵马元帅。李泌力争说服肃宗，由太子李豫（即唐代宗）担任这一职位，避免了因兵权旁落、太子虚名可能造成的政权分裂，为李豫后来顺利继位奠定了基础。李泌与唐肃宗的亲密关系和受到重用，招来了权臣李辅国、崔圆的猜忌。收复京师以后，李泌为避祸，便主动离开权力中心，到衡山修道。"有诏给三品禄，赐隐士服，为治室庐。"(《新唐书·李泌传》)唐肃宗专门下诏，为他再次隐居修道提供了优厚的待遇。

第三次，发生在唐代宗大历年间。李豫由太子继承皇位以后，就立即把李泌从衡山召进京师。为了使李泌能够长期留在身边辅佐自己，唐代宗勉励他吃肉，并为他娶朔方故留后李晖甥女为妻。宰相元载认为李泌不肯依附自己，留在朝廷对自己是一个潜在威胁。恰逢江西观察使魏少游请求朝廷为他派去一位僚佐，元载乘机盛赞李泌有才，"拜检校秘书少监，充江南道判官。"于是，李泌便在重用人才的名义下，被赶出了朝廷。

第四次，是唐代宗大历年末、唐德宗建中年初。大历十二年（公元777年），元载因专擅弄权和贪贿被下诏赐死，唐代宗再次把李泌诏入朝廷。不久，李泌因受到独揽朝政的宰相常衮嫉恨，被任命为楚州刺史。赴任前，唐代宗与他"相陈恋阙"，特意留京数月。这时，澧州刺史一职空缺，常衮又向唐代宗反复陈说李泌适合这一职位。朝廷还专门下了一道诏书，称李泌"文可以化成风俗，政可以全活惸嫠"。"重其礼而遣之"(《旧唐书·李泌传》)，堂而皇之地把他再一次从朝廷排斥了出去。后来，李泌又改任为杭州刺史。

唐德宗李适即位以后，兴元元年（公元784年）把李泌诏入朝廷，任为左散骑常侍。贞元元年（公元785年），出任陕虢防御观察使（虽属外任，但职位重要，不应视为排挤），第二年加检校礼部尚书。贞元三年（公元787年），拜中书侍郎、平章事、集贤崇文馆学士、修国史，封为邺侯。这期间，李泌运筹帷幄，辅翼朝廷，为德宗统治初期一度出现的中兴景象作出了积极贡献。建中四年（公元783年），泾原节度使朱泚反叛，紧接着身为太尉、朔方节度使的李怀光也通谋朱泚反叛朝廷，再加上当时发生严重的旱灾和蝗灾，面对内外交困，有些大臣提议朝廷与李怀光妥协。李泌坚决反对向反叛的割据势力妥协，用摘下的一枚桐树叶子比喻朝廷与李怀光的关系，向唐德宗进言："君臣之分不可复合。"从而使德宗坚定决心，迅速平定了李怀光叛乱，既维护了朝廷的权威，对其他掌有重兵的节度使也起到了警示和震慑作用。平息朱泚反叛时，唐德宗曾向吐蕃求援，并答应事成之后把安西、北庭两块地方割让给吐蕃。后来，主要依靠唐军的力量平息了这场叛乱，吐蕃不仅不积极进兵，还在武功四处抢劫。平叛后，吐蕃派人来要土地，德宗也已经答应。李泌坚决反对，说："安西、北庭，控制西域五十七国及十姓突厥，皆悍兵处，以分吐蕃势，使不得并兵东侵。今与其地，则关中危矣。且吐蕃向持两端不战，又掠我武功，乃贼也，奈何与之?"（《新唐书·李泌传》）李泌的意见合情合理，朝廷便拒绝了割让土地。

贞元三年（公元 787 年），唐德宗欲废太子，立侄子舒王。李泌力谏道："至于这样做嘛！陛下只有一个儿子，怎么能够一时对他有了疑心，便打算将他废掉，而去册立侄子，这不是失策吗?"德宗大怒，以杀李泌全家相威胁。李泌寸步不让，说："臣惟爱家族，故不敢不尽言。若畏陛下盛怒而为曲从，陛下明日悔之，必尤臣云：'吾独任汝为相，不力谏，使至此；必复杀而子。'臣老矣，余年不足惜，若冤杀臣子，使臣以侄为嗣，臣未知得歆其祀乎！"（《资治通鉴·唐纪四十九》）意思是，正因为我热爱自己的家族，所以不敢不把话说尽。如果我怕将陛下惹怒，便委曲从命，以后陛下后悔了，必定责备我说："我专门任命你为宰相，你却不能极力劝谏，使我落到这般地步；我也一定要把你的儿子杀掉。"我老了，晚年的岁月没有什么可顾惜的，如果陛下冤枉地杀掉我的儿子，使我将侄子立为后嗣，我真不知道将来是否能够享受他的祭祀哩！在李泌的竭诚劝阻下，德宗放弃了废立太子的打算，避免了一场政治危机。唐德宗曾于陕川蒙受回纥的侮辱，登上皇位后素与回纥为敌。李泌先后十五次论说和亲回纥的重要性，终于说服德宗采纳了这一建议，由是边事渐宁。此外，李泌还建议革除政府税收之外的非法聚敛，缓解民生困苦；下令边防戍边卒开荒屯田，解决军费不足；大力发展漕运，改善京师粮食供应，在经济方面也有一些建树。贞元五年（公元789年）病逝，享年六十六岁。

李泌政治生涯的跌宕起伏，反映了当时朝廷政治环境的日益恶化。唐朝中期，贞观时期开明、清廉、君臣一心的良好政风已经不复存在。天宝年间，前明后昏的唐玄宗骄奢厌政，奸相李林甫、杨国忠媚上欺下、妒贤害功、贪贿无度，宫廷权力之争险象环生。"乱世之子"唐肃宗在位期间，宦官操纵军政大权，一方面鏖战于平息安禄山叛乱，另一方面中央政府与藩镇之间，皇权、相权、宦官专权之间明争暗斗不止。前后不足六年，任命和罢免的宰相就有十六人之多，短者两月即罢，长者不过两年，政治斗争之激烈可见一斑。唐代宗时期，"安史之乱"虽然得到平定，但藩镇割据愈演愈烈，朝中鱼朝恩、李辅国、程元振等宦官擅权横行，货贿公行、排斥异己的奸相元载等肆意当道，政风日下更加明显。政治环境是一个朝代兴衰的晴雨表。这样的政治环境注定了大唐王朝日益走向衰败。

《旧唐书·李泌传》中这样评价李泌："泌见可进而知难退，足为高率智辩之士；居相位而谈鬼神，乃见狂妄浮薄之踪。"李泌用之则行、舍之则藏，时而入朝辅政，时而隐居修道，看似十分狂薄洒脱，其实，他的一生充满矛盾和无奈，折射出的是封建知识分子人生定位上的两难选择。对于李泌这样的封建知识分子来说，辅佐朝廷，建功立业，青史垂名，是他终身的希冀。他在动乱之中前往灵武辅佐唐肃宗，后来又几次应诏入朝为官，彰显了封建知识分子"修身、齐家、治国、平天下"的生命价值。在当时日益恶劣的政治环境中，一方面，为了追求建功立业的梦想，他只好跻身于政治漩涡之中；另一方面，为了安身立命，他又不得不煞苦心智地斡旋于各种矛盾之中，一旦发现自己的政治目标不能够实现，或者发生危险，乃至可能殃及自身性命之际，便果断主动地放弃中枢权力，迅速转换人生定位。他好老庄、慕鬼神，有时甚至荒诞不经，也应视为一种自保之策。唐德宗李适登基之后，面对"安史之乱"后积重难返的局面，实施革新，果敢有为，颇有一番再造大唐辉煌的气势。李泌也很受德宗器重，被任命为宰相，认为自己遇上了可以大展宏图的大好时机。不幸的是，他担任宰相仅仅两年便因病去世，唐德宗也在变革遭遇挫折之后雄心消磨殆尽，大唐王朝进一步坠入日益衰败的泥潭。

杜甫的仕途与诗途

　　"诗圣"杜甫生活在唐朝由盛转衰的历史时期。阅研《旧唐书》、《新唐书》有关杜甫的记载和他的诗作，发现杜甫一生的轨迹有两个主要"路线图"：一个是他求官入仕的历程和遭遇，称之为"仕途"；另一个是他诗歌创作内容和风格上的发展变化，称之为"诗途"。而且，这两个"路线图"有着十分紧密的相互联系。

　　三十五岁之前（先天元年至天宝五年），为第一个阶段。杜甫于唐玄宗先天元年（公元 712 年），出生于河南巩县（今河南省巩义县），属于仕宦之家。他的十三世祖是晋代明将杜预，曾祖父杜依艺为巩县令，祖父杜审言是唐初著名诗人、官至膳部员外郎，父亲杜闲任奉天令。杜甫的青少年时期，正处于唐朝的鼎盛时期，疆域辽阔，经济繁荣，国力强盛。他少年聪明好学，七岁便开始写诗，"七龄思即壮，开口咏凤凰"（《壮游》）。这样的时代、这样的家境，加上自己才学方面的天赋，使步入青年的杜甫充满豪情壮志，把封侯万里、建功立业作为人生的追求目标。为了这一目标，他在"读万卷书"的同时，十九岁便开始"行万里路"，一边扩充知识、丰富阅历，一边寻找政治机会。开元十八年游晋，开元十九年至二十二年游吴越，开元二十四年至二十八年游齐赵。这期间，他曾于开元二十三年参加了一次科举考试，"应进士不第"，但这对年轻的杜甫对于未来美好憧憬，并没有造成大的影响。他于开元二十九年至天宝二年在东都洛阳，除处理家中丧事外，静心读书。天宝三年游梁、宋，与李白、高适登吹台、琴台，第二年再游齐、鲁时与李白又一次相会，情好益密。这个阶段是杜甫读书壮游、为仕途蓄积能量的时期，他意气风发，壮志凌云，诗作也充满了明媚自然和浪漫的色彩。《望岳》中"会当凌绝顶，一览众山小"，《春夜喜雨》中"好雨知时节，当春乃发生"，《奉赠韦左丞丈二十二韵》中"致君尧舜上，再使风俗淳"，就反映了他当时的快意心境和远大理想，也展现了他当时诗风的清新流丽和阳光。

　　三十五岁至四十四岁（天宝六年至天宝十四年），为第二阶段。杜甫于天宝六年（公元 747 年）到达国都西京长安，正式开始了他的求官入仕之路。天宝六年初，唐玄宗欲广求天下之士，诏令有一技之长者到京师参加考试，杜甫也兴致勃勃地前去应考。奸相李林甫恐怕朝外的贤士在对策中斥责他的奸恶，命令郡县长官严加考审，京师考试"遂无一人及第者"，事后竟然向唐玄宗上表"贺野无遗贤"（《资治通鉴·唐纪三十一》），说现在朝外已经没有被遗留的贤人了。当时文人求官，除了参加科举考试之外，还可以通过高官举荐的路子。再次考第不中之后，杜甫便想方设法求助于深得唐玄宗恩宠，供职于翰林院的前宰相张说之子张垍，并先后送上《赠翰林张四学士垍》、《奉赠太常张卿垍二十韵》两首诗，作为自荐和恳求。天宝十三年，唐玄宗在长安南郊举行祭奠，杜甫通过张垍献《朝献太清宫赋》、《朝享太庙赋》、《有事于南郊赋》。唐玄宗奇其才，命宰相在集贤院出题目测试杜甫的文章之后，授河西尉。河西尉一职属九品官，相当于现在的县政府办公室主任。这对于怀有"致君尧舜上，再使风俗淳"志向的杜甫来说，显然感到有些屈才，于是推辞不拜。后来，通过朝中求助，出任右卫率府胄曹参军，是一个负责看管军械仓库的八品官。在长安期间，杜甫多次献上赋和颂，向朝廷推荐自己，他写道："先臣恕、预以来，承儒守官十一世，迨审言，以文章显中宗时。臣赖绪业，自七岁属辞，且四十年，然衣不盖体，常寄食于人，窃恐转死沟壑，伏惟天子哀怜之。若令执先臣故事，拔泥涂之久辱，则臣之述作虽不足鼓吹六经，至沈郁顿挫，随时敏给，扬雄、枚皋可企及也。有臣如此，陛下其忍弃之？"（《新唐书·杜甫传》）意思是，臣的先祖杜恕、杜预以来，继承儒学保有官位十一代，到祖父杜审言时，凭文章显扬于唐中宗时。臣信赖继承的祖业，从七岁开始写文章，将近四十年，然而衣不蔽体，常常靠别人接济生活，私下里担心会死在荒郊外，还希望皇上同情、怜爱我。如果让臣继承先祖的旧业，改变地位低下和长时间的屈辱，那么臣的著述，即使不足宣扬六经，极为含蕴深刻、感怀抑扬，切合时宜、文思敏捷，可以企望赶得上扬雄、枚皋（二人为西汉著名学者）。这样的臣子，陛下怎么能忍心舍弃呢？从这些话中可以看出，杜甫当时求官的是何等的急切和无奈。长安近十年求官的坎坷经历，使杜甫感受到了入仕的艰难，也看到了当时官场的腐败，但对唐王朝和自己的官场前途，并没有完全丧失信心。这一阶段，杜甫诗作的风格也发生了较为明显的变化，青少年时期自然、清闲、阳光的气息已不多见，取而代之的是伤感、苦闷和慷慨激昂。《官定后戏赠》中"不作河西尉，凄凉为折腰。老夫怕趋走，率府且逍遥"，表述了他求官不如意的惆怅和忧郁。《奉先刘少府新画山水障歌》中"吾独胡为在泥滓，青鞋布袜从此始"，道出了他深感求仕希望微小，己身犹落魄泥潭的悲伤。《自京赴奉先县咏怀五百字》中"暖客貂鼠裘，悲管逐清瑟。劝客驼蹄羹，霜橙压香橘。朱门酒肉臭，路有冻死骨。荣枯咫尺异，惆怅难再述"，则表明了他对封建达官贪滥奢侈的不满，对广大贫苦民众的同情。

四十四岁至四十八岁（天宝十四年至肃宗乾元二年），为第三阶段。

天宝十四年（公元 755 年）十一月，杜甫再次离开长安回奉先探望妻子和儿子期间，发生了"安史之乱"。安禄山叛军先后攻陷东都洛阳、潼关和长安，唐玄宗西逃入蜀，太子李亨即位于灵武，是为唐肃宗，改元至德。杜甫听到唐肃宗即位的消息后，急忙奔赴灵武，途中被贼兵所获，押至长安。后来从长安逃出，于至德二年（公元 757 年）四月奔往凤翔谒拜唐肃宗，授右拾遗，是一个负责给皇帝提供咨询建议的小官。不久，宰相房琯因陈涛斜之战战败，加上御史大夫贺兰进明的谗言，被罢免相位。杜甫"上疏言琯有才，不宜罢免"（《旧唐书·杜甫传》），唐肃宗大怒，诏三司推问，后经宰相张镐、御史大夫韦陟相救得以释放。同年八月，由肃宗墨制放还鄜州省家。十月，唐军收复长安，唐肃宗返回京师后，经故友、时任京兆少尹并御史大夫的严武等人奏请，杜甫被召回长安，继续任右拾遗。乾元元年（公元 758 年）六月，房琯贬为邠州刺史，杜甫也受此案牵连被贬到华州(今陕西华县) 任司功参军，负责祭祀、礼乐、学校、选举、考课等事。当年年底，杜甫离开华州到洛阳、偃师探亲，恰遇唐军与安史叛军的邺城（今河南安阳）之战爆发，唐军大败。杜甫于乾元二年（公元 759 年）春，返回华州，六月放弃华州司功参军的官职，开始了西南漂泊的生活。这一阶段虽然只有三年左右的时间，却是杜甫的思想和诗歌创作的内容与风格，发生重大变化的重要时期。国家长期战乱不止，广大民众的贫寒交迫，官场的种种丑恶，个人仕途的屡次受挫，已经使他对唐肃宗的封建统治完全丧失了信任和信心。弃官，既显示了他对肃宗的政治无道的不满和抗议，也表达了他与仕途决裂、独立自由的品格。他这一时期的诗作，《题郑县亭子》、《早秋苦热堆案相仍》、《独立》、《瘦马行》等，抒发了对仕途失意、世态炎凉、奸佞进谗的感叹和愤懑；《新安吏》、《石壕吏》、《潼关吏》、《新婚别》、《垂老别》、《无家别》，记述了广大民众忍辱负重参军参战的爱国行为，战乱和贪官酷吏给百姓带来的无穷灾难。诗作的风格，也完成了由书写个人情怀向现实主义，由慷慨激昂向沉郁悲愤的转变。

四十九岁以后（乾元二年至唐代宗大历五年），为第四个阶段。杜甫弃官后，西去秦州（今甘肃天水一带），几经辗转，于乾元二年十二月到达四川成都。这时，他的旧友严武出任成都府尹兼御史大夫。在严武的帮助下，杜甫在城西浣花溪畔建成了一座草堂（世称杜甫草堂）。严武还先后表荐杜甫到奉节出任节都、在自己幕府任检校工部员外郎、节度参谋，但杜甫不久便辞了职。杜甫在成都前后五年多，虽得到严武的帮助，但寄人篱下，生活依然很苦。唐代宗永泰元年（公元765年）四月，严武去世，杜甫离开成都，经嘉州、渝州、忠州，到达夔州。在夔州都督柏茂林的照顾下，在这里暂住下来，代管公田一百余顷，聘了几个雇工，自己和家人也参加劳动。在夔州的两年多时间，是杜甫创作的高峰，他一生创作的1400余首诗作，有430多首是在这里完成的，占三分之一。大历三年（公元768年），杜甫思乡心切，乘舟出峡，经江陵，转公安，年底漂泊到了湖南岳阳。当时，"安史之乱"虽已平息，但中原一带割据势力之间又互相挑起战端，杜甫北上还乡无望，被迫继续南行。大历四年正月，杜甫由衡州（今衡阳）到达潭州。大历五年（公元770年），因割据势力臧玠在潭州作乱，杜甫又逃回衡州。他原打算前往郴州投靠舅父崔伟，但行至耒阳遇江水暴涨，只得将船停泊在方田驿。杜甫年老多病又生活困苦，已经五天没有吃到东西，幸亏当地县令送来酒肉才得救。当年冬，杜甫在潭州开往岳阳的一条小船上去世，终年五十九岁。这个阶段，杜甫长期漂泊，历尽千辛万苦，政治上处于低潮，生活贫困潦倒。他在《同谷七歌》中记述的，为充饥"岁拾橡栗随狙公"，所服之衣"短衣数挽不掩胫"，其面容"白头乱发垂过耳"，其体态"手脚冻皴皮肉死"，其情绪"中夜起坐万感集"；《旅夜书怀》中"名岂文章著，官应老病休。飘飘何所似，天地一沙鸥",所抒发的自叹身世飘零、孤独寂寥;《登岳阳楼》中"亲朋无一字,老病有孤舟。戎马关山北,凭轩涕泗流",所表达的凄凉之境、哀痛之心、愤怨之情,便是杜甫这一时期生活状况和心境的写照。他这一时期的诗作,既有大量记述社会动荡、民众疾苦的作品,又有一些不拘泥于记录现实,重在升华思想、独存精神的作品。特别是晚年的作品,集现实与深远的意象于一体,沉郁顿挫的风格更为突出,思想更为深邃,诗怀更为深沉。

人们的社会存在决定人们的社会意识,也决定着文艺创作的方向。盛唐时期国泰民安、气象万千,绚丽华美、雄健清新便成了这一时期诗歌创作的共同特色。比如,王维、孟浩然等田园山水诗作的闲适清淡、意境深幽,李白等浪漫主义诗作的气势雄放、风格飘逸。高适、岑参、王昌龄等人的边塞诗,虽然有些悲壮,但基调充满了昂扬向上的浓厚气氛。杜甫能够成为一位最伟大的现实主义诗人,他的诗作能够以沉郁顿挫的显明风格,成为反映唐朝由兴到衰的"史诗",既源于他所处的社会历史条件,更得益于他的社会经历和社会实践。"读万卷书"的书斋生活,使他积累了丰厚的文化底蕴。"行万里路"的十年壮行,使他接触到了祖国的壮丽山河和丰富文化遗产,激发了爱国主义情怀。十年求官路的坎坷和失意,使他看到了统治者的黑暗与罪恶。特别是弃官以后长期艰难困苦的飘泊生活,使杜甫更多地了解到了统治阶级的残酷剥削压迫和无休止的战乱,给国家和广大民众带来的深重灾难。这一方面极大地丰富了他的创作源泉,另一方面也使他从个人与国家、人民的共同遭遇中,激发了极大的创作激情。在屈辱的生活面前,在挨冻受饿的煎熬中,杜甫没有屈服和消沉,而是积极地置身于现实之中,揭露黑暗,同情人民,向往光明,写出一系列具有高度人民性和爱国主义的不朽诗篇,达到了现实主义的高峰。

　　生活折磨了杜甫，也成就了杜甫。可见，生活中的失与得、败与成、悲与喜，并不是绝对的，而是可以转变的。命运对于具有积极人生态度的人是公平的。

"击贼笏"的浩然正气

南宋著名民族英雄文天祥在《正气歌》中，列举了十二个我国历史上不畏强暴、大义凛然的事例，其中"或为击贼笏，逆竖头破裂"，讲的就是唐代名将段秀实，用象笏猛击反叛作乱的狂贼朱泚所表现的浩然正气。

段秀实（公元 719—783 年），陇州汧阳（今陕西千阳）人，幼读经书又长于习武，"沉厚能断，慨然有济世意。"（《新唐书·段秀实传》）历任安西府别将、绥德府拆冲都尉、安西节度使判官、安西营田官、泾州刺史、泾原节度使、司农卿等职。他忠贞坚毅，刚直不阿，为官清廉，气节高尚，被南宋史学家胡三省称赞为："其事业风节，卓然表出于唐诸将中。"

天宝十年（公元 751 年），段秀实跟随安西节度使高仙芝举兵征伐大食国，包围怛罗斯城，突然敌军大量援兵到来，高仙芝军队战败，将士们相互失去联系，心情十分低落。深夜，右威卫将军李嗣业劝高仙芝乘机逃跑。段秀实听到后大声骂道："避敌先奔，无勇也；全己弃众，不仁也。幸而得达，独无愧乎！"（《资治通鉴·唐纪三十二》）意思是，躲避敌人而自己先逃命，是胆小缺乏勇气；保全自己而丢掉士卒，是不仁不义。就是有幸能够逃回，难道自己不感到羞愧吗?！李嗣业听后十分惭愧，便与段秀实一起收罗散卒，重新整军，留在后面抵抗追兵。回到安西后，高仙芝把段秀实提升为自己的判官。安禄山叛乱之后，唐肃宗在灵武诏令李嗣业率领安西五千兵马参加平叛作战。时任安西节度使梁宰打算先不出兵，静观形势变化。段秀实责备李嗣业说："岂有天子告急，臣下晏然，信浮妄之说，岂明公之意耶？"（《旧唐书·段秀实传》）大意是，哪里有皇上告急，而臣子安然不赴难的，听信错误的言论，怎么能符和您的意愿呢？李嗣业听后当即说服梁宰如数发兵，并要求任命段秀实为副将，率兵开赴灵武。

唐代宗大历八年（公元 773 年），四镇北庭行营节度使兼邠宁节度使马璘率部与吐蕃战于盐仓，唐军大败。马璘被敌军拦隔，到傍晚还没有回来，泾原兵马使焦令谌等人与败退兵卒争相夺门入城。有人劝段秀实登城拒守。他回答说："主帅不知在何处，当前的任务是攻击敌军，难道能苟且求生吗！"段秀实召见焦令谌等人，责备道："军法，失大将，麾下皆死。诸君忘其死邪！"（《资治通鉴·唐纪四十》）意思是，按军法，失去大将，部下都得处死。各位忘掉了死吗？焦令谌等人十分慌惧，跪拜在地请求段秀实给他们下达命令。于是，段秀实派遣城中没有参加战斗的士兵出城在东原布阵，同时收罗散兵游勇，摆出准备与敌人拼死作战的姿态。由此，吐蕃军队畏惧而退却，马璘随后得以回城。后来，段秀实被拜为四镇北庭行军、泾原郑颍节度使，"三四年间，吐蕃不敢犯塞，清约率易，远近称之。"（《旧唐书·段秀实传》）

段秀实任泾州刺史时，郭子仪担任天下兵马副元帅，权倾朝野。郭子仪的儿子郭晞为检校尚书领行营节度使，屯兵邠州。郭晞的部队纪律涣散，士兵随意抢夺财物、捣毁器物、殴打百姓，邠宁节度使白孝德碍于郭子仪的权位，不敢进行弹奏和处理。段秀实对此非常不满，主动找到白孝德，请求担任军中执法的都虞侯，以制不法。不久，郭晞的部下有十七名士兵，到市场取酒杀了酒翁，而且破坏酿酒器具。段秀实下令逮捕他们，并斩首示众，百姓无不称快。郭晞得知后大为震动，准备发兵进行报复。段秀实从容不迫，解下佩刀，命一跛脚老卒牵马，亲自到郭晞营中处理此事。段秀实来到营门口，士兵们披甲执械涌出。段秀实笑道："杀一老卒何需这么多兵甲？我带着我的头来了。"士兵们见状愕然。段秀实让士兵请出郭晞，说道："副元帅功塞天地，当务始终。今尚书恣卒为暴，使乱天子边，欲谁归罪？罪且及副元帅。今邠恶子弟以货窜名军籍中，杀害人，藉藉如是，几日不大乱？乱由尚书出。人皆曰尚书以副元帅故不戢士，然则郭氏功名，其与存者有几！"（《新唐书·段秀实传》）意思是，令尊大人副元帅功勋盖世，应当善始善终。今天，阁下却放纵你的士兵恣意作恶，这样势必引起混乱，影响国家安定。皇上追究下来，将罪及副元帅。乱皆起于阁下。人们会说，阁下倚仗副元帅不守法。这样，令尊大人的一世英名将毁于一旦，恐祸将至。郭晞听后急忙谢罪，即令士兵解甲归营，乱来者治死罪。邠州从此安定。

段秀实以清廉著称。"非公会，不听乐饮酒，私室无妓媵，无赢财，退公之后，端居静虑而已。"（《旧唐书·段秀实传》）唐德宗建中元年（公元780年），段秀实由泾州节度使调任朝中出任司农卿。回朝赴任，要经过太尉兼四镇北庭行营泾原节度使朱泚的防区岐州。段秀实特意告诫自己的家属说："路过岐州，朱泚必会赠送财物，千万不要收下。"后来路过岐州，朱泚硬要送三百匹大绫，段秀实的女婿无法拒绝便收下了。段秀实知道后，将这些绫堆放在司农寺办公大厅的房梁上。

建中四年（公元783年），奉命开往襄城援救的泾原将士，因接济不周发生兵变，攻入长安城拥立朱泚为帝，唐德宗仓皇逃往奉天。朱泚认为段秀实由节度使调任为司农卿失去兵权，一定会郁郁不乐，便派数十骑人马去传诏段秀实，企图让他也参与谋反。段秀实闭门拒绝来使，骑兵跳墙而入，用兵器劫持了他。段秀实估计自己不能幸免，便对家人说："国家蒙受灾难，我能够躲避到何处去！我自当为国家殉难，你们应当去自求生路。"段秀实见到朱泚后，一方面奉劝他重归朝廷，另一方面与自己平素所厚待的左骁卫将军刘海宾、泾原都虞侯何明礼、孔目官岐灵岳等人计议，诛杀朱泚，迎接唐德宗。这时，朱泚派遣泾原兵马使韩旻带领精兵三千，声称迎接唐德宗，实际上要乘机袭击奉天。段秀实知道当时奉天防守力量非常薄弱，情况危急，便用司农卿的印符，派人追上韩旻，命令韩旻暂且回军。韩旻率军行至半路，见到印符便回军了。段秀实对共同策划的人们说道："旻来，吾属无类矣！我当直搏泚杀之，不克则死，终不能为之臣也！"（《资治通鉴·唐纪四十四》）意思是，韩旻一回来，我们是要无一幸免的了。我自当直接与朱泚搏斗，将他杀死，若不能成功，便一死了之，终究不能做朱泚的臣属啊！第二天，朱泚传召李忠臣、源休以及段秀实等人，商议称帝事宜。段秀实猛然站起来，夺过源休的象牙朝笏，走上前去唾朱泚的脸，大骂道："狂妄的叛贼！我恨不能将你斩为万段，岂肯随你去造反呢？"说着用朝笏向朱泚猛击过去。朱泚急忙举手阻挡笏击，朝笏击中了朱泚的头部，鲜血溅到地上。朱泚与段秀实呼喝着相互搏斗，后来在侍从的救护下慌乱逃走。段秀实知道诛杀朱泚不能成功，便对朱泚的党羽说："我不和你们一起造反，为什么不杀死我！"随后，段秀实被乱刀砍死。段秀实死后，司农寺官吏把他拒收绫的事告诉朱泚，朱泚派人将司农寺办公大厅房梁上的绫取下，一看，原先包装的标记都在，三百匹大绫原封未动。唐德宗在奉天得知此事，叹惜自己没有重用段秀实，使人尽其才，垂涕良久。段秀实被朝廷诏赠太尉，谥曰"忠烈"。

朱泚属于坐大的藩镇割据势力，他举兵反叛朝廷只能是进一步加剧割据，破坏国家统一，这同反对剥削压迫、争取翻身解放的农民起义有着根本不同。段秀实一身正气、一生正气，强敌面前不退缩，权势面前不低头，财物引诱面前不动心，生死考验面前不变节，特别是面对朱泚举兵谋反的倒行逆施所表现出的正大刚直气概，集中体现了中华民族崇尚气节、不畏强暴、舍生取义的传统精神，不愧为《正气歌》列举的历史典范。

《黄帝内经》中讲道："正气存内，邪不可干"；"邪气所凑，其气必虚。"说的是，只要体内正气旺盛、抵抗力强，外邪难以入侵，内邪难以产生，就不会发生疾病；而邪气内生，或者外邪乘虚而入，就必然会发生疾病。这个道理，同样适用于为政做人。唐代著名文学家、思想家柳宗元曾经这样评论段秀实："世言段太尉，大抵以为武人，一时奋不虑死以取名，非也。太尉为人姁姁，常低首拱手行步，言气卑弱，未尝以色待物，人视之，儒者也。遇不可，必达其志，决非偶然者。"（《新唐书·段秀实传》）意思是，段秀实在关键时刻能够奋不虑死，决不是偶然的，而是来源于"仕者必有勇"，来源于他一身浩然正气。而与段秀实同朝为官的检校司空、同中书门下平章事李忠臣，"资埶沓嗜色，将士妇女逼与乱，所至人苦之"（《新唐书·李忠臣传》），本来就是个男盗女娼的伪君子，对朱泚的谋反作乱唯命是从，朱泚称帝后出任司空兼侍中。御史中丞、光禄卿源休，因为自己出使回纥朝廷的赏赐不丰，便心怀怨望，"入见泚，屏人密语移时，为泚陈成败，引符命，劝之僭逆"（《资治通鉴·唐纪四十四》），被朱泚任命为宰相，成为朱泚举兵叛逆的主谋。段秀实"击贼笏"的浩然正气，英烈言言，如严霜烈日，令后人敬仰！李忠臣、源休之流小人昧逆顺之道，失德失节，必然为后人所鄙视！

涓流不绝，溪壑成灾

　　唐德宗贞元年间，陆贽任宰相。陆贽为相，不仅才略过人，而且公忠体国，十分廉洁，从不敛财纳贿，因此常常受到朝中一些佞臣的嫉恨和陷佞。一次，唐德宗李适对陆贽说："卿清慎太过，诸道馈遗，一皆拒绝，恐事情不通，如鞭靴之类，受亦无伤。"（《资治通鉴·唐纪五十》）意思是，你清廉谨慎太过分了，对于各道赠送的物品，一概拒不接受，恐怕在事情的情理上是讲不通的。比如马鞭、长靴一类东西，接受了也无伤事体。

　　陆贽答道："监临受贿，盈尺有刑，至于士吏之微，尚当严禁，矧居风化之首，反可通行！贿道一开，展转滋甚，鞭靴不已，必及金玉。目见可欲，何能自窒于心！已与交私，何能中绝其意！是以涓流不绝，溪壑成灾矣。"又曰："若有所受，有所却，则遇却者疑乎见拒而不通矣；若俱辞不受，则咸知不受者乃其常理，复何嫌阻之有乎！"（《资治通鉴·唐纪五十》）陆贽这段话的大意是，监督有关部门的长官收受贿赂，只要得到财物折合为布帛满了一尺，便以刑律相加。下至卑微的士民属吏，尚且应该严格禁止行贿，何况宰相是风俗教化的倡导者，怎么反而放过他们的受贿行为呢！贿赂的途径一经打通，反复实行，就会益加严重，赠送马鞭和长靴没有止息，必然发展为赠送金玉。眼睛看见愿意得到的东西，怎么能在心中自行打消得到它的念头呢！已经给赠物人结下了私交，怎么能够中途拒绝他的请求呢！所以，如果不断绝行贿的涓涓细流，就要填满溪间沟壑而泛滥成灾了！况且，假如对赠送的物品有的接受，有的推却，赠品被推却了的人便会怀疑自己遭受拒绝而办事难以顺利。如果一概推辞而不接受，人们便知道不接受赠品才是通常的事理，又怎么会生发出疑虑来呢！

皇帝劝说大臣纳贿，实属古今少见。唐德宗公开劝教陆贽纳贿，是因为他本人就贪财聚敛无度。据史籍记载，李适执政后期，专意搜刮财货。许多藩镇通过进献贡物换取德宗的恩宠，贡物称作"税外方圆"，也称作"用度羡余"，实际上，有的是从固定税收中分割出留下来一部分，有的是对百姓增加征收的数额，有的是削减官吏的俸禄。经常是藩镇官员中饱私囊，真正能够进献的只有十分之一二，后来，发展到内官幕僚也要靠向李适进奉贡物才能得到升迁。判官严绶掌管留后事务，就是因为竭尽库存进献贡物，才被征召为刑部员外郎的。李适还经常派中使宦官直接到各藩镇和政府各衙门公开索要财物，称为"宣索"。除了国库之外，他专门建立琼林、大盈两座私库，用来存放藩镇官员和内官幕僚进献的各种贡品。

上行必然下效。唐德宗后期，各级官员贪污行贿受贿成风，而且朝廷对官员们的行贿受贿行为采取放纵容忍的态度。贞元十六年（公元800年），湖南观察史吕渭上奏揭发永州刺史阳履贪污行贿，阳履上表自称所征收的物品都是准备进献的贡品。唐德宗李适召令三司对阳履进行审讯。三司问阳履征收物品所得的资费用到哪里去了，阳履说："已经购买马匹进献上来了。"三司又问："卖马的主人是谁？马匹的年齿是多少？"阳履回答说："卖马的主人是东西南北的人，我不知道他们到哪里。根据《曲礼》的规定，倘若估量君主所用马匹的年齿，是要受到处罚的，所以我不知道马匹的年齿。""上悦其进奉之言，释之，但免官而已。"（《资治通鉴·唐纪五十一》）唐德宗因为喜欢阳履进献贡物的方法，竟然不再严加追查，而是释放了他，仅仅免除了他的官职。官员们竞相贪污行贿，以"羡余"的名义横征暴敛，致使各地到了民不聊生的地步。生活在这一时期的著名诗人白居易，在诗作《秦中吟十首》的序中写道："贞元、元和之际，予在长安，闻见之间，有足悲者。因直歌其事"。其中第二首《重赋》，"浚我以求宠，敛索无冬春"、"里胥迫我纳，不许暂逡巡"，记述了官吏们横征暴敛的凶猛；"岁暮天地闭，阴风生破村"、"幼者形不蔽，老者体无温"，记述了百姓生存的悲惨；"昨日输残税，因窥官库门"、"缯帛如山积，丝絮如云屯"、"号为羡余物，随月献至尊"，记述了皇帝和官府的巧取豪夺。从中可以清楚地看到，唐德宗在贪污行贿上采取的错误态度和错误做法，所造成的恶劣后果。

贪污行贿等腐败现象，作为私有制、私有观念和社会监督机制不完善的衍生物，其蔓延泛滥有两个带规律性的特征：其一，由小到大，从量变到质变。正如陆贽所说的"鞭靴不已，必及金玉"，"细流不绝，溪壑成灾"。一个个掌权者就是在这种"温水煮青蛙"的过程中蜕变为贪官污吏的，一个个政权也正是在"千里之堤，溃于蚁穴"的效应中轰然垮台的。其二，为上者对下属具有重要的示范和引领作用。上有所好，下必甚焉。一般说来，为上者清廉自律，部属就不会或不敢肆意敛财纳贿；而为上者贪财聚敛，部属必然是贪腐成风。因此，古今中外反对贪腐历来强调防微杜渐、从上严起。唐德宗身为一国之君，不仅以"羡余"、"宣索"等各种名目大肆收敛私财，而且劝说大臣收马鞭、长靴一类物品无伤事体，充当贪污受贿的教唆犯，朝廷的风气怎么能够不日益败坏？这样的政权，又怎么能够不日益衰落并走向灭亡呢？

冯道的有道与无道

五代时期的冯道，是当时士大夫阶层的一著名人物。

冯道，自号"长乐老"，瀛州景城人（今河北沧州一带）。他少年"好学能文，不耻恶衣食，负米奉亲之外，唯以披诵吟讽为事，虽大雪拥户，凝尘满席，湛如也。"（《旧五代史·冯道传》）唐昭宗天祐年间，冯道投到河北割据势力刘守光手下做参军。刘守光败后，他投靠时任河东监军的宦官张承业，被任为巡官。张承业欣赏其"文章履行"，把冯道推荐给晋王李克用，任河东节度掌书记。后唐庄宗李存勖继位后，拜冯道为中书舍人、户部侍郎、翰林学士。李克用的养子李嗣源后来发动兵变，夺取了李存勖的皇位，即为后唐明宗，冯道因"劝进"有功，拜为中书侍郎、刑部尚书平章事，后又改户部和吏部尚书、集贤殿弘文馆大学士，加尚书仆射，封始平郡公。长兴四年（公元933年），唐明宗死，愍帝李从厚继位，冯道继续担任原职。不久，潞王李从珂谋反称帝，即后唐末帝，冯道为匡国节度使、同平章事。天福元年（公元936年），后晋灭后唐，冯道又事后晋，任司空、同中书平章事，后又加封司徒、兼侍中，封鲁国公。后晋高祖石敬瑭死后，冯道出任后晋出帝石重贵的宰相，加太尉，封燕国公。契丹灭晋后，冯道转为事契丹，被授予太傅，跟从辽太宗耶律德光北归至常山。天福十二年（公元 947 年），忠武节度使刘知远乘契丹灭晋、中原无主，建立后汉王朝，冯道入觐刘知远，被拜为太师。后周灭后汉以后，冯道又事后周，被任为太师兼中书令，又任为山陵使，直到显德元年（公元 954 年）病死，卒年 73 岁。冯道一生，为相历经五朝、八姓，三入中书，担任宰相、三公、三师等职位近 30 年，是一位名副其实的"乱世不倒翁"。

冯道于乾祐三年（公元 950 年）曾著有一篇《长乐老自叙》。他在这篇文章中，历述自己在后唐、后晋、后汉及契丹入主期间所获得的官爵、封赏之后，写道："静思本末，庆及存亡，盖自国恩，尽从家法，承训诲之旨，关教化之源，在孝于家，在忠于国，口无不道之言，门无不义之货。所愿者下不欺于地，中不欺于人，上不欺于天，以三不欺为素。贱如是，贵如是，长如是，老如是，事亲、事君、事长、临人之道，旷蒙天恕，累经难而获多福，曾陷蕃而归中华，非人之谋，是天之佑。"（《旧五代史·冯道传》）

千百年来，对冯道的褒贬大相径庭。《旧五代史》作者薛居正的评价是："道之履行，郁有古人之风；道之宇量，深得大臣之体"（《旧五代史·冯道传》），称他是一个有古人之风、大臣之体的典范。而《新五代史》作者欧阳修则认为："予读冯道《长乐老叙》，见其自述以为荣，其可谓无廉耻者矣，则天下国家可从而知也。"（《资治通鉴·后周纪二》）把他看作一个不顾天下国家命运，只知自己升官得福的不知廉耻者。著有《五代通录》、于后周和北宋出任宰相的范质，称赞冯道"厚德稽古，宏才伟量，虽朝代迁贸，人无间言，屹若巨山，不可转也"（转引自范文澜：《中国通史》第三编）。意思是，冯道德行浓厚精研古道，才器雄伟度量宏大，虽然朝代变迁，人们也没有闲言，就像大山屹立一样不可动摇。而另一位宋代宰相、著名史学家司马光则旗帜鲜明地反对范质的上述看法："臣愚以为正女不从二夫，忠臣不事二君。为女不正，虽复华色之美，织纴之巧，不足贤矣；为臣不忠，虽复材智之多，治行之优，不足贵矣。何则？大节已亏故也。道之为相，历五朝、八姓，若逆旅之视过客，朝为仇敌，暮为君臣，易面变辞，曾无愧怍，大节如此，虽有小善，庸足称乎！"（《资治通鉴·后周纪二》）意思是，我认为正派的女人不会跟从两个丈夫，忠诚的臣子不会侍奉两位君主。做女人不正派，即使再有如花美貌，纺织巧手，也称不上贤惠；做臣子不忠诚，即使才智再多，政绩卓著，也不值得看重。什么缘故呢？因为大节已亏。冯道任宰相，历事五个朝代、八位君主，如同旅店看待过客，清晨是仇敌，傍晚成君臣，更换面目、变化腔调不知一点羞愧，大节如此，即使有小善也不值得称赞。类似的争论一直延续到现在。著名历史学家范文澜主编的《中国通史》中，说冯道"擅长的手段是揣度胜败，估量强弱，舍弃败弱，奉迎胜强"，是五代时期特产的"官僚典型"和"可憎的腐朽物"（范文澜：《中国通史》第三编）。而当代国学大师南怀瑾先生则提出，冯道不爱财、不好色，在政权更替的大动乱中屹立不摇，对于保留中国文化和国家元气有不可磨灭的功绩，应当替冯道在历史上留下的骂名申冤。

　　从记述冯道生平事迹的史料看，他当属一个有不少优长和一定作为的人。"道为人能自刻苦为俭约。"（《新五代史·冯道传》）在晋梁交战前线，他在军中搭一茅屋，不设铺席，睡在一捆喂牛的干草上，所发的俸薪用来与仆人夫役在一个锅里吃饭。将军们把掠来的美女送给他，冯道无法推却就安置在别室，等找到她的主人就送还回去。他在为父守丧期间，正遇饥荒，便尽自己所能救济乡亲们。乡亲中有人不耕作使田地荒废了，或者有的没有力量耕种田地，他就暗地里为他们耕种。凡是官吏送给他的财物，一斗粟、一匹布都不接受。他博学善文，针对当时诸经舛谬，与李愚、田敏等印行《易》、《书》、《诗》、《春秋左氏传》、《春秋公羊传》、《春秋穀梁传》、《周礼》、《仪礼》、《礼记》等标准文本，"所刊石经，雕为印板，流布天下，后进赖之。"（《旧五代史·冯道传》）但是，评价冯道这样社稷重臣的历史人物，最重要的应当看其政治品德和政治业绩，看其对国家和社会的担当精神和贡献。在这方面，冯道显然是一个不讲原则、不讲气节，舍弃败弱，奉迎强胜，以求逃避灾祸、长享富贵的投机者。他在唐庄宗李存勖手下任户部尚书，而李嗣源发动兵变推翻李存勖夺取皇位以后，便转身迎奉李嗣源。唐愍帝李从厚在位时冯道出任宰相，李从珂谋反，愍帝逃往河北，他就立即"率百官班迎潞王入"，并督促侍御史卢导起草劝进文书。卢导不肯，说，天子还在河北，人臣哪可轻率劝进。冯道却说"事当务实"，认为卢导不识时务。后唐灭亡后，冯道又马上改换门庭，转到契丹拥立的后晋高祖石敬瑭手下当宰相。石敬瑭为了表示对契丹王耶律德光的尊敬，要冯道出使辽国行礼，冯道毫不犹豫，说："陛下受北朝恩，臣受陛下恩，有何不可。"后来契丹灭后晋，"道又事契丹，朝耶律德光于京师。"耶律德光斥责冯道反复无常、"事晋无状"，问他："何以来朝？"冯道却大言不惭地回答："无城无兵，安敢不来。"耶律德光又责问："尔是何等老子（老东西）？"冯道竟不知羞耻地答道："无才无德痴顽老子。"（《新五代史·冯道传》）当时，契丹对于中原为民族异国，冯道的行为属于卖国求荣。他身为朝廷高官，不与国家民族兴亡共命运，而是趋炎附势、奉强弃弱，有奶便是娘，以求保全官位谋取富贵。就连《旧五代史·冯道传》在称赞他的同时，也质疑"然而事四朝，相六帝，可得为忠乎"。有的人认为，由于后晋被灭亡后冯道转事契丹，用谄媚的谀词博得耶律德光的喜欢，中原才没有被夷灭，冯道对于保存国家是有贡献的。这显然是站不住脚的。如果按照这种逻辑，抗日战争期间汪精卫之流"曲线救国"的卖国行径，岂不也成了爱国行为？！在今天看来，司马光所主张的"正女不从二夫，忠臣不事二君"固然有些愚腐，但任何时候都不能不讲对国家和民族的忠诚，不能丧失应有的气节。冯道在"刻苦为俭约"一类问题上虽然是一位有道者，而在事关国家民族兴亡的重大问题上，却是一个十足的无道者。

冯道只是五代时期封建官僚阶层的一个代表人物和道德符号。欧阳修曾经这样感叹五代时期的文官们缺乏高尚的情操："予于五代得全节之士三，死事之人十有五，皆武夫战卒，岂于儒者果无其人哉？得非高节之士，恶时之乱，薄其世而不肯出欤？抑君天下者不足顾，而莫不能致之欤？"（《资治通鉴·后周纪二》）这段话的大意是，我从五代历史中找到保全节操的只有三位，为事业而死的仁人有十五位，而且都是武夫战士，难道在儒者中果真没有这样的人吗？莫非是高尚节操的人士，憎恶时势的浊乱，鄙薄这世道不肯出来？还是统治天下的君主来不及关顾，而没让他们出来呢？其实，五代时期的武夫们陷入无休止地相互间武力劫夺之中，也没有高尚节操可言。梁太祖朱温淫乱成性，儿媳都得入宫侍寝，儿子们也借此谋夺继承权，先是第三子朱友珪杀了朱温，接着第四子朱友贞又发动政变杀了朱友珪。晋高祖石敬瑭为了报答契丹借兵灭唐，竟割让燕云十六州，并事契丹国王以父礼，自称"儿皇帝"。可见，当时封建统治阶级的道德沦丧已经到了何种地步！《新五代史》这样描述五代时期的道德状况："世道衰，人伦坏，而亲疏之理反其常，干戈起于骨肉，异类合为父子"（《新五代史·义儿传》）；"臣弑其君，子弑其父，而缙绅之士安其禄而立其朝，充然无复廉耻之色者皆是也"（《新五代史·一行传》）。

出现上述道德沦丧现象，根源在于国家长期处于分裂和战乱状态。"安史之乱"之后，唐朝中后期长达 150 年的藩镇割据，使建立在大一统基础上的儒家道德观念受到了很大冲击和破坏。到了五代时期，战乱更加剧烈，朝代频繁更替。从公元 907 年梁太祖朱温称帝，至公元 960 年后周灭亡，先后五朝只有五十四个年头。后梁先后三帝，共历十七年，算是最长的。后唐十四年，四帝三姓（庄宗姓李，明宗、愍宗无姓氏，末帝姓王），每次换姓平均还不到五年。后晋二帝不足十二年，后汉二帝不足五年，后周三帝不足十年。频繁的朝代变换，使生活在其间的人们往往不知所措，也容易使一些人对国恨家仇和羞耻之心产生一种麻木感。再加上，这五个朝代都是靠篡夺建立起来的政权，皇帝多为臣子、部下甚至儿子、兄弟所杀，因而"五代之乱，君不君，臣不臣，父不父，子不子，至于兄弟、夫妇人伦之际，无不大坏，而天理几乎其灭矣"（《新五代史·一行传》）。时逢乱世，朝不保夕，统治者忙于弑杀劫夺，根本无暇顾及社会的道德伦理建设，"干戈兴，学校废，而礼义衰，风俗隳坏"（《新五代史·一行传》），而且一些统治者自己就是破坏社会道德的始作俑者。在这样的历史条件下，产生冯道这样的人物便不足为怪了。这也再一次证明，国家的统一和长治久安，对于包括伦理道德建设在内的社会发展进步，是何等的重要！

"重文抑武"的双重后果

　　宋太祖赵匡胤建立宋朝称帝不久，昭义节度使李筠、淮南节度使李重进先后起兵反宋，这两场叛乱很快得到平定。政局稳定下来以后，赵匡胤问宰相赵普："自唐末以来，帝王换了八个姓，战争频繁不止，不知原因何在？我要使国家长久，有什么办法吗？"赵普回答："这不是别的原因，只是因为方镇权太重，君弱臣强而已。现在要治国，也没有别的奇巧，只有夺他们的权，控制他们的钱谷，收他们的兵……"不等赵普说完，赵匡胤连忙说："你不用再说下去，我已经懂了。"

　　建隆二年（公元961年），赵匡胤首先罢免了殿前都点检并镇宁军节度使慕容延钊、侍卫亲军都指挥使韩令坤等人统领禁军的兵权。禁军将领石守信等人拥立有功，不好下令罢免。建隆三年（公元962年）七月的一天，赵匡胤请石守信等拥立他的将领们饮酒，乘醉说："不是靠你们的力量，我不会有今天。但做天子也太艰难，不如做节度使快乐。我整天都睡不安稳！"石守信等说："陛下怎么说这个话。现在天命已定，谁还敢有异心！"赵匡胤说道："人孰不欲富贵，一旦有以黄袍加汝之身，虽欲不为，其可得乎？"接着又说："人生驹过隙尔，不如多积金、市田宅以遗子孙，歌儿舞女以终天年。君臣之间无所猜嫌，不亦善乎。"（《宋史·石守信传》）

这些话的大意是，人哪有不想得到富贵的，一旦有部下把黄袍加在你们身上，虽然你们不想干，能行么？人生一世，就像白驹过隙一样，很快就过去了，不如多积累金银、良田、美宅遗传子孙，再多养些歌舞美女，日夜饮酒欢乐，乐享晚年。这样君臣之间互不猜疑，上下相安无事，不是很美好嘛。石守信等人听过赵匡胤的这些话后，吓得涕泣叩头，第二天便称病辞官。

开宝年初，凤翔节度使王彦超及各位节度使来京朝见，宋太祖赵匡胤在宫廷后苑设宴款待。席间，赵匡胤向他们说道："卿等皆国家旧臣，久临剧镇，王事鞅掌，非朕所以优贤之意。"（《宋史·王彦超传》）意思是，你们都是国家的元老，久居边防重镇，国家事务过于烦劳，不符合我素来优待贤能的意图。王彦超闻言知晓赵匡胤的用意，便向前奏道："臣本来没有勋绩和功劳，长久以来蒙受恩宠，今已衰老，请求退职回归是臣的愿望。"安远节度使武行德、护国节度使郭从义等人，争相陈述自己南征北战的功绩和经历的艰难困苦。赵匡胤说："这都是后周朝的事情，不值一谈！"第二天，他们一律被罢免节度使的职务，给予奉请参加朝会的待遇。

以上所述，便是宋史上有名的"杯酒释兵权"。与此同时，宋太祖赵匡胤、宋太宗赵光义等宋朝统治者，把"重文抑武"作为治国之策，在兵制上进行了一系列变革。

枢密院——三衙统兵体制。"宋初，循唐、五代之制，置枢密院，与中书对持文武二柄，号为'二府'。"（《宋史·官职二》）枢密院长官为枢密使，"掌兵籍，虎符"，若得皇帝批准，有调动兵马之权。枢密使的设立，可以削弱宰相的权力，是强化皇权的重要措施。与此同时，宋太祖赵匡胤对沿袭后周的由殿前司和侍卫司统领全部禁军的制度，作了重大调整。他在解除石守信等人统领禁军的职权之后，提拔了一批资历较浅、容易驾驭的人当禁军将领，并对他们严加控制、处处防范。赵匡胤还取消了殿前都点检和殿前副都点检这两个职务，由殿前都指挥使、侍卫马军都指挥使、侍卫步军都指挥使，分别率领禁军，合称"三衙"。其中，殿前都指挥使为从二品，副都指挥使为正四品，侍卫马、步两司的都指挥使和副都指挥使仅为正五品。"三衙"互不统属，禁军从此没有统帅，将领分别听命于皇帝本人。"三衙"与枢密使所掌之兵权又有不同：枢密使有发兵之权，而无统兵之重；"三衙"有统兵之重，而无发兵之权。从而，使任何一方都不可能拥兵自重。

内外相继的驻军制度。宋朝的军队由四部分构成：禁军、厢军、乡兵和藩兵。禁军是正规军，也是宋朝军队的主力，由朝廷直接统领；厢军是各州的镇兵，由地方长官控制；乡兵是由土民应募不脱离生产的壮丁；藩兵是防守在边境的非汉民族军队。为了加强禁军，建隆二年五月下令，各州挑选勇壮兵士，升为禁军。同时，除去禁军中的老弱，设"剩中"处理，退兵下到诸郡。"又选强壮卒定为兵样，分送诸道；其后又以木梃为高下之等，散给诸州军，委长吏、都监等召募教习，俟其精练"（《宋史·兵一》），送到京师充禁军。这样，朝廷直接统领的禁军大大加强，厢军、乡兵、藩兵等地方部队大为削弱，各方镇自知兵力不敌，便不敢反叛朝廷。在兵力的配置上，遵循"强干弱枝，内外相维"的原则。禁军中最精锐的殿前军驻守京城，侍卫亲军驻扎在各地。宋太祖赵匡胤在位时，禁军有二十余万，十万禁军驻扎京城，另十万禁军分散各地驻扎。京城禁军多于外地任何一处驻军，"京师屯十万，足以制外变"；而会合外地禁军又能控制京城禁军，"外郡屯十万，足以制内患"。从而，达到皇帝牢牢控制全国军队，内外军队相互制衡的目的。

文臣换充武将。乾德元年（公元963年）春正月，宋太祖赵匡胤开始用文官来执掌一州的军事大事，称为"知州"。五代时期，各路诸侯强盛，朝廷不能制服。每遇调动节度使的职务，都是首先派近臣晓谕旨意，并且发兵以备不测。即使如此，节度使中还有不听从调遣的。赵匡胤用宰相赵普的计谋，各路节度使或因辞官回乡，或因担任职名但不亲往任职，或因免职给予优厚待遇，或因病死。这样，不仅中央统领各地军队，地方行政长官中的武官，也都逐渐用文官来取代。赵匡胤曾对赵普说："五代方镇残虐，民受其祸，朕今选儒臣干事者百余，分治大藩，纵皆贪浊，亦未及武臣一人也。"（毕沅：《续资治通鉴·宋纪七》）意思是，五代时期藩镇残暴，人民深受其害。朕现今从文臣中挑选具有治军才能的百余人，分派到地方去治理重要州府。即使这些人都贪得无厌，也不及武将的十分之一。宋真宗以后，以文官任统兵官，督率武将，更是成为一种惯例，安抚使、经略安抚使由文官担任；武将只能担任都部署、副都部署、部署、副部署、钤辖、巡检、都监，号为将官，领兵马，受指挥。

削弱和限制节度使的权力。乾德元年夏四月，宋太祖赵匡胤下诏，在各州设置通判一职。通判的职权是："职掌倅贰郡政，凡兵民、钱谷、户口、赋役、狱讼听断之事，可否裁决，与守臣通签书施行。所部官有善否及职事修废，得刺举以闻。"（《宋史·职官七》）不仅一州的军事民政皆由通判统治，而且遇事可直接上奏朝廷，与知州的地位相等。大的州设置两名通判，不及万户的州不置，但"武臣知州，小郡亦特置焉。"后来又下令节度使所兼领的州郡，都直接隶属于京师，可向朝廷奏事，不再从属于节度使。乾德三年，开始设置各路转运使。转运使"掌经度一路财赋，而察其登耗有无，以足上供及郡县之费；岁行所部，检察储积，稽考帐籍，凡吏蠹民瘼，悉条以上达，及专举刺官吏之事。"（《宋史·职官七》）自唐末以来，地方各藩镇驻守重兵，租税收入都用来自给自足，虽税赋日益加重，但供给朝廷的数量很少。设置转运使之后，藩镇财政归转运使掌管，节度使、防御使、团练使一律不许参与签署金钱粮谷薄籍的事务，各州郡除计划内的经费开支外，凡属金钱布帛全部送往京师，于是财政收入归于朝廷。

实施更戍法。宋太祖赵匡胤从"陈桥兵变"的经历中深刻认识到，军队的将领在改朝换代、废立皇帝上有着极其可怕的能量。虽然军队的指挥权在皇帝手中，但士兵与皇帝之间永远隔着将领这一层，一位出色的将领长时间统率一支军队戍边，就可能变相的架空皇帝对军队的指挥权。于是，他在收回军队指挥权之后，又推行了更戍法。更戍法，又称出戍法，就是军队经常轮换驻守，轮换时临时任命戍军统兵将领。"至于诸州禁、厢军亦皆戍更，隶州者曰驻泊。戍蜀将校，不遣都虞候，当行者易管他营。凡屯驻将校带遥郡者，以客礼见长吏，余如屯驻将校。凡驻泊军，若捍御边寇，即总管、钤辖共议，州长吏等毋预。"（《宋史·兵十》）更戍军冠以驻泊、屯驻、就粮等名目，通常出戍京东、京西、河北、江南、淮南、两浙等地的戍军，以三年为期轮换；出戍边远条件恶劣地区的军兵，以半年为期轮换。实行更戍法的主要目的，是使军兵与将领互不相知，易于控制，防止出现将领专权和发生军事政变。

这些兵制变革和举措，对于克服唐朝末年以来藩镇强盛带来的各种弊端，巩固宋王朝的统治，发挥了重要作用。"府卫变而召募，因循姑息，至于藩镇盛，而唐以亡。更历五代，乱亡相踵，未有不由于兵者。"（《宋史·兵一》）实行枢密院——三衙统兵体制和更戍法，使军队的统领权分散，将领与军士相分离，各方相互制衡，形成皇帝对军队指挥权的高度集中，有效地防止了军事将领图谋不轨，发动军事政变问鼎皇权；加强禁军，弱化厢军、藩兵，使藩镇无力与中央政府分庭抗礼；设置通判、转运使等，削夺了地方长官的部分军事行政权和财权，进一步使他们只能服从和依赖于中央政府。宋朝从公元960年至1279年，前后近三百二十年相传十八帝，没有发生过大的军事政变，除了建朝之初昭义节度使李筠、淮南节度使李重进起兵反宋之外，也没有发生过严重的藩镇叛乱。《宋史》

的作者称赞宋太祖赵匡胤"其发号施令，名藩大将，俯首听命"，"在位十有七年之间，而三百余载之基，传之子孙，世有典则"。

另一方面，宋朝兵制变革中的一些弊端，造成的不良后果也是严重的。出于防范将帅而建立的分权统兵体制，各方相互掣肘，平时不可能很好地训练管理军队，战时不可能行使有效指挥。推行更戍法，禁军驻屯地点经常调动，而将领却不随之调动，造成"兵无常帅，帅无常师"，"兵不识将，将不识兵"，"不使上下人情习熟"，严重削弱军队的战斗力。内外相维的驻军制度，体现了"守内虚外"的政策，禁军有一半驻守在京师附近，其余分戍全国各要地，边境只有少量禁军。这种兵力部署，只能适用于防止藩镇造反和镇压农民起义，难以应对强大外敌入侵。至于实行文臣换充武将，虽汲取了唐末五代时期"武人跋扈"的历史教训，却对国家武备带来了相当大的消极影响。一些文官充任武将，由于大都不熟悉军事及战场活动，难以胜任。北宋后期形成文臣与宦官统军体制，一些科举出身的文臣充任负责枢密院的最高军政，注意力多集中在案牍事务，对全局战略和防备却少有贡献。宋仁宗时，知枢密院事李咨"在枢府，专务革滥赏，抑侥幸，人以为称职"（《宋史·李咨传》）。称职者不过如此，能力低下者可想而知。同为知枢密事的王鬷、陈执中、张观，面对西夏李元昊反宋，竟然不知所措，"帝数问边，不能对"。此外，武将统帅军队体制的改变和"以文驭武"方针的贯彻，武官地位明显下降，导致社会崇尚英雄的风气和尚武精神淡化，"投笔从戎"已不多见。随着重文抑武政策的实施，由于军队战斗力日益削弱，在平定南方各国和北汉以后，统一全国的进程便就此止步。宋朝虽然经济文化事业十分繁荣，但富而不强，军事上却是一个弱国。后来，尽管军队数量不断增加，由初期的二十余万增至五十万、八十万，直至一百四十余万，但面对辽、西夏、金、元的军事入侵，屡战屡败，一次次赠币失土。靖康二年（公元1127年）金军攻陷京都开封，徽、钦二帝被掠到五国城客死他乡。之后，不得不建炎南渡，偏安江南。德祐二年（公元 1276 年）二月，元军突破长江防线，围困南宋国都临安，宋恭帝赵㬎献城受降。接着，年仅 11 岁的端宗在逃亡中去世，最后一位皇帝赵昺和南逃的宋军、皇族，也于祥兴二年（公元 1279 年）在崖山海战中被元军全部消灭。

　　从唐末至五代的藩镇恃武自重，到宋朝的重文抑武，是历史发展中的一种矫枉过正。唐末以来的历史和自身的经历，使宋太祖赵匡胤对于武力与皇权的关系有着刻骨铭心的认识。于是，为了严密防范武将专权割据和颠覆皇权，便把重文抑武作为治国方略。治国之道在于文武兼顾、富国强兵。不应当重视一方而忽视另一方，一味的重武轻文和一味的重文轻武都是不可取的。固然，克服某些积弊，有时需要矫枉过正。但，这种"过正"，也需要一定的限度，否则便会事与愿违，"矫枉过中，斯害也已。"或许，赵匡胤等宋朝统治者的初衷并不是轻视武装，只是要限制武将们的权力以求国家长久，但这些措施实施的后果却造成国家武备削弱，直至丧权亡国。我们不能够苛求历史人物不犯错误，但宋朝重文抑武带来的启示，无疑是后人应当认真思考和汲取的。

吕端的"糊涂"与"不糊涂"

　　宋太宗至道元年（公元995年），太宗赵光义打算任命吕端为宰相。有人认为"吕端为人糊涂"，表示不赞同。赵光义说吕端"小事糊涂，大事不糊涂。"（《宋史·吕端传》）他还作《钓鱼诗》一首，用"欲饵金钩深未达，磻溪须问钓鱼人"的句子，以吕尚比吕端，以表达决心任用吕端。数日后，吕端接替吕蒙正的宰相职务。

　　《宋史·吕端传》这样评价吕端："端姿仪瑰秀，有器量，宽厚多恕，善谈谑，意豁如也。虽屡经摒退，未尝以得丧介怀。善与人交，轻财好施，未尝问家事。"意思是，吕端姿容仪态瑰美俊秀，有才能气度，喜欢开玩笑，心胸豁达。虽然多次被排斥降职，不曾把个人得失放在心上。他善于与人交往，对钱财看得轻，爱帮助别人，对自己家中的事情不常挂在心上。阅读吕端的生平事迹，对他的"糊涂"与"不糊涂"，有了更为深刻的认识和感悟。

　　对于吕端的"大事不糊涂"，《宋史·吕端传》和《续资治通鉴长编》中，主要记述了这样两件事：

　　一件是安抚党项族首领李继迁。李继迁叛宋依附辽国后，多次骚扰宋朝西北部边境。一次，李继迁的母亲被宋朝保安军俘虏。这个消息传到朝廷后，宋太宗打算处死这个老太太。当时寇准担任掌管全国军事的枢密副使，宋太宗单独召见寇准商议此事，决定杀掉李继迁的母亲，以惩戒那些与朝廷作对的人。寇准从太宗处回来时，路过吕端的办公地。吕端猜到他们可能是商议处置李继迁母亲一事，便对寇准说："边境上的日常事务，我没有必要知道。如果是国家大事，我身居相位，你应当告诉我。"寇准便把商议的结果原原本本告诉了吕端。吕端感到这样处置不妥，便向宋太宗复奏道："从前楚汉相争时，项羽抓住了刘邦的父亲，想把他在阵前用锅煮了，刘邦说如果你一定要煮，分给我一杯肉汤喝吧。做大事的人不会顾及他的父母，更何况李继迁这样的蛮夷叛乱之人呢？陛下今天杀了他的母亲，明天就能捉到李继迁吗？如果捉不到，那只能结下怨仇，更坚定他的反叛之心。"太宗觉得这些话很有道理，问吕端应当怎么办。吕端说："以臣之愚，宜置于延州，使善养视之，以招来继迁，虽不能即降，终可以系其心，而母死生之命在我矣。"（《宋史·吕端传》）意思是，以我看来，应当把这位老太太在延州妥善安置，以便招来李继迁归顺。这样，即使不一定能够招降，对他也是一种攻心战，况且他的母亲还在我们的掌握中。太宗听后拍着大腿称赞："如果不是你，几乎误了国家大事。"后来，李母病死在延州，李继迁在景德元年（公元1004年）攻打吐蕃时中箭身亡，其子李德明"纳款请命"，实行与宋朝和睦相处的政策，被宋朝授为定难军节度使，封西平王。吕端因此有功，晋升为门下侍郎兼兵部尚书。

　　另一件是拥立宋真宗继位。宋太宗在位时，长子赵元佐因故发疯，次子赵元僖暴死，立三子赵恒为太子(初名赵德昌，后改名赵元休、赵元侃，立为太子后改为赵恒)。至道三年（公元997年），宋太宗赵光义病危。鉴于宋太祖与宋太宗的交替过程中，曾出现过"烛影斧声"的千古疑案，在太宗病危的敏感日子里，吕端每天都陪着太子赵恒去探望太宗。宣政使、宦官王继恩担心太子继位后对自己不利，就先串通好皇后，再暗中勾结参知政事李昌龄、殿前指挥使李继勋、知制诰胡旦，图谋拥立太宗的长子楚王赵元佐。太宗一咽气，皇后马上派王继恩去召宰相吕端，计划逼吕端同意立楚王为君。这时吕端对他们的阴谋已有所察觉，断定皇后召他入宫与此事有关，便果断地把王继恩锁在自己的书房中，派人严加看守，然后入宫晋见。皇后对吕端说："皇上已经晏驾，立嗣以长，顺应形势，你看如何？"吕端坚定地回答："先帝立太子政为今日，岂容更有异议！"（李焘：《续资治通鉴长编》）由于王继恩没有在场，皇后默然不知所措。于是，吕端立即带领大臣们去操办太子登基事宜。宋真宗赵恒登基时，坐在大殿上垂帘接受群臣朝拜，吕端站在下面不拜，让人卷起帘子，走上台阶察看确实是赵恒本人，才率领群臣跪拜山呼万岁。就这样，一场宫廷政变被彻底平息，使宋朝政权在顺利交接中得以巩固。之后，王继恩被贬均州，李继勋被贬陈州，李昌龄贬为忠武军司马，胡旦除名流放浔州，籍其家资。吕端被加封右仆射，监修国史。

吕端的"大事不糊涂"，表现出的是他在事关民族社稷利益的重大问题上，所具有的原则立场、深谋远虑、大智大勇和担当精神。后来，人们便用吕端"大事不糊涂"，来赞颂那些每遇大事有静气，能够在历史关头明辨是非、缜密谋虑、果断抉择、老成谋国的人。例如，清朝军机大臣张廷玉，历仕康熙、雍正、乾隆三帝，曾协助雍正规划建立军机处制度，果断平定蒙古准噶尔部叛乱，被誉为"大臣中第一宣力者"。他七十岁寿辰时，乾隆赐寿幅："潞国晚年犹矍铄，吕端大事不糊涂。"毛泽东对开国元帅叶剑英，也曾以"诸葛一生惟谨慎，吕端大事不糊涂"的诗句相赠。

吕端的"小事糊涂"，主要表现在以下几个方面：

对待名利地位的淡然。吕端曾在秦王赵廷美的手下任开封府判官，因受人请托违诏买卖竹林，被贬为商州司户参军。后来又在许王赵元僖手下任判官，赵元僖死后有人揭发为嬖妾张氏所惑，吕端因坐褥赞有失又被贬为卫尉少卿。一次，朝廷置考课院对官员进行考核，不合格者将被罢免或降职。许多官员在察问中痛哭流涕，以饥寒为请。轮到吕端时，他却说："臣前佐秦邸，以不检府吏，谪掾商州，陛下复擢官籍辱用。今许王暴薨，臣辅佐无状，陛下又不重谴，俾亚少列，臣罪大而幸深矣！今有司进退善否，苟得颍州副使，臣之愿也。"（《宋史·端传》）吕端的坦诚和对待官职进退的淡定态度，受到宋太宗的赏识。不久提升他为枢密直学士，拜参知政事。吕端出任宰相时已六十岁，当时寇准任参知政事（副宰相）。吕端担心自己当了宰相寇准会心中不平衡，就建议宋太宗，请寇准和他轮流掌印，领班奏事，并一同到下事堂中议事。吕端为相"持重识大体，以清净简易为务"。宋太宗经过一段时间观察，吕端不仅善于团结人，而且才能过人、处事稳重，特意手札戒谕："自今中书事必经吕端详酌，乃得奏闻。"（毕沅：《续资治通鉴·宋纪十八》）后来，吕端又主动把相位让给了寇准，自己去做参知政事。

对待个人恩怨的泰然。吕端刚任参知政事时，一次从文武百官面前走过。一个小官由于平时听了关于吕端为人糊涂的传闻，便以很不屑的口吻说："这个人也能当副宰相了！"吕端的随行人员听到后十分生气，要上前去问那个人的姓名。吕端制止说："不要去问。你问了他就得说，他说了我就知道了。还是不知道的好。"咸平元年初，李惟清由掌管全国军事的枢密使，改任御史中丞。李惟清对此心怀不满，认为是宰相吕端从中捣鬼。于是，他便趁吕端在家养病之机，上朝弹奏吕端，并唆使他人到处散布有关吕端过失的谣言，企图进行诋毁和陷害。吕端听到这一消息后坦然地说："吾直道而行，无所愧，风波之言，不足虑也。"（《宋史·吕端列传》）

对待金钱财富的漠然。吕端一生为官清廉，把金钱财富看得十分淡漠。他不置家产，还经常用自己的俸禄救助他人。他多年身居要职，却没有为自己的子女谋取官位，以至于"后嗣不振"，这在封建社会中十分少见。吕端死后，朝廷考虑到他的声望，以其子吕蕃为太子中舍（正八品），吕荀为大理平事（正九品），吕蔚为千牛备身（近卫官），吕蔼为殿中省进马（仪卫官），都是有职无权的小官。长子吕蕃自幼多病，中年以后不能临位从政，地方官员一度免其俸禄，后经朝廷降旨，才恢复了原职原俸。由于吕端不蓄家产，吕蕃等兄弟贫寒，迫于婚嫁，甚至不得不把住宅抵押给别人。宋真宗了解到这一情况后十分感动，"出内府钱五百万赎还之，又别赐金帛，俾偿宿负，遣使检校家事。"（《宋史·吕端传》）并晋封吕蕃、吕荀为国子博士，吕蔚为太子中舍。

吕端的"小事糊涂"，反映出的是他在事关个人名利、得失、钱财一类问题上的开明、豁达、淡定和自律品格。孔子曰："君子喻于义，小人喻于利。"这种把义和利对立起来、割裂开来的认识，并不科学。但是，见利忘义、损人利己，心如欲壑，厚土难填，显然是不可取和十分有害的。在对待名誉、地位、金钱等问题上，有一个良好的心态，有一种淡泊的心境，守得住正气、守得住道德、守得住底线，则是任何一个社会都应当大力提倡的。

"大事不糊涂"与"小事糊涂"，又是有着密切关系的。一个以国家民族利益至上的人，绝不会把个人名利、得失看得过重。同样，一个在个人名利、得失上斤斤计较的人，必然在事关国家民族利益的问题上表现得不明事理。只有那些敢于冲出名誉、地位、金钱羁绊的人，才能够在维护国家民族利益上表现出坚定的原则立场，并在关键时刻具有大智大勇和担当精神。所以，正因为吕端在小事上"糊涂"，才做到了大事上"不糊涂"。

"圣相"李沆不用密奏

　　宋真宗时期宰相李沆，器度宏远，光明正大，有先识之远，当时被称为"圣相"。他于宋太宗太平兴国五年（公元 980 年）举进士甲科，被任命为将作监丞、潭州通判，后来召为直史馆、翰林学士、知制诰，拜给事中、参知政事，出知河南府，迁礼部侍郎兼太子宾客。宋真宗赵恒即位后，为户部侍郎、参知政事，咸平初年拜中书门下平章事，出任宰相一职。《宋史·李沆传》称："沆性直谅，内行修谨，言无枝叶，识大体。居位慎密，不求声誉，动遵条制，人莫能干以私。"意思是，李沆生性正直宽容，行为谨慎，不多说话，懂得事情的要领和有关大局。在官位上行为严密，不追求声誉，行动遵守制度，别人不能求他谋取私利。

　　李沆识人谋事，有超越常人的卓识和远见。对此，《宋史》《续资治通鉴》等史籍中有多处记述。

　　李继迁联结党项豪族抗宋自立以后，兵马日益强壮，有谋取朔方的意图。朝廷由于困于边境的战事，内外都认为灵州是必争之地，如果失去，周边的几个郡也都会保不住了。宋真宗对此十分困惑，不知所为，便询问李沆。李沆奏道："继迁不死，灵州非朝廷有也。莫若遣使密召州将，使部分军民空垒而归，如此，则关右之民息肩矣。"（《宋史·李沆传》）他建议采取坚壁清野的方法，秘密把灵州一带的军民召回内地，使李继迁在那里无法生存，这样，关内的百姓就可以安定了。当时大臣们意见不一，宋真宗没有立即听取和采纳李沆的意见，灵州不久就沦陷了。宋真宗由此更加器重他。

李沆出任宰相时，寇准为给事中、兵部侍郎。寇准当时与丁谓的关系很好，多次向李沆推荐丁谓的才能，但李沆却不任用丁谓。寇准问其原由，李沆说："观丁谓的为人，怎么能让他居在高位呢？"寇准说："像丁谓这样的人，你能压制他在低位吗？"李沆笑道："他日后悔，当思吾言也。"（《宋史·李沆传》）意思是，如果你以后后悔了，就会想起我的话。后来事情发展果然被李沆所言中。寇准被王钦若陷害罢相以后，王钦若也于天禧三年（公元 1019 年）被罢免相位，丁谓为吏部尚书、参知政事。丁谓感到自己资历和声望都不够宰相的资格，便奏请寇准回朝为相，以便借寇准的资望为自己的权势服务。为了把寇准拉为同党，丁谓百般献媚，一次宴会上寇准的胡须沾上了些菜汤，丁谓竟然起身为他擦须。正直的寇准当场训斥丁谓有失大臣之体。"丁谓以拂须故亦恨准"，与曹利用、钱惟演等人"遂合谋欲排准。"（毕沅：《续资治通鉴·宋纪三十四》）之后，他乘太监周怀政联络同党企图政变之机，诬告寇准参与密谋。寇准由此再次被罢相贬出京城，这时才由衷佩服李沆当年对丁谓的看法。

是时，西北地区战事频繁，李沆因处理战事常常半夜才吃饭。参知政事王旦感叹说："我们什么时候才能坐享太平，天下无事呢？"李沆说："心中忧虑国事，就能起到警戒的作用。就算天下太平了，朝廷也未必无事。"后来契丹（辽国）要求和亲，王旦问怎么办？李沆说："这倒是好事，但是如果边境上的隐患消除了，就怕皇上渐渐的产生奢侈的做法。"王旦不以为然。李沆又把各地水旱灾害、盗贼叛乱的事情上奏，王旦以为这些小事不足以麻烦皇帝知道。李沆却说："人主少年，当使知人间疾苦。不然，血气方刚，不留意声色犬马，则土木、甲兵、祷祠之事作矣。吾老不及见此，参政他日之忧也。"（李焘：《续资治通鉴长编》卷五十八）大意是，皇上还年轻，应当让他知道治理国家的艰难。否则，他血气方刚，就算不关心声色犬马，大兴土木、战争、祭祀一类事情也会接踵而来。我老了，可能看不见了，这是你以后要担心的事情。李沆死后，宋真宗以为与契丹已经议和了，西夏也向朝廷进贡了，于是在王钦若、丁谓等人的鼓动下，封禅泰山、祭祀汾水，大力营造宫殿，研究一些旁门的学问，一天也没有停顿过。王旦亲眼见到了王钦若、丁谓等人的所作所为，而宋真宗对这些行为却执迷不悟，才知道了李沆的远见。他感叹道："李文靖（李沆，字文靖）真是圣人呀！"当时都称李沆为"圣相"。

　　李沆被尊称为"圣相"，还在于他为人行事光明磊落。一天晚上，宋真宗派使者拿着手谕打算册立刘氏为贵妃，来听取李沆的意见。李沆当着使者的面用蜡烛烧掉诏书，并告诉使者说："就说我李沆认为这样做不可。"于是，宋真宗便取消了这个决定。驸马都尉石保吉请求担任使相，宋真宗又问李沆，李沆说："赏赐、加封的做法，都要有理由。石保吉因为是内戚，没有打仗的功劳，就封他为大官，恐怕会招来非议。"以后宋真宗就此事又多次征求李沆的意见，他一直坚持自己的意见，石保吉便没有得到提升。宋真宗看到李沆从来不打秘密的报告，便问他："别人都有密奏，只有你没有，为什么？"李沆对曰："臣备位宰相，公事当公言之。苟背同列，密有所启，此非谗即佞，臣实嫉此事，岂复自为之耶。"（李焘：《续资治通鉴长编》卷五十八）意思是，我身为宰相，公事公办。背着同事，去秘密启奏，不是进谗言就是奸佞小人，我非常讨厌这一类事情，怎么能自己也去那样做呢。

　　封建社会的官场是一个尔虞我诈的生死场。官员们为了保住功名、平步青云，相互间往往渗透了背信弃义，充满了勾心斗角，见惯了口蜜腹剑。近代思想家李宗吾在《厚黑学》中总结的"空、恭、绷、凶、聋、弄"，便道出了绝大多数封建官员的为官之道。身处这样的一种政治环境的李沆，尚能够行事光明磊落、不用密奏，十分可贵和难得。一些人不择手段地相互争斗，无非是为了保全和谋取功名富贵。而李沆"不求声誉"，对荣华富贵看得也很淡。他的宅第议事大厅门前只能容下一辆马车掉头。有人说这里太窄，李沆笑着说："这座宅子是传给子孙的，作宰相议事厅确实窄了些，作为祭祀、行礼的大厅也算宽敞的了。"家人劝他修建宅第，他从不理睬。一次，他弟弟李维提起此事，李沆说："身食厚禄，时有横赐，计囊装亦可以治第，但念内典以此世界为缺陷，安得圆满如意，自求称足？今市新宅，须一年缮完，人生朝暮不可保，又岂能久居？巢林一枝，聊自足耳，安事丰屋哉？"(《宋史·李沆传》)大意是，我享受朝廷的丰厚俸禄，经常有很多赏赐，计算一下也可以修建宅第，但是想到佛法里说世界是有缺陷的，怎么能够全都圆满如意，追求满足称心呢？如果买一座新宅，需要一年才能装修完，人生随时都可能结束，又怎么能久居在里面？鸟只不过是把窝安在林子里的一个树枝上，就已经满足了，我怎么能去追求大宅子呢？为人处世，放得下功名利禄，才能拿得起光明磊落。这就是李沆在封建官场尔虞我诈的政治环境中，能够保持一身正气的重要原因，也是他留给后人的一个启示。

"五鬼"何以乱政

　　宋真宗大中祥符、天禧年间，王钦若、丁谓、林特、陈彭年、刘承珪在政治舞台上极为活跃并左右朝政，五人相互勾结、兴风作浪，掀起长达十多年的"天书造神"运动，竭尽全力排斥和迫害寇准、杨亿等正直大臣，对这一时期的历史发展产生了巨大的负面作用。

　　宋仁宗赵祯继位后，曾对辅臣说："钦若久在政府，观其所为，真奸邪也。"宰相王曾对曰："钦若与丁谓、林特、陈彭年、刘承珪，时谓之'五鬼'。奸邪险伪，诚如圣谕。"（《宋史·王钦若传》）《宋史》中对五人奸邪阴险的情况多有记述，如王钦若"智数过人，每朝廷有所兴造，委曲迁就，以中帝意。又性倾巧，敢为矫诞"（《宋史·王钦若传》）；丁谓"机敏有智谋，憸狡过人"（《宋史·丁谓传》）；林特"天性邪险，善附会"（《宋史·林特传》）；陈彭年"附王钦若、丁谓，溺志爵禄，甘为小人之归"（《宋史·陈彭年传》）。有的史论把这五人能够搞乱朝政，归结于他们的卑劣政治品质和邪恶伎俩。其实，这只是其中的一个方面。除此之外，还有一些更为重要乃至起决定作用的原因。

　　文官政治和个人博学多才，是他们能够进入政治权力中心的重要前提。赵宋王朝建立以后，为防止出现唐末五代以来的武将专权、藩镇割据，采取一系列措施推行以文制武的政治体制。其中一项重要举措，便是通过完善科举制度、扩大科举名额选拔各级官员，实行文官政治制度。"艺祖（指太祖）革命，首用文吏而夺武臣之权，宋之尚文，端本乎此。太宗、真宗其在藩邸，已有好学之名，作其即位，弥文日增。自时厥后，子孙相承，上之为人君者，无不典学；下之为人臣者，自宰相以至令录，无不攫科，海内文士彬彬辈出焉。"（《宋史·文苑传》）宋代的文官政治体系始于宋太祖，宋真宗时期已经比较完善并制度化。文官政治的形成，使受到儒家文化熏陶的知识型文官集团成为国家各部门和地方行政机构的主要管理者。"五鬼"都是进士甲科、才学出众的人物。王钦若18岁向宋太宗献《平晋赋论》，在担任太常丞、西川安抚使期间就颇有政绩。后来著有《卤簿记》、《彤管懿范》等，"多所建明，领校道书，凡增六百余卷。"（《宋史·王钦若传》）林特10岁时携带自写的文章进谒南唐国主李璟，李璟奇之，"命作赋，有顷而成"；出任三司副使与刘承珪制定新茶法，"岁增科百余万"（《宋史·林特传》）。丁谓是个天才式人物，"文字累数千百言，一览辄诵。在三司，案牍繁委，吏久难解者，一言判之，众皆释然。善谈笑，尤喜为诗，至于图画、博弈、音律，无不洞晓。"（《宋史·丁谓传》）他在任夔州路转运使时成功解决黔、溪地区少数民族反叛，任郓州知州时应对辽国入侵顺利组织民众渡过黄河，任三司使时进献《会计录》，多次受到朝廷的嘉奖。陈彭年"年十三，著《皇纲论》万余言，为江左名辈所赏"，"博闻强记，慕唐四子为文，体制繁靡"（《宋史·陈彭年传》），学识渊博，精通典章音韵，勤于撰述，著述宏富。他撰著的《大宋重修文韵》，收字韵26194个，注文字数191692个，引用典籍270多种，至今仍是研究中古汉语语音的重要资料。由他主持完成的《考试进士新格》，把糊名考校、弥封、誊录之法规范化，颁布实行之后，使科举制度中公平竞争的原则以法律的形式确定下来，对于完善宋朝科举制具有划时代的意义。刘承珪虽出身宦官，却博学有才，他不仅与陈彭年一起制定新茶法，还在前人木杆秤的基础上，研制发明了我国第一杆戥秤。这种秤可以称出钱、分、厘等单位，测量精度为一厘（相当于31.25毫克），比欧洲同类精度的天平早了七百多年。"真宗好文，待遇学士尤重。"由于这五个人具有较为深厚的儒家和道释文化素养、丰富的专业知识，加上早期在地方任职表现出的卓越才能，便得到了宋真宗的器重。于是，王钦若、丁谓、陈彭年等人，"朝廷典礼，无不参预。其仪制沿革、刑名之学，皆所详练，若前世所未有，必推引依据以成就之。故时政大小，日有咨访，应答该辩，一无凝滞，皆与真宗意谐。"（《宋史·陈彭年传》）

朝廷中的南北派别之争，是他们结为一体、排挤异己的重要土壤。由于中华古代文明主要发源于中原地区的北方，南方的经济文化相对落后，南方广大地域常常被称为"蛮夷之地"。这种地域歧视现象由来已久。北宋时期，虽然国家的经济文化重心逐渐向江南地区转移，但由于受传统地域观念的影响，加之创立赵宋王朝的骨干力量基本上都是北方人，官场中对南方人歧视的情况仍然十分严重。据北宋末年邵伯温《邵氏闻见录》卷一记载："祖宗开国所用将相皆北人，宋太祖刻石禁中曰：后世子孙无用南士作相、内臣主兵。"南宋赵彦卫的《云麓漫钞》卷四中也记载："艺祖（即宋太祖）御笔：'用南人为相，杀谏官，非吾子孙。'石刻在东京（大）内中。"宋太祖时期共任用七位宰相，宋太宗时期共任用九位宰相，都是清一色的北方人。宋真宗时期尽管实行了较为完备的科举制度，南方地区有学之士受到不公正待遇的事情仍经常发生。宋制规定：进士中佳者可以进馆阁，只有进了馆阁的人才有很大机会做到翰林学士或者知制诰。景德初年，"抚州进士晏殊，年十四岁，大名府进士姜益（盖），年十二岁，皆以俊秀闻，特召试"，晏殊"属词敏赡，帝深叹赏"。宰相寇准却以晏殊是江南人为由，"欲抑之而进益（盖）"（毕沅：《续资治通鉴·宋纪二十五》）。

后来在宋真宗的亲自过问下，晏殊才与姜益（盖）一起赐进士出身，擢秘书省正字，秘阁读书。景德四年，宋真宗打算拜王钦若为宰相，宰相王旦进言道："钦若遭逢陛下，恩礼已隆，且乞留之枢密，两府亦均。臣见祖宗朝未尝有南人当国者，虽古称立贤无方，然须贤士乃可。臣为宰相，不敢沮抑人，此亦公议也。"（《宋史·王旦传》）宋真宗于是放弃了以王钦若为宰相的想法。王旦死后，王钦若才进一步受到重用，天禧元年（公元 1017 年）拜为宰相，成为北宋王朝第一位南人宰相。王钦若曾对人说："王旦迟我十年作宰相。"王钦若、丁谓等五人均为南方人士，相同的遭遇、共同的利益，很容易使他们结为统一战线，相互支持和借重，并把寇准等北方朝臣作为对立的一方和打击对象。寇准先是由于王钦若嫁祸"澶渊之盟"是城下之盟被罢相，复出后又被丁谓勾结刘皇后进行陷害一贬再贬，病死雷州。王钦若等人极力排挤、迫害寇准，虽然主要原因是政见上的不同，但与地域歧视所形成的报复复仇心理，也不无关系。

宋真宗后期政风堕落，是他们能够在朝廷呼风唤雨、兴风作浪的关键。宋真宗在位的 25 年，北宋的政治发展大体上以景德元年的"澶渊之盟"为标志，可分为前后两个迥然不同的阶段：前一阶段，有李沆、寇准等人辅佐，承继太宗之治，特别是在北方辽朝的军事压力下，宋真宗尚能勤于政事，劝课农桑、发展经济，颁布《文武七条》改革吏治，重视文化建设。这一时期大约八年时间，占宋真宗在位时期的三分之一。后一阶段，"澶渊之盟"签订后北部边境出现相对和平局面，李沆辞世和寇准逐渐失势，宋真宗在长期安逸之中厌倦兵事，逐渐走上堕落，执迷于依靠神道设教"镇服四海，夸示外国。"《宋史·真宗本纪》指出："宋之诸臣，因知契丹之习，又见其君有厌兵之意，遂进神道设教之言，欲假是以动敌人之听闻，庶几足以潜消其窥觎之志欤？然不思修本以制敌，又效尤焉，计亦末矣。"宋真宗推崇神道设教，还有一个深层次原因。宋太祖暴卒以及宋太宗继位后的种种举动，引起人们对太宗弑兄篡位的质疑，这也必然引起人们对宋真宗正统地位的议论。《易经·观卦》曰：“圣人以神道设教，而天下服矣。”宋太宗赵光义就曾于开宝九年十月利用道士张守真，通过“天之尊神”所言：“天上宫阙已成，玉锁开。晋王有仁心”（李焘：《续资治通鉴长编》卷十七），来为其继承皇位制造合法依据。宋真宗制造宋氏始祖降天书中写道：“赵受命，兴于宋，付于恒。居其器，守于正。世七百，九九定。”他原名赵德昌、赵元休、赵元侃，即位后改名赵恒，用“付于恒”说明自己的皇位是宋氏始祖所定，这只不过是宋太宗的故伎重演。善于观察政治风向和揣摩皇帝心理的王钦若、丁谓等人，便乘机向宋真宗进言“惟封禅是矣”，一拍即合。“封禅之议成于谓，天书之诬造端于钦若”。在长达十多年的“天书封祀”闹剧中，丁谓、王钦若、林特、陈彭年、刘承珪等人既当导演又做演员，特别是在考证典礼、修建宫观、措置钱粮等方面，不惜人力物力财力，竭尽荒唐和奢侈，千方百计赢得宋真宗的欢心。正因为这样，宋真宗对他们的宠信远远超过了朝廷中那些德才兼备的臣僚，使这五人成为能够呼风唤雨，左右这一时期宋朝政治舞台的关键性人物。

“五鬼”能够乱政，是宋真宗后期朝廷制度、风气的必然产物。其中，最根本的是宋真宗本人在长期的和平环境中厌于兵事，疏于政务，执迷于神道设教，政治上日益堕落。宋真宗时期，是北宋王朝承前启后一个十分重要的时期。宋太祖时期和宋太宗前期，主要是进行平定天下的统一战争，在发展经济文化的同时，建立健全中央集权的各项法规制度。宋太宗去世前，开国之初建立的某些制度的弊端已经开始显现，如，“重文抑武”造成将帅无权，军队缺乏训练，兵多而不能战；科举取仕越来越多，造成官僚机构宏大；冗员冗兵过多，皇室生活侈靡，造成消费大量增加，民众税赋日益加重。这些问题在宋真宗即位以后表现得更为明显和突出。“澶渊之盟"以后，北部边境相对稳定，这本来是通过变革解决这些弊端的一个难得的大好时机。然而，由于宋真宗的堕落和"五鬼"乱政，却丧失了这个时机。

浓处味短，淡中趣长

　　张知白（？—1028年），沧州清池人，幼年好学，中进士第，宋真宗时期先后任河南节度判官、三司开拆司、京东转运使，知剑、邓、青三州，龙图阁待制、御史中丞、参知政事；宋仁宗时期为集贤殿大学士，以工部尚书同中书门下平章事。脱脱在《宋史》中把他与李迪、王曾、杜衍一并称为宋仁宗时期的"贤相"，赞誉其"劲正清约，皆能靳惜名器，裁抑侥幸，凛然有大臣之概焉。"（《宋史·列传第六十九》）司马光在《训俭示康》中尊之为"大贤"，中国古代廉吏中的著名代表。

　　宋真宗景德三年（公元1006年）五月的一天，天空中出现一颗十分明亮的星星，前后持续三个多月。《黄帝占》中把"大而色黄，煌煌然"的客星称之为"周伯星"，是四大瑞星之一。《宋史·天文志》记载："景德三年四月戊寅（推算为公元1006年5月7日），周伯星见，出氐南骑官西一度，状如半月，有芒角，煌煌然可以鉴物，历库楼东，八月，随天轮入浊，十一月，复见在氐。"（《宋史·天文志九》）《宋史》中记载的这一天象，在埃及、伊拉克、西班牙、意大利等国的古籍中也都有记录。这颗"周伯星"，是一颗接近死亡的恒星猝然爆发，被现代天文学称为新星SN1006。这一天象出现后，宋真宗喜出望外，群臣称贺，举国欢庆。当时任京东转运使的张知白却从君臣大义出发，直言上谏，在《上真宗论周伯星现》中说："我听说时刻保持警惕的帝王必定兴盛，时刻居安思危的帝国必定长治久安。陛下能够对上天时刻有敬畏之心，道德修养每天都在提高，即使没有祥瑞现象发生，我也会向陛下表示祝贺。但是，如果不是居安思危，振兴国邦，那么即使有祥瑞现象发生，我也不会违心地向陛下表示祝贺。何况现在西方和北方战事虽然已经停止，但是与古代强大的王朝威服四方、令各族纷纷向中原归顺相比，仍然还有一定差距呢？"后来，宋真宗大搞天书封祀活动。张知白又进言道："咸平年间，河湟地区还没有平定，臣下曾请求罢除各地所敬献的祥瑞。如今天下平安，神灵的赏赐又不断显现，望将《泰山诸祥图》放置在玉清昭应宫，将副本收藏在秘阁。"

张知白不仅直言诤谏，而且善于把握内外局势，富有谋略。宋仁宗天圣年初，契丹大规模检阅军队，扬言要攻取幽州，朝廷上下十分忧虑。宋仁宗就此征询枢密院和中书门下的意见，大臣们都说："应当抓紧准备粮草、训练军队，以防备不测。"张知白却说："不然，契丹修好未远，今其举者，以上初政，试观朝廷耳，岂可自生衅邪！若终以为疑，莫如因今河决，发兵以防河为名，彼亦不虞也。"（《宋史·张知白传》）意思是，不能这样，契丹与我们和好不久，他们如今采取的行动是因为仁宗皇帝刚即位，来以此观察朝廷的动向罢了，我们怎么能自乱阵脚造成祸乱呢！如果对此有怀疑，还不如利用黄河决口，派兵以防止黄河决口为由，这样可以不会引起契丹的担心。后来证明张知白的判断是正确的，契丹果然在边境撤兵离去。

阅读张知白的生平事迹，感受最深的是他身居高位，却以满为戒、甘于平淡的可贵品格。

"知白在相位，慎名器，无毫发私。常以盛满为戒，虽显贵，其清约如寒士。"(《宋史·张知白传》)张知白平生清俭，担任宰相以后生活依然像平民百姓一样简朴，自己觉得很满足。有人劝他也像那些达官显贵一样过奢华的生活，免得被人讥为虚伪。亲近的人对他说："您的俸禄很高，但自己生活却这样清苦，何必呢？"张知白回答说："听人常说，浓处味短，淡中趣长。凭我的俸禄，即使想达到全家锦衣玉食的标准，又有什么难的呢？但是看一看人之常情，从俭朴到奢华的生活容易，想要从奢华回到俭朴就难了。我今天的俸禄怎么会长期存在呢？我这个身体能够长期活在这个世界上吗？如果家人都习惯了奢侈的生活，一旦失去了我的俸禄，他们就不能马上适应俭朴的生活。假如我在位与不在位、我在不在这个世上生活都是一样的，即使我去世了，家人也能够像现在这样生活呀！"人们听了这一席话以后，都钦佩他的远见卓识。

"浓处味短，淡中趣长。"刘知白以满为戒、远离奢华的淡定心态，折射出来的是他对人生真谛的深刻感悟和思考。诸葛亮在《诫子书》中写道："夫君子之行：静以修身，俭以养德。非淡泊无以明志，非宁静无以致远。"这里说的淡泊、宁静，就是抛弃物欲、剔除杂念，以淡定的态度对待名与利。心境淡定才能经得起各种诱惑，学会放下才不会失掉更多，平淡的生活才能够幸福长久。历史和现实一再告诫人们：没有什么比失控的欲望更加危险的了，用满足欲望来提高生活的快感就像饮鸩止渴。欲望无度的人，永远得不到真正的幸福，反而只会生活在欲求不得的痛苦之中，陷入为满足欲望不择手段带来的恐惧之中。

范仲淹的家风

　　范仲淹是北宋时期的著名思想家、政治家、文学家、教育家，被王安石尊为"一世之师"。朱熹评论他："天地间气，第一流人物。"清代《四库全书》编纂者纪昀在文集提要中称赞"仲淹人品事业卓绝一时"。

　　研读范仲淹及其子孙范纯祐、范纯仁、范正平等人的传记，另一个突出的印象是范氏家风。范仲淹曾作《家训百字铭》："孝道当竭力，忠勇表丹诚；兄弟互相助，慈悲无边境。勤读圣贤书，尊师如重亲；礼义勿疏狂，逊让敦睦邻。敬长与怀幼，怜恤孤寡贫；谦恭尚廉洁，绝戒骄傲情。字纸莫乱废，须报五谷恩；作事循天理，博爱惜生灵。处世行八德，修身奉祖神；儿孙坚心守，成家种义根。"他身体力行并教育子孙形成的良好家风，十分值得后人敬仰和称颂。

　　勤学苦读。范仲淹出身寒苦之家，自幼就表现出远大志向，学习十分刻苦。他在长山县长白山澧泉寺读书时"断齑画粥"的故事，传为千古佳话。"日惟煮粟米二升，作粥一器，经宿遂凝，以刀画为四块，早晚取二块，断齑数十茎，酢汁半盂，入少盐，暖而啖之，如此者三年。"（彭乘：《墨客挥犀》）后来到天应府读书，"昼夜不息，冬月惫甚，以水沃面；食不给，至以糜粥继之，人不能堪，仲淹不苦也。"（《宋史·范仲淹传》）经年累月的苦读，使他"泛通《六经》，长于《易》"，成为一个精通儒家经典、博学多才的学者。范仲淹还经常劝谕子孙及后辈们勤学苦读。四川大学出版社 2002 年出版的《范仲淹全集》中，就收录了多篇他写给哥哥范仲温、二子范纯仁等劝诫家人勤奋学习的家信。在范仲淹的教育下，其子孙好读苦学，能文擅画。长子范纯祐"方十岁，能读诸书，为文章，籍籍有称。"（《宋史·范纯祐传》）次子范纯仁"昼夜肄业，至夜分不寝，置灯帐中，帐顶如墨色"，"有文集五十卷，行于世"（《宋史·范纯仁传》）。四子范纯粹"才应时须"，凡条疏时事，议论皆剀切实详尽，所著诗文若干卷。范纯仁之子范正平，"学行甚高，虽庸言必援《孝经》、《论语》"，"退闲久，益工诗，尤长五言，著《荀里退居编》，以寿终。"（《宋史·范正平传》）范纯粹之子范正夫"长于水墨杂画，标格高秀"，宋代美术理论家邓椿称赞其画作《访戴图》、《鹡鸰图》、《竹石图》"寄兴清远，真士人笔也"。

崇俭戒奢。范仲淹家境不佳，自幼养成节俭的生活习惯。他在应天府书院读书时，一位同学是南都留守的儿子，看到范仲淹终年吃粥便送些美食给他。范仲淹竟然一口不尝，听任佳肴发霉。直到人家怪罪起来，他才作揖致谢说："我已经安于喝粥的生活，一旦享受美餐，日后怕吃不得苦。"范仲淹入朝为官以后，虽然俸禄丰厚，生活依然极度节俭。"其后虽贵，非宾客不重肉，妻子衣食仅能自充"（李焘：《续资治通鉴长编》卷一百七十二）。他告诫子孙说："贫贱时，无以为生，还得供养父母，吾之夫人亲自添薪做饭。当今吾已为官，享受厚禄，但吾常忧恨者，汝辈不知节俭，贪享富贵。"召集子孙及家人于庭堂，范仲淹看到满堂儿孙一个个衣着朴素，袖藏经卷时，便十分高兴。《言行拾遗录》中记述了一则范仲淹劝诫二子范纯仁娶妻节俭的故事："公子纯仁娶妇将归，或传妇以罗为帷幔，公闻之不悦曰，罗绮岂为帷幔之物耶？吾家素清俭，安得乱吾家法？敢持归吾家，当火于庭。"范仲淹严教子女朴素俭约，对其子孙影响颇深。二子范纯仁"自为布衣至宰相，廉俭如一，所得奉赐，皆以广义庄；前后任子恩，多先疏族。"（《宋史·范纯仁传》）他的哥哥病逝后，葬于洛阳。当时任宰相的韩琦、富弼致书洛阳尹，要求他们协助安葬。安葬已经完毕，洛阳尹为事先没听说而感到惊讶。范纯仁说："私室力足办，岂宜恩公为哉？"（《宋史·范纯仁传》）意思是，我们自己家庭有力量足以办的事情，怎么能去打扰公家来办呢？

慈孝友善。《宋史》称范仲淹"性至孝"，是个大孝子。他早年丧父，因苏州范氏家族不接纳范仲淹母子，其母谢氏无奈之下改嫁给时任平江府（今苏州吴县）推官朱文翰。范仲淹成年后得知自己身世，遂辞别母亲，自立门户，到南京应天府书院读书。大中祥符八年（公元1015年），他考中进士、为官以后便把母亲谢氏接到身边，"举进士第，为广德军司理参军，迎其母归养。"（《宋史·范仲淹传》）谢氏去世之后，范仲淹将其安葬于河南樊里万安山，上《求追赠考妣状》，要求将自己应得"磨勘改转官恩泽，乞先移赠考妣"。对继父朱文翰的养育之恩，范仲淹也念念不忘，曾上《乞以所授功臣勋阶回赠继父官奏》，请求给予继父封赏。范仲淹对范氏兄弟和朱氏兄弟都十分友善，对晚辈关怀备至。三哥范仲温体弱多病，他多次在"秋气渐凉"、"酷暑"、"时热"之时提醒"保重保重"，劝导"调宜饮食"，并经常送去米、酒等物品。他把同继父之子朱氏兄弟见面看作是件很幸福的事情，经常与他们有书信来往，嘘寒问暖。他十分关心晚辈的成长，告诫子孙要"苦学"、"守廉"、"莫营私利"、"守官不得欺事"、"与同官和睦、多礼"、"凡见利处便须思患"、"惟能忍穷，故得免祸"。在范仲淹的教育下，其子孙个个孝敬父母，友悌兄弟。长子范纯祐"事父母孝，未尝违左右"（《宋史·范纯祐传》）。二子范纯仁为了服侍自己的父亲，两次拒绝朝廷要其外出做官的邀请。宋仁宗皇祐元年（公元1049年），范纯仁考中进士，调任武进县知县，他以远离双亲而不赴任；改任为长葛县知县，仍然不前往。范仲淹对他说："你以前以远离双亲为理由不去赴任，现在长葛县离家不远，还有什么可说的哩？"范纯仁曰："岂可重于禄食，而轻去父母邪？虽近，亦不能遂养焉。"（《宋史·范纯仁传》）直到范仲淹去世以后，范纯仁才出来做官。兄范纯祐有心疾，范纯仁"奉之如父，药膳居服，皆躬亲时节之。"（《宋史·范纯仁传》）范纯仁的另一位儿子范正思，"居家以孝友称"，父亲去世"哀毁过甚，因感疾，释服不调者十年。"范纯仁去世后，按照惯例子弟中可以有一人受庇荫做官，范正平"推与幼弟"，主动把机会让给了弟弟范正思。后来，范正平做了开封县尉，因秉直办案得罪了蔡京。蔡京担任宰相执掌朝政以后，诬陷范正平"矫撰父遗表"，要将其逮捕下狱。将行时，弟弟范正思挺身而出说："议《行状》时，兄方营窆穸之事，参预笔削者，正思也，兄何为哉？"范正平叹道："时相意属我，且我居长，我不往，兄弟俱将不免，不若身任之。"（《宋史·范正平传》）范正平在狱中"捶楚甚苦"，虽然后来经调查清楚无罪出狱，其家属因此案死者十余人。

博爱好施。欧阳修称颂范仲淹"为人外和内刚，乐善泛爱。丧其母时尚贫，终身非宾客食不重肉。临财好施，意豁如也。"富弼赞美范仲淹"天性喜施与，人有急必济之，不计家用有无。"他在淮阳任郡守时，经常以自己的俸禄资助穷苦读书人，"尝推其奉以食四方游士，诸子至易衣而出，仲淹晏如也。"（《宋史·范仲淹传》）范仲淹在邠州当地方官时，一天闲暇无事，与同僚一起登上高楼设置酒宴。正当举杯饮酒时，看到几个人披麻戴孝走了过来。经了解，原来是一位客居邠州的读书人死了，准备葬在近郊，但棺材、墓穴和随葬品还没有着落。范仲淹听后立即撤去酒席，送给丧家一笔银两，让他们把死者安葬好，参加宴会的客人都感动得流下眼泪。景祐二年（公元1035年），范仲淹在苏州买了一块叫作"南园"的地，本想建造私宅。风水先生告诉他："这是一块风水宝地，谁占用此地，将来会不断出公卿贵人。"范仲淹听后说:"既然是风水宝地,倒不如在这里办学校,这样可以源源不断地培养出对社会有用的人才,岂不比我家多出几个公卿贵人更好嘛!"于是便在这里办起苏州郡学。他在越州任知州时,得知民曹孙居中去世,留下妻子和两个年幼的孩子,生活十分艰难,便"以俸钱百缗赒之",并派船只护送母子三人返回故乡。为防止途中关防路口有人阻拦索礼,范仲淹还专门写了一首诗交给护送的官员,诗文是:"一叶轻舟泛巨川,来时暖热去凉天。关防若要知名姓,乃是孤儿寡妇船。"范仲淹还举办义学、创办义庄,用以帮助范氏族人子女上学,定期向生活困苦的范氏族人发放粮米、布匹。范仲淹去世以后,他的子孙继续把义学、义庄举办下去,范氏后世屡有捐赠,直到清代宣统年间范氏义庄尚有田地5300余亩,并坚持向族人贫困者发放粮银。

范仲淹言传身教和他的子孙们坚守所形成的良好家风,成就了范仲淹家族的崛起,也使得范氏家族得以长盛不衰。范仲淹的长子范纯祐"性英悟自得,尚节行",历任监主簿,司竹监;二子范纯仁"位过其父,而几有父风",两次出任宰相;三子范纯礼"沉毅刚正",历任刑部侍郎、吏部郎中、礼部尚书、尚书右丞;四子范纯粹"沉毅有干略",历任庆州知州、熙州知州、均州知州,官至户部侍郎。范仲淹的范氏家族,从范仲淹去世算起至今有九百余年,传承三十余代,分布在全国各地,其中的杰出人物不可胜数。他们中的许多人,至今仍为自己是范仲淹的后代而感到自豪,并以此激励自己续写家族历史的辉煌。

家风,是父母(或祖辈)所提倡并身体力行,用以约束和规范家庭成员的一种风尚和作风,是一个家庭长期培育所形成的一种文化道德氛围,是一个家庭或家族精神品质的重要体现。《尚书》有云:"日宣三德,夙夜浚明有家。"好的家风,是一个家庭幸福、和谐、昌盛的法宝;坏的家风,则可以造成一个家庭的罪恶和败落。据有关资料介绍,美国有两个家风截然不同、传世八代的家庭：爱德华是博学多才的哲学家，勤奋好学，为人严谨，为子女树立了良好风范，他的子孙中有 13 位当过大学校长，100 多位教授，80 多位文学家，60 多位医生，20 多人当过议员，还有一人当过副总统，一人当过大使；珠克是远近闻名的酒鬼和赌徒，毕生玩世不恭，浑浑噩噩，他的子孙 300 多人沦为乞丐和流浪者，400 多人酗酒致残或夭亡，60 多人成为罪犯，其中 7 人是杀人犯。家庭是社会的细胞。家风也是民风、官风以及国家风气的基础。千千万万个家庭有好的家风，必然带来民风、官风和国家风气的好转。相反，家风不好，势必对民风、官风和国家风气形成负能量。

重视家风，是我国历史上众多先贤志士的立身、立家之本。从周公诫子、孔子庭训、颜子推《颜氏家训》、诸葛亮《诫子书》、范仲淹《家训百字铭》，到朱子《治家格言》、《曾国藩家书》、《傅雷家书》，都闪烁着培育良好家风的思想光芒，指引着家族的延续不息，也承载着中华文明的世代传承。

两位政敌的"君子之争"

　　司马光和王安石是北宋时期的两颗政治明星。他们同朝为官，互为政敌，却又有许多相似之处。两人都少年好学，一个"手不释书，至不知饥渴寒暑"；一个"少好读书，一过目终身不忘"。两人都才学过人，一个"于学无所不通"，编纂史籍鸿篇《资治通鉴》；一个"属文动笔如飞，初若不经意，既成，见者皆服其精妙"，是唐宋八大家之一。两人都清廉节俭、志趣高雅，一个"于物澹然无所好"，"丧妻，卖田以葬，恶衣菲食以终其身"；一个"性不好华腴，自奉至俭"。两人都忠贞报国、刚直不阿，一个"孝友忠信，恭俭正直"，每遇大事诤言直谏；一个"慨然有矫世变俗之志"，"自信所见，执意不回"。"熙宁变法"中，一位是变法的主要倡导者和组织者，另一位是反对变法的代表人物，两人因政见不同争斗二十年之久，直至宋哲宗元祐元年（公元 1086 年）相继去世。

　　有关司马光和王安石在"熙宁变法"中的孰是孰非、孰功孰过，历代史论众多，且常常因所处历史条件的不同而看法不一。但是，两个人在长期政争中所表现出的君子风范，却很是值得后人敬仰。

　　为社稷民众大义而争，不掺杂个人恩怨和私利。王安石比司马光小两岁，两人"十有余年，屡尝同僚"，是"平生相善"的故友。他们都蒙受过欧阳修的教诲和举荐，又都做过包拯的幕僚，在共同担任皇帝文学侍从期间，连同另外两位同僚韩维、吕公著，被称为"嘉祐四友"。从熙宁二年夏秋开始，得到宋神宗信任和支持的王安石，以惊人的魄力实施了他的变法方案。这场变法涉及社会经济、政治、军事、文化等各方面，其深刻和雷厉风行的程度，令朝野目瞪口呆，激起了一片反对浪潮。在推行变法和反对变法的激烈较量中，王安石和司马光这对故友，由于治国理念不同，分别成为对立双方的旗帜人物。早在变法实施之前，司马光与王安石就曾在宋神宗面前对如何解决国家财用不足问题，展开了一场争论。王安石认为，"所以不足者，以未得善理财者故也"，"善理财者，不加赋而国用足。"司马光则认为，"善理财者，不过头会箕敛尔"，"天地所生财货百物，不在民，则在官，彼设法夺民，其害乃甚于加赋。"（《宋史·司马光传》）变法的第二年，司马光接连给王安石写了三封长信，信中列举实施新法"侵官"、"生事"、"征利"、"拒谏"、"致怨"等弊端，要求王安石废弃新法，恢复旧制。王安石则在《答司马谏议书》中指出，我们之间议论起政事常常不一致，是因为所持的政治主张和方法不同，针对司马光对变法的指责一一进行了反驳："受命于人主，议法度而修之于朝廷，以授之于有司，不为侵官；举先王之政，以兴利除弊，不为生事；为天下理财，不为征利；辟邪说，难壬人，不为拒谏。"宋神宗去世后，王安石变法失去了有力支持。司马光被任命为宰相执掌朝政，便立即废除了青苗法、市易法、保甲法、保马法等新法。一对"平生相善"的故友，在变法上所发生的争论，并非出于个人恩怨和私利，都是为了解决当时的社会危机，利国利民，维护北宋王朝的统治。对于这一点，司马光在《与王介甫书》（王安石，字介甫）中讲得很明白："然光与介甫趣向虽殊，大归则同。介甫方欲得位以行其道，泽天下之民；光方欲辞位以行其志，救天下之民，此所谓和而不同者也。"

政见上水火不容，却相互尊重和敬慕。王安石与司马光在变法问题中各执一端，互不相让，多次在朝廷唇枪舌剑，针锋相对，"争论不已"，形若冰火。同时，他们又都相互敬仰对方的人品和才学。据《邵氏见闻录》所引司马光《斋记》记载，司马光对王安石的评价为："好读书，能强记，虽后进投艺及程式文有美者，读一过则成诵在口，终生不忘。其属文，动笔如飞，初若不经意，文成，观者皆服其精妙。友爱诸弟，俸禄入家，数月辄无……议论高奇，能以辩博济其说，人莫能。"司马光还在写给王安石的信中称赞他："远近之士，识与不识，咸谓介甫不起则已，起则太平可令致，生民咸被其泽矣！"《邵氏见闻录》称："荆公（王安石）、温公（司马光）不好声色，不爱官职，不殖货利皆同。"这些共同的品格和志趣，使两人互相"倾慕之心，未始变移"。王安石对司马光也十分敬重，就连租赁住宅，也愿意同司马光做邻居。一位反对新法的官员死后，司马光为其作墓志铭，其中有讽刺变法的话。有人把这个墓志铭献给王安石，想让王安石迁怒于司马光。不料，王安石却将铭文挂在墙上，赞叹道："君实之文，西汉之文也。"他们之间的这种相互敬慕之情，并没有因为在变法上的政见不同而改变。

光明磊落，不搞阴谋诬陷。王安石"至议变法，而在廷交执不可"，为了推行变法，势必要打击、排挤反对变法的人士。但他行事坦荡，从不搞阴谋诡计诬陷对手，也并非要把对方置于死地。"乌台诗案"发生后，已经辞官的王安石还挺身而出上书宋神宗，极力挽救另一位反对变法的政敌苏东坡，直言"岂有圣世而杀才士乎"，便是例证。同样，司马光也是一个光明磊落而又十分大度的人。新法推行后，王安石遭到一些人的大肆攻击，当宋神宗向司马光询问对王安石的看法时，他不落井下石，而是作出比较客观公道的评价。司马光对宋神宗说："人言安石奸邪，则毁之太过；但不晓事，又执拗耳。"又说，王安石的过错在于用了吕惠卿这样的小人，"惠卿憸巧，非佳士，使王安石负谤于天下者，惠卿也。"（毕沅：《续资治通鉴·宋纪六十七》）"熙宁变法"失败后，王安石被罢官并于元祐元年四月病逝。司马光在病中听到这一消息后十分悲感，写信给宰相吕公著。信中写道："介甫文章节义过人处甚多，但性不晓事而喜遂非，致忠直疏远，谗佞辐辏，败坏百度，以至于此。今方矫其失，革其弊，不幸介甫谢世，反覆之徒必诋毁百端。光意以谓朝廷特宜优加厚礼，以振起浮薄之风，苟有所得，转以上闻。"（李焘：《续资治通鉴长编》卷三百七十四）在司马光的建议下，朝廷追赠王安石正一品荣誉衔——太傅。

争而不胜，便自动退让回避。司马光看到自己与王安石多次在朝廷争论并三次移书不能阻止变法，便于熙宁三年二三月间连上五封札子，自请离开朝廷。他对宋仁宗说："臣自知无力于朝廷，朝廷所行，皆与臣言相反。"（毕沅：《续资治通鉴·宋纪六十七》）宋仁宗再三挽留，司马光"再拜固辞"。先是以端明殿学士知永兴军，第二年又长期退居洛阳，专心治学，撰写他的史学宏著。元丰七年（公元1084年），《资治通鉴》成书。"上起周威烈王二十三年，下终五代，凡一千三百二十六年，修成二百九十四卷；又略举事目，年经国纬，以便检寻，为目录三十卷；参考群书，评其同异，俾归一途，为考异三十卷：合三百五十四卷，历十九年而成。"（毕沅：《续资治通鉴·宋纪七十八》）王安石在推行变法过程中，也有两次请辞退出。一次是熙宁三年初，韩琦上奏青苗法的弊端，"韩琦谏疏至，帝感悟，欲从之，安石求去。"（《宋史·王安石传》）另一次是熙宁九年十月，王安石再次拜相以后得不到更多的支持，变法派内部分裂严重，新法难以推行下去，加上长子王雱病故，"尤悲伤不堪，力请解机务。"（《宋史·王安石传》）

司马光与王安石在"熙宁变法"中的政见不同之争的表现，反映了北宋士大夫阶层优秀人物所具有的胸怀、志趣和品格。这种"君子之争",已经成为中华民族传统美德的重要内容。孔子言:"君子和而不同,小人同而不和。"其实,君子在"和而不同"的同时,还应当"不同而和"。一方面,在大目标一致的前提下,对具体问题的看法上不必苟同于对方;另一方面,又不能因为政见上有所不同,而各执一词,搞得水火不相容,影响了共同的大目标。倘若王安石与司马光等人在"熙宁变法"上能够做到"不同而和",变法过程中出现的弊端和失误或许可以克服,北宋中期的各种社会危机或许可以得到有效解决,"靖康之耻"和"迁都临安"一类悲剧或许不会发生。

玩物丧志，纵欲败度

宋徽宗赵佶在位二十六年。靖康元年（公元 1126 年）金军攻入汴京，赵佶和宋钦宗赵桓一起被俘押往金国，历九帝凡一百六十七年的北宋王朝宣告灭亡。《宋史·徽宗本纪》评述："徽宗失国之由，非若晋惠之愚，孙皓之暴，亦非有曹、马之篡夺，特恃其私智小慧，用心一偏，疏斥正士，狎近奸谀。于是蔡京以猥薄巧佞之资，济其骄奢淫佚之志。""自古人君玩物而丧志，纵欲而败度，鲜不亡者，徽宗甚焉，故特著以为戒。"意思是，探寻宋徽宗失去天下的原因，并不是因为像晋惠帝那样愚蠢，像三国时期东吴孙皓那样残暴，也不是因为司马氏对曹氏政权的篡夺，只是因为依仗自己有点小聪明，用心向一边倒，疏远排斥正直人士，宠信亲近阿谀奉承的奸佞之徒。于是蔡京凭借自己的偏狭卑劣、乖巧邪佞的资质，满足了他骄奢淫逸的愿望。自古以来，凡是习以所好而丧失大志，放纵私欲而败坏国度的国君，很少有不亡国的。宋徽宗在这方面做得太过分了，所以特别写出来作为鉴戒。

元符三年（公元 1100 年），宋哲宗去世，二十八岁的宋徽宗赵佶继承皇位。赵佶即位之初也曾想有一番作为。向太后还政以后，他下诏广开言路，让士庶臣僚指责时弊；多次下令出内库赈恤灾民、储备边事；"诏诸路遇民有疾，委官监医往视疾给药"（《宋史·徽宗本纪》）；采纳左司谏江公望的上疏，纵遣内苑稍畜珍奇兽；针对新党与旧党纷争不休，"欲以大公至正消释朋党"。然而由于他缺乏兴国为民的坚定信念和治国理政的雄才大略，即位时间不长便壮志消散，沉溺于玩物纵欲之中。

迷恋异花奇石。宋徽宗喜爱异花奇石，蔡京便投其所好，婉言告知朱冲、朱勔父子，秘密取浙江所产的珍贵奇异物品进献。"初致黄杨三本，帝嘉之。后岁岁增加，然岁不过再三贡，贡物裁五六品。至是渐盛，舳舻相衔于淮、汴，号'花石纲'。"（毕沅：《续资治通鉴·宋纪八十九》）崇宁四年十一月，在苏州、杭州置应奉局，任命朱勔主管苏、杭二局及花石纲事务。朱勔每次从内库取钱动辄数十百万计，多方搜求奇花异石进奉宫中。凡是士人、百姓之家，如有一石一木可供玩赏，便带领兵卒冲入家中，用黄封表识，指定为御前所用之物。待到运送时，必定撤屋扒墙运出。如有奇石，虽处于江湖的不测深渊，也必须千方百计，直至取得为止。一次，采得一太湖巨石，高四丈，载以巨船，役夫数千人。为使运输巨石的大船能够通过，所经州县拆水门、桥梁，凿城垣。这一巨石运到京都后，宋徽宗赐名"神运昭功石"。一时间，各地的奇石、异花异果，纷纷运至京城。"异味珍苞，率以健步捷走，虽万里，用四三日即达，色香未变也。"（毕沅：《续资治通鉴·宋纪九十二》）"花石纲"给广大民众带来深重苦难。"民预是役者，中家悉破产，或鬻卖子女以供其须。"（《宋史·朱勔传》）运送花石的舟人倚仗权势，贪暴横行，欺凌州县，民众敢怒不敢言。

执迷书画古玩。宋徽宗对书法、绘画、琴棋、器乐、击球、玉器、古玩等情有独钟，并有相当高技艺。他把大量时间用在研究书法、绘画上，其"瘦金书"和绘画方面的成就至今为人推崇。即位之后，他就派供奉官童贯到三吴地区访寻书画奇巧。蔡京当时被贬官居住在杭州，乘机与童贯日夜交往，"凡所画屏幛、扇带之属，贯日以达禁中，且附语言论奏至帝所，由是帝属意京。"（《宋史·蔡京传》）蔡京由此得到宋徽宗的信任和重用。宋徽宗还专门设立皇家画院，组织编纂《宣和画谱》，为了收藏字画古玩又建造保和殿和稽古殿。保和殿"总为七十五间"，"左实典谟训诰经史，右藏三代彝器，东序置古今书画，西序收琴阮笔砚焉。"（毕沅：《续资治通鉴·宋纪九十一》）"稽古殿多聚三代礼器，若鼎、彝、簠、簋、牺、象尊、罍、登、豆、爵、斝、瑝、觯、坫、洗，凡古制器悉出，因得见商、周之旧，始验先儒所传大讹。"（毕沅：《续资治通鉴·宋纪九十一》）

崇信道教。《宋史》和《续资治通鉴》中有关宋徽宗推崇道教，在全国大修宫观，祸国殃民的记述有很多。崇宁四年（公元 1105 年）五月，赐信州龙虎山道士张继先号曰虚静先生。大观二年（公元 1108 年）三月，颁行《金箓灵宝道场仪范》于天下。政和三年（公元 1113 年）四月，在福宁殿东建造玉清和阳宫，奉道安像；九月，赐方士王老志号曰洞微先生，王仔昔号通妙先生；十一月，在圜丘举行祭天仪式，宋徽宗手执大圭，以道一百人执仪仗为前导，以为天神降临，在玉津园东建造道宫，作《天真降临示现记》；十二月，诏令天下道教仙经。政和四年（公元 1114 年）正月，设置道士的官阶，秩级俸禄比中大夫至将仕郎，共二十六级。后又设置道官二十六等，有诸殿侍宸、校籍、授经，来比拟朝廷中待制、修撰、直阁的官名。政和六年（公元 1116 年）正月，赐方士林灵素号曰通真达灵先生。宋徽宗对善于怪异变幻的林灵素甚加宠信，赏赐无数，并听从林灵素的说法，建立道学，自元士到志士共十三品级，每年考核一次，允许士人参加考试。政和元年（公元 1111 年）夏四月，在上清宝箓宫会集道士。上清宝箓宫是应林灵素言论而建，宫中清流环绕，排列馆舍台阁，上下所建亭宇不可胜数，为便于宋徽宗祈祷，开景龙门直通禁中官署。同年九月，宋徽宗奉玉册、玉宝往玉清和阳宫祈祷，诏令天下在洞天福地修建宫观，塑造圣像，下令把佛教的寺院改为道教的宫观，令僧尼改为道士、女德。政和七年（公元 1117 年）正月，在上清宝箓宫云集道士两千余人，由林灵素讲《道经》；夏四月，道箓院册封宋徽宗为"教主道君皇帝"。当时道士都有俸禄，每一道观拨给的农田也不低于数百千顷。凡设大斋，便耗费数百万贯钱。同年十二月，宋徽宗说天神降于坤宁殿，诏示百官，并刻石记载此事。方士林灵素和张虚白，视如中大夫，出入时喝叱导引，甚至与诸王争路，京师称他们为"道家二府"，其门徒美衣玉食者多达二万人。

此外，宋徽宗还沉迷于女色，大兴土木建造游乐场所。据《宋史》记载，北宋灭亡前，后宫有嫔妃宫女一万余人，徽宗育三十二子、三十四女。他荒唐到"每三五天必幸一处女"，"后宫佳丽过万仍外出狎妓"的地步，甚至在被金国囚于五国城的情况下，仍纵情于床笫。《靖康稗史笺证·宋俘记》中说，宋徽宗被俘后，又育有子女十九人。他受蔡京"丰、亨、豫、大"之说的鼓动，生活极尽奢侈。"铸九鼎，建明堂，修方泽，立道观，作《大晟乐》，制定命宝。""凿大伾三山，创天成、圣功二桥，大兴工役，无虑四十万。"（《宋史·蔡京传》）兴建延福宫，"以侈丽高广相夸尚"。所建的万岁山，"山周十余里，运四方奇花异石置其中，千岩万壑，麋鹿成群，楼观台殿，不可胜计。"（毕沅：《续资治通鉴·宋纪九十四》）

历史上丧权失国的帝王大体有两种情况：一种是，昏庸无能，无力解决面临的日益深重危机，无可奈何地看着政权一天天垮台，或者重大决策严重失误致使政权轰然倒塌；另一种是，贪图享乐，荒淫无度，导致社会矛盾激化、国力衰退，最后丧失政权。宋徽宗在位二十六年，他即位时各种社会矛盾和危机虽然已经十分突出，但如果励精图治，仍可以有一番作为，起码可以使北宋政权能够延续下去。然而，他既缺少力挽狂澜的雄才大略，又把仅有的一点聪明才智用在骄奢淫逸上，琴棋书画无所不通，蹴鞠、打弹、品竹调丝、吹弹歌舞自不必说，治国上庸碌腐朽、重用奸邪，外交上软弱无能、屈辱忍让，生活上挥霍无度、穷奢极欲，最终酿成"靖康之耻"，落得个失国被俘、惨死他乡的下场。难怪元代脱脱在撰写《徽宗纪》时，掷笔叹曰："宋徽宗诸事皆能，独不能为君耳！"

　　一个人有所爱好本无可厚非。但是这种爱好必须把握住两点：一则爱之有度，有所节制。一旦陷入沉迷不能自拔，就会意志消沉、丧失理智，必然毁了事业和前程。二则要分清主次，不因对外物的喜好耽误了正事，"不作无益害有益"，不能有误于正业。宋徽宗作为一国之君，正业是治国理政、兴国安邦，衡量他一生的成败得失，主要看对国家兴亡的作为和贡献，而不是书法绘画一类艺术成就的高低。"瘦金"之功，不可抵亡国之过。早在西周时期，辅政大臣召公姬奭担心周武王因喜爱獒犬怠误国政，就曾作《旅獒》告诫武王不要"玩人失德，玩物丧志"。然而，历代君王中仍不乏因玩人失德、玩物丧志而误政直至失国亡命者。从卫懿公嗜好养鹤大兴"鹤政"，到菩萨皇帝梁武帝萧衍、书画皇帝宋徽宗，一次次地为后世敲响这方面的警钟。每一个后人，特别是身系国家安危、民众福祸的公职人员，不可不引以为戒！

"建炎南渡"，不归之路

宋高宗赵构在南京（今河南商丘）应天府继承皇位、改元建炎之后，不顾李纲、宗泽等主战派大臣的一再反对，为躲避金军的追击，南逃至江南，史称"建炎南渡"。

建炎元年（公元 1127 年）五月甲午日，刚刚即位的宋高宗迫于形势严重，借以招徕人望，任命在抗击金军中屡建战功的李纲为相。同时，主和派黄潜善被任命为中书侍郎兼御营使，汪伯彦被任命为同知枢密院事兼御营副使。李纲出任宰相后第一次觐见宋高宗，便针对时弊提出"十议"，其中讲道：陛下不可以不到故都汴京巡幸，"以慰都人之心"。关于新建国都，"以天下形势而观，长安（今陕西西安）为上，襄阳（今湖北襄阳）次之，建康（今江苏南京）又次之，皆当诏有司预为之备。"（《宋史·李纲传》）在李纲的力主下，严惩伪楚皇帝张邦昌，任命张所为河北招抚使，傅亮为河东经制副使，宗泽为开封知府兼东京留守，招抚各地义兵，修筑防御设施，积极进行备战和政治改革。听到黄潜善、汪伯彦鼓动宋高宗东南巡幸的消息后，李纲"极论其不可"，上奏道："自古中兴之主，起于西北，则足以据中原而有东南；起于东南，则不能以复中原而有西北。盖天下精兵健马皆在西北，一旦委中原而弃之，岂惟金人将乘间以扰内地；盗贼亦将蜂起为乱，跨州连邑，陛下难欲还阙，不可得矣，况欲治兵胜敌以归二圣哉？……今乘舟顺流而适东南，固甚安便，第恐一失中原，则东南不能必其无事，虽欲退保一隅，不易得也。况尝降诏许留中原，人心悦服，奈何诏墨未干，遽失大信于天下！"（《宋史·李纲传》）大意是，自古以来的中兴之主，从西北兴起的，足以占据中原而控有东南；而东南兴起的，却不能恢复中原而控有西北。因为天下的精兵健马都在西北，一旦放弃中原，不久金人将乘机侵扰内地，盗贼也将蜂起作乱，他们占据的地盘跨州连县，到时陛下即使想返回朝廷，也不行了，况且还想治兵打败敌人以迎回徽宗、钦宗二帝呢？现在乘船顺流到东南去，固然非常安全、方便，只是怕一旦失掉中原，则东南不能保证安宁无事，虽然想退居一隅，也不容易实现。况且陛下曾经许诺留在中原，人心悦服，为什么诏书的笔墨未干，就马上失信于天下呢？张所、宗泽等主战派大臣也先后多次极谏反对宋高宗南渡，认为南渡必然造成"军民俱怨"，"人心先离，中原先乱耳。"（毕沅：《续资治通鉴·宋纪九十八》）

建炎元年七月乙巳日，宋高宗听从黄潜善、汪伯彦的言论，决意"诏幸东南"，并由黄潜善"提举巡幸一行事务"（毕沅：《续资治通鉴·宋纪九十九》）。黄潜善、汪伯彦及其党羽极力攻击李纲建议设置河北招抚使司和河东经制使司等战备举措，李纲当权七十五天就被罢免宰相之职。太学生陈东、抚州进士欧阳澈因上书主张复用李纲、反对南逃，被斩于都市。同年九月，传言金军进犯河阳（今河南孟县）、汜水（今河南荥阳西北）。宋高宗不问消息是否准确，便下诏"择日巡幸淮甸"。从而，开始了东南逃亡之旅。

同年冬十月，宋高宗从南京到达扬州。当时有情报说金军要进犯江、浙，于是诏令暂驻淮甸捍卫防御，有妄自议论惑乱群众阻止巡幸的，允许告发论罪，知而不告者斩首。同时，"遣王伦等为金国通问使"（《宋史·高宗本纪》），赴金求和。实际上，金军此时的行动主要是攻取两河州郡，以巩固黄河以北的统治，直至十二月才兵分三路南侵。建炎二年十二月，宋高宗任命黄潜善、汪伯彦为尚书左右仆射兼门下、中书侍郎，并说："潜善作左相，伯彦作右相，朕何患国事不济！"（毕沅：《续资治通鉴·宋纪一百二》）当时，金军横行于山东，各地盗贼蜂起，黄潜善、汪伯彦既无谋略，又专权独断，任意而行，大臣们言谈国事的各种建议不被采纳，请求增兵的诸多要求不予上报。

建炎三年正月，金军先后攻陷徐州、淮阳（今河南淮阳）、泗水、楚州（今江苏淮安）等地，乘胜南下。二月庚戌日傍晚时分，宋高宗听说金军已快到扬州，当即披甲乘马，疾驰到瓜州渡口，得一小船渡过长江到达镇江府，随行的只有数名护圣军卒和御营都统制王渊等人。来袭扬州的金军骑兵五六千人，而王渊手中有兵马数万，却不进行任何抵抗。宋高宗逃往镇江时，黄潜善、汪伯彦正与同列官员听僧人们说法完毕，听到堂吏大呼"圣驾已经起行了"，便慌张乘马南逃。居民们争相从城门逃出，践踏而死者甚多，无不怨恨愤怒。司农卿黄锷到达江上，军士们以为他是黄潜善，骂道"误国误民，都是你的罪过！"头颅当即被军士砍下。

宋高宗从扬州逃到镇江后，召见群臣询问去留问题。户部尚书吕颐浩请求高宗驻守镇江，作为江北抗金军队的声援。群臣表示赞同。王渊主张高宗驻守临安（今浙江杭州），说："镇江止可捍一面，若金人自通州渡，先据姑苏（今江苏苏州），将若之何？不如钱塘有重江之险。""议遂决。"（《宋史·王渊传》）宋高宗支持王渊的意见，并把他提升为枢密院事，仍兼御营司都统制。

建炎三年二月壬戌日，宋高宗从镇江到达临安。御史中丞张澂上书劾论黄潜善、汪伯彦二人有大罪二十条。为平息天下怨望，黄、汪被罢官分别出任江宁知府和洪州知府。三月，御营司武将苗傅、刘正彦因嫉妒王渊升迁、忌恨宦官胡作非为，对宋高宗南逃也深为不满，在杭州发动兵变，诛杀王渊和宦官康履，胁迫宋高宗禅位于年仅三岁的皇子赵旉，由隆裕太后垂帘听政，史称"苗刘之变"。随后，礼部侍郎张浚、同签枢密院事吕颐浩联络刘光世、韩世忠等起兵勤王，平定苗、刘叛乱，宋高宗复辟。升杭州为临安府。

同年七月，金军以兀术为元帅分四路大举南侵。宋高宗闻讯派京东转运判官杜时亮、修武郎宋汝为持书向金军副元帅宗翰求和。致书中说："古之有国家而迫于危亡者，不过守与奔而已。今以守则无人，奔则无地，此所以谔谔然惟冀阁下之见哀而赦己。故前者连奉书，愿削去旧号，是天地之间，皆大金之国而尊无二上，亦何必劳师远涉而后为快哉！"（毕沅：《续资治通鉴·宋纪一百五》）金军不理睬宋高宗的摇尾乞怜，一举突破长江防线。起居郎胡寅上书对宋高宗奉行南逃求和政策提出尖锐批评，指出："南巡淮海，偷安岁月，敌入关陕，漫不捍御。盗贼横溃，莫敢谁何，元元无辜，百万涂地。方且制造文物，讲行郊报，自谓中兴。金人乘虚直捣行在，匹马南渡，淮甸流血。迨及返正宝位，移跸建康，不为久图，一向畏缩远避，此皆失人心之大者也。"（《宋史·胡寅传》）胡寅因上书切实直言被罢官。

同年十二月，宋高宗为躲避金军，从临安途经越州（今浙江绍兴）、明州（今浙江宁波），逃到台州，决定入海避敌。建炎四年一月十五日，宋高宗接到金军逼近临安府的消息，便乘船逃往定海（今浙江镇海），漂泊于台州与温州之间的海上。一月十六日，金军攻陷明州以后，也乘船入海企图追获宋高宗，途中遇到大风暴，被宋军水师击败，退回明州。这时，金军已是强弩之末，战线过长，后方空虚，加之屡遭宋朝武装袭击，于三月开始北撤。金军撤退中，一路掳掠奸淫，明州、平江、临江等地都被洗劫一空，烟焰数日不绝。宋高宗在海上漂泊四个多月，金军撤走后，于四月从海上回到越州，升越州为绍兴府。

绍兴二年（公元 1132 年）春正月丙午日，宋高宗自绍兴到达临安。绍兴四年，修建明堂。绍兴五年二月，开始在临安修建太庙。侍御史张致远上书说："创建太庙，有失于兴复国家的大计。"殿中御史张绚也上书说："去年建明堂，是将要把临安作为久居之地，不再有意于收复中原。"宋高宗不予答复。

绍兴七年初，宋徽宗死于金朝的消息传到南京。宋高宗于当年二月间派王伦为使臣，迎奉宋徽宗的灵柩回南京，同时通过王伦向金朝求和，表示南宋愿意替代伪齐（建炎四年，金朝扶植的刘豫傀儡政权，称大齐国）作为金朝的属国。绍兴八年，宋高宗正式定都临安府，并把坚持投降求和的秦桧任命为宰相，由秦桧单独主持降金议和事宜。南宋诗人林升《题临安邸》中"暖风熏得游人醉，直把杭州作汴州"，便是对宋高宗苟安东南，不图恢复中原的讥讽。

宋高宗即位以后，在定都和要不要南渡的问题上，有两种不同意见，反映的是两种截然不同的路线。一种意见是以李纲、宗泽为代表，反对南渡，主张以京师汴梁为都城，如汴京不可，则以长安为上，其次襄阳，再次建康。其出发点是坚持抗金复国，把定都同收复河北、河东失地联系起来，有利于使朝廷不忘失地，有利于维系中原人民盼望恢复的信念，有利于振作全国军民的抗金士气，从而联合天下抗金力量，抵御金军南侵，收复失地。另一种意见是以黄潜善、汪伯彦以及王渊为代表，主张巡幸东南，建都临安，认为南渡可以逃避金军的追击，临安有长江、钱塘江两道天险，比汴京、长安、襄阳、建康更有安全感。这一主张的出发点是保全自己的身家性命和统治地位，置国家民族的利益于不顾，为了能够苟且偷安，对金军的入侵采取退却回避的政策，根本不想收复河北、河东和中原失地，执行的是一条屈辱求和、妥协投降的路线。历史一再证明，在敌人的入侵面前，唯有举国上下同仇敌忾、英勇抗击，妥协求和是没有出路的。在敌强我弱的情况下，有时需要实行必要的退却策略，但这种退却不是屈服投降、一味退让和放弃斗争，而是为了进行更加坚决、更加有力的抗击并最终战胜敌人。宋高宗显然不是这样，因此，"建炎南渡"从一开始便是一条不归之路。抗击金军入侵的决定因素，并不是长江、钱塘江天险，而是民心。以宋高宗为首的统治集团最高层畏敌南逃，势必极大地伤害全国军民特别是两河失地民众的感情和抗金信心，这便失掉了团结和率领广大军民抗击侵略的资本和基础。结果，不仅两河失地不能收复，还先后丢掉了中原和淮甸广大地区，使金军渡江南侵，而宋高宗君臣抱头鼠窜，节节退逃，造成江南广大地区生灵涂炭。

有人认为，正是由于宋高宗南逃，使金军失去了消灭宋朝的机会，使南宋成为与金朝相对立的政权得以延续九帝一百五十余年，由此应当肯定"建炎南渡"的积极意义。这一观点值得商榷。如果宋高宗不畏敌逃跑，而是临危不惧在一线主持抗金大计，必将极大地鼓舞全国军民的士气，以当时宋朝的力量，只要坚持斗争，不是没有可能收复两河失地。宗泽在汴京与金军作战中多次报捷，使金军"闻其名，常尊惮之"，就是很好的例证。退一步讲，起码可以止迟金军的南侵，不会造成中原和淮甸广大地区那么快就沦陷，进而使金军先驱者践踏蹂躏江南。至于南宋能够在金军多次南侵中存在下去，主要是由于岳飞、韩世忠等抗金将领英勇奋战，屡次使南宋王朝转危为安。加之，金朝自金章宗中后期（南宋宁宗庆元年间）逐渐衰弱，昏庸内斗，民变不断，忙于应对蒙古诸部兴起，再无灭宋之举。特别需要指出的是，宋高宗南逃所奉行的畏敌避敌、妥协偷安政策，对南宋的政治走向带来了极大的消极后果。受其影响，南宋统治集团大部分时间在对外关系上实行屈辱求和路线，任用秦桧、贾似道等主张求和投降的奸相把持朝政，先是签订"隆兴和议"、"嘉定和议"向金国称臣纳贡，后又与蒙军议和称臣岁奉。孝宗、宁宗时期，南宋经济文化有了较大发展，虽然也进行了两次较大规模的北伐，但由于求和派的干扰等原因，并没有多少作为。和平，绝不是靠屈辱求和所能够争取到的。蒙古灭掉金朝以后大肆南侵，南宋领兵出战的右丞相贾似道私下与蒙军议和，表示愿意称臣、岁奉银二十万两、绢二十万匹。不久，蒙军再次发动大规模入侵，攻占临安。南宋残余势力在蒙军穷追不舍下一路逃亡，崖山海战中全部遇难，南宋彻底灭亡。

金世宗开创"大定之治"

　　金朝第五位皇帝世宗完颜雍（公元 1123—1189 年），是一位有作为的皇帝。正隆六年（公元 1161 年），他趁残暴无道的金朝第四位皇帝完颜亮（又称海陵王）率军南侵宋朝之机，顺应"天命人心之归"，废黜完颜亮登上帝位，改元大定。金世宗在位二十九年，在继续金朝前代改革的同时，革除海陵王暴政带来的各种弊端，使金朝转危为安，出现了盛世局面，史称"大定之治"。"当此之时，群臣守职，上下相安，家给人足，仓廪有余，刑部岁断死罪，或十七人，或二十人，号称'小尧舜'，此其效验也。"（《金史·世宗本纪下》）

　　金世宗能够开创"大定之治"的一个重要原因，是他注重学习和研究历史，善于从历代王朝兴衰成败包括海陵王的败亡中吸取治国理政的经验教训。金朝虽然不乏尊儒读经的君主，但像金世宗那样重视研读史籍，对历史学有相当深刻的认识，却是仅有的。大定四年，他下诏把《尚书》、《春秋》、《论语》、《老子》、《史记》、《汉书》、《新唐书》、《贞观政要》等十余种汉学经典和史籍翻译成女真文。他强调以史为鉴，特别赞赏司马光以"资治"作为写史的宗旨，曾对宰臣说："近览《资治通鉴》，编次累代废兴，甚有鉴戒，司马光用心如此，古之良史无以加也。"大定二十六年十一月，他回忆自己平生读书爱好，对侍臣说："朕于圣经不能深解，至于史传，开卷辄有所益。"（《金史·世宗本纪下》）金世宗把历史盛衰变动的认识作为治世的龟鉴，形成了一系列治国安邦的正确方略。

虚心求谏，广开言路。大定二年正月，世宗对左丞相完颜晏说："古者帝王虚心受谏，朕常慕之。卿等尽言毋隐。"（《金史·完颜晏传》）同年八月，又对宰臣们说："唐、虞之圣，犹务兼览博照，乃能成治。正隆专任独见，故取败亡。朕早夜孜孜，冀闻说论，卿等宜体朕意。"（《金史·世宗本纪上》）大意是，我常常羡慕古代帝王虚心纳谏。你有话尽管说，遇事不要沉默隐瞒。尧帝、舜帝都是圣贤之人，他们对事物尚且需要全面考察，才能治理好国家。海陵王凡事专横独断，所以自取灭亡。我早晚勤勉工作，希望听到正直的议论，你们应当体会我的用意。大定二十一年闰三月乙未日，他对宰臣们说："古时候的君主，有的偏听谗言，自己受蒙蔽，陷害忠良。汉明帝已被这种人所迷惑。我对亲近我的人的谗言，从不入耳，至于宰辅大臣的话，也没有偏听偏信某个人私下的议论。"金世宗经常用唐太宗李世民虚心纳谏作为自己的榜样，也时常以魏徵勇于直谏激励朝中大臣。大定二十七年二月乙酉日，他对大臣们说："我看到唐朝历史上，只有魏徵勇于直谏，所讲的都是国家大事，很称得上是谏官的榜样。最近台官进谏，只挑那些无关紧要的小事，没有涉及国家重大问题，难道是他们知道而不肯讲，还是对国家利害的大问题根本就不知道。"为防止言路梗塞，他不仅诏令大臣们可以直接向他奏事，还命令尚书省对天下臣民的意见和建议即刻奏报。金世宗时期的许多重要的正确决策，都是根据大臣和民众的进谏而制定和实施的。

议和休战，与民养息。自金太祖完颜旻建立"大金"以后，先是灭辽，后是大举进攻南宋，金朝近五十年间一直处于频繁征战中。连年征战，繁重的赋税，无休止的兵役、徭役，迫使各族民众纷纷起义。海陵王南侵"征敛烦急",先后引发山东赵开山起义、东海张旺和徐元起义、契丹撒八起义、单州杜奎起义、大名府王九郎起义、济南府耿京起义等多处起义,有的参加民众多达十数万、三十余万人,一度攻占多个县城。金世宗从中看到,长期战乱引起民众不满已经成为维护金朝统治的一个严重威胁。他还从唐太宗末年三次征伐高丽的史实中,认识到频征暴伐并不是治国安邦的良策,曾对皇太子说:"昔唐太宗谓其子高宗曰:'吾伐高丽不克终,汝可继之。'如此之事,朕不以遗汝。"(《金史·世宗本纪上》)金世宗登基之后,便于大定元年十一月三十日遣使持檄到镇江与南宋议和,檄文中称:"不意正隆(海陵王完颜亮)失德,师出无名,使两国生灵,枉被涂炭,奉新天子明诏,已行废殒。大臣将帅,方议班师赴阙,各宜戢兵以敦旧好。"(毕沅:《续资治通鉴·宋纪一百三十五》)当时,南宋受"采石大捷"的鼓舞,刚刚即位的宋孝宗赵昚"锐意恢复",不接受金朝的议和,决意北伐。金朝凭借军事上的优势,在沿淮和关陇各战场上多次获胜后,才迫使南宋统治者接受议和条件,双方订立"隆兴和议",从此金宋边境有了近四十年的相对平静。与此同时,金朝与西夏、高丽等国也实行修好,保持了长期的和平友好关系。停止对外征伐之后,金世宗采取"剿抚兼施"的方针平息了各地的民众起义,实行了一系列措施与民休养生息,恢复生产,发展经济。《金史·世宗本纪》中大定二年至二十八年,有关金世宗诏令减免赋役、赈济灾民的记述,就有近三十处之多。此外,诏令将辽朝西迁后沦为金朝奴隶的"二税户"放免为平民,把海陵王时被杀官员家入官籍监为监户者放免,使来源不同的奴隶逐渐摆脱奴隶的身份,恢复平民地位。通过"拘刷官地",严格规定占佃官地的数量,超过者赐给无地或少地的贫民。实行"通检推排"制度,清查人户的人口、驱奴、土地、车马、资财,以其财产总额为据征收物力钱(财产税),并排定户等,征发差役。这些措施在实施中虽然也存在官吏苛征物力、为害百姓一类事情，但总体上对解决贫苦农民土地、均平赋役、发展生产，起到了积极作用。据《金史·食货志》记载，"大定初，天下户才三百余万，至二十七年天下户六百七十八万九千四百十九，口四千四百七十万五千八十六。"由于战争中牲畜大量散失，世宗初年全国仅有"马一千多匹、牛二百八十多头、羊八百六十只、骆驼九十头"，大定二十八年"马增加到四十七万匹、牛十三万头、羊八十七万只、骆驼四千头。"（蔡美彪等：《中国通史》第四编）手工业、制瓷业、矿业、商业也都有了较大发展。

选贤任能，从严治吏。金世宗十分注意借鉴历史上的用人之道。他向奉御史裴满亨询问上古为治之道，裴满亨说："陛下欲兴唐、虞之治，要在进贤，退不肖，信赏罚，薄征敛而已。"（《金史·裴满亨传》）金世宗曾对宰臣说："海陵不辩人才优劣，惟徇己欲，多所升擢。朕即位以来，以此为戒，止取实才用之。"（《金史·世宗本纪上》）又说："今天下之广，人民之众，岂得无人。唐之颜真卿、段秀实皆节义之臣也，终不升用，亦当时大臣固蔽而不举也。卿等当不私亲故，而特举忠正之人，朕将用之。"（《金史·世宗本纪下》）他在选人用人上，坚持以忠正和真才实学为标准，反对徇亲朋故友私情，反对循资守格，既注重选用女真族和宗室贵族中的杰出人才，又大胆任用汉人、契丹人等其他民族中的杰出人才。"世宗统治的三十年间，自参知政事以上的宰相、执政官中，宗室完颜部贵族前后共七人，非完颜部的女真贵族十五人，汉人十四人，契丹、渤海人各二人。"（蔡美彪等：《中国通史》第四编）金世宗在治吏上，不赞成唐太宗以权术控制文武官员的做法，说："朕御臣下，惟以诚实耳。"他既反对像海陵王那样"多杀臣僚，往往死非其罪"，又注意防止像梁武帝那样"专务宽慈，以至纲纪大乱"，提出了"赏罚不滥，既是宽政"管理官吏的理念。通过"巡幸"、派遣能吏到各路了解吏治民情等方式，加强对各级官吏的考察，根据考察情况分为"廉能"、"污滥"、"不职"三个等级，以此决定官吏的升降。惩治贪官污吏，也是世宗当政时的一大特色。大定三年，身兼国舅、国丈、元勋的参知政事李石，冒领国家的粮食，被罢为御史大夫。金世宗太子妃徒单氏的父亲徒单贞，因贪污被责令退回赃款赃物，降为博州防御使，老婆也被降了爵位。大定十一年，发生了尚书省、御史台、户部、转运司等大小官员多领俸钱的案件，世宗不仅要求追回全部多领的俸钱，还对多名官员降职和处以杖刑。他还诏令御史台，检查六部文书，有稽不行或行而失当的一律举报弹劾；官吏犯贪污罪，即使遇到赦免也不再叙用；凡通过权要之门追加官职的，要降职使用。任用贤能和从严治吏，促使广大官员尽职奉法。"世宗即位，凡数岁辄一遣黜陟之，故大定之间，郡县吏皆奉法，百姓滋殖，号为小康。"（《金史·完颜宗雄传》）

　　节俭自律，正身率下。为了防止重蹈历史上一些帝王生活奢侈而使国家走向败亡的覆辙，金世宗时常提醒自己效法古代圣贤明主，力戒奢华，节俭自律。他曾对大臣们说："昔唐、虞之时，未有华饰，汉惟孝文务为纯俭。朕于宫室惟恐过度，其或兴修，即损宫人岁费以充之，今亦不复营建矣。如宴饮之事，近惟太子生日及岁元尝饮酒，往者亦止上元、中秋饮之，亦未尝至醉。至于佛法，尤所未信。梁武帝为同泰寺奴，辽道宗以民户赐寺僧，复加以三公之官，其惑深矣。"（《金史·世宗本纪上》）金世宗生活上的节俭，在历代帝王中是不多见的。即位之初，他要求凡宫殿中的设备不得增置，也不要为此征调一个役夫，以免打扰百姓，保卫宫殿禁区的安全，严格控制出入就可以了。大定二年三月，诏令把皇帝和宫中的食物削减一半。大定三年十一月，诏令取消各地进献金钱绸缎等贡品。同年夏五月，禁止宫中奏音乐，释放在球场服务的役夫。大定六年春正月，诏令宫中设备装饰，不准用金作饰料。大定七年秋七月，下令禁止穿着用金线制作的衣服，纺织和出卖者都要抵罪。大定十四年十一月戊戌日，召尚食局使，口谕："太官之食，皆民脂膏。日者品味太多，不可偏举，徒为虚费。自今止进可口者数品而已。"（《金史·世宗本纪中》）大定二十六年十二月，根据左谏大夫黄久约的进言，下令取消向宫中送鲜荔枝之事。大定二十七年夏五月，诏令停止海兰路进献海葱，取消太府监每日进献新鲜果品的旧例。金世宗晚年回顾自己的一生，对宰臣们说："朕方前古明君，固不可及。至于不纳近臣谗言，不受戚里私谒，亦无愧矣。朕常自思，岂能无过，所患过而不改，过而能改，庶几无咎。省朕之过，颇喜兴土木之工，自今不复作矣。"（《金史·世宗本纪下》）在他的带动下，当时金朝上下兴起一股节俭之风。

金世宗完颜雍以史为鉴，注重从历代王朝的兴盛和败亡中吸取经验教训，此乃明君之道。正因为如此，使他能够避免了历史上一些帝王的严重失误，在治国理政上实行了一系列比较正确的方略和举措，成就了"大定之治"。金世宗统治时期，政治开明，经济繁荣，内外安定，是金朝最为鼎盛的时期。

前事之鉴，后事之师。后人只有在继承前人成果，包括治世经验教训的基础上，才能不断把历史推向前进。人类历史各个时期的政治、经济、文化、内外环境状况虽然各不相同，但在治国理政上的许多规律却是相通的。诸如，治大国若烹小鲜，必须慎重决策，既不能操之过急、急功近利，也不能松弛懈怠；人才是治国兴国之本，必须选贤任能，远小人，明赏罚；兼听则明，偏听则暗，必须广开言路，不听谗言，善于纳谏；成由勤俭败由奢，必须崇尚节俭，力戒奢侈，严惩腐败；民富国强则众安道泰，必须发展经济，强国富民，富国强兵；生于忧患，死于安乐，必须居安思危，增强忧患意识，防患于未然；善始者易，善终者难，必须持之以恒，善始善终，善始善成；等等。这些，都是历代成功帝王的治世金律，也是许多帝王走向败亡的警世箴言。牢记并践行这些历史的借鉴，就可以做到光大前人的智慧而免除前人的失误，续写前人的辉煌而不会重蹈前人失败的覆辙。可惜的是，历史上像金世宗这样学习研究历史又注重借鉴历史的帝王并不多。有的虽然也手握史卷且谈古论今，行动上却刚愎自用、我行我素。还有的即位之初和执政前期，尚能用历史的经验教训警示和约束自己，后来便把那些历史上的治世金律和警世箴言抛到脑后去了。

余玠治蜀，一木之支

南宋理宗赵昀统治时期的余玠，是一位十分杰出的人物。他掌管四川军政大权十一年，把长期以来荡无纲纪、民不聊生的巴蜀治理得井井有条，多次粉碎蒙军的大举进犯，史称"余玠治蜀"。

余玠（公元1198—1253年），《宋史·余玠传》记述为蕲州（今湖北蕲春一带）人，后人考证为分宁（今江西修水）人，侨居蕲州。幼年家贫，在白鹿书院读书，之后投奔到淮东制置使赵葵幕下任事。宋理宗端平三年（公元1236年）二月，蒙古军入侵蕲州等地，余玠应召协助蕲州守将组织军民守城，配合南宋援军击退蒙军，以功补进义副尉，又擢升作监主簿。第二年十月，余玠率部应援安丰军击溃蒙古军，使淮右得以保全，次年朝廷论功行赏任命他为淮东制置司参议官，进工部郎官。嘉熙三年（公元1239年），与蒙古军战于汴城、河阴有功，授直华文阁、淮东提点刑狱兼知淮安州。淳祐元年（公元1241年）秋，蒙古军出兵进犯，余玠提兵应援安丰，激战四十天使蒙军溃退，拜大理少卿，升制置副使。他在被诏进对时向宋理宗进言道："今世胄之彦，场屋之士，田里之豪，一或即戎，即指之为麤人，斥之为哈伍。愿陛下视文武之士为一，勿令偏有所重，偏必至于激，文武交激，非国之福。"（《宋史·余玠传》）意思是，现在世代传承有才德的人，乡村隐逸的儒士，乡里村野的豪强，他们一旦接触军戎、练习武艺，就被指责为粗人，斥责为像樊哙之类的武夫。希望陛下对文武官员一视同仁，不要使他们有所偏重，偏重一方必然会导致过激行为，文武官员交相过激，并非国家福兆。宋理宗认为余玠的议论不同寻常，是一个能够独当一面的人才，便寻找机会擢升进用他。

淳祐二年（公元 1242 年）六月，余玠被任命为四川宣谕使。宋理宗对他寄予厚望，"许同制臣共议措置，先行后奏，仍给金字符、黄榜各十，以备招抚。"（《宋史·理宗本纪》）余玠誓言："愿假十年，手挈全蜀之地，还之朝廷"。不久，又授余玠为兵部侍郎、四川安抚制置使兼知重庆府、四川总领、夔路转运使，诏令"余玠任责全蜀，应军行调度，权许便宜施行。"（毕沅：《续资治通鉴·宋纪一百七十》）当时的四川因多年缺乏有效治理局势十分混乱。"自宝庆三年至淳祐二年，十六年间，凡授宣抚三人，制置使九人，副四人，或老或暂，或庸或贪，或惨或缪，或遥领而不至，或开隙而各谋，终无成绩。于是东、西川无复统律，遗民咸不聊生，监司、戎帅各专号令，擅辟守宰，荡无纪纲，蜀日益坏。"（《宋史·余玠传》）而且全川州郡十之八九遭受到蒙古铁骑的侵扰。余玠到任以后，立即张榜招贤，遴选守宰，并建立招贤馆，亲自接待各地来献治蜀良策的贤士。"士之至者，玠不厌礼接，咸得其欢心，言有可用，随其才而任之；苟不可用，亦厚遗谢之。"（《宋史·余玠传》）与此同时，大刀阔斧地革除弊政，开屯田以备军粮，实行轻徭薄赋、整顿军纪、除暴奖贤。播州冉氏兄弟冉琎、冉璞有文武才，隐居蛮中不肯出来做官。余玠礼贤下士，报请朝廷授冉琎为承事郎到合州任知州，授冉璞为承务郎代理合州通判。利州都统制王夔凶残跋扈，号称"王夜叉"，不听号令到处劫掠。余玠依据军法将其斩杀，民心大快。时间不久，巴蜀便"人心粗定，始有安土之志。""又属嘉定俞兴开屯田于成都，蜀以富实。"（《宋史·余玠传》）

当时元太宗窝阔台去世，蒙古陷入皇位之争，一时无暇南侵。余玠制定《经理四蜀图》作为治蜀纲要，抓紧时机做好抵御蒙古军入侵的准备。这主要包括：采纳冉氏兄弟的建议，采取依山制骑、以点控面的方略，先后筑青居、大获、钓鱼、云顶等十余座山城，迁郡治于山城，调整兵力部署，构建山城防御体系，诸城依山为垒，据险设防，屯兵储粮；起用地方势力，动员流散在外的力量"凭籍西归，共图恢复"，敌占区则"俾守一境，官得自辟，财得自用，显立隽功，当议许功"；兵民共守，建立耕战结合的地方行政组织机构，实行人民战争；等等。经过数年努力，基本形成了以重庆合州钓鱼山为中心，以堡寨控扼江河、要隘的山城纵深梯次防御体系。

宋理宗淳祐六年（公元 1246 年），蒙古军分四路侵入四川。余玠依靠新建立的山城防御体系，多次打退蒙古军的进攻。宋兵士气高昂，战斗十分激烈。蒙古军巩昌等十二路便宜都总帅汪德臣的坐骑被飞石击毙，其弟汪直臣阵亡，蒙古军被迫迅速北撤。朝廷对余玠及其部下嘉奖，"将士捍御有功者，辄以便宜推赏，具立功等第稍转官资以闻"。（毕沅：《续资治通鉴·宋纪一百七十一》）

淳祐十年冬，余玠调集四川各部精锐，以一路向陇蜀边界进发，自率主力取金牛道向汉中出击，与蒙古军大战，三战连捷。宋理宗下诏嘉奖："余玠任四蜀，安危之寄已著，八年经理之功，敌不近边，岁则大稔。既寖还于旧观，将益懋于远图。畴其忠勤，足以褒勉，可进官二等。"（毕沅：《续资治通鉴·宋纪一百七十三》）

淳祐十一年四月，余玠率军进占汉中西之中梁山，烧毁汉中至大散关（今陕西宝鸡西南）的栈道，围攻兴元并重创汉中的蒙古军。蒙古急发各路军，昼夜兼程赶到兴元。余玠见蒙古军援军大至，即撤围南归。当年六月，朝廷下诏称赞："余玠整顿蜀阃，守御饬备，农战修举，蓄力俟时，期于恢拓。兹以便宜自为调度，亲率诸将行边捣垒，捷奏之来，深用嘉欢。勉规隽功，以遂初志，图上全蜀，以归职方，嗣膺殊徽，式副隆倚。立功一行将士，速与具奏推赏。"（毕沅：《续资治通鉴·宋纪一百七十三》）

淳祐十二年，蒙古军巩昌等十二路便宜都总帅汪德臣再次侵入四川，掠成都，逼近嘉定。余玠率领诸将夜间开关力战，蒙古军退走。

正当余玠为治理四川并进一步实现国家恢复统一大展宏图的时候，却遭到了朝廷中一些人的诬陷。余玠力图革除军中弊端，想撤换云顶山统制姚世安。姚世安拒不受命且心怀不满，便通过关系求助于宰相谢方叔。于是，谢方叔诉陈余玠大失利州士卒之心，又暗地里唆使姚世安秘密寻求余玠短处，在宋理宗面前陈说。参知政事徐清叟又乘机劝说宋理宗把余玠罢免四川制置司大权后召回朝廷。宝祐元年（公元 1253 年）六月，朝廷诏令湖北路运判兼鄂州知州余晦为四川宣谕使，余玠被召回朝中任资政殿学士的空职。余玠听到召他回朝的命令后十分不安，晚上暴病而死，终年56 岁。还有一种说法，他是吃药而逝。余玠不幸去世的消息传出后，"蜀之人莫不悲慕如失父母。"（《宋史·余玠传》）余玠死后的第二年，朝廷削去他生前的官职，家属和亲信也都受到迫害。其子余如孙出任大理寺丞，被奸相贾似道所杀。部下王惟忠被诬告潜通蒙古，遭处死。

《宋史·余玠传》这样评价余玠十一年治理四川的功绩："玠之治蜀也，任都统张实治军旅，安抚王惟忠治财赋，监簿朱文炳接宾客，皆有常度。至于修学养士，轻徭以宽民力，薄征以通商贾。蜀既富实，乃罢京湖之饷；边关无警，又撤东南之戍。自宝庆以来，蜀阃未有能及之者。"余玠治蜀期间创建的山城防御体系，在后来的抵御蒙古军队入侵中发挥了重要作用。宝祐六年至开庆元年（蒙古帝国蒙哥汗八年至九年，公元1258—1259 年），元宪宗蒙哥亲率四万大军号称十万，自六盘山分兵三路进攻四川，并于开庆元年二月围攻合州。南宋守将王坚利用余玠建立的合州治所钓鱼城要塞，与蒙古军展开了长达五个月的防御战，史称"钓鱼城之战"。《元史》中有"攻钓鱼山，守臣王坚负险，五月不下"（《元史·汪德臣传》）的记载。蒙古军大将汪德臣被飞石击中毙命，元宪宗蒙哥也崩于钓鱼山，蒙古大军不得不奉丧北还。有的学者认为，余玠治蜀有功，使南宋王朝灭亡时间至少推迟了五至十年。尽管这一说法的准确性值得商榷，但余玠确实为抵御蒙古的入侵，巩固南宋王朝的统治，作出了巨大贡献。

隋朝思想家王通《文中子·事君》曰："大厦将颠，非一木所支也。"白居易《代书诗一百韵寄微之》中也有"千钧势易压，一柱力难支"的名句。余玠十一年治蜀成效卓著，对于即将倾覆的南宋王朝只不过是一木之支，难以挽救其走向灭亡的命运。南宋到理宗赵昀一朝，早已是日薄西山，国运危浅。赵昀在位四十年，昏庸无为，前十年由权相史弥远挟制，联蒙灭金、收复三京致使蒙古军大肆南侵；之后阎贵妃恃宠乱政，奸相丁大全、贾似道等专权妄为，而他本人又十分奢侈淫乐甚至召妓入宫，把朝政搞得乱七八糟、乌烟瘴气。《续资治通鉴·宋纪一百七十四》对余玠受诬陷的原因有如下记叙："然久假便宜之权，不顾嫌疑，昧于勇退，遂来谗口。又置机捕房，虽足以廉得事情，然寄耳目于群小，故人多怀疑惧。"余玠这样一位对朝廷有重大贡献的封疆大员，竟然因为敢于作为不知急流勇退，坚持廉政勇于惩治腐败，而遭到疑惧和陷害。参与诬陷余玠的谢方叔、徐清叟，虽然并不属奸相之列，他们也竟然受人之托便无中生有、陷害忠良，这也从一个侧面反映出当时南宋的朝政已经腐败、黑暗到了何种程度！这样的政权，怎能不迅速走向灭亡呢？

"不自量力，而以身殉之"，壮哉！

公元 1276 年（南宋恭帝德祐二年，元世祖至元十三年）正月，元军攻占南宋都城临安。一些将领和朝中大臣，或不战而降，或弃官遁亡，或归顺元朝继续为官。时任右丞相兼枢密使的文天祥从元军中逃出以后，却与陆秀夫、张世杰等人在敌军的一路追杀中，连续拥立端宗赵昰和幼主赵昺两个小皇帝，忠贞不二。在被俘的四年中，他面对各种威胁和高官厚禄的利诱，始终宁死不降服，从容就义。文天祥成为我国历史上一位有气节的名臣为后人所敬仰，他在《过零丁洋》中"人生自古谁无死？留取丹心照汗青"的壮烈誓词为千古传诵。

文天祥（公元 1236—1283 年），江西吉州（今江西省吉安市）人。他在孩提时就崇尚忠义之士，看到学宫中祭祀的欧阳修、杨邦义、胡铨的画像，谥号都为"忠"，便仰慕不已，说："没不俎豆其间，非夫也。"（《宋史·文天祥传》）意思是，如果不成为其中的一员，就不是真正的男子汉。文天祥才学过人，二十岁就考取进士，在集英殿答对论策被宋理宗亲自选拔为第一名。

当时元军侵扰南宋，国家危亡。文天祥以拯救国家危难为己任，坚持抗元卫国，反对投降逃跑。宦官董宋臣劝说皇上迁都，没有人敢议论这是错的。时任宁海军节度判官的文天祥，上书"乞斩董宋臣，以统一人心"。因不被采纳，他便请求免职回乡。后来董宋臣升任为都知，文天祥再次上书列举他的罪行。结果，文天祥的上书没有回音，还因此由刑部侍郎出外任瑞州知府，后又改任江南西路提刑、尚书左司郎官，多次遭台官议论罢职。宰相贾似道专权跋扈，以称病退休要挟皇上。文天祥在起草制诰中讽刺贾似道，贾似道十分不满便命令台官张志立奏劾罢免他。这时文天祥年仅三十七岁。

德祐元年（公元1275年）初，丁家洲之战南宋军队大败。元军分三路南侵，南宋国都临安告急，朝廷诏令天下勤王。文天祥当时任江西安抚副使兼赣州知州，手捧诏书流涕哭泣，立即召集兵马，联络各路英豪聚集兵众万人，星夜向临安进发。他还把自己家中的资产全部作为军费。当年八月，文天祥率兵到达临安，被任命为平江府知府。此前，吕师孟的叔叔吕文焕在襄阳投降元军，南宋朝廷想利用吕师孟与吕文焕的关系同元军求和，便提出吕师孟为兵部尚书。文天祥反对这种姑息、牵制的做法，请求"处斩吕师孟作为战事祭祀，以鼓将士之气"。他还上书献御敌之策，指出："本朝惩五季之乱，削藩镇，建都邑，虽足以矫尾大之弊，然国以寝弱，故敌至一州则一州破，至一县则一县破，中原陆沈，痛悔何及！今宜分境内为四镇，建都督统御于其中。"（毕沅：《续资治通鉴·宋纪一百八十二》）意思是，宋朝接受五代时期割据的教训，削除藩镇，建立郡县城邑，虽然一时革除了藩镇拥兵自重的弊端，但国家实力因此逐渐削弱。所以元军到一州就破一州，到一县就破一县，导致中原沦陷，悔恨、痛心哪里还来得及。现在应当划分天下为四镇，设置都督来作为他们的统帅。具体的部署是：把广南四路合并于荆湖南路，在长沙建立治所；把广南东路合并于江南西路，在隆兴建立治所；把福建路合并于江南东路，在番阳建立治所；把淮南西路合并于淮南东路，在扬州建立治所。责令长沙攻取鄂州，隆兴攻取蕲州、黄州，番阳攻取江东，扬州攻取两淮，使他们所辖地区范围广、力量强，足以抵抗敌兵。各镇约定日期，一齐奋起，只前进不后退，夜以继日图谋复地，造成敌军力量分散，疲于奔命，而我军等待时机向敌人发动进攻，这样敌兵就容易被打退了。当时朝议认为文天祥的这一主张是难以实行的疏阔，他的上书没有结果。文天祥在平江率部与元军殊死战斗，因寡不敌众接连失利。朝廷诏令文天祥弃守平江，退守余杭，任临安知府。这时南宋都城已被元军四面围困。文天祥、张世杰请求皇上和太皇太后、太后移驾海上，之后与元军背城一战。宰相陈宜中不许，说与太皇太后，派监察御史杨应奎带传国玉玺向元军请降。

德祐二年二月，南宋王朝在临安向元军投降，恭帝赵㬎退位。文天祥被任命为右丞相兼枢密使，作为使臣到元军进行讲和谈判。谈判中，元军统帅巴延（又称伯颜）出言不逊，文天祥说："我南朝状元、宰相，但欠一死报国，刀锯鼎镬，非所惧也。"（毕沅：《续资治通鉴·宋纪一百八十二》）元军诸将听后相顾动色，言语有所收敛。之后，文天祥等乘机从元军中逃出，经镇江、真州、扬州到达高邮，又从高邮泛海到温州。当年五月，陈宜中、文天祥等在福州拥立年仅七岁的端王赵昰为皇帝，文天祥任右丞相。文天祥率领一支部队进兵汀州，汀州失守后移师漳州。在漳州，投降元军的吴浚前来游说劝降，文天祥派人将其捆绑后吊死。文天祥率部一边战斗，一边向南方撤退，历尽千辛万苦数度死里逃生，途中母亲病死，妻妾子女被抓。景炎三年（元世祖至元十五年，公元1278年）六月，端宗赵昰在逃亡的颠簸中因病去世，6岁的卫王赵昺即位。文天祥立即上表自责，请求入朝未被获准。同年十二月，文天祥率残部到广东海丰县五坡岭被元军抓获，他试图吞食龙脑自杀未能成功。

文天祥被俘后押至潮阳。蒙古汉军都元帅张弘范逼迫文天祥写信，招降坚守崖山的宋军统帅张世杰。文天祥说："我不能保卫父母，还教别人叛离父母，可以吗?"因元军多次索要书信，文天祥写《过零丁洋》一诗明志。诗曰:"辛苦遭逢起一经，干戈寥落四周星。山河破碎风抛絮，身世飘摇雨打萍。惶恐滩头说惶恐，零丁洋里叹零丁。人生自古谁无死，留取丹心照汗青。"张弘范劝道:"丞相的忠心孝义已经都尽到了，若能够改变态度像侍奉宋朝那样侍奉大元皇上，将不会失去宰相的位置。"文天祥潸然落泪说:"国亡不能捄，为人臣者死有余罪，况敢逃其死而二其心乎。"(《宋史·文天祥传》)张弘范敬慕文天祥的忠义，派人把他护送到燕京。文天祥在燕京被押三年之久，每日"南面坐，未尝面北"，以示自己心向南朝，决不向元朝降服。一次，元朝丞相博罗(旧称孛罗)在枢密院召见文天祥，左右将他拽之于地行跪拜礼。文天祥拒不跪拜，说:"自古有兴有废，帝王、将相，灭亡诛戮，何代无之!我尽忠于宋以至此，愿求早死。"(毕沅:《续资治通鉴·宋纪一百八十四》)博罗劝道:"现在宋已灭亡，你立两个幼主明知不可，何必为之呢?"文天祥说:"父母有疾，虽不可为，无不下药之理。尽吾心焉，不可救，则天命也。天祥今日至此，唯有一死，不在多言。"(毕沅:《续资治通鉴·宋纪一百八十四》)当时元世祖忽必烈四处搜求有才能的南宋官员，派前南宋官员王积翁以高官相许前去劝降，再次遭到文天祥的拒绝。忽必烈还亲自召见文天祥，说:"你如果像事宋那样事我，我当以你为宰相。"文天祥说:"天祥受宋恩，为宰相，安事二姓?愿赐之一死足矣。"(《宋史·文天祥传》)元世祖至元十九年(公元 1282 年)十二月乙未日，文天祥从容不迫地走上刑场，向南跪拜后被处死，时年四十七岁。文天祥就义后，其妻欧阳氏说:"我夫不负国，我安能负我夫!"遂自刭而死。

　　"大厦即倾，其势难复。"文天祥处于南宋王朝土崩瓦解、行将灭亡的时期。以文天祥的才学不可能看不清这一局势，也不会不懂得"大厦将倾，一木难支"的道理，但他仍矢志不渝地效忠于南宋王朝。先是京都临安告急，以全部家资作为军用率兵星夜勤王，上书献御敌之策；京都临安失陷、恭帝退位后，拥立两个幼主，试图兴复宋朝；被俘后，面对死亡威胁和高官厚禄拒不归降，视死如归。是什么力量使他能够这样的义无反顾？这可以从临安告危，文天祥率兵勤王前同友人的一段对话中找到答案。他的友人阻止说："现在元军分三路南下进攻，攻破京城郊区，进逼内地。你以乌合之众万人赴京入卫，这与驱赶群羊同猛虎相斗没有什么区别。"文天祥答道："吾亦知其然也。第国家养育臣庶三百余年，一旦有急，徵天下兵，无一人一骑入关者，吾深恨于此。故不自量力，而以身殉之，庶天下忠臣义士将有闻风而起者。义胜者谋立，人众者功济，如此则社稷犹可保也。"（《宋史·文天祥传》）大意是，我也知道是这么回事。但是，国家抚养培育臣民百姓三百多年，一旦危急征集天下兵马，没有一人一骑入卫京师，我为此感到深深遗憾。所以自不量力，而以身殉国，希望天下忠臣义士听说此事后能够奋起。依靠仁义取胜就可以自立，依靠人多就可以促使事业成功，如果按此行事，国家就有保障了。

"故不自量力，而以身殉之"，表现出的是一种坚守信念和道德，"知其不可而为之"殉身不恤的精神。这是做人的大道理，也是一种人生境界和文化自信。自古以来的志士仁人，不会因为事情是否能够成功或者是否会遇到挫折而动摇自己的志向，而是看是否符合自己所坚守的信念和道德。比干明知纣王暴虐拒谏，却摘星楼强谏三日不去，是这种精神。孔子为推行仁道，周游列国"累累如丧家之犬"而不改，是这种精神。商鞅、王安石不顾旧贵族和豪强反对，极身无二虑，尽公不顾私，坚持变法图强，同样是这种精神。在人类发展史上，一项重大社会变革，一项重大科技革命，往往需要几代人的前赴后继、不懈奋斗。作为其中的一个参与者，常常是看不到胜利和成功的那一天，甚至不能够准确地了解到会不会成功和何时成功。努力不一定成功，但放弃一定会失败。没有知其不可而为之，就没有为而使之可，就不会有人类社会的前进和科学技术的发展，就不会有可歌可泣的历史。文天祥宁死不屈、从容就义的英雄行为令人敬佩，他"故不自量力，而以身殉之"的崇高精神，更加感天动地，令人仰慕！

蒙元汉化（四则）

马克思在《不列颠在印度统治的未来结果》一文中指出："野蛮的征服者总是被那些他们所征服的民族的较高文明所征服，这是一条永恒的历史规律。"（《马克思恩格斯选集》第二卷）在我国历史上，发生过多次少数民族入主中原以后被先进的汉文化所同化的情况，如东晋南北朝时期北魏、东魏、北齐、西魏、北周出现的民族大整合，宋朝时期的辽、金仿效宋制等。成吉思汗建立蒙古国家以后，也出现了吸收汉族文明和仿效宋制的情况，但是，蒙元时期的汉化却与之前的几次汉化，有着显著的不同。

曲折的进程

从公元 1206 年成吉思汗建立大蒙古国，到忽必烈改国号"大元"凡六十五年；从元朝建立，到公元 1368 年元朝灭亡凡九十七年。在这一百六十余年中，充满了主张学习借鉴汉文化的汉化派，与固守蒙古旧俗旧制派的尖锐斗争，蒙元汉化是一个十分曲折的发展过程。其中，比较大的波折就有四次：

窝阔台至蒙哥时期。蒙元汉化是从窝阔台时期开始的。窝阔台公元

1229 年继承汗位以后，第二年便亲率大军攻伐金朝，公元 1234 年春金朝灭亡。他在占领大片领土的同时，也遇到了一个突出的课题，这就是如何统治和管理先进的封建制农耕经济的广大地区。窝阔台任用自幼受到汉文化熏陶的耶律楚材为中书令，在推广汉文化和仿效汉制上采取了一系列举措：元太宗元年，"始立朝仪"；二年正月，"定诸路课税，酒课验实息十取一，杂税三十取一"，冬十一月，"始置十路征收课税使"；三年秋八月，"始立中书省，改侍从官名"；五年六月，"诏以孔子五十一世孙元措袭封衍圣公"，是冬"敕修孔子庙及浑天仪"；八年夏六月，根据耶律楚材的奏请，"立编修所于燕京，经籍所于平阳，编集经史，召儒士梁陟充长官，以王万庆、赵著副之"；同年秋七月，按照耶律楚材的建议，为了限制蒙古贵族在领地的特权，"遂命各位止设达鲁花赤，朝廷置官吏收其租颁之，非奉诏不得征兵赋。"（《元史·太宗本纪》）

窝阔台在位后期沉溺于饮酒、玩乐和奢侈生活，加上蒙古贵族旧势力的激烈反对，耶律楚材的一些改革措施实施非常艰难。元太宗十三年（公元 1241 年）十二月，窝阔台在出猎途中酗酒去世，六皇后脱列哥那氏称制。耶律楚材失势并于公元 1244 年 5 月忧愤身亡。之后，元定宗贵由在位二年，元宪宗蒙哥在位八年。贵由沉于酒色，滥行赏赐，法度不一，致使内外离心。蒙哥"刚明雄毅"，"不乐燕饮，不好侈靡"，主要的精力和业绩是击灭大理、远征西亚、攻伐南宋，疲于四处征战。定宗和宪宗两朝，在推进汉化上不仅没有多少作为，耶律楚材一些仿效汉制的政策还遭到废止。

元世祖忽必烈至元武宗海山时期。元宪宗蒙哥率军进攻重庆崩于钓鱼山之后，忽必烈于公元 1260 年 5 月继承汗位。在此之前，忽必烈受命负责总领漠南汉地事务，受汉文化的影响，认识到"帝中国当行中国之法"。他在即位后的诏书中明确指出："朕惟祖宗肇造区宇，奄有四方，武功迭

兴，文治多缺，五十余年于此矣。……爰当临御之始，宜新弘远之规。祖
述变通，正在今日。"（《元史卷四·世祖本纪一》）表明了变更蒙古旧俗，
推行儒学汉制的治国理念。接着，"法《春秋》之正始，体大《易》之乾
元"（《元史·世祖本纪一》），建元"中统"，定国号为"大元"，进一步
宣示要使"天下一家"，继承中原历代王朝的传统实行其统治。忽必烈统
治前期，实行较为积极的汉化政策：（一）诏立国史翰林院招揽儒学人才，
诏十路宣抚使举文学才识，诏诸路学校提举官，擢用博学老儒。据有关史
料，元世祖中统元年至三年共有十六位丞相，其中汉人7人，蒙古5人，
回回1人，契丹1人，女真1人。汉人为相者，有右丞相史天泽、张启元，
左丞相张文谦、平章政事王文统、赵璧，参知政事商挺、杨果。此外，刘
秉忠、许衡、赵复、姚枢、郝经也都是元初的大儒名臣，对忽必烈和元初
的政治经济产生过重大影响。（二）沿袭宋、金官制，建立封建中央集权
统治机构。"世祖即位，登用老成，大新制作，立朝仪，造都邑，遂命刘
秉忠、许衡酌古今之宜，定内外之官。其总政务者曰中书省，秉兵柄者
曰枢密院，司黜陟者曰御史台。"（《元史·百官志一》）中书省领吏、户、
礼、兵、刑、工六部，地方设行政、赋税制度，削弱宗藩领地的权力。
（三）注重农桑。"太祖起朔方，其俗不待蚕而衣，不待耕而食，初无所事
焉。世祖即位之初，首诏天下，国以民为本，民以衣食为本，衣食以农桑
为本。"（《元史·食货志》）设立劝农司和专掌农经水利的司农司，"仍分
布劝农官及知水利者，巡行郡邑，察举勤惰"，以劝农成绩作为考核官吏
的重要标准。制定"农桑之制一十四条"，颁发全国。（四）承认和提倡以
儒学为主的汉文化。在上都重建孔子庙，在全国多处建"宣圣庙"，举行
尊孔活动。设学官，开学堂，规定用程、朱一套讲授儒学。录用汉族儒生
保存颁刻典籍。用蒙古新字翻译《资治通鉴》等一批汉文经典，供蒙古贵
族子弟诵读。中统三年（公元1262年）发生汉臣江淮都督李璮武装叛乱，

至元年间发生海都、八剌等蒙古保守派反对"汉法"的诸王之乱,使忽必烈增加了对汉人的猜疑,逐渐走上坚持蒙古本位主义道路,拒绝汉化。忽必烈去世之后,元成宗铁穆耳、元武宗海山先后继承皇位。铁穆耳恪守忽必烈晚年遗规,垂拱守成而治,重用伯颜、阿里等一批色目人官僚,基本上排斥汉化。海山虽然尊崇儒学,欲创治改法有所作为,但沉耽淫乐,酗酒过度,在位仅四年,并没有大的建树。

　　元仁宗爱育黎拔力八达至元明宗和世㻋时期。元仁宗爱育黎拔力八达在做皇太子时,曾随汉臣李孟学习儒学。当时有人进《大学衍义》,他命节译讲述,说:"治天下,此一书足矣。"(《元史·仁宗本纪一》)至大四年(公元1311年)三月即位以后,他任用李孟等汉臣,尊孔崇儒,力行汉法。同年六月,读《贞观政要》,说"此书有益于国家",命译为蒙古语,使蒙古、色目人阅读。同年七月,命国子祭酒刘赓到曲阜,以太牢(牛牲)祭孔子。皇庆二年(公元1313年)六月,以宋儒周敦颐、程颢、程颐、张载、司马光、朱熹等及元儒许衡从祀孔子庙廷。元太宗窝阔台时曾用耶律楚材议,采用宋、金科举之法考选文士,忽必烈时期被废止。元仁宗下诏正式恢复和实行科举,"令天下以皇庆三年八月,郡县兴其贤者、能者,充贡有司,次年二月,会试京师,中选者亲试于廷,赐及第、出身有差。自后率三岁一开科。"(毕沅:《续资治通鉴·元纪十六》)他对侍臣说:"朕所愿者,安百姓以图至治,然匪用儒士,何以至此!设科取士,庶几得真儒之用,而治道可兴也。"(毕沅:《续资治通鉴·元纪十六》)延祐元年(公元1314年),敕中书省议,孔子五十三代袭封衍圣公,又命李孟等人择要译写《资治通鉴》。延祐三年六月,封孟轲父为邾国公,母为邾国夫人。元仁宗常说:"明心见性,佛教为深;修身治国,儒道为切。"又说:"儒者可尚,以能维持三纲五常之道也。"(《元史·仁宗本纪三》)他还采用汉人传统的理财方法经理田赋。延祐元年,根据平章政事章闾的建策行经理之法，使有田之家及诸王位下、寺观、学校、财赋等田，一切从实自首，做到"税入无隐"。派大臣在江浙、江西、河南推行经理之法，限四十日以其家所有田亩数如实向官府自报，按亩数纳税，作弊者许人告发治罪。后因遭到诸王贵族和乡豪反对，官员以虚为实，妄增顷亩，经理田赋被迫停止。延祐七年（公元1320年）元仁宗病逝后，十七岁的元英宗硕德八刺继承皇位。元英宗即位后，遏制守旧派太皇太后答己和中书右丞相铁木迭儿的权力扩张，重用拜住、张珪等主张实行汉法的大臣，颁布《大元通制》，裁减冗官，采用"助役法"减轻民众负担，史称"至治改革"。元英宗的新政遭到蒙古守旧势力的极力反对。至治三年（公元1323年）八月，他自上都返回大都途中，在南坡店被御史大夫铁失、铁木迭儿的儿子也先帖木儿和前平章政事赤斤铁木儿等人刺杀身亡。之后，泰定帝也孙铁木儿即位。泰定帝自称"朕遵世祖旧制，其命大臣摄之"（《元史·泰定帝本纪二》），在位五年，没有什么新的建树。泰定帝去世后，经过一番皇位争夺战，元明宗和世瑓天历二年（公元1329年）正月即位。当年八月丙戌，元明宗在一次宴会上被中书右丞相燕帖木儿用毒药害死，死年三十岁。

元文宗图帖睦尔以后。元明宗被害后，图帖睦尔在上都即位成为立国号"大元"后的第八位皇帝，是为元文宗。元文宗统治期间，汉文化得到多方面的提倡。天历二年二月，"遣翰林侍讲学士曹元用祀孔子于阙里。"（《元史·文宗本纪二》）同年二月甲寅，"立奎章阁学士院，秩正三品"（《元史·文宗本纪二》），以精通汉文化的翰林学士承旨忽都鲁都儿迷失和赵世延并为奎章阁大学士，侍御史撒迪、翰林直学士虞集并为侍书学士。选入奎章阁的不仅有一批汉人儒士，蒙古、色目人中的一些通达汉文化的文人，也入阁参与文事。据元文宗所说，立奎章阁的用意是"置学士员，日以祖宗明训、古昔治乱得失陈说于前，使朕乐于听闻。"（《元史·文宗本纪三》）元文宗建奎章阁聚集人才，汉族的儒学在蒙古、色目人中进一步发扬。同年九月，文宗又命奎章阁学士院与翰林国史院采集故事，仿唐、宋会要体例，编纂皇朝《经世大典》。这部大典于至元二年（公元1336年）五月完成，凡八百八十卷，成为元文宗实行"汉法"崇文治的一个标志。他还加封孔子父母及诸弟子，孔子父叔梁纥为启圣王，母颜氏为启圣王夫人，颜子为兖国复圣公，曾子为郕国宗圣公，子思为沂国述圣公，等。同时，以程、朱学说为科举考试的官学，提倡儒学的纲常节孝。元文宗在位四年间，中书右丞相燕铁木儿擅权专政，皇室和朝廷靡费无度造成财政竭蹶，统治阶级内部和社会矛盾日益尖锐。至顺三年八月元文宗在上都因病去世。之后，年仅七岁的元宁宗懿璘质班即位不满两月病死。至顺四年（公元1333年）六月，十三岁的元顺帝妥懽帖睦尔即位。元顺帝统治的前期，中书右丞相伯颜独专相权。伯颜是蒙古蔑儿乞部贵族，在草原贵族旧势力的支持下，极力排斥汉文化和汉人官员。他曾对元顺帝说："陛下有太子休教读汉儿人书。汉儿人读书，好生欺负人。"（蔡美彪等：《中国通史》第四编）至元元年（公元1335年）十一月，伯颜支持中书平章政事彻里帖木儿奏罢科举，朝廷下诏停止科举取士，并把各地儒学贡生庄田的田租改拨为宿卫士的衣粮。发生信阳州棒胡、广东朱光卿等起义以后，伯颜视汉人为仇敌，甚至奏请杀死张、王、刘、李、赵五姓汉人，元顺帝不允才作罢。至元六年（公元1340年）二月，伯颜被除掉以后，元顺帝任命脱脱为中书右丞相，宣布将"与天下更始"，改变排汉的政策，实施了多项变革：恢复科举制，颁行《农桑辑要》，提倡文治和经史，重开经筵每月进讲三次，诏修辽、金、宋三史，整饬吏治，蠲免赋税，等。但是，国家的颓势已经无法挽回，皇族腐败，宫廷内斗，军队衰朽，财政危机，黄河水患不断，各地农民起义风起云涌，元朝日益陷入土崩瓦解的绝境。

夹生饭

蒙元汉化充满激烈斗争，造成推行汉文明的迟滞和畸形，犹如做了一锅夹生饭。元朝的政治、经济、文化等，呈现出蒙、汉、回诸制并举的局面。

儒家思想地位的缺失。蒙古贵族起初信仰多神的萨满教，崇拜"长生天"。直到元朝，萨满教仍在蒙古社会占统治地位，皇室祭祖、祭太庙，皇帝驾幸上都，王公贵族和民间祭祀，都要由萨满教主持仪式。十三世纪初成吉思汗征伐西夏时与西藏高僧有接触，喇嘛教开始引入蒙古社会。从元世祖忽必烈开始，历代皇帝遵奉吐蕃僧侣为帝师，亲自从之受戒，对其狂热崇拜，"百年之间，朝廷所以敬礼而尊信之者，无所不用其至。"（《元史·释老传》）朝廷诏令各郡县广修帝师殿，祭祀第一任帝师八思巴，其规模制度超过孔庙。相比之下，儒学儒士在蒙元统治者心目中的地位要逊色得多。生活在元朝初期的福建儒士郑思肖，曾在《心史》中这样记述当时儒士的社会地位："鞑法：一官、二吏、三僧、四道、五医、六工、七猎、八民、九儒、十丐。各有所统辖。"近代有的学者对"十丐九儒"一说提出质疑，但大量史料佐证，蒙古灭金至元初，大多数儒士的社会地位不高。元太宗窝阔台、世祖忽必烈和仁宗、文宗等开明的元朝统治者，"意识到他们的大部分臣民是汉人，从而容纳某些汉人价值观念和制度是必不可少的"，实行尊崇儒学"意在吸引汉人的支持并且反映蒙古人的利益。"（《剑桥中国辽西夏金元史》）因此，他们在尊儒的同时，又总是采取种种牵制，防止出现儒学一家独尊的局面。由于蒙古贵族保守势力的极力反对，这样的政策也是时断时续。直到元朝灭亡之前，儒家思想始终未能被明确树立为治国的主导方针，丧失了以往汉族王朝时独尊的地位。

政治体制制度的二元色彩。史学家孟森认为："自有史以来，以元代最无制度，马上得之，马上治之"。这里说的"无制度"并不是没有制度，而是指与汉族王朝传统的典章制度差异较大、名同实异。元朝的政治体制，"既行汉法，又存国俗"，表现为"蒙汉杂糅"。例如，在国家机构设置上，中央有中书省、枢密院、御史台，地方有路、府、州、县，同时，蒙古原有的斡鲁朵宫帐制、怯薛制以及投下封邑制等，都继续保存。各位后妃的斡鲁朵都有自己的封邑，另设专门机构主管斡鲁朵属下的户口、钱粮等。怯薛原是斡鲁朵的宿卫亲军，协助大汗处理军国大事。设立中书省、枢密院、御史台以后，怯薛虽然不再是中枢机构，但作为皇帝的近侍，仍然可以干预国事，成为一个特权集团。早在成吉思汗建国时期，占领新地和俘虏奴隶，即分赐给诸王将领等蒙古贵族，称为投下。忽必烈灭南宋后，又增拨江南各地人户给予诸王、后妃、公主、勋臣各投下。投下是诸王贵族世袭的领地，可以在领地建王府，设置官属，应得的岁赐和租税，由子孙世代享有。再如，元太宗时期和元仁宗以后的大部分时间实行科举取仕，"然当时仕进有多岐，铨衡无定制，其出身于学校者，有国子监学，有蒙古字学、回回国学，有医学，有阴阳学。其策名于荐举者，有遗逸，有茂异，有求言，有进书，有童子。其出于宿卫、勋臣之家者，待以不次。"（《元史·选举一》）进入官吏行列的途径五花八门，科举之外有荫补入仕、宿卫入仕、荐举入仕、纳粟补官等。又如，在皇位传承上，蒙古旧制是召开忽里勒台大会由王室贵族推举大汗继承人，元世祖忽必烈有意效汉制立传子之局，因太子真金早死而传位于皇孙铁穆耳，中期有武宗、仁宗之约两系交替继承皇位，之后仁宗背弃前约立子硕德八剌。由于没有定制，多次发生争夺皇位继承权的严重内讧。

经济制度的畸形。蒙古贵族进入中原地区以后，把蒙古奴隶制的生产关系，注入汉族地区封建社会经济的机体，形成奴隶制与封建制并存。

"凡诸王及后妃公主，皆有食采分地。"（《元史·食货志》）灭南宋之后，也多有占地赐田的记载。如武宗赐珊阿不刺平江田一千五百顷，文宗赐伯颜田共达万顷。蒙古诸王投下，在各地自成势力，不仅在税赋上享有特权，朝廷还赐给固定的银、缎等财物。各州县官员、地主也将官私田地，于蒙古诸王投下呈献，求得规避赋役。朝廷虽然多次颁布禁令，禁止诸王、公主、驸马接受呈献的公私田地，但投献之事仍所在多有。蒙古旧制，军将在阵前俘获人口，即为私有奴隶。元朝建立以后，这种俘掠奴隶的惯例并未改易，阿里海牙在湖广一次就俘降民三千八百户为奴。同时，大批蒙古草原南逃的贫民，汉人地区的破产农户，也因偿债被典身为奴。蒙古贵族占有的大量奴隶，称为"驱奴"。元朝法令规定，驱奴与良民的身份、地位不同，和钱物一样属于主人私有，可以买卖。税赋政策也是对各族、各地实行分而治之，蒙古族税收从轻，对汉族和其他民族赋税从重。

"四等人"的民族歧视政策。元朝统治者把人分为四等，蒙古人地位最高，其次是色目人（最早被蒙古征服的西北地区的各族人），汉人和南人地位低下。汉人，是指淮河以北原来金朝统治下和早先被蒙古征服的四川、云南地区的各族人民。南人，是指原来南宋统治下的以汉族为主的各族人民。为了实行政治上的防范和控制，朝廷明确规定各级官府"其长则蒙古人为之，而汉人、南人贰焉。"（《元史·百官志一》）汉人和南人不能做各级官府的最高长官。掌握军事大权的知枢密院事及同知枢密院事，终元之世无一汉人担任。武宗至大二年（公元 1309 年）重申，路、府、州、县的达鲁花赤必须由蒙古人担任，若蒙古人中无此种人才，可从色目人中选用。仁宗延祐三年（公元 1316 年）再次规定，凡汉人当了达鲁花赤者，一经发现，追回任命，此人永不叙用。只有环境恶劣，蒙古人不愿去和不敢去赴任达鲁花赤一职时，才让汉人去充当。科举考选人才也有种种不平等：考试科目，蒙古人、色目人考两场，汉人、南人则需考三场；录取名额，四种人录取人数虽然相同，但汉人、南人众多，从人口比例上相当悬殊，极不平等。此外，禁止汉人持有兵器，"诸汉人持兵器者，禁之"（《元史·刑法四》）。农家生产用的铁禾叉，庙宇中供神用的鞭、筒、刀、枪、弓箭、锣鼓、斧、钺等物，也均在禁用之列。朝廷还多次颁布禁止汉人聚众与蒙古人斗殴的禁令，规定：蒙古人与汉人争，殴汉人，汉人勿还报，许诉于有司；蒙古人打死汉人，只需仗刑五十七下，付给死者家属烧埋银即可；汉人殴死蒙古人，则要处以死刑，并断付正犯人家产，余人并征烧埋银。汉人、南人犯盗窃罪均要刺字，或刺臂、刺项，蒙古人则不在刺字之列。

"蒙古新字"与"汉元白话"。语言文字是传播文明的主要载体。元世祖忽必烈建立元朝的当年，便命"国师"八思巴重新创制蒙古文字，并于至元六年（公元 1269 年）颁行于天下。忽必烈在诏书中说："朕惟字以书言，言以纪事，此古今之通制。我国家肇基朔方，俗尚简古，未遑制作，凡施用文字，因用汉楷及畏吾字，以达本朝之言。考诸辽、金，以及遐方诸国，例各有字，今文治寖兴，而字书有阙，于一代制度，实为未备。故特命国师八思巴创为蒙古新字，译写一切文字，期于顺言达事而已。自今以往，凡有玺书颁降者，并用蒙古新字，仍各以其国字副之。"（《元史·八思巴传》）从中可以看出，忽必烈颁行新制蒙古字，是适应多民族国家建立后的需要，要求用新字拼写蒙古语，同时还要译写其他民族语言主要是汉语，有防止蒙古族被汉化，甚至企图以蒙古族文明统一其他民族文明的用意。由此，蒙古新字成为国家法定的官方文字。为了推广这种文字，朝廷在各地广设蒙古字学校进行教授。大批汉人为获进身之阶，入蒙古字学校读书，一时间精熟蒙古语、取蒙古名字、具有蒙古化倾向的，在汉族并不鲜见。蒙古语的语法、词法还渗入汉语当中，形成一种不伦不类的"汉元白活"文体。辽朝、金朝都曾创立自己的文字，但远没有蒙古新字对汉族地区这么大的影响力。

混杂的法律体系。"元兴，其初未有法守，百司断理狱讼，循用金律，颇伤严刻。"（《元史·刑法一》）建立全国统一政权以后，元朝进行一系列立法活动，先后颁发《至元新格》、《大元通制》、《元典章》、《至正条格》等多部法律。元朝法律的显著特点是保存旧制、附会汉法、蒙汉异制，立法思想和法律内容都比较混乱。一方面"参照唐宋之制"，借鉴吸收汉族的法律制度；另一方面，又不放弃本民族的传统旧制，继续保留原有的诸多习惯法，赋予蒙古贵族特殊的法律特权，确立了民族不同等的法律地位。元律继续维护奴隶制残余，允许蒙古贵族占有和奴役大量奴隶，并强化主奴之间的不平等关系。例如，虽然规定奴隶犯罪归官府审断，主人不得擅杀，但奴隶殴骂主人被主人殴伤致死者，法律不追究责任；主人故意杀死无罪奴隶，仅仗八十七；而奴隶杀伤主人，则一律处死刑；甚至奴隶控告主人，也要处刑。元朝还以法律形式公开肯定民族间的不平等地位，不仅在官吏选用、科举考试取仕、聚众结社、习武狩猎、家用物品等方面，对汉人和南人都有许多禁止和限制，而且实行同罪异罚，汉人、南人处罚重，而蒙古人、色目人则享有减轻或免受处罚的特权。

原因所在

根深蒂固的草原本位主义。所谓草原本位主义，是指以草原地区为国本，国家建设围绕草原地区的利害关系来进行，在中原农业地区实行以北方草原为国家重心的统治模式。草原本位主义导致统治者把游牧草原作为国家的中心，维护草原游牧文明，对农业区也参照游牧区的统治方法来统治。与辽、金虽然起于游牧和渔猎，立国时农耕、采矿、贸易等经济已经有了相当的发展不同，成吉思汗统一草原建立的蒙古国基本是单一的游牧经济，依靠四处征伐掳掠奴隶、财物日益强大，草原本位主义十分突出。蒙元统治者侵占中原和江南以后，只是把这些地域视为掠夺的对象，而不是建设的中心。这一点，从都城选址上看得很清楚。蒙元虽然实际控制的地区在中国传统的领土范围内，但是其名义上仍是中亚等地四个汗国的宗主国，其国家中心一直保留在大漠草原。窝阔台灭金以后，建立的第一个都城和林位于漠北大草原中部，从元太宗到元宪宗，和林都是国家的政治和军事中心。忽必烈受命主持中原地区军政事务时，把自己的统治中心设在漠南草原开平府，而不是更为理想的中原地区重要城市燕京和京兆（今西安）。元朝建立以后，可以作为都城的有开封、西安、燕京、南京等，忽必烈考虑到蒙古贵族的态度，定都在燕京，但他的许多重要政治活动仍然在改称为上都的和林。都城虽然向南有所移动，但终究没有到达当时国家的经济重心淮河以南，甚至没有能够到达黄河流域。起源于草原的蒙古民族，成为一个异常强大的帝国统治者以后，为了确保自己作为少数者能够长期统治天下，必然会全力保护本民族的特权地位、特色和传统，对中原文明这样的异质文化有一种本能抵制情绪。因此，不仅蒙古贵族的保守势力激烈地反对推行汉文化和仿效汉制，即使忽必烈这样开明的统治者，在实行汉化的过程中也会千方百计保留某些蒙古旧俗。入主中原后仍然保留投下、斡脱、怯薛、赐赉、达鲁花赤等蒙古旧制遗规，就是草原本位主义的表现。

占领者的优越感。"若元，则起朔漠，併西域，平西夏，灭女真，臣高丽，定南诏，遂下江南，而天下为一。"（《元史·地理志一》）四处征伐所向披靡、横扫亚欧的巨大成就，使蒙古统治者以胜利者、占领者自居，有一种强烈的民族优越感。在他们看来，受汉文化教育出来的臣民也是如此不堪一击，因而并没有一般后进民族的自卑。蒙古军南下征战中毁灭了大量汉族文化典籍，也残害了许多文章道德堪称楷模的文士儒臣，即使天下统一后他们对这些人也不是特别看重。战胜者、占领者的心态，造就了蒙古统治阶级不可能真正崇拜儒家学说，也不可能真正把儒学奉为指导思想，真正把效法汉制作为治国的根本方略。史料记载，忽必烈曾对亲信侍者说："汉人惟务课赋吟诗，将何用焉?"忽必烈尚且如此，蒙古贵族保守势力对儒学汉制就更加鄙视和不屑一顾。与辽、金王公贵族普遍学习汉学儒经不同，蒙古统治者中习汉文、通儒学汉制者极少。蒙元十五帝，只有仁宗、顺帝对汉文汉学较为熟悉。忽必烈早年学习过汉语，但处理政事仍离不开翻译。许衡是协助忽必烈推行汉化的一位重臣，他每有奏册，"则上自择善译者，然后见之。"史籍中有不少元朝统治者对汉制认识粗浅隔膜的记载。忽必烈将其孙铁穆耳（成宗）立为皇储授"皇太子宝"，元武宗将其弟爱育黎拔力八达（仁宗）立为"皇太子"，元明宗同样也立其弟图帖睦尔（文宗）为"皇太子"，这在汉制中显然属荒唐事。所以出现这种情况，是由于昧于汉制，错误地把"皇太子"等同于"皇储"这一皇位继承者的专用词。更有趣的例子是，泰定帝为了表示对其母的尊崇，竟然要将皇太后之号升格为"太皇太后"，后经大臣指出"与典礼不合"才作罢。统治者对儒学汉制采取这样的态度和如此隔膜，怎么能够会去全力和有效地实行汉化呢?

多元化文明的冲击。元朝疆土"北逾阴山，西极流沙，东尽辽左，南越海表"（《元史·地理志一》），远远超过汉、唐时期。如果加上分裂出去的中亚等地四个汗国，国土更为辽阔。异常广袤的疆域，造成元朝文明的多元化在我国历史上也是少有的。除中原汉文明、蒙古草原文明外，吐蕃喇嘛教文明、中亚伊斯兰文明、欧洲基督教文明等，也有着广泛深刻的影响。"那时在中国使用的口语，几乎包括了历史学家们认为在当时应存在过的所有汉——藏语系和阿尔泰语系的语言，以及重要的西亚语言和某些欧洲语言。在忽必烈时代的中国能遇到的这些服装、举止、仪式、食物、艺术、技艺、哲学和学说的多样性，是七、八世纪唐代长安的盛况以来从未见过的。"（《剑桥中国辽西夏金元史》）多元文明，使不愿出现儒学一家独尊局面的元朝统治者，可以有更多的选择和制衡手段。他们为了争取汉人支持，在一定范围和程度上尊崇儒学、效仿汉制的同时，又极力维护和推崇蒙古草原文明、吐蕃喇嘛教文明，并允许和推动伊斯兰文明、基督教文明等在中原和江南地区传播。多种文明的相互激荡，一方面有利于各种文明在相互学习和借鉴中共同发展，另一方面也必然出现相互竞争和排斥。加上元朝统治者特别是保守势力背后推手的作用，儒学汉制的地位势必受到挑战和冲击。这也是造成汉化迟滞的一个重要因素。

后果和启示

蒙元汉化迟滞带来的严重后果，是元朝统治的早衰早亡。蒙元汉化的本质，是用中原地区先进的封建制文明，改造和替代落后的蒙古草原奴隶制文明。这反映了社会发展进步的必然趋势，反映了文明程度较低的征服者必将被较高程度的文明所征服这一历史规律。蒙元汉化迟滞，使元朝的政治、经济、文化多制并举，草原本位思想、汉文化、回回文化等相互纠结，封建制与奴隶制相互牵制。这样一种畸形的、杂糅的国家制度，显然与当时中原和江南地区较为先进的生产力发展水平不相适应，因而，不可能带来国家政治上的长治久安和经济文化的繁荣发展。大量史料表明，当时奴隶制度的注入，严重阻碍了汉地农业手工业的发展。元代的农业、手工业、商业等，总体上没有超过南宋时期的发展水平，只是在若干部门，如棉织业、印刷业、火炮制造业的生产技术有所前进。文化发展上，虽然出现元曲，总体水平也大大逊于宋代。元朝自忽必烈定国号算起不足百年。这在中国封建社会历史中，全国多民族的统一政权，除秦朝、西晋、隋朝之外，元朝是最短命的一个。关于元朝早衰早亡的原因，史学界观点众多，诸如皇位争夺说、农民起义说、统治阶层腐败说、理财失败说、河患天灾说等。这些说法都有一定的道理，但最带根本性的当属汉化迟滞带来政治、经济、文化体制制度的严重不成熟和混乱。其他一些因素，也与受这一根本性原因所影响和酿成有很大关系。

蒙元汉化的历史说明，一个国家、一个民族要发展进步，必须以宽广的胸怀，积极地学习和借鉴人类社会先进文明成果。文明的交流和互鉴，是推动历史前进的重要途径和动力。拒绝先进文明就是拒绝发展和进步，固守偏见就是固守愚昧和落后，其结果只能是被历史发展的潮流所淘汰。对待先进文明要有一种胸襟，胸襟有多大，眼光就有多大，开创未来的天地就有多大。蒙元统治者中的保守势力，以占领者、征服者自居，一味排斥先进的汉文明，固守草原奴隶旧制，是盲目的民族优越感导致愚昧无知。忽必烈等虽然认识到"帝中国当行中国之法"，在推行汉制中却采取种种限制，用保留某些蒙古旧制来制衡汉法，表现出的也是民族狭隘和缺乏文化自信。我们不能够用今天的眼光去苛求前人，但却可以也应当用今天的眼光去审视历史。这样，才能够更好地总结历史得失，以史为鉴。

毫无疑问，学习和借鉴先进文明，不能全盘照搬，必须与本国和本民族的实际相结合，不能丢掉本民族的传统。但是，民族传统有先进和落后、文明与愚昧之分。蒙元汉化中，落后于时代发展的草原奴隶旧制显然不应属维护和保留之列。有一种观点认为，蒙元汉化迟滞"失之东隅，收之桑榆"，使蒙古民族的传统得以长久保持，为中华民族大家庭历史的发展作出了贡献。朱元璋的明军灭亡元朝以后，元顺帝妥懽帖睦尔率残部北逃大漠。依靠军事力量征服其他国家的蒙古人，也很快失去优势纷纷被迫返回蒙古草原。蒙古族作为中华民族的一员，在大漠草原生生不息。需要指出的是，得以长期保留下来的蒙古民族传统，主要是具有本民族特色的生活习俗，而不是草原的奴隶旧制。

马绍拒非分之福

　　元世祖忽必烈、元成宗铁穆耳时期的尚书左丞相马绍，颇有德誉政声。他有两个显著特点：为人正直，履职尽责；为官清廉，拒绝非分之福。

　　马绍，济州金乡（今山东金乡县）人，历任左右司都事、单州尹、提刑按察司佥事、刑部尚书、兵部尚书、参知政事、尚书左丞、中书左丞等职。他任单州尹时，因政绩突出，民众自发刻石颂德。至元十年（公元1273年），益都宁海发生饥荒，时任山东东西道提刑按察司佥事的马绍，开仓赈济饥民，深受民众拥戴。马绍出任刑部尚书期间，河间地区李移住妄言惑众，图谋不轨，他奉命去审理，使受牵连的数百人免于死刑。

　　当时，桑哥深受元世祖忽必烈的宠信，任尚书平章政事，权势显赫。桑哥推行财政变革，颁行至元宝钞。信州三务提举杜璠对此提出不同意见，认为"至元钞公私非便"。桑哥大怒，要把杜璠治以重罪。马绍从容劝阻说："国家正是要使人敢于讲话，其言可采用则用，不可采用也不为罪。如今对杜璠治以重罪，岂不是与朝廷诏书本意相违背吗？"从而使杜璠得以免罪。至元二十六年（公元1289年），宗亲窝阔台之孙海都再次作乱进攻和林，他所统治下的居民七十余万归服朝廷，散居在云、朔地区。桑哥打算把这些居民迁入内地，马绍坚持认为不可。桑哥勃然怒道："马左丞爱惜汉人，欲令馁死此辈耶？"马绍不迟不疾地说："南土地燠，北人居之，虑生疾疫。若恐馁死，曷若计口给羊马之资，俾还本土，则未归者孰不欣慕。言有异同，丞相何以怒为？宜取圣裁。"（《元史·马绍传》）意思是，南方天气炎热，北方人来居住不习惯，恐会造成疾疫。若说怕他们饿死，何不按人头给他们买羊马的钱，让他们回到本土去，那些未来归附的人一看，谁不羡慕。我们意见不同，丞相你何必大发脾气？最好请皇上圣裁。元世祖忽必烈认为马绍的意见是对的。桑哥为了增加财政收入，实行横征暴敛。一次，桑哥召集诸路总管三十人去朝见忽必烈，让这些人报告所征财赋多少，以表明自己推行财税变革的成效，取得皇上的称赞。不料，忽必烈却说："要多征收财赋，非使百姓贫困不堪不可，难道朕的府库中缺少这些财赋吗？"退朝后，马绍让太史馆把忽必烈的这些话记载下来作为圣训。桑哥要增加盐课，马绍又认为："若不节省不需要的开支，虽把田赋加数倍也是不够用的。"增加田赋的计划也被打消了。

桑哥依仗元世祖忽必烈的宠幸长期专权，日益作威作福，结党营私，排斥异己，贪赃枉法，作恶多端。"由是以刑爵为货而贩之，咸走其门，入贵价以买所欲。贵价入，则当刑者脱，求爵者得，纲纪大坏，人心骇愕。"（《元史·桑哥传》）尚书省在桑哥的把持下，连刑罚和爵位都作为商品来买卖。那些触犯刑法和追求爵位的人，到桑哥的门下出了高价，当判刑者可以脱身，想当官者可以得到升迁。一次朝廷把都城种苜蓿的土地分给居民，权贵们却据为己有，其中一块分给马绍，马绍坚决不要。桑哥为了拉拢马绍，欲奏请皇上把这块地赐予绍。马绍仍坚决推辞，说："绍以非才居政府，恒忧不能塞责，讵敢徼非分之福，以速罪戾！"（《元史·马绍传》）大意是，我没有什么才能在官府做事，常常担心不能尽职尽责，怎敢乞求分外的福分，而招致罪过！后来桑哥被人揭发而倒台，朝廷追查他曾行贿赂的人，查看他的账本，一大批朝中官员受到牵连，唯独没有马绍的名字。忽必烈称赞马绍"忠洁可尚",让他继续任尚书左丞一职。元成宗元贞元年(公元 1295 年)升迁为中书右丞。马绍于大德三年(公元 1299 年)病卒,著有诗文数百篇。

马绍拒非分之福,反映了古人修身立德的一种境界。非分者,不合本分,非本分所应有也。诚然,人人都向往福分,也有追求名誉、地位、财富的权利。但是,这种追求应当取之有道,不能够采取不正当的手段和途径,去得到那些不合本分、自己所不应该得到的东西。明代思想家洪应明在《菜根谭》中说过:"非分之福,无故之获,非造物之钓饵,即人世之机阱。"天上不会掉馅饼,世界上没有免费的午餐。天欲祸之,必先福之。求非分之福者,必招来非分之祸。从古至今一个个贪官污吏,若不是为了不义之得,又何至于落得个身败名裂、家破人亡呢?恪守本分,不谋非分之名,不贪非分之利,不求非分之福,这才是做人为官的正道。

做到拒非分之福,根本在于要绝非分之念,能够控制自己的欲望。欲望是人的天性,但必须受到法律和道德的约束,做到欲不逾矩,欲不损德。古时有一个描述欲壑难填的顺口溜:"终日奔波只为饥,方才一饱便思衣,衣食两般皆俱足,又想娇容美貌妻。娶得美妻生下子,恨无田地少根基,买得田园多广阔,出入无船少马骑。槽头拴了骡和马,叹无官职被人欺,当了县丞嫌官小,又要朝中挂紫衣。若要世人心里足,除是南柯一梦西。"懂得知足,节制欲望,没有非分之想,才不会坠入欲海不能自拔,才能够防止因追逐非分之福而招来非常之祸。

别的因"三知"成人

　　别的因是元朝宪宗至武宗时期的一位大臣。其父抄思是一员骁勇战将，官至副万户，在别的因幼年时便病卒。元宪宗在位时，别的因奉旨袭父职为副万户，镇守随、颍等地。"别的因身长七尺余，肩丰多力，善刀舞，尤精骑射，士卒咸畏服之。"（《元史·别的因传》）

　　元世祖忽必烈即位以后，对别的因"委任尤专"，中统元年（公元1260年）冬十一月，任命他为寿、颍二州屯田府达鲁花赤（元朝官职称谓，多为掌握地方行政和军事实权的长官，后来中央政府部门也有这一官职）。当时二州地多荒芜，时有老虎食伤民妻的事情发生。别的因立槛设机诱杀猛虎，虎害顿息。至元十三年（公元1276年），授明远将军、信阳府达鲁花赤。信阳亦多有虎害，别的因亲自率众出猎，射杀猛虎，为民除害。至元十六年（公元1279年），进宣威将军、常德路副达鲁花赤。该路同知李明秀作乱，别的因单骑至李明秀处，晓以朝廷恩德。李明秀平素便畏服别的因，遂表示愿意臣服，使这场叛乱得以平息。至元三十一年（公元1294年），进怀远大将军，调任池州路达鲁花赤。他赴任途经荆山，听说这一带时常有野猪损坏庄稼民莫能制，便用狼牙箭射杀逐走野猪，受到当地民众称赞。大德十三年（公元1309年，《元史·别的因传》记叙有误，大德年号仅存十一年，应为元武宗至大二年），进昭勇大将军、台州路达鲁花赤。八十一岁病逝。

为官历来是一个高风险职业。别的因为官期间，元朝统治阶级内部争斗不断，先是忽必烈与阿里不哥争夺皇位，接着是蒙、汉、色目集团的权力争夺。在如此险恶的政治环境中，别的因事元宪宗、元世祖、元成宗、元武宗四帝，为官凡五十余年，能够在各个官职上有所作为且安然无恙、全身而退，实属不易。原因在于他一生恪守"三知"成人。别的因早年丧父，由母亲张氏教养长大。张氏教导他说："人有三成人，知畏惧成人，知羞耻成人，知艰难成人。否则禽兽而已。"（《元史·别的因传》）别的因"受教唯谨"。

"三知"成人，既是古今做人之道，也是古今为官之道。

知畏惧成人。常怀畏惧之心，是人人都不可缺少的一种自律意识。心怀畏惧，才能够做到戒骄戒躁、慎言慎行，不会随心所欲、胡作非为。为官者手中掌握一定的权力，更应当是一位知畏惧者。有句话说得好："权力像座桥，桥下有座牢；官员悠悠桥上过，歪心邪步掉进牢。"常怀畏惧之心，便是安全过桥的一个秘诀。为官做人必须有"四畏"：要畏惧真理，自觉做到信仰真理、践行真理、坚持真理，勇于修正错误，否则就会受到真理的惩罚；要畏惧人民，自觉做到以民为本，爱民、为民、不欺民，否则就会受到人民的唾弃；要畏惧法纪，自觉做到尊法守纪，不做特殊公民，守住底线，否则就会受到法纪的制裁；要畏惧历史，自觉做到向历史负责，做事情要经得起实践的检验、时间的检验，否则就会受到历史的审判。"头上三尺有神明。"在这些问题上，必须老老实实、真真切切地有畏惧之心，不能搞阳奉阴违，不能自以为别人不知而为之，不能因违者众而放任自己，不能有任何侥幸心理。

知羞耻成人。孔子曰："行己有耻，使于四方，不辱君命，可谓士矣。"(《论语·子路》)"道之以政，齐之以刑，民免而无耻；道之以德，齐之以礼，有耻且格。"(《论语·为政》)知羞耻，是中华民族的传统美德，是做人为官的道德基础。羞耻心作为一个人做了违背道德和法纪的事情，所产生的内疚、自愧的心理体验，是善恶观念、是非观念、美丑观念、荣辱观念的一种综合反映。一个人只有对自己的言行有羞耻心，才能够保持清醒头脑，知道哪些能够去做，哪些不能够去做，经常自觉地反省自己的错误，检点自己的言行，积极主动地调整自己的失范之处。羞耻心一旦丧失，就会是非、美丑、善恶不分，甚至以耻为荣，追腐逐臭，无恶不为。知耻者方可知止，坚决不去干那些有违于道德和法纪的事情；知耻者方能向善，努力去干那些有益于国家和民众的事情。

知艰难成人。"艰难困苦，玉汝于成。"艰难是励志和成就事业的磨刀石。人的成长不可能一帆风顺，事业的成功不可能一蹴而就。一个优秀人才的造就，离不开劳其筋骨、苦其心志的艰难困苦磨炼。一项事业的成就，往往需要一代乃至几代人的艰苦奋斗。"生于忧患，死于安乐。"贪图享乐是堕落和走向犯罪的开始。历代的贪官和昏君，都是从追求享乐，走上逸豫亡身、奢侈败国之路的。只有真正懂得并且不畏艰难困苦的人，才能够做到不忘昨天，珍惜今天，去创造更加美好的明天。

别的因不仅自己唯谨践行"三知"成人的教诲，而且坚持以此训导子孙。长子不花任岭南广西道肃政廉访司事，二子文圭赠秘书监著作郎，三子延寿官至汤阴县达鲁花赤，均有政声德誉。其孙守恭、曾孙兴权，"皆读书登进士科，人多称之。"(《元史·别的因传》)

"缓称王"成就帝业

　　元朝末年，朝廷腐败，统治集团内部相互倾轧，不平等的民族政策和残酷剥削导致民族矛盾、阶级矛盾日益尖锐，加上严重的河患等自然灾害频发，各地农民起义风起云涌。至正十二年（公元1352年），放牛娃出身的朱元璋投奔到在濠州发动起义的郭子兴手下并受到重用，不久便受命总领其军。三年后郭子兴病死，建号"大宋"的红巾军首领韩林儿、刘福通发布檄文，任命郭子兴之子郭天叙为濠州都元帅，部将张天祐和朱元璋分别任左、右副元帅。由于战功和威望卓著，朱元璋成为这支起义军的实际统帅。

　　至正十七年（公元1357年），朱元璋攻下徽州后，咨访当地名儒朱升召问时务。朱升献策对曰："高筑墙，广积粮，缓称王。"（《明史·朱升传》）朱元璋听后大喜，感到这一献策具有远见卓识正合自己的心意。于是，"缓称王"便成为朱元璋在群雄争霸中，成就帝业的一项重要战略策略。

　　当时，元朝统治者在各路起义军的进攻下分崩离析，大势已去。北方和江南各路农民军在与元军对抗的同时，为争夺势力范围也陷入相互残杀。在各路起义军中，韩山童、刘福通领导的红巾军影响最大，"从者数十万"，先后攻占颍州、亳州、朱皋、确山、息州、光州等地。韩山童牺牲后，刘福通于至正十五年（公元 1355 年）二月在亳州建国号"大宋"，立韩山童之子韩林儿为"小明王"，年号"龙凤"。"大宋"建立后，派遣使者分别与各路起义的农民军联络，企图把各地起义队伍统一在"小明王"的旗帜下。不久，"大宋"内部出现纷争，刘福通忌恨丞相杜遵道专权，杀死杜遵道自为丞相。"大宋"红巾军在取得一系列胜利后，从至正十七年六月开始，由丞相刘福通亲率主力，分三路大军北上作战。这次北伐持续三年多，由于内部失和，缺乏周密的作战计划，兵力分散且流动作战，三路大军被元军各个击破，最终全军覆亡。

与此同时，南方各路的农民军，乘元军主力忙于抗击"大宋"红巾军之机有了较大发展，纷纷割据一方，并为了抢占地盘相互进攻。除朱元璋占据江左、浙右诸郡之外，比较大的割据势力有：

陈友谅割据江西、湖广地区。陈友谅原是徐寿辉、倪文俊领导的农民起义军的一位部将。至正十六年徐寿辉在汉阳建立天完政权以后，陈友谅先后杀害倪文俊和徐寿辉，于至正二十年自称皇帝，建号汉国。"当是时，江以南惟友谅兵最强。"（《明史·陈友谅传》）

张士诚割据安徽、江苏。张士诚于至正十三年在泰州白驹场联络盐民举行暴动，先后攻下高邮、兴化、平江、湖州等地，自称"诚王"，国号"大周"。曾归服元朝，后又反叛。至正二十三年（公元 1363 年），自立为吴王。"当是时，士诚所据，南抵绍兴，北逾徐州，达于济宁之金沟，西距汝、颍、濠、泗，东薄海，二千余里，带甲数十万。"（《明史·张士诚传》）

盘踞海上的方国珍。方国珍于至正八年为逃避官府追捕，与其兄方国璋和其弟方国瑛、方国珉逃亡海上，在浙江沿海聚众数千人，抢劫过往船只，阻塞海路。元朝一再招降方国珍，他一再接受元朝官职，但仍然劫掠海上，与元军作战。方国珍拥有海船一千三百余艘，占据海道，是威震海上的一支强大力量。

独据巴蜀的明玉珍。明玉珍曾是徐寿辉天完红巾军的一位元帅，至正十七年率领水军在川、峡一带收掠粮草，乘机攻占重庆。陈友谅杀死徐寿辉后，明玉珍自主为陇蜀王。至正二十二年，明玉珍建国号"大夏"，即皇帝位，"分蜀地为八道，更置府州县官名"（《明史·明玉珍传》），成为独据西南的一大势力。

割据福建的陈友定。陈友定是乘红巾军兴起招募甲兵的地主武装势力，先后被元朝任命为行省参政、分省平章。至正二十六年，陈友定消灭占据泉州的色目人赛甫丁、阿迷里丁地主武装，成为割据福建八郡的首领。

朱元璋在群雄纷争的复杂局势下实行"缓称王"的战略策略，大体分为三个阶段：

第一阶段，至正二十三年之前，尊奉"大宋"小明王，不打自己的旗帜，专注于扩充实力。至正十五年，刘福通拥立小明王韩林儿为帝、建号"大宋"之后，任命朱元璋为都副元帅。朱元璋虽不愿受制于人，"然念林儿势盛可倚藉，乃用其年号以令军中。"（《明史·太祖本纪一》）至正十六年，朱元璋攻下集庆，改名应天府，又接受"大宋"任命的官职，为江南等处行省平章事。当时，朱元璋占领浙东、江西大片地区，早已独立成军，但仍尊奉韩林儿的"大宋"，而不过早地建号称王。至正十九年，又接受小明王授予的江西行省左丞相称号。全正二十一年，小明王加封朱元璋为吴国公。朱元璋在婺州设浙东行省，张挂两大黄旗，上写"山河奄有中华地，日月重开大宋天"，以表明与"大宋"的目标一致。"大宋"军北伐失败后，张士诚的部将吕珍进攻小明王韩林儿所在的安丰。朱元璋亲自领兵相救，迎回韩林儿安置在滁州，韩林儿便成为朱元璋手中的一面旗帜。同时，下大力扩充、整饬军队，广招四方贤良儒士，屯田积谷，加强占领区政权建设。针对起义军队伍成分复杂、纪律松弛的情况，严明军法，建立严格的军纪。每攻占一地便访求贤良、招请名儒，在应天府特设礼贤馆，先后招纳刘基、章溢、叶琛、宋濂、夏煜、孙炎、杨宪等一大批名士，其中不少人成为朱元璋夺取天下和后来治国理政的重要辅佐。改变向民间征收寨粮供军需的做法，设置营田司，以元帅康茂才为都水营田使，分派诸将率兵在龙江等地屯田以供军需，成效显著。"一三六〇年三月，下令罢征寨粮。一三六三年二月，康茂才督率屯田得谷一万五千石，除军需外，尚余七千石储存。"（蔡美彪主编：《中国通史》，第304页）置税课司、关市批验所，制定茶法、盐法，管理商业。经过数年经营，军队数量和战斗力得到极大提升，人才济济，粮有积存，为进一步扩张势力、夺取天下，奠定了坚实基础。

　　第二阶段，至正二十三年至二十六年，伺机兼并陈友谅，建号吴王，但仍尊奉"大宋"小明王。陈友谅建立的汉国，与朱元璋占据的江西和浙右诸郡地区接邻。陈友谅曾多次进犯应天府，两军不断相互攻战。刘基向朱元璋献成就王业之策："友谅劫主胁下，名号不正，地据上流，其心无日忘我，宜先图之。陈氏灭，张氏（张士诚）势孤，一举可定。然后北向中原，王业可成也。"（《明史·刘基传》）于是，首先征伐陈友谅。为集中兵力攻打陈友谅，朱元璋还派遣使者通好元军，以防止陷入两面作战。至正二十三年七月，朱元璋亲率大军在鄱阳湖与陈友谅展开激战，陈友谅在突围中中流矢身亡，其弟陈友仁败死，汉国灭亡。兼并陈友谅后，朱元璋实力大增，大势渐成。至正二十四年（公元1364年）正月，朱元璋在应天府"即吴王位，建百司官属，置中书省左右相国。以李善长为右相国，徐达为左相国，常遇春、俞通海为平章政事，汪广洋为右司郎中，张昶为左司郎中。"（毕沅：《续资治通鉴·元纪三十五》）这一时期，朱元璋虽然称吴王建立了自己的政权，但发布号令称"皇帝（小明王）圣旨，吴王令旨"，仍以"大宋"的"龙凤"为年号。所属军队将士全部着红色服装，树立红色旗帜，以表明继承红巾军的传统。

第三阶段，至正二十六年以后，抛弃"大宋"的旗帜，建号"大明"，铲除割据势力，北上灭元，统一天下。随着朱元璋实力的不断强大，取代元朝、统一天下的条件日益成熟。眼看胜利在望，朱元璋便决心抛掉多年尊奉的"大宋"小明王旗帜，打出自己的旗号，开始了剪灭割据、北上灭元，统一天下的历史画卷。至正二十六年五月，朱元璋起兵兼并张士诚的东吴。他在发布的文告中，把红巾军以"白莲教"等宗教外衣发动起义，说成是由于元朝政治昏暗"致愚民误中妖术，不懈偈言之妄诞，酷信弥勒之真有，冀其治世，以苏其苦，聚为烧香之党"；自述他的起兵是"灼见妖言不能成事，又度胡运（指元朝）难与立功，遂引兵渡江"。文告虽然仍然沿用"皇帝圣旨，吴王令旨"，继续使用大宋龙凤年号，但已明确表露出与红巾军的分歧。至正二十六年十二月，兼并东吴的战争取得了决定性胜利，朱元璋便彻底抛开了"大宋"小明王这面旗帜。当月，小明王韩林儿在被朱元璋手下大将廖永忠从滁州接往应天途中，坠江而亡。关于韩林儿死亡的原因，《明史·韩林儿传》中有如下记载："或曰太祖命廖永忠迎林儿归应天，至瓜步，覆舟沉于江云。"《明史·廖永忠传》记述得更为明白："初，韩林儿在滁州，太祖遣永忠迎归应天，至瓜步覆其舟死，帝以咎永忠。"从此，朱元璋不再用龙凤年号。至正二十七年九月，张士诚兵败，退入室中自缢未遂，被押往应天府处死，东吴灭亡。之后，朱元璋派大将朱亮祖进攻台州，征南将军汤和进攻庆元，方国珍投降，方国瑛逃亡海上，浙东割据势力败亡。至正二十七年十月，朱元璋从水陆三路进军盘踞福建八郡的陈友定，经两个月激战，陈友定战败后服毒不死，被擒至应天府处决。在进军福建的同时，朱元璋命徐达为征讨大将军，常遇春为副将军，率师二十五万自淮安北上，攻取中原。朱元璋在发布的告天下檄文中宣称："当此之时，天运循环，中原气盛，亿兆之中，当降圣人"，提出了"驱逐胡虏，恢复中华，立纲陈纪，救济斯民"的纲领。至正二十七年底，益都、东平、济南、济宁等地元军将领相继投降，朱元璋尽收山东全境。在南征北伐大军取得节节胜利之际，中书右丞相李善长率百官奏请朱元璋正式建国称帝。次年（公元1368年）正月初四日，朱元璋在应天府奉天殿即皇帝位，"定有天下之号曰明，建元洪武"，"立妃马氏为皇后，世子标为皇太子。以李善长、徐达为左、右丞相，诸功臣进爵有差。"（《明史·太祖本纪二》）之后，征虏大将军徐达等领兵攻下元大都，元顺帝妥懽帖睦尔等被驱赶至漠北；洪武二年（公元1369年），廖永忠等率军平定广东、广西；洪武四年（公元1371年），明太祖朱元璋任命汤和为征西将军，进军重庆、成都，割据巴蜀的"大夏"灭亡；洪武十四年（公元1381年），朱元璋亲自制定作战方略，命傅友德、蓝玉等率领大军征伐西南，先后攻克昆明、大理，云南平定。至此，"禹迹所奄，尽入版图，近古以来，所未有也。"（《明史·地理志》）朱元璋完成了统一天下，建成明朝这一幅员辽阔的多民族国家的伟业。

朱元璋"缓称王"，贯彻和体现了韬光养晦的策略思想。《晋书·皇甫谧传》中有"韬光逐薮，含章未曜"一说。晚清思想家郑观应在《〈盛世危言〉自序》中写道："自顾年老才庸，粗知《易》理，亦急拟独善潜修，韬光养晦。"韬光者，隐藏锋芒，含而不露；养晦者，修缮不足，隐退待时。韬光养晦，是在错综复杂的局势中，处于弱势和困境的情况下，着眼长远和全局，隐忍收敛，积蓄力量，等待时机成熟时有所作为的一种战略行为方式。

郭子兴病死时，朱元璋所领导的那支农民起义军还比较弱小。当时，韩山童（后为韩林儿）、刘福通的红巾军力量最强、影响最大，建号"大宋"后联络各路起义军，更是以统领全国农民起义军自居。各地农民起义军也都慑于其影响，以红巾军相称。在南方各路起义军中，陈友谅、张士诚、明玉珍的实力也都强于朱元璋，纷纷建立国号，自封皇帝或自称为王。朱元璋比这些人的高明之处在于，当自己的力量不具备与对方抗衡、不可能有所作为的情况下，不自建号，不称王称帝，而是尊奉韩林儿、刘福通的"大宋"，接受"大宋"封授的官职，使用"大宋"龙凤年号，甚至在队伍着装、旗帜的颜色上都与"大宋"保持一致。这样做的结果，一则表明奉红巾军正统，在政治上、军事上都处于有利的地位；二则避免自树目标，有益于保存实力；三则不务虚名，抓紧时机发展自己，聚集大量的人力、物力和兵力，为平定天下准备足够的条件。这样经过数年，局势发生了重大变化：元朝统治集团方面，在镇压了刘福通统帅北伐的"大宋"红巾军后，元军实力大丧，加上内部自相倾轧，已不再具有可以统一指挥镇压农民起义军的能力和军事力量；农民军方面，北伐失败导致实力最强、影响最大的"大宋"红巾军覆灭，南方各路割据势力虽然都有一定发展，但朱元璋经过多方经营发展最快，已经具有与其他割据势力一决高下、进而统一天下的实力。于是，朱元璋便不失时机地抛弃"大宋"小明王的旗帜，先是建号吴王，后又建国"大明"称皇帝。明王朝的建号，在全国范围产生了重大的政治影响。尔后乘势出击，各个击破兼并各路割据势力，北上攻取中原推翻了元朝的统治。

一些史论对朱元璋先是尊奉"大宋"韩林儿，后又抛弃这面旗帜颇有微词。有的认为这是不忠、不仁、不义。也有的认为，这一举动"是对红巾军的公开背叛"，"表明朱元璋不再是起义农民的领袖，而转化为地主阶级的领袖了"。这又是涉及对历史人物的评价，应当主要看他对社会发展进步的贡献，还是以道德为标准的问题。朱元璋出身社会最底层，推翻了元朝的黑暗统治，建立起多民族统一的明朝政权，成为一代开国皇帝；即位后三十多年勤政廉政，重农桑，崇教化，惩贪腐，完善法规章程，开创了"洪武之治",虽有种种失误,其武功文治在中国历代帝王中当属佼佼者。毛泽东曾评价说:"自古能君无出李世民右者,其次则朱元璋。"朱元璋在统一天下中实行韬光养晦的策略,根据局势变化和自身力量由弱变强,审时度势,由尊奉小明王转向打出自己的旗帜,反映了他非凡的政治智慧和雄才大略。其中有些做法特别是派遣廖永忠将韩林儿沉江身亡,虽然有失称道,但这种现象在历史上你死我活的群雄逐鹿中当属司空见惯。有哪一位开国君王,是仅仅靠恪守忠、信、仁、义和温良恭俭让成就帝业和霸业的呢?至于说朱元璋不再是起义农民的领袖,已经转化成了地主阶级的领袖,则是他角色转换的历史必然。在封建社会,地主是统治阶级,皇帝作为最高统治者,自然是地主阶级的总代表。朱元璋虽然贫苦出身并领导了农民起义,称王称帝后势必要实行封建制度和维护封建统治。他早年的经历,至多能够使他在实行某些政策措施时适当考虑到贫苦阶层,但已不再可能去真正代表农民阶级,成为农民阶级的领袖。

洪武肃贪

洪武年间，朱元璋发动了一场声势浩大的肃惩官员贪腐运动。后人对这一事件的评价，褒贬颇为不一。

一位对贪腐深恶痛绝的皇帝

朱元璋于元朝天顺帝天历元年（公元 1328 年），出生在淮北濠州钟离一个贫苦农民家庭。十七岁时，"父母兄相继殁，贫不克葬。"（《明史·太祖本纪一》）好心的邻居刘继祖慨然舍了一块地，才使朱元璋的父母和兄长得以安葬。忍饥受饿又孤无所依的朱元璋，为生活所迫到皇觉寺为僧。由于连年灾荒，寺庙的生活也难以为继。朱元璋只好出外游方挂单，成为一个四处乞讨的游僧。他先后南下西汝、合肥，西转固始、光州、息州、罗山、信阳，北上汝州、陈州，东去鹿邑、亳州、颍州，前后三年沿途托钵，受尽了人生辛苦，也阅尽了民众的苦难和天下的黑暗。元朝残酷的压迫和剥削激起天怒人怨，人们借白莲教秘密串联，各地纷纷爆发农民起义。至正十二年（公元 1352 年），二十五岁的朱元璋被迫上梁山，参加了定远人郭子兴在濠州起兵领导的农民起义军，并很快成为这支起义军的一位重要将领。郭子兴病逝后，朱元璋又进一步成为这支农民起义军的统帅。之后，他三十七岁时自立为吴王，四十一岁时建国号大明称帝。在中国两千多年的封建社会中，朱元璋是继汉高祖刘邦之后，第二个起自布衣的皇帝。而他出身之贫贱，早年经历的艰难困苦，以及对生活在社会最底层广大民众的苦难与期盼的了解，都远远超过刘邦。

正是这样的出身和经历，使朱元璋登上皇位以后，与其他历代封建帝王相比，有两个较为显著的表现：

一个是崇尚节俭，能够更多地关心民众疾苦。在历代封建帝王中，像朱元璋身居皇位始终保持节俭之风的，少之又少。在应天府建号吴王时，主持修建宫室的官员把图纸呈报给朱元璋。他看到宫室的设计雕琢精奇瑰丽，就命令去掉华丽的装饰，并对侍臣们说："远古时的皇帝，住在草屋里的都是圣贤君主，住在雕梁画柱中的都是难逃灭亡的命运，我以为节俭是最宝贵的，切不可用尽人民的财力。"称皇帝后，朱元璋的车舆器具等物按惯例应该用金饰，他命均以铜替代。有司言："费小不足惜。"朱元璋讲道："朕富有四海，岂吝乎此？然所谓俭约者，非身先之，何以率下？且奢侈之原，未有不由小至大者也。"他还命令太监在宫墙内种菜，织造麻鞋、竹签自用。潞州进贡人参，他遂命却之，说："人参得之甚艰，毋重劳民。往者金华进香米，太原进葡萄酒，朕俱止之。国家以养民为务，奈何以口腹累人！"他临终前遗诏躬先薄葬："丧祭仪物毋用金玉。孝陵山川因其故，毋改作。天下臣民，哭临三日，皆释服，毋妨嫁娶。诸王临国中，毋至京师。"朝廷还诏令各地，婚丧诸事不得奢侈浪费。在朱元璋的带动下，明朝初期朝廷上下自奉俭素成风。"太祖惟率先恭俭，而后立法以整齐一国，则人已以朴为荣，以华为辱矣，况复有法令在耶！"（孟森：《明史讲义》，第35页）

朱元璋建明称帝后虽然已经成为地主阶级的总代表，早年的苦难经历，仍使他对民众特别是农民的生存状况和需求有较多的关注。他对大臣们说："四民之中农民最劳最苦。当春之时，鸡鸣而起，驱牛秉耒而耕，及苗既种，又须耘耨，炎天赤日，形体憔悴。及至秋成，输官之外，所余无几，一遇水旱虫蝗，则举家皇皇，毫无办法。国家赋税出于农民，力役也出于农民，要使国家富强，必须使农民安居乐业。"于是，一方面奖励农耕，兴修水利，采取多种措施使民众增产增收；另一方面，遇有旱涝赈灾减赋，资助老、弱、孤、寡等不能自力者。"太祖定制，凡四方有水患，蠲免赋税。暨年无灾伤，也择地瘠民贫的地方特别优免。凡岁灾尽蠲二税，且贷以米，或赐以米布和钞。又设预备仓，令老人运钞易米以储粟，旱伤州县，如地方官不奏，许耆民申诉，处地方官以极刑。……在位三十多年中，所赐布钞达数百万，米百余万，所蠲租税无数。"（吴晗：《明史简述》（增补本））《明史·太祖本纪》中，洪武元年春正月至洪武二十八年秋八月，有关各地遇旱涝灾害，朝廷下诏免减租税、存恤鳏寡孤独废疾者、责令有司和官员赴灾区赈抚的记载，多达八十余处。朱元璋治吏十分严酷，但史籍中少见他对普通民众严刑峻法的记载。清末著名明史学者孟森评述："太祖之好用峻法，于约束勋贵官吏极严，实未尝滥及平民，且多惟恐虐民。"（孟森：《明史讲义》，第68页）

再一个是对贪官污吏极为仇视。朱元璋幼小时便耳濡目染官吏的腐败和作威作福，心中深深埋下对贪官污吏仇恨的种子，登上皇位后便立志严惩贪腐。《明太祖实录》中多处记述他这方面的论述。他多次对大臣们说："昔在民间时，见州县官吏多不恤民，往往贪财好色，饮酒废事，凡民疾苦，视之漠然，心实怒之。故今严法禁，但遇官吏贪污蠹害吾民者，罪之不恕。"（《明太祖实录》卷三十九）一次，各地府州县官入朝见驾，朱元璋对他们说："天下初定，百姓财力都已困乏，好比雏鸟初飞，不可拔其羽毛，又好比新植幼树，不可摇其根基。现在重要的是让他们休养生息。

只有廉洁奉公之人才能克己为人，贪官污吏必然剥削他人谋取私利。才思敏捷的人或沉溺于私利，善良柔和的人或违心于私利，这些都是不廉洁造成的。你们应当引以为戒！"

明朝政权建立初期，元朝官场腐败、贿赂公行的遗风仍大量存在。一些跟随朱元璋南征北战、开创江山的功臣宿将，也开始贪赃枉法、巧取豪夺、贪墨成习。政奢官贪，严重影响了与民休养生息政策的实施，加剧了社会矛盾和阶级矛盾，已直接危害到新政权的巩固。严峻的形势使朱元璋认为，"不禁贪暴，则民无以遂其生"，"此弊不革，欲成善治，终不可得"。于是，一场严惩贪污腐败的政治风暴，便不可避免地开展起来。

历史上一个个重大事件，无不打上它所处时代的烙印，也会打上这些历史事件主要制造者的烙印。洪武惩贪，既是巩固新生的明朝政权的需要，也是朱元璋这位出身社会最底层的皇帝极端仇恨贪官污吏使然。这便是中国两千多年封建社会，一个个王朝都是败亡于腐败，各个朝代虽然也都高唱反贪倡廉，而唯有朱元璋一朝铁腕惩贪的因由所在。

罕见的严刑治贪

朱元璋肃清贪腐官吏，手段之强硬，用刑之残酷，为历史所罕见。

空印案。早在元代太宗窝阔台一朝，就有所谓"御宝空纸"的现象。即在空白文书上预先钤上皇帝御宝，由中书省臣填充发布，不必再经皇帝用印。各级官员也采用类似的办法，由色目、汉人官员填充钤有官印的文书，不必经蒙古长官亲自用印。相沿既久，习以为常。明朝建立之初，地方官员也沿用这一旧例，持所谓"空印文书"到户部审核钱粮军需，这自然为贪污作弊提供了便利。洪武九年（公元1376年），朱元璋考校钱粮册书，察知此事（《明史》对空印案的时间记载不一，以《郑士利传》和《叶伯巨传》的记述和推算为洪武九年，而《刑法志》有"先是十五年空印事发"一说）。"陛下欲深罪空印者，恐奸吏得挟空印纸，为文移以虐民耳。"（《明史·郑士利传》）于是，将各级主印官员逮捕入狱，自户部尚书至府县守令等署印官长数百人以"抵欺"罪处死，副职以下官吏榜笞一百流放戍边。湖广按察使佥事郑士利之兄郑士元涉及此案。郑士利上书为其兄诉冤，认为"自立国之初未尝有空印之律，有司相承，不知其罪"。朱元璋下令将郑士利与郑士元一起治罪，流放拘役。济宁知府方克勤，"以德化为本，不喜近名"，"自奉简素，一布袍十年不易，日不再肉食"（《明史·方克勤传》），也被属吏所诬死于此案。

郭桓贪污案。郭桓是户部侍郎。洪武十八年（公元1385年），御史余敏、丁廷举告发郭桓利用职权，与北平承宣布政使司李彧、提刑按察使司赵全德等人同共舞弊，朱元璋下令调查。查得郭桓应收浙西秋粮四百五十万石入仓，实入粮钞少收一百九十万石。郭桓及浙西地方府县官吏，通同作弊，受贿五十万贯。朱元璋兴起大狱，追查六部及全国十二布政司，共查得偷漏及盗卖仓粮七百万石，加上漏税粮及鱼盐等项税课，共合粮二千四百余万石。此案除郭桓及户部官员外，又涉及礼部尚书赵瑁、刑部尚书王惠迪、兵部侍郎王志、工部侍郎麦志德等，各级官吏被处死及流刑者至数万人。各地豪富交通官府，隐漏税粮者，也都受到严厉处置。"词连直省诸官吏，系死者数万人。核赃所寄借偏天下，民中人之家大抵皆破"。（《明史·刑法志二》）

朱元璋认为，"明礼以导民，定律以绳顽。"他在位期间，制定颁布了多项严厉惩治贪官污吏的法律。洪武元年命左丞相李善长制定《律令》，后经反复修改，洪武七年以《大明律》颁行天下。《大明律》有大量惩治贪腐的条文，《刑律》中特辟《受赃》一篇，设置官吏受赃、坐赃致罪、事后受财、在官求索借贷人财物、家人求索、风宪官吏（监察执行法纪的官吏）犯赃、因公擅科敛、私受公侯财物、官吏听许财物、克留盗赃、有事以财请求等十一条。"受赃"又分为"枉法赃"、"不枉法赃"、"坐赃"三种，计赃量刑，有所区别。例如，枉法受赃，1 贯以下杖 70，20 贯杖 60、徒 1 年，40 贯杖 100、徒 3 年，50 贯杖 100、流 2500 里，80 贯以上处绞刑；不枉法受赃，1 贯以下杖 60，20 贯杖 80，40 贯杖 100，50 贯杖 60、徒 1 年，80 贯杖 90、徒两年半，100 贯杖 100、流 2000 里；坐赃，1 贯以下笞 20，20 贯笞 40，50 贯杖 70，100 贯杖 60、徒 1 年，200 贯杖 70、徒一年半，500 贯杖 100、徒 3 年。《大明律》中的《户律》、《兵律》等，也都有惩处贪贿的条款。空印案和郭桓贪污案发生后，朱元璋认为各级官吏视国法如寻常，"心迷赃私恬不自畏"，必须进一步严法救之以猛，于洪武十八年至二十年先后颁发《御制大诰》、《御制大诰续编》、《御制大诰三编》、《御制大诰武臣》，以补充《大明律》在科罪量刑方面的不足，防止"法外遗奸"。《大诰》由案例、峻令、明太祖"训诫"三个方面内容组成，量刑比《大明律》更为严酷，酷刑种类甚多。其中，罗列的凌迟、枭首、夷族罪、腰斩、弃市罪，是《大明律》中所未涉及的；刖足、斩趾、去膝、阉割等，属久废的肉刑；剁指、挑筋、钩肠等，更是自古肉刑所未有。官吏贪污钱财，银六十两以上的斩首，并且剥去人皮，填充以稻草示众。府、州、县、卫衙左的土地庙，作为剥人皮的场所，称为"皮场庙"。官府公座两旁，各悬挂一个填满稻草的被处刑的贪官人皮，以警示百官。明末魏禧这样记述杖刑的惨状："每廷杖，必遣大珰监视，众官朱衣陪列。左中使，右锦衣卫，各三十员，下列旗校百人，皆衣襞衣，执木棍。宣读毕，一人持麻布兜，自肩脊下束之，左右不得动。一人缚其两足，四面牵曳。惟露股受杖。头面触地，地尘满口中。受杖者多死；不死，必去败肉斗许，医治数月乃愈。"（钱穆：《国史大纲》）著名明史专家吴晗在《明太祖》中说，朱元璋在位三十一年中，根据他自己的著作四篇

《大诰》的统计，"所列凌迟、枭示、种诛有几千案，弃市以下的有一万多案，《三编》所定算是最宽容了，所记进士、监生罪名，从一犯到四犯的仍有三百六十四人，最优待的办法是暂赦死刑，仍回原职，戴斩罪办事！"（吴晗：《明史简述》（增补本））这些被判罪者，除胡惟庸案、蓝玉案外，大部分属贪赃罪。

对贪官污吏的严刑峻法，在官场中形成了一种恐怖气氛。许多官员整日提心吊胆，准备随时被关进牢狱或被处死。有的以消极怠工相对抗。还有的认为当官风险过大，或辞官回乡，或拒任官职。贵溪儒士夏伯启叔侄，断指立誓不做官。苏州人才姚润、王谟被征诏为官，拒不赴任。结果，均以"寰中士夫不为君用"之罪，被诛杀并籍其家。

史家们对朱元璋如此酷刑重法多持否定态度，有的由此称他为"暴君"、"暴政"。对这个问题，应当从两方面来看。一方面，朱元璋严惩贪腐是对元朝刑法纵弛的矫枉过正。"太祖开国之初，惩元季贪冒，重绳赃吏。"（《明史·刑法志二》）元朝对王公大臣多行赏赐而疏于用法，导致腐败灭亡的教训，使朱元璋感到，只有严刑峻法才会使官吏们不敢轻易贪腐。历史经验说明，贪腐和法治是一种此消彼长、此长彼消的关系，贪贿泛滥往往源于法纪不严。为官本来就是风险职业，需要经常保持一种如履薄冰甚至战战兢兢的心态。形成和保持使官吏不敢腐的高压态势，才能够有效遏制贪贿蔓延。矫枉，往往容易过正；而不过正，又难以矫枉。朱元璋严刑惩贪有其历史必然性，也有一定的合理成分。另一方面，确实存在诛杀过当，严重扩大化的问题。《大明律》对贪贿惩处的条文已属峻法。后来颁发的《大诰》，选编刑事犯罪案例作为范例且具有法律效能，实际成为律外之法，开启多种久废甚至古未有之的残忍肉刑，对揽纳户、诡寄田粮者都加以重罪，对"寰中士夫不为君用"的不合作者也处以极刑并抄没家产，治罪更加严酷。加之，凡峻法易出酷吏。"由此奸吏执法，任意轻重"(《明史·刑法志一》)，势必出现循吏方克勤被诬致死一类冤案错案。

　　严惩贪官污吏是十分必要的。但严刑峻法只能震慑贪墨，却不能真正解决腐败问题。我国虽有"乱世当用重典"的古训，但重典可治乱世，不可长久治国。其实，朱元璋在治国用典问题上，也是有所变化的。《明太祖实录》中记述，朱元璋曾多次讲过，重典乃"权时处置，顿挫奸顽，非守成之君所常用法"。《明史·刑法志一》中也评述："始，太祖惩元纵弛之后，刑用重典，然特取决一时，非以为则。"开国之初，朱元璋接受刘基的进言，鉴于元朝的教训，决定实行重典治国。两人曾经设想，经过两年左右的重典治理，"乱世"转为"平世"之后，便可以实行中典和轻典。然而，经过空印案、胡惟庸案、郭桓案，朱元璋对形势的判断发生了根本变化，认为官吏中擅权枉法和贪贿问题十分严重甚至愈演愈烈，用典也就越来越重。洪武二十八年六月，朱元璋根据局势的变化，决定改变重典治国的方略。诏谕群臣："朕起兵至今四十余年，灼见情伪，惩创奸顽，或法外用刑，本非常典。后嗣止循《律》与《大诰》，不许用黥刺、剕、劓、阉割之刑。臣下敢以请者，置重典。"(《明史·太祖本纪三》)

几项开拓性举措

　　洪武肃贪，在对贪官污吏严刑峻法的同时，还实行了一些颇具开拓性的制度措施：

　　大力推行教化。朱元璋认为，让吏民守法，首先要让吏民知法；推行勤政廉政，首先要把勤政廉洁的思想贯注于官吏。《明太祖实录》、《明太祖宝训》中有大量关于朱元璋告诫群臣戒贪戒奢的记述。他经常对侍臣们说："淡泊可以养心，俭素可以养德。纵欲败度，奢侈移性，故技巧哇淫、游幸畋猎，皆役心损德之具。"洪武元年以来，朱元璋对出任府州县的官吏，总是"每常数数开谕，导引为政"，强调"必先养其廉耻，然后责其成功"，鼓励他们"不为私欲所蔽"，使"民有受惠之实，官获循良之名"。每当府州县官吏来京朝觐时，也不忘进行一番勤政爱民、崇俭抑奢的训导，勉励他们洁身自好，做一个"约己而爱人"的廉官。开国之初，凡官吏犯罪者，要将其姓名、犯罪事实在"申明亭"公布，"昭示乡里以劝善惩恶"；若失职，或失职后又被复职者，也要将其过失进行张贴，以起到教育警示作用。《大诰》颁发后，朱元璋诏谕群臣："朕仿古为治，明礼以导民，定律以绳顽，刊著为令。行之既久，犯者犹众，故作《大诰》以示民，使知趋吉避凶之道。……然法在有司，民不周知，故命刑官取《大诰》条目，撮其要略，附载于律。"（《明史·刑法志一》）朝廷又把《大诰》的有关内容列入课本，"里置塾师教之"，"天下有讲读《大诰》师生来朝者十九万余人。"朱元璋还命人编了一本《醒贪简要录》。书中讲述了农民的辛苦，告劝"俾食禄者知所以恤民"，以唤醒官吏对百姓的恻隐之心，防止贪赃枉法、虐害百姓，以廉能永保禄位。

设置都察院，健全各级监察机制。我国早在战国时期，职掌文献史籍的御史官就兼有对官吏实行监察的职能。秦朝中央设立御史府，御史大夫为其官署掌管天下文书和监察，郡县驻有皇帝委派的监御史，创建了相对独立的监察制度。汉代以后，监察机构逐渐专职化，官府名称、官署名称和职权范围不断变化，但这一机制日臻完备却在明代朱元璋一朝。洪武十五年（公元 1382 年），朱元璋罢御史台后设都察院，左、右都御史为正二品，左、右副都御史为正三品。都御史的职责是"纠劾百司，辩明冤枉，提督各道，为天子耳目风纪之司。凡大臣奸邪、小人构党、作威福乱政者，劾。凡百官猥茸贪冒坏官纪者，劾。凡学术不正、上书陈言变乱成宪、希进用者，劾。遇朝觐、考察，同吏部司贤否陟黜。"（《明史·职官志二》）又设十三道监察御史一百一十人，察纠内外官吏，在京师巡视京营、仓场、内库，监临乡会试；外出巡按地方，清勾军伍，提督学校，巡查盐政、茶马、漕政、屯政等务。中枢监察系统中，分别在吏、户、礼、兵、刑、工六部设六科给事中，其职能是"掌侍从、规谏、补阙、拾遗、稽查六部百司之事。"此外，通政使司也有举报官吏贪冒不法罪行的职能，"凡四方陈情建言，申诉冤滞，或告不法等事，於底簿内誊写诉告缘由，赍状奏闻。"（《明史·职官志二》）与元代以前相比，朱元璋一朝监察机构设置更为完善，官署等级提高，职责权限进一步扩大。洪武年间，还制定颁发了一系列监察法规，如《宪纲条例》、《纠劾官邪规定》、《出巡事宜》、《巡抚六察》等。其中，《宪纲条例》是明代规范监察工作的根本大法，对监察机构的性质、地位、职能、权力行使方式，以及对监察官员的选任、考察、奖惩等，都有详细的规定。史论中有"朱元璋一朝，在中国古代监察制度史上最为完备"的评说。

允许民众监督官吏和举拿贪官。朱元璋在《教民榜文》中指出："朝廷设官分职，本为安民，除授之际，不知贤否，到任行事，方见善恶"，"民间不亲发露其奸，朕一时难知"，"若靠有司辨民曲直，十九年来未见其人"，"若民从朕命，着实为之"，敢于举报和捉拿害民官吏，"以其良民自辨是非，奸邪难以横诈，由是逼成有司为美官"。他诏告天下："朕尝禁止官吏、皂隶，不许下乡扰民，其禁已有年矣。有等贪婪之徒，往往不畏死罪，违旨下乡，动扰于民。今后敢有如此，许民间高年有德耆民，率精壮拿赴京来。"（《大诰续编·民拿下乡官吏第十八》）他在《大诰》中多次号召"耆民奏有司善恶"，规定："有司官吏，若将刑名以是为非，以非为是，被冤枉者告及四邻，旁入公门，将刑房该吏拿赴京来；若私下和买诸物，不还价钱，将礼房该吏拿来；若赋役不均，差贫卖富，将户房该吏拿来；若举保人才，扰害于民，将吏房该吏拿来；若勾补逃军力士，卖放正身，拿解同姓名者，邻里众证明白，助被害之家，将兵房该吏拿来；若造作科敛,若起解轮班人匠卖放,将工房该吏拿来。""其正官首领官及一切人等,敢有阻挡者,其家族诛。"(《大诰三编·民拿害民该吏第三十四》)赋予民众监督官吏和捉拿贪官污吏的权力,这在中国封建社会历史上是破天荒的第一次。朱元璋还对民众举报官吏不法行为给予保护,为了防止因泄密遭到打击报复,特地下令:"天下臣民,凡言事者,实封直达于朕前。"同时,奖赏举报不法官吏的平民。常熟县人陈寿六,率弟与甥三人,执《大诰》把残害民众的县吏擒送京师,赏钞三十锭,每人衣两件。

健全官吏回避制度。官吏往往利用亲属、地域等关系营私舞弊,侵蚀国家机体。我国封建社会成文的官吏回避制度始于东汉的"三互法",规定婚姻之家及两州人不得交互为官。朱元璋对历代回避制度加以补充完善,以求减少官吏的徇私枉法。这些制度主要是:籍贯与地区回避。实行南北更调用人法,"洪武间,定南北更调之制,南人官北,北人官南。其后官制渐定,自学官外,不得官本省,亦不限南北也。"(《明史·选举三》)后来,又规定府、州、县的长官在一个地方任期以三年为限,三年后改调他府、州、县任官。经管钱粮的官吏,更改任地的时间更短,有的为一年,有的为三个月。亲属回避。为防止大臣亲属把持监察机构,不准在京大臣亲属任监察道官,有任者要按品对调。洪武元年规定"内外管属衙门官吏,有系父子、兄弟、叔侄者,皆从卑回避。"不准为官亲属之间构成管理与被管理的上下级关系。职责回避。司法方面,明令"凡官吏于诉讼人内,关有服亲,及婚姻之家,若受业师,及旧有仇嫌之人,并听移文回避,违者笞四十,若罪有增减者,以故出入人罪论。"监察方面,代天子巡守的巡按御史出巡应回避原籍,在办理公务中,如涉及与自己有仇嫌之人,以及凡有亲属担任行政长官的地方,也必须回避。财政方面,鉴于当时浙江、江苏、江西是国家财税最重要的来源地,规定"户部一曹,不许苏、松及浙江、江右人为官吏"。为了防止科举考试中主考官和大臣利用亲属关系舞弊，洪武十七年颁布的《科举条例》规定，"凡试官，不得将弟男子侄亲属入院、徇私取中，违者指实陈告。"后来，又进一步明确"凡内外帘入场官，有宗族子弟及翁婿入试者，皆应回避"。

朱元璋重视从建立健全制度机制入手，惩治和防止贪冒腐败的做法，是值得肯定的。他在这方面的努力和取得的成果，是此前历代封建王朝所没有的。清世祖爱新觉罗·福临曾说："至洪武所定条理章程，规划周详，朕所以谓历代之君不及洪武也。"这也包括了对朱元璋一朝建立惩治贪腐制度机制的评价。

然而，人类社会某一阶段的制度机制，只能是这一历史阶段物质文明和精神文明的反映。在阶级社会中，统治阶级是社会活动规则的制定者。因此，制度的制定和机制的形成，不仅受到当时社会物质和技术发展条件的制约，更会受到统治阶级利益需求的制约。朱元璋作为封建皇帝，终究代表着地主阶级的利益。这一阶级属性，决定他虽然仇视贪腐现象，却不能够真正解决贪腐。这一特点表现在他所建立的惩治贪腐的制度机制上，往往有许多内容是相互矛盾和扭曲的。例如，他一方面发誓要"激浊扬清，绳愆纠谬"，用法"不得而私"、不避权贵；另一方面《大明律》又规定了"八议"制度（曰议亲、议故、议功、议贵、议能、议勤、议贤、议宾），"凡八议者犯罪，实封奏闻取旨，不许擅自勾问。若奉旨推问者，开具所犯及应议之状，先奏请议，议定奏闻，取自上裁。"这样，使某些官吏犯罪后得以开脱，为贪官提供了庇护所。又如，一方面强调严立法禁，要求执法官以律办案；另一方面朱元璋又把自己的意志凌驾于法规制度之上，以言废法、律外设法、任情刑罚。再如，发动民众把害民官吏拿赴京师，看似充分相信和依靠民众，由于脱离司法机构和司法程序，很容易造成错案冤案。此外，洪武年间的惩贪与诛杀功臣的几起大案交织在一起，也会使某些法规和制度机制在执行过程中变样走形。

何以"朝杀而暮犯"

如何看待洪武肃贪的成果，历来是史家们争论的又一个问题。

关于洪武肃贪的成果，《明史·循吏传》有这样的评述："一时守令畏法，洁己爱民，以当上指，吏治焕然丕变矣。"著名史学家钱穆认为："故洪武以来，吏治澄清者百余年。""明之吏治，且驾唐、宋而上之，几有两汉之风。"（钱穆：《国史大纲》）这些虽有誉美之词，但研读史籍可以看出，朱元璋肃贪，确实对当时端正官吏风气、遏制贪腐，缓和社会矛盾，稳定社会秩序，发挥了相当重要的作用，也为明王朝能延续二百七十余年奠定了基础。

一些学者否定洪武肃贪的成果。理由是，洪武一朝并没有消灭贪腐，朱元璋曾多次感叹"法出而奸生，令下而诈起"，"我欲除贪赃官吏，却奈何朝杀而暮犯"；洪武肃贪也并没有能够改变明朝因腐败而亡的命运，后来武宗荒淫，世宗昏愦，神宗怠荒，官府上下贪冒无度。这些都是史实。但是，这些又恰恰是腐败发展规律的表现。腐败现象的根源和土壤是私有制和私有观念。只要这种根源和土壤存在，腐败便是久治难愈的顽症。这就决定了惩治贪腐，只能永远在"进行时"，不能有"休止日"。封建专制制度下不可能彻底铲除贪腐。更何况，洪武肃贪存有许多失误和局限性。但有一个基本史实应当肯定，正是由于朱元璋在位三十一年高压肃贪，使洪武年间贪腐现象没有蔓延泛滥，吏治总体上较为清正，并使这一状况在朱元璋去世之后仍延续了一段时间。

封建君主专制是人治社会，必然会政随人走，人存政举，人亡政息。"明代政治的败坏，实始于成祖时。"（吕思勉：《中国通史·明朝的兴衰》）

明成祖朱棣以后的明朝各位皇帝，放弃了朱元璋严惩贪贿的政策，出现朝廷上下贪腐死灰复燃、愈演愈烈，直至明王朝土崩瓦解，便很是自然的了。

郑和下西洋的历史昭示

　　《明史·成祖本纪》对郑和下西洋有如下记载：永乐三年（公元1405年）"夏六月己卯，中官郑和帅舟师使西洋诸国"，永乐五年"九月壬子，郑和还"；永乐六年（公元1408年）八月"癸亥，郑和复使西洋"；永乐十年（公元1412年）十一月"丙申，郑和复使西洋"，永乐十三年"秋七月癸卯，郑和还"；永乐十四年（公元1416年）"十二月丁卯，郑和复使西洋"，永乐十七年"秋七月庚申，郑和还"；永乐十九年（公元1421年）春正月"癸巳，郑和复使西洋"，永乐二十年八月"郑和还"。另，郑和于永乐七年（公元1409年）九月，曾率船队前往占城、爪哇、苏门答剌等地，《明史·成祖本纪》中没有记载。宣德五年（公元1430年），因明宣宗朱瞻基即皇帝位以后，蕃国中较远的多年还没有朝贡，"于是和、景弘复奉命历忽鲁谟斯等十七国而还"。（《明史·郑和传》）这是郑和率船队第七次下西洋。

　　"郑和七下西洋"的故事为世人所熟知。然而，研读有关史料，仍不能自禁地被这一史无前例的壮举所感染，并感悟到其中蕴含的历史昭示：

　　昭示之一，国力强盛是对外交往的基础。元朝末年长期战乱和自然灾害频发，造成人口锐减，经济凋敝。明朝建立以后，经过一段时间休养生息和采取一系列发展生产的措施，洪武末年至永乐年间进入强盛时期。"洪、永、熙、宣之际，百姓充实，府藏衍溢。盖是时，劝农务垦辟，土无莱芜，人敦本业，又开屯田、中盐以给边军，军饷不仰藉于县官，故上下交足，军民胥裕。"（《明史·食货志一》）据有关资料统计，洪武十四年（公元1381年），全国户口数一千零六十五万四千三百六十二户，五千九百八十七万三千三百零五口。洪武二十六年（公元1393年），全国有一千零六十五万二千八百六十户，六千零五十四万五千八百十二口。洪武年间增垦耕地数约占当时全国耕地的三分之一，最高的洪武七年增垦九十二万多顷。粮食产量不断增加。"全国本色税粮，一三八五年（洪武十八年）为两千零八十八万九千六百一十七石，（《太祖实录》卷一七六），一三九三年是三千二百七十八万九千八百石（《太祖实录》卷二三〇），增加约三分之一。与《元史·食货志》所载元文宗时岁入税粮一千二百十一万四千七百零八石相比，增加了两千万石，约一点六倍。"（蔡美彪等：《中国通史》第五编）纺织业、制瓷业、冶炼业也有较大发展。造船业的制造技术和船只生产量，当时都居于世界前列。

郑和率领船队通使西洋，"将士卒二万七千八百余人，多赍金币。造大舶，修四十四丈、广十八丈者六十二。"（《明史·郑和传》）每次出航，数十至上百艘大船，二三万人，其规模之大，人数之多，范围之广，为历史上前所未有。二十八年间，七次奉旨远航，从西太平洋穿越印度洋，直达西亚和非洲三十多个国家和地区，开辟了贯通太平洋西部与印度洋等大洋的直达航线。这一航海创举，比意大利航海家哥伦布发现美洲大陆早87年，比西班牙人麦哲伦环球航海早114年。远航所到过的各国，深为明朝的富足和强盛所折服，纷纷遣使来贡。外交是国力的延伸。国力积蓄是对外交往的基础。没有明朝建立后数十年积蓄的强大国力，就不可能有郑和下西洋的壮举，也不可能出现各国威服、贡使不绝的景象。

昭示之二，"宣德化而柔远人"，才能够真正赢得世界。郑和第七次下西洋前建立的《天妃灵应之记碑》，有这样一段文字："若海外诸番，实为遐壤，皆捧琛执贽，重译来朝。皇上嘉其忠诚，命和等统率官校、旗军数万人，乘巨舶百余艘，赍币往赉之，所以宣德化而柔远人也。自永乐三年奉使西洋，迨今七次，所历番国，由占城国、爪哇国、三佛齐国、暹罗国，直逾南天竺、锡兰山国、古里国、柯枝国，抵于西域忽鲁谟斯国、阿丹国、木骨都束国，大小凡三十余国，涉沧溟十万余里。""宣德化而柔远人"，体现了中华民族对外交往的理念，概括了郑和出使西洋的主旨。船队每到一地，都本着睦邻友好、厚往薄来的原则，赠送礼品，洽谈贸易，既做生意又交朋友，受到各国首领和民众的欢迎。据使团随行人员马欢著《瀛涯胜览》记载，郑和的船队到达暹罗，"亦用小船去做买卖"；占城国人"对中国青瓷、盘碗等品，纻丝、绫绢、烧珠等物，甚爱之，则将淡金换易"；爪哇国人"最喜中国青花瓷器，并麝香、销金、纻丝、烧珠之类，则用铜钱买易"。郑和等每抵一国，还主动传授农作方法，分送农具教当地民众耕耘，帮助他们掘井吸水。占城国位于亚热带，郑和等教会当地农民一年三收的种稻技术，指导他们把山坡开成梯田种植稻、麦、茶等。董文乐著《爪哇开港记》中还有关于郑和船队数名接生婆，给当地民众接生的记载。船队设帐施诊送药，教当地人如何接生，因为那里的妇女生孩子是用砸碎的利石片切割脐带，导致许多孩子和母亲因破伤风而亡。

当时西洋许多国家还处于"巢居穴处，不着衣衫"的原始状况。郑和率船队一次次数临诸国"导以礼义，变其夷习"，带去了中国的先进文明，有力地推动了与这些国家的邦交和当地经济文化发展。一些国家至今还流传着郑和的故事，建有"三宝井""三宝庙""三宝殿"（郑和原名三宝），以表达对这位传播中华文明先驱的敬意。截然不同的是，某些西方国家在哥伦布发现美洲大陆后，实行的是野蛮掠夺和残酷奴役，导致印第安等民族部落文明的荡然无存和历史传统几乎被斩断毁灭。哥伦布发现美洲大陆对于开辟大西洋航线和推动资本主义发展的积极意义应当肯定，同时也开启了海盗式掠夺、欺诈式贸易等殖民统治方式。人类发展的历史已经证明，殖民主义不得人心，业已和正在被各国人民所唾弃。只有坚持和平发展、友谊包容、互利互赢，才能够深得人心，朋友遍天下。

昭示之三，和平发展也需要武力做后盾。李约瑟在《中国的科学与文明》一书中这样评述郑和下西洋："东方的航海家中国人从容温顺，不记前仇，慷慨大方，从不威胁他人的生存，虽然有恩人自居；他们全副武装，却不征服异族，也不建立要塞。"郑和下西洋，是"与天下共享太平之福"的和平之旅。

郑和下西洋的史料中，却有三次动用武力的记载。一次是永乐三年至五年第一次下西洋，返回途中在马六甲海峡遭遇陈祖义海盗集团。陈祖义祖籍广东，带领一帮人流窜海上抢劫。郑和指挥船队焚毁海盗船10艘，俘获7艘，将陈祖义押回南京处死。再一次是永乐七年第三次下西洋，在锡兰山国的一场战斗。锡兰山国国王亚烈苦奈儿不和睦邻邦，"屡邀劫往来使臣，诸蕃皆苦之。"郑和率船队经过锡兰山国，亚烈苦奈儿把郑和等诱入国中，发兵五万企图劫夺财物。郑和率步卒两千突袭锡兰山王城，生擒亚烈苦奈儿及妻子、头目，献俘于朝廷。明成祖朱棣悯亚烈苦奈儿无知，把他及其妻子和头目一并释放送回锡兰山国。同时，择其族贤者邪把乃那，遣使齐印诰，立为锡兰国王。"自是海外诸蕃益服天子威德，贡使载道，王遂屡入贡。"（《明史·外国传·锡兰山传》）另一次是永乐十年第四次远航，在苏门答剌追剿苏干剌。先前，苏门答剌国王在与临国交战中阵亡，王后为复仇宣布谁能杀死仇人便嫁给谁，与共国事。有位渔翁杀了那位仇人成为国王，王子长大后又杀了渔翁袭其王位。渔翁的弟弟苏干剌率众连年对新国王侵扰。郑和到达苏门答剌后，苏干剌以没有得到颁赐为由，统数万人袭击郑和船队。郑和率部及苏门答剌国人大破敌众，追至南渤利国把苏干剌抓获，押送回国。"其王遣使入谢"（《明史·外国传·苏门答剌传》）。这三次使用武力，虽然有些具体做法用今天处理国与国关系的观点来看似乎有些不妥，但都属于自卫性质，与西方殖民入侵有着根本不同。同时要看到，如果当时船队没有必要的武装，便不可能顺利完成与西洋各国和平邦交的壮举。这一史实再一次说明：和平外交与加强武备并行不悖。缺乏强大的武力做后盾，就谈不上真正的平等互利、和平交往，和平发展就会成为空话。

    昭示之四，发展交往是强国之路，闭关锁国必然落后。明太祖朱元璋在位时，全力巩固明朝内部统治和防御蒙元的再起，无心也无力向海外开拓，因而与域外诸国的关系，多处于被动地位。"初，明祖定制，片板不许入海。"（《明史·朱纨传》）周边国家仍采用朝贡贸易形式，民间对外贸易则严厉禁止。明成祖即位以后，实行"怀柔远人"的方针，遣使告谕周邻诸国，积极发展与周邻诸国的和睦相处，并通过来使朝贡和遣使封赏等形式建立起经济和政治的联系。为了扩大对外贸易，明成祖取消了对外商的限制，宣布"自今诸蕃国人愿入中国者听"，并多次派遣中官出使东南亚各地，招徕各国朝贡贸易。郑和七下西洋的壮举，就是在这一历史背景下产生的。明成祖命郑和下西洋，最初出于"疑惠帝亡海外，欲踪迹之，且欲耀兵异域，示中国富强"（《明史·郑和传》），后来转变为主要发展对外友好关系和进行国际贸易。郑和每次远航，携带明成祖诏谕诸国的敕书去各国开读，持有颁赐各国国王的敕告和王印，又运载金银、铜钱和瓷器、绫绢、茶叶、烧珠等大批货物，每到一地进行颁赐和贸易交换。他既是明朝奉敕的使臣，又是船队的贸易官；既促进了与诸国的睦邻友善，又推动了对外贸易的发展。"通过郑和七次下西洋，中国和南洋的航路畅通了，对外贸易大大地发展了，出国的华侨也就更多了。通过这几十年的对外接触，中国跟南洋这些地区的关系越来越深，来往也越来越多。"（吴晗：《明史简述》）

遗憾的是，这种对外交往的良好态势没有能够延续下去。明仁宗洪熙年间，停止了派船队下西洋，一度繁荣的海外朝贡贸易逐渐衰落。清朝康熙至乾隆时期，海外贸易时开时禁。嘉庆年间进一步实行海禁，法律规定"私自下海通番者处以充军或死罪"。实行闭关自守，成为有清一代对外政策的宗旨和基本走向。这一时期，正是西方兴起工业革命，完成由工场手工业向机器大工业过渡的重要时期。明朝中后期手工工场和商业十分繁荣，已经出现资本主义的萌芽。但在闭关锁国政策下，资本主义萌芽只能成为"死胎"，致使中国沦为落后挨打。有的史学家，把中国在郑和之后为什么没有再出现过类似的航海活动，归结于朝贡贸易缺乏经济刺激和缺乏郑和那样的杰出人才。其实，明成祖之后，奉行闭关锁国政策，才是症结的根本所在。

研读郑和下西洋有关史料，得到的另一个启示是，必须历史地、发展地看待历史人物和历史事件。离开当时的环境和条件，就会背离历史人物和历史事件的本来面目；不从人类社会发展进步的要求看问题，就不能够正确地评价历史人物和历史事件。对郑和下西洋的评价，清朝中期之前，贬者居多褒者居少。一些人认为，这只是一桩宫廷事件。明成祖为宝座的巩固，命郑和等率领大批船队出洋，寻找惠帝，招徕蕃国进贡造就"万邦来朝"之景象，采买各国奇珍异宝供宫中享用和笼络臣下，浪费大量财力物力人力，不值得称赞。明宪宗、明孝宗时期，先后出任兵部职方司郎中、户部左侍郎、兵部尚书的刘大夏就曾指出："三宝下西洋费钱费粮数十万，军民死且万计，纵得奇宝而回，于国家何益。此特一弊政，大臣所当切谏者也。"清朝末年以来，人们对闭关锁国造成落后挨打的史实看得逐渐清楚，郑和下西洋在航海和推动对外交往方面的历史贡献日益突现出来，对这一事件的肯定和褒奖渐渐成为主流。清末政治家梁启超说："及观郑君，则全世界历史上所号称航海伟人，能与并肩者，何其寡也。""郑和之业，其主动者，实绝世英主明成祖其人也。"孙中山称赞郑和下西洋"巡游南洋，示威海外，为中国超前轶后之奇举。至今南洋土人犹有怀想当年三宝之雄风遗烈者，可谓壮矣！"新中国成立特别是改革开放以后，有关郑和下西洋的研究和纪念活动层出不穷，这一事件的伟大意义得到了更为充分的肯定。可见，有些历史人物和历史事件的功过是非，当时很难作出正确的评价，只有放在历史的长河中，随着时间的推移，才能够看得更加清楚。

"救时宰相"于谦

于谦（公元 1398—1457 年）是明英宗、明景帝时期的一位名臣，史称"救时宰相"。读《明史·于谦传》，既为他的高洁情操和行为所感动，也因他人生的悲惨结局而感慨。

高尚的家国情怀

于谦是浙江钱塘人，永乐十九年（公元 1421 年）考中进士，先后任监察御史，兵部右侍郎、左侍郎，明景帝朝临危受命出任兵部尚书。他为官做人遵循"家国一体"，把士大夫"修身、齐家、治国、平天下"的道德理想视为行为准则。

为民请命。于谦有多首诗作抒发爱民情怀。"村落甚荒凉，年年苦旱蝗。老翁佣纳债，稚子卖输粮。壁破风生屋，梁颓月堕床"（《荒村》），反映了他对贫苦农民的了解和同情。"爝火燃回春浩浩，洪炉照破夜沉沉。鼎彝元赖生成力，铁石犹存死后心。但愿苍生俱饱暖，不辞辛苦出山林"（《咏煤炭》），道出了他愿像煤炭一样燃烧自己，让天下苍生获得饱暖的心境。于谦任监察御史时，被派往外地巡按，到江西昭雪了被冤枉的几百个囚犯；到陕西发现各处官校骚扰百姓，立即上书奏报派御史将他们逮捕。后来他巡抚河南、山西，一到任，便"轻骑遍历所部，延访父老，察时事所宜兴革，即具疏言之。"（《明史·于谦传》）明英宗正统六年（公元1441年），于谦上书说："现在河南、山西都积蓄了数百万斤粮食。请在每年三月时，令州县报上缺少食物的下等民户，然后按分额支给他们粮食，等秋收后再偿还。州县官吏任期已满应当升迁时，如果预备粮不足，不能离任。还要命令风宪官员经常监察。"朝廷接到他的上书后下令施行。河南黄河沿岸经常被洪水冲开缺口，于谦组织加厚建筑堤坝，并在每乡设亭长负责督率堤坝的修缮。大同孤立在塞外，按抚的官员常走不到，于谦就请另设御史来治理，并把镇边将领私人开垦的田地全部收为官家屯田，以资助边防开支。于谦的恩威在河南、山西一带广为流传，太行山的盗贼为此不敢露面。由于政绩突出，于谦深得当时的内阁大臣杨士奇、杨荣、杨溥器重，升任为兵部左侍郎。杨士奇等三位阁臣相继去世后，宦官王振弄权。有一位御史的名字同于谦相似，曾经忤逆过王振，王振伺机报复。一次，于谦进京朝拜时，推荐参政王来、孙原贞来接替自己。通政司使李锡迎合王振的旨意弹劾于谦，说他因久不得升迁而有怨情，擅自推荐别人来代替自己。于谦被判死刑关入狱中，后来王振知道弄错人了，才得以释放，被降为大理寺少卿。山西、河南官民得知这一情况，上千人跪在宫外上书，要求皇帝重新任命于谦为巡抚。当时山东、陕西流民到河南的多达二十余万。于谦请求将河南、怀庆两府储存的粮食放出赈济给流民，又奏请布政司给他们授予田地、耕牛和种子，使这些流民得以妥善安置。

为官清廉。明英宗一朝，王振专权，朝廷日益腐败，贪污贿赂成风。地方官员进京朝见时，大都携带绢、帕、蘑菇、线香等物品，献给皇帝和朝中权贵。于谦在山西、河南等地任巡抚进京时，却什么礼品也不带。他作七律《入京》直抒胸臆："绢帕蘑菇与线香，本资民用反为殃；清风两袖朝天去，免得闾阎话短长。"诗作无情鞭挞了送礼受贿行为，表达了他不愿同流合污的高风亮节。《明史》称赞于谦"忧国忘家，身系安危，志存宗社"，"自奉俭约，所居仅蔽风雨。"（《明史·于谦传》）景泰年间，于谦兼训导太子之职。皇上令凡兼任东宫属官的支给两职俸禄，大臣们都不推辞，唯独于谦不去领取两职俸禄。皇上看他的住所破旧，在西华门赐给他府第。于谦推辞说："国家多难，臣子何敢自安。"坚决不受。皇上赐给的玺书、袍、锭等物品，他从不私用，全部封好加上标签收藏起来，只是每年拿出来看一看而已。后来于谦被杀害，查抄他家时，家无余财，只有正室的门环锁得很坚固。锦衣卫校尉打开正室门锁一看，里面放的都是皇帝赐给的蟒衣、剑器等物。

为国尽忠。于谦家国情怀最为突出的表现，是在国家遭遇危难时刻挺身而出、勇于担当。正统十四年（公元 1449 年），明英宗朱祁镇在宦官王振的一再怂恿下御驾亲征蒙古瓦剌部落，同年秋八月战败退至土木堡时，被瓦剌部首领也先包围当了俘虏。消息传到京师，朝廷上下大为震惊，不知所措。郕王朱祁钰监国，命群臣讨论是战是守。侍郎徐珵说是星象有变，应当南迁。于谦厉声说道："言南迁者，可斩也。京师天下根本，一动则大事去矣，独不见宋南渡事乎！"（《明史·于谦传》）郕王采纳了于谦的意见，这样使坚守京师的决议定了下来。当时，也先率瓦剌军兵指京师，而京师的精锐部队已经全部在土木堡陷没，剩下的弱兵不到十万，人心十分恐慌。于谦被任命为兵部尚书并主持朝政，一一经划部署，请郕王发檄调两京和河南的备操军，山东和东南沿海的防倭军，江北和北京各府的运粮军，火速赴京师勤王，使人心稍稍安定下来。大臣们担心敌人即将到来国中无主，请立郕王为皇帝，郕王一再推辞，于谦激动地说："臣等实在是为国家担忧，并非为了自己。"郕王朱祁钰这才受命登基，是为明景帝，建年号景泰。接着，于谦奏道，也先必长驱南下，请饬令各守边大臣协力防御，并建议遣都督孙镗、卫颖、张仪等分兵保卫九个城门要害之地，遣都御使杨善、给事中王竑把近郊居民迁到城中，运回通州积粮不留给敌人，文臣轩輗等为巡抚，武臣石亨、杨洪等为将帅，提出了京师保卫战的一整套战略部署。他还向明景帝立下军令状说："至军旅之事，臣身当之，不效则治臣罪。"（《明史·于谦传》）意思是，指挥行军打仗的事，我亲自担当，如不胜任，请给予治罪。当年十月，也先挟持明英宗攻破紫荆关，长驱直入逼近京师。于谦分遣将领率军到九门外列阵，并亲自与石亨在德胜门外布阵抵御也先。他在督战中下令："临阵时将领不顾士兵而先退却者，斩其将；士兵不顾将领而先退却者，后队斩前队。"将士们个个奋勇死战，敌人对德胜门久攻不下。于谦还令石亨设伏用少数骑兵引诱敌人，当敌军一万余名骑兵追来时伏兵四起，用火器进攻敌军，也先的弟弟孛罗、平章卯那孩中炮身亡。敌军转战西直门、彰仪门，也都受到了坚决抵抗。也先看到明军严阵以待，锐气逐渐消减，担心各地勤王军马到来后会截断自己的归路，便率军从良乡西去。于谦调遣将领追去，一直把敌人赶到长城关口以外。在攻取京师无望的情况下，也先提出许多要挟条件与明朝讲和。于谦坚决反对讲和，在大同、宣府、永平、山海、辽东各路增修防御工事，密令擒杀了给也先出谋划策的叛徒太监喜宁和间谍小田儿，同时上书朝廷安抚南京重地和中原地区流民，防患于未然。也先见明朝没有发生灾祸，军事进攻不能取胜，要挟的条件又不能实现，便同意放回明英宗朱祁镇。景泰元年（公元 1450 年）八月，朱祁镇被接回京师。

　　孟子曰："天下之本在国，国之本在家，家之本在身。"（《孟子·离娄上》）中国古代士大夫历来推崇"修身、齐家、治国、平天下"的人生理想。家国一体、家国同构，是儒家思想的精髓之一。于谦为民请命、为官清廉、为国尽忠，所体现的正是这样的家国情怀。家是最小国，国是千万家。"家"在"国"中，方可卿卿我我、吉祥如意；"国"在"家"中，才能生生不息、兴旺富强。以国为重、家为轻，以民为重、己为轻，是处理家与国关系的基本准则，也是家国情怀的根本。家国情怀，是一个人对国家的一种高度认同感和归属感、责任感、使命感，是对国家兴旺、人民幸福的理想追求。正是由于这种家国情怀的传统美德世代传承，才使中华文明历经风雨而辉煌灿烂，使中华民族历经苦难而自立于世界民族之林。

悲惨的人生结局

明英宗朱祁镇被迎接回京师后，置于南宫，尊为太上皇。景泰八年（公元 1457 年）正月，明景帝朱祁钰病重，不能临朝。在抗击瓦剌时立下大功的武清侯石亨见景帝病情危重，便与都督张轨、左都御史杨善、太监曹吉祥密谋，曰："立太子不如复上皇可邀功赏。"（夏燮：《明通鉴·明代宗景泰八年》）张轨、杨善、曹吉祥表示赞同。正月辛巳，于谦与都御使王文、吏部尚书王直会同各位大臣、御史、给事中等台谏官员，共同商议立沂王朱见浚（后改名朱见深）为皇太子的事，推商辂起草奏疏。奏书还没有送到宫中，第二天凌晨石亨、左副都御史徐有贞等率兵控制长安门、东华门，把太上皇朱祁镇从南宫搀扶到奉天殿登基宣布复辟。目瞪口呆的公卿百官无从选择，朱祁镇时隔八年之后再次成为大明皇帝，改年号为"天顺"，史称"夺门之变"。朱祁镇复辟当天，便把于谦、王文逮捕投入监狱。第二天于谦以谋反罪被处死，暴尸街头，家产抄没入官，家属遣去戍边。

于谦出任兵部尚书主持朝政前后六年有余。当时，也先在北方势力正盛，福建邓茂七、浙江叶宗留、广东黄萧养聚众造反，湖广、贵州、广西的瑶、苗、壮等少数民族纷纷叛乱。《明史》这样评述于谦的主国才能和精神："前后征调，皆谦独运。当军马倥偬，变在俄顷，谦目视指屈，口具章奏，悉合机宜。僚吏受成，相顾骇服。号令明审，虽勋臣宿将小不中律，即请旨切责。片纸行万里外，靡不惕息。其才略开敏，精神周至，一时无与比。至性过人，忧国忘身。"(《明史·于谦传》)大意是，朝廷前后调兵征战，都是于谦一个人策划。在戎马倥偬之际，形势随时发生变化，他眼观指点，口授章奏文书切合时适，属下官员坐受成事都感到惊讶和十分佩服。于谦的号令严明，即使功勋旧将行为稍不合法就会受到痛责，指令传到万里之外没有人不警惕和感叹的。他才略敏捷，精力旺盛，性情纯厚，忧国忧民，公而忘私，当时无人可比。这样一位品德与才智罕见其匹，而且有救时之功的名臣，怎么会落得个被诛杀抄家的悲惨下场呢？

皇位争夺的牺牲品。对于造成于谦政治悲剧的原因，一些历史学家有不同的解释，有的说是石亨、曹吉祥、徐有贞等佞臣宦官弄权伐异，有的说是明英宗朱祁镇昏庸残忍忠奸不分。其实，皇权转移更替过程中的政治需要，才是铸成于谦人生悲惨结局的根本所在。皇位更替，历来是封建权力斗争的焦点，充满血雨腥风。明英宗朱祁镇在土木堡被也先俘虏后，于谦力主并极力说服郕王朱祁钰称帝。在当时国中无主、太子年幼的动荡局势下，拥立郕王对于稳定军心民心、抗击瓦剌军进攻，显然不失为明智之举，但于谦也由此卷入了一场皇位传承之争。朱祁钰登上皇位后，为了皇位能够传承于自己一脉，把迎回京师的明英宗尊为太上皇软禁南宫，并于景泰三年废皇太子朱见浚为沂王，立自己的儿子朱见济为太子。后来事情的发展却出现不测，先是朱见济夭折，后是明景帝朱祁钰病重。在这一轮皇位更替中，石亨、徐有贞等人为邀功赏捷足先登，通过"夺门之变"使朱祁镇成功复辟，这也就决定了于谦等一帮景泰朝重臣的悲剧命运。逊位的太上皇朱祁镇复辟，需要有一个理由证明其合法性，便把于谦定为谋反罪拿来开刀。正如徐有贞向朱祁镇献策所说："不杀于谦，此举为无名。"(夏燮：《明通鉴·明英宗后纪天顺元年》)朱祁镇重新登上皇位后，不仅把于谦弃市籍家，而且废明景帝朱祁钰为郕王，软禁于西苑，死后定谥号为"戾"（罪过）。这再一次证明了封建权力斗争的残酷无情。

于谦的悲惨结局，还源于他的为官做人与当时日益腐败的朝廷风气格格不入。于谦的谋国之忠和至刚大勇，在当时的朝臣中无能望其项背者。他一心为国为民，当官争理不争利，不谋私产；行事光明正大，"具实对，无所隐，不避嫌怨"，不阿谀权贵；疾恶如仇，遇到邪恶的人和事，"如蝇在喉，吐之不已"。这些本来是为官行政者十分难得的可贵品格，但在明英宗朝和景帝朝宦官弄权、行贿受贿、结党营私、投靠取宠等歪风邪气日渐盛行的情况下，于谦这样的正直大臣却成了另类，反而会遭到嫉恨、孤立和带来风险。"而谦以定社稷功，为举朝所嫉。及夺门事起，一时希旨取宠者文藉以为口实。"（夏燮：《明通鉴·明英宗后纪天顺元年》）徐珵在"土木堡之变"后提议南迁，曾受到于谦的严厉指责，他后来改名为徐有贞逐渐受到重用，对于谦怀有切齿之恨。石亨早年因犯法被撤职，由于于谦请求宽恕留用总领十营兵马。他惧怕于谦不敢肆意妄为，却并不喜欢于谦。在抗击瓦刺军的京师保卫战中，石亨的功劳不如于谦却得以世袭封侯，内心有愧便上书推荐于谦的儿子于冕。不料于谦坚决杜绝侥幸之徒，不让儿子冒功，这使石亨更加怨恨于谦。都督张轨曾在征讨苗人时违犯军纪被于谦弹劾，宦官曹吉祥监军京营常常受到于谦的节制，于谦又曾奏请裁革宦官监军之制，两人也都对于谦十分怨恨。这些人本来就置于谦于死地而后快，他们都是"夺门之变"的功臣，绝不会放弃这样的绝好机会，于谦岂能不死！有的史论把于谦为国为民疾恶如仇、直来直去不加任何掩饰的性情气质，说成是政治家的"致命伤"，是一种断送政治前程的"人格缺陷"。这一观点不能苟同。在腐败的政治环境中，随波逐流、同流合污或许是一种生存方式。于谦的可贵可敬之处，恰恰在于他守身如玉，出淤泥而不染。当时恶劣的政治环境和腐败风气，是于谦这位正直的"救时宰相"不得善终的又一祸根。

"千锤万凿出深山，烈火焚烧若等闲。粉身碎骨浑不怕，要留清白在人间。"（于谦:《石灰吟》）历史是公正的，于谦被杀害后，朝野上下不断为他鸣冤，终于在成化年间得到昭雪。"杭州、河南、山西皆世奉祀不绝。"（《明史·于谦传》）后人没有忘记这位"救时宰相"。至今，杭州市三台山仍保留有于谦墓，北京、山西等地建有于谦祠，杭州清河坊有于谦故居，被当地政府列为爱国主义教育基地，供人们瞻仰。

厂卫制祸患

《明史·刑法卷》有载:"刑法有创之自明,不衷古制者,廷杖、东西厂、锦衣卫、镇抚司狱是已。"(《明史·刑法志三》)厂卫,是东厂、西厂、内行厂和锦衣卫的统称。厂卫制度,是明朝一项极具特色的政治制度。明末学者沈起堂曾说:"明不亡于流寇,而亡于厂卫。"

极端皇权专制的产物

锦衣卫建立于洪武十五年(公元 1382 年),其前身是朱元璋的内廷亲军。元至正二十四年(公元 1364 年),朱元璋自立为吴王。"其年十二月设拱卫司,领校尉,隶都督府。"(《明史·兵志一》)这是朱元璋最早的内廷亲军。明朝兵制,从京师到各郡县,都设立卫所,此外还有"上十二卫",为皇帝的内廷亲军。洪武二年(公元 1369 年),改为亲军都督府,不再隶属于都督府,由皇帝亲自指挥,管领左、右、中、前、后五卫军士(侍卫),下设仪鸾司(仪仗)。洪武十五年夏四月,"至是罢仪鸾司,改置锦衣卫,秩从三品,掌侍卫缉捕刑狱之事,恒以勋戚都督领之,以镇抚司隶焉。"(夏燮:《明通鉴·太祖》)锦衣卫已不同于以前的内廷亲军,不仅具有侍卫皇帝和皇室安全的职能，而且担负着到各地巡查和侦缉重大案件，捕犯刑狱的职责。

朱元璋建立锦衣卫的目的，是维护和加强封建皇权专制。封建专制主义高度发展必然要求皇权高度集中。明朝政权建立以后，经过数年围剿和抵御元朝残余势力，采取迁徙等措施打击江南豪族敌对集团，初步实现了明初的政局稳定。在朱元璋看来，仍有几股势力对朱明王朝的统治构成威胁：其一是勋贵集团恃功恣骄自肆，僭侈违制，专权乱政，贪婪地揽取权力和财富，激化了社会矛盾，"时功臣恃功骄恣，得罪者渐众"；其二是官僚体制与皇权的矛盾，朝臣结党营私，权臣的出现特别是丞相专权；其三是由于长期战乱对经济的破坏，赋税和差役繁重，当时广东、广西、江西、福建、湖广、川陕等地不断爆发农民起义。目睹了元朝末年相权专恣、武将跋扈乱局的朱元璋，认为元朝灭亡的根源在于"元政弛极，豪杰蜂起，皆不修法度以明军政。"（谷应泰：《明史纪事本末·开国规模》）于是，便奉行"重典治国"的方略。一方面，罢黜丞相一职，"纪纲政令一出于天子"，对构成威胁的功臣元勋实行严刑峻法，对各地农民起义进行残酷镇压；另一方面，为了防患于未然，重视加强完善监察系统和情报网络，对朝中大臣和各地民情实行严密监督。朱元璋"盖雄猜好杀本其天性"（赵翼：《廿二史札记》卷三十二）。这种猜忌多疑的性格和心理因素，促使朱元璋不再相信和依靠现有的官僚机构体系，而要建立起一个直接由自己指挥的监察和情报系统。锦衣卫便是适应这一需要建立起来的。

锦衣卫自洪武十五年创设后直到明朝灭亡，前后续存二百六十年。其建立之初，规模并不大。"锦衣所隶将军，初名天武，后改称大汉将军，凡千五百人。"永乐年间，规模进一步扩充。"共计锦衣卫大汉将军一千五百七人，府军前卫带刀官四十，神枢营红盔将军二千五百，把总指挥十六，明甲将军五百二，把总指挥二，大汉将军八,五军营叉刀围子手三千，把总指挥八，勋卫散骑舍人无定员，旗手等卫带刀官一百八十，此侍卫亲军大较也。"（《明史·兵志一》）后来机构不断膨胀，据明世宗朝王世贞《锦衣卫志》记载，到嘉靖年间，"卫之人鲜衣怒马，而仰度支者凡十五、六万人。"

"东厂之设，始于成祖。"（《明史·刑法志三》）明成祖朱棣发动"靖难之役"时，一些宫中宦官出过力，在朱棣的心目中觉得宦官比较可靠。他即位以后，建文帝未死的流言不时出现，朝廷中许多大臣对新政权并不十分支持，使朱棣对朝中大臣多不信任。朱棣为了镇压政治上的反对力量又感到宫外的锦衣卫使用起来不很方便，便决定设立一个"东缉事厂"简称"东厂"的新官署，由宠信的宦官担任首领。永乐十八年，"始设东厂，命中官刺事。"（《明史·成祖本纪三》）东厂的行政长官为钦差掌印太监，又称为"厂公"或"督主"。初设时由司礼监掌印太监兼任，后来因事务繁杂，改由司礼监秉笔太监中居位第二、第三者担任。东厂的属官掌刑千户、理刑百户由锦衣卫千户、百户来担任，隶役、缉事等军官由锦衣卫拨给。设立东厂的初衷是为了"缉访谋逆妖言大奸恶"，即对付政治上的反对势力。东厂的职责，开始时主要是刺探情报，负责侦缉、抓人，后来也有了自己的监狱，独立对逮捕对象进行审讯。侦缉的范围也越来越广泛，大到命案，小到地方失火、斗殴，京城米、豆、油、面等的价格，天下官吏军民的一切言行都在东厂的秘密侦查之中。

西厂设立于明宪宗成化十三年（公元 1477 年）春正月。成化十二年，京城先是出现"妖狐夜出"的神秘案件，接着又发生妖道李子龙以旁门左道蛊惑人心，并深入内宫，据传意欲弑君。明宪宗朱见深得知这些情况后大为紧张，整日疑神疑鬼，认为到处布满危险，仅靠东厂不能了解臣民动向，便组织了新的内廷机构——西厂。《明史》记载，成化十三年春正月"己巳，置西厂，太监汪直提督官校刺事。"（《明史·宪宗本纪二》）当年夏四月，汪直便把郎中武清、乐章，太医院院判蒋宗武，左通政方贤等多名朝中大臣下西厂狱。以大学士商辂为首的辅臣集体上书痛陈西厂之害。当年五月，宪宗下诏撤销西厂，遣散西厂人员。一个月后，汪直复出，又恢复西厂。之后，汪直变本加厉地利用执掌西厂大权屡兴冤狱。直到成化十八年，汪直失败，"帝乃调直南京御马监，罢西厂不复设。"（《明史·汪直传》）明武宗朱厚照在位时，大太监刘瑾掌权，正德元年（公元1506年）冬十月，复开西厂。刘瑾掌司礼监，由其亲信谷大用掌西厂提督。正德五年，刘瑾倒台，西厂又一次被废除。之后没有再复设。

内行厂，明武宗正德元年复开西厂时，同时设立。刘瑾以其亲信丘聚、谷大用分别提督东厂和西厂，但对他们并不放心，于是又在荣府旧仓地设内办事厂，谓之内行厂，由自己亲自统领。内行厂的权力大于东厂和西厂，包括进行监视东厂和西厂的侦缉活动。刘瑾倒台后，内行厂与西厂一同废除。

从上述史料中可以看出，强化皇权专制和皇帝猜忌多疑，是厂卫制度设立的两大因由。这两者又是相互联系和相互作用的。专制独裁者的一个共同特点，就是猜忌多疑。他们把权力紧紧抓在自己手里，对周围缺乏相信，生怕别人夺走自己手中的权力。而猜忌多疑，又会进一步推进专制独裁，两者形成恶性循环。一些史家说，明朝历代皇帝多猜疑。其实，这不能仅仅看作是个人的性格和心理特点，而是皇权专制走向极端使然。因此，厂卫制度既是明朝皇权专制的重要工具和支柱，又是皇权专制发展的必然，是明朝走上极端皇权专制的一个重要标志。

法外治权的怪胎

早在隋唐时期，我国就逐步形成了较为完备的封建司法体制。在皇帝以下设置大理寺、刑部、御史台，三大司法机构共同行使中央司法机关的各项职能。大理寺是中央最高审判机构，负责中央百官及京师徒刑以上的案件。刑部是中央司法行政的最高机构，对大理寺审判的案件进行复核，受理各地在押犯的申诉案件。御史台是中央司法监察机构，负责监督大理寺的审判，以及刑部的审判复核。三大司法机构职能既有分工，又彼此监督制约，以求有效地加强封建司法统治。宋朝和元朝，基本上继承了隋唐时期的司法体制。

朱元璋建立明朝之初，沿袭元朝司法体制，其名称职掌与唐宋不同，把审判机关合称"三法司"。"三法司曰刑部、都察院、大理寺。刑部受天下刑名，都察院纠察，大理寺驳正。"（《明史·刑法志二》）刑部暂代大理寺掌管主要审判业务，是中央审判机关。都察院即原来的御史台，是中央监察机关。大理寺成为中央慎刑机关，主要管理对冤案、错案的驳正、平反。

锦衣卫和东厂、西厂、内行厂，并不是正式的司法机构，却成为凌驾于正式司法体制之上的特殊组织，被皇帝特许具有多项司法权力。

巡查监视权。明朝设立厂卫的一个重要原因，是皇帝对臣民不信任，生怕官僚图谋不轨、民众造反，危害到皇权统治。朱元璋赋予锦衣卫的一项重要职责，就是防范谋反、叛乱，其侦缉活动主要是针对文武百官及其家属，一旦访察到官员的不法行为立即报告。明英宗正统年间著名学者、官至吏部左侍郎的叶盛，在《水东日记》中记载：洪武时期，官员钱宰奉命重新修订《孟子》一书，一天下朝后吟诗道："四鼓咚咚起着衣，午门朝见尚嫌迟。何时得遂田园乐，睡到人间饭熟时。"第二天早朝，朱元璋便对钱宰说："你昨天作得一首好诗，只是我并没有嫌你迟到啊！朕放你去睡到人间饭熟时吧。"钱宰听后吓出一身冷汗，随即被罢官遣送回家。从中可见，锦衣卫对官员们的监视之严密。明成祖朱棣"建北京，命锦衣官校缉访，犹恐外官徇情，故设东厂，令内臣提督"(《明史·刑法志三》)。朱棣在锦衣卫的基础上开设东厂，用以刺探朝廷内外情报，对付政治上的反对势力。厂卫的侦缉对象是皇帝以外的所有人，"自京师及天下，旁午侦事，虽王府不免"。朱元璋第十七子宁王朱权，原藩大宁，永乐元年收其兵权徙封南昌。"已而人告权巫蛊诽谤事，密探无验，得已。自是日韬晦，构精庐一区，鼓琴读书其间，终成祖世得无患。"(《明史·诸王传二》)宁王朱权被削夺兵权徙封到南昌以后，仍受到锦衣卫和东厂的监视。朱权韬光养晦，终日弹琴读书，才未遭祸患。明宪宗时期设立西厂，明武宗正德年间开设内行厂，一项重要职能也是了解臣民动向，侦查臣民言行。后来，厂卫伺察的范围越来越广，从京畿到地方无孔不入，连普通百姓的打架斗殴、货物买卖都在侦缉之中。自东厂、西厂、内行厂等机构设立之后，厂卫相互之间也秘密伺察。

缉捕和诏狱权。"此锦衣卫设诏狱一事，不能不谓太祖实倡其始。设自十五年，至二十年而罢，二十六年，又申禁内外狱毋上锦衣卫，此在太祖已为不远而复矣。"(孟森：《明史讲义》)在明太祖朱元璋时期，锦衣卫即开始插手刑狱等司法事务。"是时，方用重刑，有罪者往往下锦衣卫鞫实，本卫参刑狱自此始。"(《明史·兵志一》)后来朱元璋闻锦衣卫考讯过酷，于是"尽焚刑具。归其事于刑部，罢废其官"，并于洪武二十六年"诏内外狱勿得上锦衣卫，大小咸经法司"。明成祖朱棣时期，锦衣卫又重新干预司法，增设北镇抚司，专治诏狱。成化年间，原属锦衣卫的北镇抚司被单独赐印，成为独立的诏狱。镇抚司实际上成为挂名于锦衣卫，直接对皇帝负责的诏狱机构。东厂、西厂和内行厂设立后，也都有缉捕罪犯的权力，不经过三法司便可随意缉拿被认为有不法行为的臣民，关入独立的监狱。"明以诏狱属锦衣卫镇抚司，遂夺法司之权，以意生杀，而法律为虚设，盖弊在诏狱，尚不在缉事也。至设东厂而以宦官领缉事，是即所谓皇家侦探，其势无可抵抗，诬陷栽赃，莫能与辩，其所谓有罪，即交锦衣卫治之。于是诏狱超法律之外，东厂缉事又绝裁抑之门。"（孟森：《明史讲义》）

司法审判和监督审判权。按照《大明律》的规定，审判权归三法司独有，锦衣卫和东西厂并没有审判权。"大狱经讯，即送法司拟罪，未尝具狱词。"但厂卫代表皇权行事，十分恣横，成为皇权干预司法的有力工具。锦衣卫北镇司专管诏狱，成为特别刑事法庭后，厂卫的司法权不断扩大，进而逐步取代三法司。诏狱可以管辖大到人命、盗贼要案，小到一般诉讼。明英宗、宪宗时期，形成大审制度，司礼监太监和锦衣卫官员代表皇帝参加重大刑事案件复审。凡遇大审录囚，大理寺要张黄盖，设三尺高坛，太监居中而坐，三法司坐其左右，审判活动完全受主审的司礼太监控制和操纵。明宪宗成化十七年，"命司礼太监一员会同三法司堂上官于大理寺审录"，又"令锦衣卫副千户吴绶于镇抚司同问刑"。以后，遂成定制。嘉庆年间，御史曹怀曾讽刺道："朝廷专任一镇抚，法司可以空曹，刑官为冗员矣。"（《明史·刑法志三》）厂卫秉承皇帝旨意缉捕审判，凌驾于三法司之上。凡厂卫经手的案件，三法司明知枉法，却不敢改动。对此，《明史》中有多处记载。弘治九年（公元 1496 年），刑部典吏徐珪上奏："陛下令法司、锦衣会问，惧东厂莫敢明，至鞫之朝堂乃不能隐……臣在刑部三年，见鞫问盗贼，多东厂镇抚司缉获，有称校尉诬陷者，有称校尉为人报仇者，有称校尉受首恶赃而以为从、令旁人抵罪者。刑官洞见其情，无敢擅更一字。"（《明史·徐珪传》）他请求朝廷革去东厂，镇抚司理刑亦不宜用锦衣官，却受到"赎徒还役"的处罚。弘治十五年，御史车梁"条列时政，中言东厂锦衣卫所获盗，先严刑具成案，然后送法司，法司不敢平反。"（《明史·列传六十八》）车梁建言"请自今径送法司，毋先刑讯"，却被扣上"挟私妄言"的罪名抓入东厂诏狱，在给事御史交章论救下，才得以释放。被誉为"弘治中兴"的明孝宗一朝尚且如此，宪宗、武宗、世宗、熹宗等宦官专政时期，厂卫凌驾于三法司之上，严重践踏司法的情况，更是可想而知。

锦衣卫和东厂、西厂、内行厂，不是正式的司法机构，本不应当具有司法权力，却拥有多项司法特权凌驾于三法司之上，这在我国封建社会历史中也是绝无仅有的。明朝是我国封建社会皇权专制高度强化的一个朝代。厂卫制度，便是寄生在这个皇权高度专制机体上的怪胎。司法体制和司法制度，是国家政治体制和政治制度的重要组成部分，直接关系到政权巩固和社会秩序稳定。尽管封建社会不可能做到司法公正，但隋唐至宋元时期逐步建立和完善起来的分工又相互监督制约的"三司推事"司法制度，有效地加强了封建司法统治，这一制度与维护封建统治秩序是相适应的。明朝建立之初也沿袭三法司制度，后来却为了强化皇权专制，用厂卫去弱化和取代三法司。这显然是一种历史倒退。

欲以此兴，亦以此衰

朱元璋等明朝皇帝设立厂卫制度的目的，是以此限制和压制官僚体系，控制司法，强化皇权，维护朱明王朝统治能够千秋万代。但由于这一制度严重破坏了正常的司法体制和司法制度，加上厂卫由司礼监掌印太监等宦官掌管，致使法外治权的体制机制与宦官专权相结合，造成了恶劣影响和十分严重的后果。

遍布全国的特务网形成白色恐怖。厂卫的伺察活动无所不在、无所不包，在明朝中后期已经成为一个庞大的特务网络。厂卫的成员，既有经过特别挑选的旗校，又有大批"仰度支者"。所谓"仰度支者"，多是当时的市井亡命、流氓无赖，朝廷用金钱收买这些人作为四处伺察官民活动的打手。厂卫侦伺的手段有公开的，但主要是进行"密缉""暗访""阴讦"。《明史·刑法志》这样记述厂卫在京师的伺察活动："每月旦，厂役数百人，掣签庭中，分瞰官府。其视中府诸处会审大狱、北镇抚司考讯重犯者曰听记。他官府及各城门访缉曰坐记。某官行某事，某城门得某奸，胥吏疏白坐记者上之厂曰打事件。至东华门，虽禽夜，投隙中以入，即屏人达至尊。以故事无大小，天子皆得闻之。家人米盐猥事，宫中或传为笑谑，上下惴惴无不畏打事件者。"(《明史·刑法志三》)厂卫伺察到的各种情报，都秘密上报给皇帝，即使深夜也直达不误。厂卫校尉在各地行使侦缉权力时，由于没有衙署约束其行为，往往任意捏造罪名，横加诬陷，搞得官民人人自危，个个惴惴不安。正如明末史学家谈迁在《国榷》中记述的那样："革除之初，鹰鹯成风。或戍或诛，家凛户怵，旧臣宿士，恫疑沮丧，殆无穴自避。"(谈迁：《国榷》卷十三)

排斥异己、酷刑残杀，导致大批冤案错案。可以说，明朝每一次较大规模的政治斗争，都有厂卫的插手和介入。从朱元璋时期的"胡蓝之狱"，到世宗、穆宗、神宗时期的"内阁首辅之争"，以及明末的"东林党案"，都可以看到厂卫的身影。厂卫不仅是皇帝打击敌对势力、扫除皇权专制障碍的工具，而且是执掌厂卫的权宦们排斥异己、残害忠良的工具。明世宗朝，陆炳掌锦衣卫事。陆炳对阁臣夏言因有人弹劾他各种不法事要治其罪而恨之入骨，于是在严嵩与夏言争权时，便帮助严嵩揭发夏言与边防将领通关节之事，夏言因此被判处死罪。后来，仇鸾得宠，凌驾于严嵩之上。陆炳表面上对仇鸾曲意奉承，暗地里用金钱结交仇鸾所亲近的人刺探其阴私，并在仇鸾病重期间揭发他的不轨情况。仇鸾忧惧而死，后被剖棺戮尸。明英宗朱祁镇复辟之后，先是杀害兵部尚书于谦、大学士王文等人，后又除掉徐有贞、石亨等夺门功臣，也是依靠厂卫行事。明熹宗朝，厂卫为魏忠贤控制。魏忠贤"欲尽杀异己者"，凡不依附他的人，一律被指为

"东林党人"，许多清廉正直的大臣被惨遭杀害，"朝署一空"。厂卫诏狱的酷刑也是历史所罕见。《明史·刑法志》记载天启年间厂卫对关入诏狱的官民严刑拷打的情形："两日为一限，输金不中程者，受全刑。全刑者曰械，曰镣，曰棍，曰拶，曰夹棍。五毒备具，呼謈声沸然，血肉溃烂，宛转求死不得。"酷刑之下形成一个个冤案。

与中官互为表里，成为宦官乱政的帮凶。"东厂太监缉事，别领官校，亦从本卫拨给，因是恒与中官相表里。"（《明史·兵志一》）厂卫与宦官组织上相互渗透，行动上相互配合。在东厂、西厂、内行厂服役的，都是锦衣卫北镇司的官校，而锦衣卫的高级人员也多半是执掌厂政宦官的心腹。"然厂卫未有不相结者，狱情轻重，厂能得于内。而外廷有扦格者，卫则东西两司房访缉之，北司拷问之，锻炼周内，始送法司。即东厂所获，亦必移镇抚再鞫，而后刑部得拟其罪。"（《明史·刑法志三》）司礼监太监便通过执掌厂权，也控制了锦衣卫。由此，厂卫发挥作用的规律是：当皇帝勤于朝政、励精图治，与官僚集团同心协力治理国家时，厂卫机构多限于缉捕、刑狱、监察等司法职能；而皇帝荒于朝政，宦官专权时，厂卫就会成为对抗官僚集团的工具，全面插手和介入政治、经济、司法事务，肆意妄为重典酷刑，残害忠良，乱政祸国。英宗正统、天顺年间、宪宗成化年间、武宗正德年间、熹宗天启年间，皇帝软弱、荒淫、享乐，无力实现有效统治，依重于宦官、厂卫。这四帝五朝共六十八年，先后出现了王振、汪直、刘瑾、魏忠贤等宦官专权，中官与厂卫相互勾结，独断专行，是厂卫危害朝政最为严重的时期。

威福任性、横征暴敛，严重破坏经济社会秩序。厂卫不仅在司法上肆无忌惮，而且借机胡作非为，四处搜刮民财，致使民不聊生。且看《明史》中记载厂卫利用伺缉、诏狱职权，进行巧取豪夺的情景："得一阴事，由之以密白于档头，档头视其事大小，先予之金。事曰起数，金曰买起数。既得事，帅番子至所犯家，左右坐曰打桩。番子即突入执讯之，无有左证符牒，贿如数，径去。少不如意，搒治之，名曰乾醋酒，亦曰搬曾儿，痛楚十倍官刑。且授意使牵有力者，有力者予多金，即无事，或靳不予，予不足，立闻上，下镇抚司狱，立死矣。"（《明史·刑法志三》）由于厂卫有皇帝赐予的司法特权并受到皇权的庇护，种种不法行为往往难以得到纠正和惩罚。一些厂卫头目和执掌厂卫大权的宦官，威福任性，中饱私囊，成为巨贪。明成祖朝锦衣卫指挥使纪纲，"数使家人伪为诏，下诸方盐厂，勒盐四百余万。还复称诏，夺官船二十、牛车四百辆，载入私第，弗予直。构陷大贾数十百家，罄其资乃已。诈取交址使珍奇。夺吏民田宅。籍故晋王、吴王，乾没金宝无算。"（《明史·纪纲传》）明英宗朝锦衣卫指挥同知逯杲，"白遣校尉侦事四方，文武大吏、富家高门多进伎乐货贿以祈免，亲藩郡王亦然。"（《明史·逯杲传》）明武宗朝提督东厂并锦衣卫的江彬，任情倾陷廷臣，大肆贪污受贿，倒台后籍其家，"得黄金七十櫃，白金二千两百櫃，他珍珑不可数计。"（《明史·江彬传》）明世宗朝锦衣卫指挥使陆炳，"任豪恶吏为爪牙，悉知民间铢两奸。富人有小过辄收捕，没其家。积赀数百万，营别宅十余所，庄园遍四方，势倾天下。"（《明史·陆炳传》）万历年间，明神宗朱翊钧派大批厂卫充当各地的矿监、税监。他们巧立眉目，筹算至骨，通过层层设税卡，对工商业大肆敲诈勒索，逼得大批工商业者倾家荡产。

近来，有的学者和史论肯定厂卫在明朝历史上发挥的积极作用。诸如，在严峻的治安形势下，维护了京城治安和王朝统治；提高了办案效率，参与惩治贪官遏制了腐败；对内阁官僚集团实行牵制，体现了一定的分权制衡思想，等等。古今中外，任何一项制度举措都有其利与弊两个方面。客观地评价厂卫制度本无可非议，但需要把握这样两个基本点：其一，厂卫制度尽管在明朝历史上发挥过某些积极作用，但这一制度的设立对当时社会经济发展包括统治秩序，造成的消极影响和恶劣后果是主要的。其二，那些所谓的积极作用，并不能成为厂卫制度历史合理性的理由。维护社会治安、惩治腐败、防止权臣专政，并非必须厂卫这样的制度机制，依靠三法司正式的司法体制同样可以做到，而且能够避免法外治权带来的各种严重后果。评价历史事件和历史人物，首要的是进行定性分析，看其在推动社会发展进步中的作用总体上是正面的还是负面的，以此来确定功过是非和应褒应贬。这样，才能够从本质上去认识历史，并从中引出正确的借鉴。

"明不亡流寇，而亡于厂卫"一说，虽然看到了厂卫制度的严重危害，却并未言及根本。厂卫制度只是明朝推行皇权专制的一种手段和工具。朱明王朝把封建皇权专制推向了极端。专制必然腐败，极端专制的结果，只能是走上极端腐败。有明一朝，皇帝荒淫误政，宦官专权，东林与非东林朋党纷争，锦衣卫、东厂、西厂等特务组织横行，各种封建腐败现象几乎应有尽有，中后期更是发展到了极致。厂卫制度的种种恶果，是明朝皇权极端腐朽的表现。皇权极端专制，才是明朝灭亡的根本原因。

《左传》曰："君以此始，亦必以终。"（《左传·宣公十二年》）朱元璋等明朝皇帝建立和实行厂卫制度的初衷是强化朱明王朝皇权，这一制度在加强皇权专制的过程中却严重地破坏了封建统治秩序，最终危害到朱明王朝的统治。看来，封建制度下的君王们，大多很难走出"欲以此兴，亦以此衰"的历史怪圈。

王守仁的人生智慧与智慧人生

（一）

王守仁（亦称王阳明）是明朝中期一位传奇人物。他官至南京兵部尚书、都察院左都御史，既是著名的思想家、文学家，又是一位卓越的军事家。清初文坛盟主王士禛称赞他为"明第一流人物，立德、立功、立言，皆居绝顶"。

军事方面的成就。《明史》这样评价王守仁在军事方面的贡献："比任疆事，提弱卒，从诸书生扫积年逋寇，平定孽藩。终明之世，文臣用兵制胜，未有如守仁者也。"（《明史·王守仁传》）"土木堡之变"以后，蒙古势力屡次骚扰明朝北部边境。面对边患不断，富有报国心的王守仁青少年时期就热爱军事，"顾益好言兵，且善射。"（《明史·王守仁传》）他悉心研读兵书，十五岁时访察军事要塞居庸关、山海关，纵观山川形胜。弘治十二年（公元 1499 年），王守仁考中进士后被派往督造威宁伯王越墓地，并上书朝廷，对加强西北边务提出了蓄材以备急、舍短以用长、简师以省费、屯田以足食、行法以振威等八条建议。正德十一年（公元 1516 年），在兵部尚书王琼的推荐下，王守仁升任右佥都御使，巡抚南安、赣州、汀州、漳州等地。这些地区正处江西、福建、湖广、广东四省交界处，各地"盗贼"蜂起，凭山拒险各占一方，长期得不到平定。前任巡抚因盗匪猖獗托病而去。王守仁受命后，针对当时军兵编制混乱，将令难以贯彻到士卒中的状况，报经朝廷允许，变革当地兵制：二十五人为伍，伍的长官称小甲；两伍为一队，队的长官称总甲；四队为一哨，哨的长官称哨长；两哨为一营，营的长官称营官；三营为一阵，阵的长官称偏将；两阵为一军，军的长官称副将。各级长官都从优秀人才中选拔任命，上一级对下一级有惩罚治罪的权力。这样极大地提高了军队的战斗力。王守仁乘势先后组织大帽山、大庾、横水、左溪、桶冈、浰头等多个战役战斗，于正德十三年正月彻底消灭了在四省交界为患多年的盗匪。当初，朝廷认为盗匪势力强大，调动广东、湖广的兵力联合进剿。这两省的军队还没有到达，盗匪已经被铲除。"守仁所将皆文吏及偏裨小校，平数十年巨寇，远近惊为神。"（《明史·王守仁传》）嘉靖六年（公元1527年），广西思恩、田州土酋反叛，王守仁受命率军平定。他经过认真考察，不赞成对少数民族进行武力围剿，主张招抚为上，恢复土司制度。通过一系列安抚政策，两地土酋遣使请降，使叛乱得到平息。嘉靖七年上半年，王守仁又率军平定了断藤峡和八寨的盗匪势力。王守仁在长期的军事实践中还形成了自己的军事思想，主要集中于《武经七书评》和后人辑录他的军事语言编纂而成的《阳明兵策》。内容涉及战争观、士卒训练、严明军纪、选将任能、战略战术、军队与地方关系等多个方面，许多论述今天看来仍不失精辟并有可供借鉴意义。

最能反映王守仁军事指挥才能的，是平定宁王朱宸濠叛乱。正德十四年六月十六日，朱宸濠在南昌公开宣布反叛，集兵号称十万，很快攻取南康、九江，举朝震惊。当时，王守仁奉命到福建平定叛军，行至江西丰城得到这一消息，便立即星夜到吉安，会同吉安知府伍文定调集粮草、军械和船舶，投入平叛战斗。参加平叛的多是当地州县官员，王守仁便成为战役的总指挥。由于各路平叛军马未到，敌强我弱。王守仁先施缓兵之计，放出平叛大军将直捣南昌、叛军头目李士实和刘养正已经投降等虚假消息，使朱宸濠生疑不敢立即发兵攻取南京，为下一步平叛争取了宝贵的时间。后来朱宸濠发现上当，调集大军攻取安庆企图占领南京。这时各路平叛兵马已陆续到达，王守仁实施"围魏救赵"之策，兵指朱宸濠的老巢南昌。夺取南昌后，正在围攻安庆的朱宸濠，急忙回兵南昌，安庆得救。之后，王守仁指挥大军在黄家渡与叛军展开决战，一举歼灭叛军，生擒宁王朱宸濠。王守仁平定这场叛乱，从朱宸濠宣布起兵，到七月二十六日朱宸濠被擒，前后仅四十天。

　　哲学和教育学成就。王守仁是我国历史上可以与孔子、孟子、朱熹齐名的大儒学家、思想家。他在全面继承和批判儒家人性论的基础上，对孟子"尽心"说和陆九渊"心即理"说进行吸收和改造，创立了以注重内心即人的主观能动性为特色的新儒学——阳明心学，从而把理学发展到新的高峰，是明代心学的集大成者。王守仁心学理论的核心内容有："心即理"论——强调吾心即是天理，"心外无物，心外无义，心外无善""万事万物之理不外于吾心"，提倡"理需从自己心上体认，不假外求始得"；"知行合一"论——强调"求理于吾心""知是行之始，行是知之成"，提倡"知"与"行"相互联系、相互依存，发挥主观能动作用；"致良知"论——认为"良知"就是"道"、"天理"、"本心"，"致"就是使良知"明觉"和"发用流行"，强调把"良知"扩充、推及到万事万物之中，从而使人的潜在道德意识强化成现实的人生价值。王守仁的心学又称王学，成为明朝中晚期的主流学说之一，在我国思想史上具有深远影响，并传播到日本和东南亚各国。

　　王守仁不仅是一位伟大的思想家，也是一位著名教育家。他从弘治十八年（公元 1505 年）开始授徒讲学，宣扬他的思想学说，前后讲学生涯二十余年，提出了一系列颇有价值的教育理论。诸如：要求学生必须立志、勤学、改过、责善，以此作为道德修养的基本要求；强调"夫君子之论学，要立得之于心"，不以众皆以为是非为是非，提倡培养学生独立与自主的治学精神；认为学习"须从本原上用力，渐渐盈科而进"，"与人论学，亦须随人分限所及"，提倡循序渐进、因材施教；主张实事磨炼与身体力行，即事即学，即政即学，强调不死守书本与教条，不可离开亲躬实践而空谈为学，等等。即使用现代教育理论审视，其中许多观点也不为过时。

　　文学艺术成就。王守仁在文学上的造诣，也足以称雄一代。《四库全书》有评："守仁勋业气节，卓然见诸施行，而为文博大昌达，诗亦秀逸有致，不独事功可称，其文章自足传世也。"他一生作有诗歌六百余首，散文五百八十余篇。王守仁的散文议论精辟，叙事明晰，前期作品文风古奥、描写铺张，后期作品平率自然，善用比喻、排比手法，开启了明代散文由禁锢到解放，由拘忌到自然的发展新趋势。他的诗作内容丰富，题材广泛，涉及山水、田园、思乡、行旅、隐逸、贬谪、佛教、哲理等诸多方面，独具海天意境和明月意象，有的忧思深重、沉郁顿挫，有的洒脱飘逸，融哲人气质与诗人灵性于一体，善于以律诗写组诗，达到浑融之境，对明中晚期诗坛有重要影响。王守仁的书法亦可称明代大家。他的书法作品以草书为主，将心学融入其中，笔意清新，瘦劲坚挺，疾如风雨，矫若龙蛇，纵横跌宕，变化万端，神韵超逸，气势豪迈，随意为之而无飘浮之嫌。王守仁虽然在书法上有极高的艺术造诣，但由于被其学识、文治武功、道德修养所掩盖，未能鲜明地显示于世。明朝中后期著名文学家、书画家徐渭称赞："古人论右军（王羲之）以书掩其人，新建先生（王守仁）

乃不然，以人掩其书。观其墨迹，非不翩翩然凤翥而龙蟠也，使其人少亚于书，则书已传矣。"

（二）

王守仁一生充满智慧，为官、治学，立功、立言，都取得了绝顶的成就。然而，这些成就又源于他的立德，源于他能够正确地认识和处理人生中遇到的各种问题，有一个充满智慧的人生。

世间磨难即磨砺的向上精神。王守仁生活在明朝成化至嘉靖年间，仕历孝宗、武宗、世宗三朝。明朝自正统以后，吏治已渐腐败，国势浸弱，开始走下坡路。明武宗即位以后，昏庸无道，沉湎于玩乐，荒淫暴戾，怪诞无耻，宦官刘瑾专权乱政，"八虎"横行朝野。面对如此恶劣的政治环境，许多人会感到生不逢时、怀才不遇，由此而消沉和沉沦下去。王守仁身为封建士大夫，由于受封建忠君思想禁锢，不可能走上起义造反的道路，但他并不因身处逆境而沉沦，而是把困难看作是磨砺，始终保持着一种向上的积极人生态度。他说："人须在事上磨炼做功夫乃有益。"又说："凡今天下之议论我者，苟能取以为善，皆是砥砺切磋我也，则在我无非警惕修省进德之地矣。"他认为，一切困苦皆为磨炼，唯有靠世间的种种难处的磨炼，才能自强不息，全心入世。他把外界对自己的议论和不公，看作是一种人生砥砺，把世间看作修行的道场，不断反省自己，修炼自己，增道进德。明武宗正德元年，刘瑾逮捕南京给事中御史戴铣等二十余人。时任兵部主事的王守仁上书论救，触怒了刘瑾，被廷杖四十，贬至贵州龙场（今修文县一带）当驿栈驿丞。龙场地处崇山峻岭，苗、僚等少数民族杂居，尚未开化，环境异常艰苦。王守仁并没有因此气馁。他在被贬赴任途中写道："客行日日万峰头，山水南来亦胜游。布谷鸟啼村雨暗，刺桐花暝石溪幽。蛮烟喜过青杨瘅，乡思愁经芳杜洲。身在夜郎家万里，五云天北是神州。"（王守仁：《罗旧驿》）既表达了他对前程的忧虑和思乡之情，又表现了他面对逆境的格外坦荡与乐观豁达。王守仁的另一诗作《龙潭夜坐》，前半部通过描写花香、鸟鸣、草露、松风，烘托月下独行的落寞孤寂，但笔锋一转，"临流欲写猗兰意，江北江南无限情"，折射出他面对现实的豁达潇洒和超然平静。正是有这种身处逆境的超然豁达人生态度，王守仁在龙场任驿丞近五年，潜心专研诸儒老释学说，日夜反思，恍若有悟，提出了"心即理"这一心学重要命题。这就是著名的"龙场悟道"。宦官刘瑾被除掉以后，王守仁被召入京，先后出任右佥都御史、南赣巡抚等职，在平定江西盗贼和宁王叛乱中屡建奇功。明世宗朱厚熜即位后，一度对王守仁十分赏识，加封他为南京兵部尚书、新建伯，但很快便对这位正直而有才干的大臣采取冷漠态度。再次面对宦海沉浮，王守仁从未舍弃过自我的本心。嘉靖元年（公元1522年），父亲王华去世，王守仁回乡守制。后来又辞官回乡讲学，在绍兴、余姚一带创建书院，宣讲心学。这一时期，他进一步完善了心学体系，并提出了"无善无恶心之体，有善有恶意之动，知善知恶是良知，为善去恶是格物"的四句教法。

荣辱毁誉皆泰然的宽广胸怀。在王守仁看来，"天地生意，如花草一般"，是非善恶只在一念，一切功名利禄、悲欢离合都不过是过眼烟云，得而失之、失而复得的状况是经常发生的，因此，要把荣辱毁誉这些缭乱自心的东西看淡些。他二十二岁时考进士不中，二十五岁参考科举再次落第。父亲王华开导他说，此次不中，下次努力一定会中第。王守仁却笑道："世以不得第为耻，我以不得第动心为耻。"从中可以看出他不为一时荣辱所动的淡定人生态度。王守仁平定宁王朱宸濠叛乱建立大功之后，不但没有得到朝廷的封赏，反而遭到一系列毁谤和陷害。明武宗自称威武大将军御驾亲征，认为王守仁这么快就平定了叛乱不能显示"皇威"，丢了自己的面子，竟然要王守仁放了宁王，由他率军与宁王再战。朝中一些受到明武宗宠爱的小人，原本与宁王朱宸濠声气相通。这些朝中小人嫉妒王守仁的功劳，又怕王守仁见到皇帝时揭发他们的罪行，便争着制造流言蜚语，说王守仁原先与宁王往来谋划，后来考虑到叛乱不能成功才去起兵平定。对这些，王守仁同样是淡定对待。叛乱平定后，王守仁出于淡泊名利，也迫于当时的压力，在开先寺所立记叙平定宁王反叛的《记功碑》中，不得不称颂明武宗的皇威神武。三个月后，王守仁重游开先寺，写道："中丞不解了公事，到处看山复寻寺。尚为妻孥守俸钱，到今未得休官去。三月开先两度来，寺僧倦客门未开。山灵似嫌俗士驾，溪风拦路吹人回。君不见富贵中人如中酒，折腰解醒须五斗。未妨适意山水间，浮名于我迹何有！"（王守仁：《又重游开先寺题壁》）诗中既表达了对仕途和人生坎坷的忧烦，又抒发了不慕浮名的高尚情操。正是这种对人生的淡定和泰然，使王守仁荣辱不惊，朝廷重用时就尽职立功，不重用时就讲学立言，结果在立功、立言上都取得了非凡的成就。

谦谦如玉、铮铮如铁的处世之道。王守仁认为，"名与实对"，君子要讲究方圆之道，兼具谦谦如玉和铮铮如铁两种特质。既要有铮铮铁骨的一身正气，处事有底线，为人讲原则；又要有玉石般的圆润，谦融为人，包容四方。面对宦官刘瑾专权乱政，王守仁抗章救助南京给事中御史等二十余人，被廷杖四十、谪贬龙场，丝毫不惧怕其淫威。在明世宗朱厚熜即位后的"大礼议"中，尽管方献夫、黄绾、黄宗明等继统派骨干是王守仁的弟子，这些人把王守仁的学说作为对继嗣派斗争的思想武器。他们中的一些人因取悦明世宗一个个得到高官厚禄，王守仁却始终没有卷入这场搅动朝廷上下的纷争。在王守仁看来，这样的争论无益于解决朝廷的弊政和各种危机，而是一场与治国理政无关的无谓之争。"无端礼乐纷纷议，谁与青天扫宿尘。"（《碧霞池夜坐》）"却怜扰扰周公梦，未及惺惺陋巷贫。"（《夜坐》）"徒使清风传律吕，人间瓦缶正雷鸣。"（《秋声》）从这些诗作中可以看出，他对"大礼议"的讥讽和不屑之情，也反映出了他不趋炎附势的刚直不阿品格。同时，王守仁在处事中又十分讲究策略。平定宁王反叛中，明武宗御驾亲征的兵马来到之前，已经俘虏了朱宸濠。张忠、许泰嫉忌王守仁的功劳，提出把朱宸濠释放到鄱阳湖中，让明武宗再次捉拿他，以显示皇帝神武。王守仁为了阻止明武宗带兵南下，深夜拜会提督机密军务的太监张永，称赞他铲除刘瑾的贤德，借此极力说明江西贫困破败，已不能再承受皇帝官兵的烦扰，并把朱宸濠交给张永。这才使明武宗没有继续带兵南下。张忠、许泰恨自己先到南昌却没有抓到朱宸濠，怂恿京军向王守仁挑衅，直呼其名，大肆谩骂。王守仁却不为所动，相反对京军慰劳愈加亲厚。京军官兵由此受到感动，便不再进行侵扰了。刚柔相济的做人处事之道，使王守仁身处明朝中期充满污泥浊水的官场，始终保持了优秀封建士大夫的气节和情操；同时，在险恶的仕途上虽然不是很顺利，却并没有遭到更严重的毁灭性的厄运。这也是他既立德，又立功、立言，而且三者皆称冠于世的重要前提条件。

耐住寂寞、久久为功的不懈韧劲。不为一时的名利所左右，对认准的事情就潜心静气地去做，一直深入到"人迹罕见"的境地。这样的人生境界，是王守仁能够建立非凡业绩的又一个重要原因。他说："人须有为己之心，方能克己；能克己，方能成己。""此道本无穷尽，问难愈多，则精微愈显。""诸君只要常常怀个'遁世无闷，不见是而无闷'之心，依此良知，忍耐做去，不管人非笑，不管人毁谤，不管人荣辱，任他功夫有进有退，我只是这致良知的主宰不息，久久自然有得力处。一切外事亦自能不动。"这些话的意思是，人需有为自己着想的心，才能克制和约束自己；能够克制约束自己，才能成就自己。道原本无穷无尽，问得越多，钻研得越深，精微处就越能显现。各位只要经常怀一个"从世间隐退不感到闷闷不乐，不被世俗承认也不苦闷"的良好心态，根据这样的良知去耐心做下去，不在乎别人的嘲笑、诽谤、称誉、侮辱，任凭他如何，自己只要致良知没有片刻停息，时间久了，自然会感到有力，也自然不会被外面的事情所动摇。王守仁无论做官还是治学，都有一种耐住寂寞、久久为功的精神，不被外界的褒贬干扰，静心尽力地去把每一件事情做到精微之处。《明史》这样记述王守仁创立心学的过程：他少年时便熟读儒家和老释学说，十七岁拜访上饶人娄谅，一起讲论朱熹的格物之学。回家后每日里正身而坐，研读"五经"，不轻易和人说笑。从九华山游历归来，在阳明洞中建造住室，泛览道、释两家学说，几年下来没有收获。贬官龙场时，身处荒僻之地无书可读，只好天天思索旧日自己已得的知识。一天忽然悟到"格物致知"，应当自求于心，而不是去向事物求索，慨然叹道："原来道就在这里！""遂笃信不疑。其为教，专以致良知为主。"（《明史·王守仁传》）经过前后四十余年锲而不舍的努力，终于创立自己的心学理论。当时，王守仁的心学并不被朝廷认可，排斥为标新立异之说。内阁大学士桂萼等人曾在明世宗面前贬低说："守仁事不师古，言不称师。欲立异以为高，则非朱熹格物致知之论；知众论之不予，则为朱熹晚年定论之书。号召门徒，互相倡和。才美者乐其任意，庸鄙者借其虚声。传习转讹，背谬弥甚。"（《明史·王守仁传》）明穆宗朝以后，心学才逐渐得到朝廷认可和广泛传播，王守仁也受到尊崇，同周敦颐、程颢、朱熹一起祭祀孔庙。

王守仁的生平事迹说明，人生态度决定人生成就。人生境界有多高，事业上的成就才可能有多高。一个人始终保持积极向上的精神，荣辱不惊的胸怀，锲而不舍的追求，就能够智慧地面对人生中遇到的各种课题，做到逆境中不被艰难困苦所压倒，顺境中不为胜利所陶醉，喧嚣中不被浮华所诱惑。有一个资料说，美国哈佛大学曾经对一群在智力、学历、环境等方面条件差不多的年轻人，做过一项跟踪调查。调查结果，27%的人没有人生目标，60%的人人生目标模糊，10%的人有清晰但比较短期的人生目标，其余3%的人有着清晰而且长远的人生目标。二十五年后，再次对这群学生进行回访，结果是：3%的有清晰而长远人生目标的人，几乎都成为社会各界的成功人士，其中不乏社会领袖和行业精英；10%的人，他们的短期目标不断实现，成为各个领域的专业人才，大都生活在社会中上层；60%的人，他们安稳地生活和工作，但并没有什么特别的成绩，几乎都生活在社会中下层；剩下27%的人，他们的生活没有目标，过得很不满意，并且经常在抱怨社会，当然也在抱怨自己。事业是人生态度的投影。一个人无法改变自己的人生环境，却可以改变自己的人生态度。古人云："天行健，君子以自强不息；地势坤，君子以厚德载物。"有了这种自强不息和承载万物的人生态度，如果你有天才，可以在事业上如虎添翼；如果你没有天才，也可以建立自己应有的业绩，实现自己的人生价值。

嘉靖倭患

　　嘉靖年间，倭寇对明朝东南沿海地区进行疯狂劫掠，由此引发了一场持久的抗倭斗争。嘉靖倭患，是研读明史的另一个热点问题。

倭患的由来

　　明代嘉靖朝，日本国处于室町幕府时代后期。日本，"古称倭奴国，或云恶其旧名，故改名日本，以其国近日所出也。"（《元史·外夷传》）十四世纪初叶，日本进入南北朝分裂时期，封建诸侯割据，相互攻战，争权夺利。公元 1338 年，足利尊氏（原名足利高氏）推翻镰仓幕府后，率军攻入京都，受封征夷大将军，建立室町幕府。室町幕府前后十六代将军（第十二代将军与第十代将军为同一人），统治日本长达 250 年。这一时期，日本的农业、手工业、矿业和商业都有了较大的发展。农业方面，实行稻麦复种，利用水力推动水车引水灌田，农产品产量显著增加。手工业方面，造纸业、制陶瓷业、酿酒业、纺织业等生产技术有很大提高，许多产品远销国外。矿业方面，水银、硫黄、金、铜，都是对明朝的重要输出品。这一时期，也是日本商业和海外贸易的大发展时期。京都成为全国工商业的中心，小滨、敦贺、大津、兵库、尼崎、尾道等一批港湾城市也臻于繁荣。十五世纪中后期，围绕将军继承问题，幕府内部形成分裂，细川氏与山名氏两大名族的倾轧白热化，陷入"应仁之乱"。日本的各地封建藩侯也纷纷乘机称雄，号称六十六国，互争雄长，史称"战国时代"。由于长期战乱，国家对海外贸易失去管控，破产的农民，失业的流民，失职的官吏，战败的将士，无业的浪人，在各地领主的支持和组织下，纷纷向海外求生路。这些人在海上进行贸易的同时，经常对明朝东南沿海一带进行掠夺，被称为"倭寇"。倭寇的活动特点是："往往出没海洋，窥伺中土。得间则张其戎器，以劫杀为事；不得间，则陈其方物，以朝贡为辞。劫杀则利民财，朝贡则利国赐。"（《明经世文编·杜狡夷以安中土疏》）

倭寇侵扰可追溯到元朝末年。据史籍记载，从元顺帝至正十八年（公元 1358 年）起，倭寇多次扰掠沿海郡县。明朝建立以后，此类事件依然不断。《明史》对明朝初期沿海州县遭倭寇掠劫有多处记载：洪武二年，"寇山东，转掠温、台、明州旁海民，遂寇福建沿海郡"；洪武三年，"掠温州"；洪武五年，"寇海盐、澉浦，又寇福建海上诸郡"；洪武六年，"寇莱、登"；洪武七年，"寇胶州"。随着全国实现统一和明朝统治日益巩固，朱元璋开始把更多的精力转向海防。他先后诏令在浙江、福建濒海九卫造海舟六百余艘，由江夏侯周德兴经略福建兴建海防，并多次命令沿海卫所出海追捕倭寇，倭患渐趋消弭。永乐八年（公元 1410 年），倭寇乘明朝海防承平日久有所松弛，寇松门、金乡、平阳，杀伤军民，劫掠人口及军器粮储。明成祖朱棣大为震怒，敕令加强沿海守备，各卫所严整军马，遇贼至随机剿捕，误事必杀不赦。永乐十七年（公元 1419 年），倭寇船队侵入王家山岛，都督刘荣率精兵合围断其归路，"斩首七百四十二，生擒八百五十七"。至此，沿海倭患逐渐消失。

自明英宗正统以后，明朝政治日趋腐败，国力渐衰。嘉靖时期，明世宗朱厚熜沉醉于斋醮之中，特别是"宫婢之变"以后，长年不视朝，国柄由佞臣严嵩独掌，功罪颠倒，吏治昏暗。土地兼并愈演愈烈，赋税繁多，自耕农纷纷破产，广大贫苦民众生活在水深火热之中。皇宫贵族奢侈挥霍无度，贪污盛行，国家财力困乏。与此同时，国家军事力量下降，卫所空虚，海防废弛。"卫所之兵疲于番上，京师之旅困于战役。驯至末造，尺籍久虚，行伍衰耗，流盗蜂起，海内土崩。"（《明史·兵志》）沿海一带的守备更是废弛不堪。在海岛设以据险伺敌的水寨，均因将士惮于过海，自海岛移置海岸，而原来的水寨却被海寇据为巢穴。濒海卫所，军粮不足，船只坏损，兵士短缺现象也十分严重。"而浙、闽海防久隳，战船、哨船十存一二，漳、泉巡检司弓兵旧额二千五百余，仅存千人。"（《明史·朱纨传》）铜山寨原有战船二十艘，仅存一艘。玄钟澳原有战船二十艘，仅存四艘。浯屿寨原有战船四十艘，仅存十三艘。仅存的战船也只是长期禁锢在港口内，于是腐朽不能使用。军饷一减再减，兵员逃亡现象也十分严重。烽火基地驻军四千零六十八名，有三千人逃跑。小埕寨的四千七百名驻军中，逃跑了二千五百五十七人。海防军兵素质低劣、纪律松弛，卫所司寨军官大都属于世袭，不习武艺，不懂兵法，亦不会带兵打仗；士卒大都桀骜不驯，玩钝无耻，战斗力极差。"兵非素练，船非专业，见寇舶至，辄望风逃匿，而上又无统率御之。以故贼帆所指，无不残破。"（《明史·日本传》）

"至嘉靖中，倭患渐起"，"未几，倭寇益肆。"（《明史·兵志》）倭寇还与原有的海盗、浙闽海商大贾相勾结，大规模进行走私贸易，成群分党，分泊各港，亦商亦盗，兼行劫掠。嘉靖三十年前后，倭患最为严重。江北的淮安、扬州，江南的松江、苏州、徽州、常州，浙江的杭州、嘉兴、宁波、绍兴、台州，福建的福州、漳州、泉州，广东的潮州，都有倭寇出没，攻破上百处州县卫所城池，甚至攻至南京外廓南段的大安德门，气焰十分嚣张。《明史》这样记叙倭寇与徽州人汪直，嘉靖三十二年在浙江沿海一带大肆劫掠的情形："三十二年三月，汪直勾诸倭大举入寇，连舰数百，蔽海而至。浙东、西，江南、北，滨海数千里，同时告警。破昌国卫。四月犯太仓，破上海县，掠江阴，攻乍浦。八月劫金山卫，犯崇明及常熟、嘉定。"（《明史·日本传》）

从上述史实可以看出，嘉靖倭患是明朝当时政治、经济、社会发展状况，与日本当时政治、经济、社会发展状况相互作用的产物。日本的商品经济发展和长期战乱，使一些流民、武士、浪人等在封建领主的支持下，沦为亦商亦盗的倭寇，这是嘉靖倭患的外部条件。明朝中期政治日益腐败，国力衰退，武备废弛，给倭寇以可乘之机，使他们在东南沿海一带大肆劫掠能够得逞，这是酿成嘉靖倭患的内部条件。外部条件固然不可或缺和重要，倭寇的强盗行径也理应严加谴责，但是，事物的发展变化最终是由内部因素所决定的。如果明朝中期像洪武、宣德时期那样强大，即使有倭寇存在，也不会演变成严重的倭患。历史再一次证明，富国强兵，方能消除外患；国家积暗积弱，必遭外敌窥视和侵犯。

海禁与倭患

史论中素有"倭患起于海禁"一说。明人唐顺之曾曰："倭寇之患起于市舶不开，市舶不开由于入贡不许。许入贡，通市舶，中外得志，寇志泯矣。"（转引自《福建通志》卷二百七十）另一位嘉靖时期的官员许孚远在《疏通海禁疏》中说："市通则寇转而为商，市禁则商转而为寇。"（《明经世文编·疏通海禁疏》）有的近代史家也认为，倭患是明朝实行海禁政策，特别是嘉靖时期海禁过严造成的。这一观点，表面看起来似乎与某些史实相吻合，也有一定的道理，但并没有言及根本。

"时国珍及张士诚余众多窜岛屿间,勾倭为寇。"(《明史·兵志三》)明朝建立以后,明太祖朱元璋为了防范方国珍、张士诚残余势力和倭寇的袭扰,实行海禁政策。洪武三年,"罢太仓黄渡市舶司"。洪武七年,下令撤销负责海外贸易的福建泉州、浙江明州、广东广州三市舶司,对外贸易遂告断绝。洪武十四年,"以倭寇仍不稍敛足迹,又下令禁濒海民私通海外诸国"。洪武二十三年,发布"禁外藩交通令"。洪武三十年,再次发布命令,禁止中国人下海通藩。与此同时,朱元璋为了树立自己"天朝上国"的天子形象,遣使四出,要周边各国"称藩纳贡"。"海外诸国入贡,许附载方物与中国贸易。"(《明史·食货志五》)这就是所谓的朝贡贸易。朝贡贸易是一种官方贸易形式,交易活动在京师会同馆和沿海市舶司进行,对外国使团人员数量及交易的物品和数量,都有严格的限制。永乐至正德年间,对外贸易虽有所开放,但仍基本上采用朝贡贸易的形式。

明代中日两国的官方贸易始于永乐年间。贸易的形式,是由明朝皇帝颁给日本幕府"金叶勘合"作为来华贸易的凭证,日本幕府则持这种勘合以朝贡为名进行贸易,又称"勘合贸易"。宣德七年(公元 1432 年),"帝念四方蕃国皆来朝,独日本久不贡,命中官柴山往琉球,令其王转谕日本,赐之敕。"(《明史·日本传》)第二年,日本贡使来朝,双方订立了《宣德条约》。该条约规定,日本十年来中国通商一次,每次"人毋过三百,舟毋过三艘"。与永乐年间规定的条款相比,人员和船只数量都有所增加。这反映了明朝廷希望与日本进行友好交往,同时对倭寇在沿海骚乱有畏惧心理,企图用通商手段借用幕府力量打击倭寇与海盗,又防止日本来华过于频繁和人数过多引起沿海混乱。随着时间的推移,日本幕府势力衰弱,日本一方勘合贸易的实际控制权,逐渐转入到了以细川氏和大内氏为代表的封建领主手中。与此同时,中日两国在勘合贸易中的主动权也发生了变化。最初,主动权完全操在明朝政府手中,日本来中国的船只、人员数量与往来年限都有明确规定，贸易以朝贡方式进行，日本使节必须首先将一部分货物向中国皇帝进贡，另一部分货物也要在明朝官员监督下在指定的市场出售。后来，日本方面逐渐不遵守朝贡的时间、船只及人员数量的限制，勘合船来华时间完全取决于日方，船只和人员数量也大大超过定额，大批商人混入其中，所持勘合不一，真假难辨。一些无法获得勘合的日本封建领主、私商、海盗，也乘机打着朝贡的旗号，在中国沿海走私和抢掠。他们"遇防守严，辄陈方物，去入贡，得宴赐市，去复再至，亦如之。伺无备，持戎器出，剽掠杀戮，亦满载而归。"（顾炎武：《天下邻国利病书·广东中》）

"倭寇起于海禁"一说的一个重要理由，是"争贡之役"以后明朝进一步严格海禁，倭寇才大肆在沿海进行劫掠。

嘉靖二年（公元 1523 年，日本室町幕府时代大永三年）四月二十七日，日本大内氏以正德勘合组成第九次对明贸易团，由宗设率领三船三百余人，到达宁波。细川氏得知大内氏组织对明贸易团后，也由瑞佐和宋素卿率领一支船队，于嘉靖二年四月底来到宁波。宁波市舶司在检验两支船队时发现勘合有新旧之分，宗设与瑞佐、宋素卿遂因勘合真伪发生争持，宋素卿暗中行贿于市舶司，先于宗设的船进港验货。五月一日，市舶司在宴请两个贸易团时，又把瑞佐的席位置于宗设之上。宴会之后，在宗设的指挥下，大内氏使团抢出按规定收缴保管的武器，攻入细川氏使团的驻地，杀死瑞佐，宋素卿逃出。随后，宗设又率众追杀宋素卿，沿途杀掠，掳走明军指挥袁琎、百户刘恩，杀死百户胡源，夺船逃往大洋，备倭都指挥刘锦、千户张镗追至海上不幸战死。上述事件史称"争贡之役"。这一事件发生后，明朝廷议对日本朝贡贸易做出限制："贡期限十年，人不过百，舟不过三，余不可许。"（《明史·日本传》）日本前来进行朝贡贸易，因没有到朝贡的日期遭拒绝，便转向宁波附近的岛屿进行私下贸易，于是沿海倭患日益严重。嘉靖二十六年（公元 1547 年），巡按御史杨九泽上疏道："浙江宁、绍、台、温皆滨海，界连福建之福、兴、漳、泉诸郡。虽有巡海副使、备倭都指挥，而海寇出入无常，两地官弁不能通摄，制御为难。"（夏燮：《明通鉴·明世宗嘉靖二十六年》）

从表面现象看，嘉靖年间的严重倭患，是由于"争贡之役"后明朝对日本进一步限制朝贡贸易而引发的。问题的根源却远非于此。以细川氏、大内氏为代表的日本封建领主，对中国追求的不仅仅是平等的贸易往来，贸易中带有海盗的活动早已一贯存在。这种海盗侵略行径，绝不是依靠采取友好态度、开放海禁就能够从根本上平息得了的。朱元璋曾经把日本列入十五个不征之国，但倭寇对明朝沿海的侵扰并没有因此停止。永乐十七年王家山岛之役把倭寇打痛以后，倭患才有所平息。实际上，明朝统治期间海禁也是有张有弛时，当弛时并没有消除倭患。《明史》亦有"海禁复弛，乱益滋甚"（《明史·日本传》）一论。明人万表在《海盗议》中写道："倡开海市以息乱者，全无后虑，且不知致乱之源盖于法弛，而非有严法而致之，吾恐市一开，而全浙危矣。"狼终究是要吃羊的。在强盗看来，一个衰落和武备废弛的国度，犹如没有反抗能力的羔羊。即使是明朝统治者当时处置得当，倭患猖獗也只是或迟或早的事情。"争贡之役"以后的事态发展，以及后来的甲午战争、"九一八事变""卢沟桥事变"，都是很好的证明。

这样说并不是赞同和肯定明朝统治者实行海禁政策。海禁显然不是能够阻挡得住海盗入侵的篱笆。闭关锁国，是封建自给自足经济的产物。嘉靖时期，欧洲工业革命引发的商品经济大潮已经开始波及全球。倭寇之外，葡萄牙殖民者势力也已来到中国东南沿海地区，勾结中国海盗不断侵扰。明朝统治者实行海禁的用意在于防止外部强盗侵扰，但闭关锁国势必落后于世界潮流，落后势必挨打。结果，便陷入了愈落后愈封闭，愈封闭愈落后挨打的历史怪圈。

"去外国盗易，去中国盗难"

嘉靖二十六年（公元 1547 年）七月，明世宗朱厚熜采纳巡按浙江御史陈九德奏议，任命右副都御史朱纨改提督浙、闽海防军务，巡抚浙江。从此，拉开了抗倭战争的帷幕。朱纨"清强峭直，勇于任事"，抗倭三年，遭到与失去商利的闽浙海商有联系的朝廷官员弹劾，被免官回籍后自杀。他生前上疏感叹："去外国盗易，去中国盗难。去中国濒海之盗尤易，去中国衣冠之盗尤难。"（《明史·朱纨传》）

沿海反政府武装、豪门大贾与倭寇相勾结。早在洪武初年，方国珍、张士诚残余势力就鼠窜于东南沿海岛屿，引导倭寇出没海上，进行劫掠。嘉靖时期，联合倭寇在东南沿海抢掠的是汪直、许栋、毛海峰、李光头、徐海、张琏、邓文俊、林碧川、陈东、叶明等一批中国海盗。这些与倭寇勾结的海盗由于熟知当地情况，往往危害更甚。"其魁则皆浙、闽人，善设伏，能以寡击众。大群数千人，小群数百人，而推直（汪直）为最，徐海次之。又有毛海峰、彭老生不下十余帅，列近洋为民害。至是，登岸犯台州，破黄岩、四散、象山、定海诸处，猖獗日甚。"（谷应泰：《明史纪事本末·沿海倭乱》）《筹海图编》一书中多处记载中国海盗头目率倭寇内犯，如嘉靖三十四年正月，"徐海率和泉、萨摩、肥前、肥后、津州、对马诸倭入寇"；"叶明率筑前、和泉、肥前、萨摩、纪伊、博多、丰后诸倭入寇"；"陈东率肥前、筑前、丰后、和泉、博多、纪伊诸倭入寇"。除海盗以外，沿海一带的山贼也与倭寇多有联系。倭寇往往内结山贼，以为心腹之援。嘉靖四十一年十二月，倭寇攻陷寿宁县后继续围攻松溪县，就是以当地山贼为接引。据陈子龙等编著的《明经世文编》，抗倭名将戚继光就曾说："其山贼之消长乃系于倭寇之有无。苟兵力不济，威名少挫，倭夷空国而寇于外，山贼乘隙而生于内，八闽立有土崩瓦解之势矣。"

明初实行严格的海禁政策，使当时私人海上贸易受到严重打击。明中叶海防体系趋于崩溃，大批沿海豪族积极参与到海上贸易中来，"濒海大姓私造海舰，岁出诸蕃市易"。朱纨提督海防军务后厉行海禁，正是由于沿海豪族的阻挠，使海禁命令往往流于形式。朱纨被弹劾自杀后，海禁复弛，沿海豪族大贾进一步与倭寇相勾结，"为奸日甚，官司莫敢禁"。与此同时，一些贫苦农民、渔民、流民等社会下层人士，或因生活所迫，或被裹胁，也加入到与倭寇交往的人群中去。"并海民生计困迫者纠引之，失职衣冠士及不得志生儒亦皆与通，为之乡导，时时寇沿海诸郡县。"（谷应泰：《明史纪事本末·沿海倭乱》）

一些朝廷官员与倭寇、沿海豪族大贾私通。"争贡之役"中日本细川氏船队的领队宋素卿，原本是浙江鄞县人，后来去了日本。正德五年，宋素卿作为日本使者前来朝贡，就曾向宦官刘瑾行贿买通关系。"时刘瑾窃柄，纳其黄金千两，赐飞鱼服，前所未有也。"（《明史·日本传》）"争贡之役"，也是起因于"素卿贿市舶太监赖恩，宴时坐素卿于宗设上，船后至又先为验发"，酿成了这场严重血案。从中可以看出当时明朝一些贪官污吏与倭人的交结。朱纨提督浙闽海防军务以后，先后平覆鼎山海盗，进兵双屿，分兵驻守漳、泉、福、宁遏制去路，使日本走私商船不得入境，并处死李光头等走私海商及海盗九十余人。浙闽豪门海商因失去商利，对朱纨群起攻击。御史周亮是福建人，与当地豪门海商联系甚密，弹劾朱纨"举措乖方，专杀启衅"，又弹劾副使柯乔、都司卢镗"党纨擅杀，宜置于理"。结果，朱纨免官回籍，柯乔、卢镗逮系福建按察司待决。朱纨愤而自杀。朱纨的治海斗争，在中国"濒海之盗"和"衣冠之盗"的联合反击中遭受失败。

官场的腐败堕落和相互倾轧。嘉靖三十三年（公元 1554 年）五月，朝议以倭寇猖獗，设总督大臣。明世宗任命南京兵部尚书张经，总督江南、江北、浙江、山东、福建、湖广诸军，专督讨倭军务。张经受此重任慷慨自负，选将练兵，筹划捣毁倭寇巢穴柘林、川沙洼。不久，明世宗又命工部右侍郎赵文华兼督沿海军务。赵文华"性倾狡"，素不知兵，来到东南即催张经出兵。张经自认是朝中大臣，心轻赵文华，仍按原计划行事。于是，赵文华密疏诬告张经"糜饷殃民，畏贼失机，欲俟倭饱飏，剿余寇报功，宜亟治"（《明史·张经传》）。明世宗得疏大怒，竟不分青红皂白诏令逮治张经。这时，张经率军取得"王江泾大捷"，倭寇大败，斩首二千级，溺水而死者无数，余寇奔窜柘林，纵火焚巢，出海而逃。赵文华却上疏冒功，说由于他和巡按胡宗宪"督师"，才取得这次大捷。嘉靖三十四年十月，张经被逮解进京后斩首，"天下冤之"。浙江巡抚李天宠也被赵文华诬陷论死。赵文华深得奸相严嵩赏识结为父子，官至侍郎由严嵩荐引，诬陷张经也是由于严嵩支持。张经死后，赵文华升任工部尚书兼右副都御史，总督浙闽直隶军务。赵文华到职后，恃势欺压地方官员，谎冒报功，搜刮库藏，贪污勒索。"后给事中罗嘉宾等核军饷，文华所侵盗以十万四千计。"（《明史·赵文华传》）嘉靖三十五年九月，赵文华的种种不法之事暴露，被削籍为民。

赵文华总督浙闽直隶军务时，由于不知兵事，军事上完全依靠胡宗宪。"宗宪多权术，喜功名。因文华结严嵩父子，岁遗金帛子女珍奇淫巧无数。文华死，宗宪结嵩益厚，威权震东南。"（《明史·胡宗宪传》）胡宗宪总督东南沿海军事前后七年，建筑海防，剿灭汪直、徐海两大倭寇巨魁，虽然在抗倭战争中有所贡献，但污秽之处也颇多。他趋炎附势、献媚取宠，依附赵文华、巴结严嵩谋得高位，先后向明世宗两献白鹿，又献白龟两只、五色芝五株，献秘术十四条。他争功诿过，对各地抗击倭寇劫掠只是遥控而已，"然小胜，辄论功受赉无虚月。即败衄，不与其罪。"御史李瑚弹劾胡宗宪纵贼。胡宗宪却诿过于抗倭名将俞大猷，致使俞大猷被逮捕入狱。后经他人厚赂严嵩之子严世蕃，俞大猷才得以营救出狱，戴罪立功。他横征暴敛，"然创编提均徭之法，加赋额外，民为困敝，而所侵官帑、敛富人财物亦不赀。"（《明史·胡宗宪传》）经朝中官员调查，胡宗宪侵吞国库"计银三万三千两，其他则无典册可查"。胡宗宪上疏自辩说："臣为国除贼，下诱饵施用反间计，没有小恩小惠是难成大事的。"明世宗竟然对这种敛贪行为表示理解，抚慰再三。直到严嵩倒台以后，胡宗宪才被罢官回籍，后又被捕病死狱中。当时在抗击倭寇的文官武将中，像胡宗宪这种有种种劣迹的不在少数。据《明史》记载，嘉靖三十二年至三十九年的七年间，倭寇最为严重的苏州、松江地区，前后为巡抚者十人，或以畏敌、贪腐被治罪下狱，或以才能低下、失事被贬官夺职，"无一不得罪去者。"（《明史·天宠传》）

孔子曰："吾恐季孙之忧，不在颛臾，而在萧墙之内也。"（《论语·季氏》）《红楼梦》中，贾府的三小姐探春有这样一段话："可知这样的大族人家，若从外头杀来，一时是杀不死的，这是古人曾说的'百足之虫，死而不僵'，必须是从家里自杀自灭起来，才能一败涂地。"物必先自腐，而后虫生之。堡垒往往是从内部攻破的。朱明王朝政治腐败到如此地步，自身即非崩溃不可，外患怎能不乘虚而入，又怎么能够有效地抵御倭寇入侵呢？

嘉靖时期，明朝的军队规模并不小。据有关史料，仅浙江都司、福建都司、福建行都司就编有二十七个卫、六十三个千户所，按照"大率五千六百人为卫，千一百二十人为千户所"计算，即使是除去缺额，兵力应当至少在十余万人。而倭寇仅有"数万余"，且属于缺乏正规军事训练和各自行动的海盗。这样一场本来是我强敌弱的战争，却前后持续十七年之久，最后在抗倭名将俞大猷、戚继光的率领下，于嘉靖四十三年（公元 1564 年）才基本上铲除东南沿海的倭患。这一时期，日本正处于室町幕府内部分裂的"战国时代"，倭寇背后的支持力量主要是地方封建领主。如果当时嘉靖王朝面对的是一个可以倾全国之力的更强大对手，战局的发展必然更加残酷和胜败难定。

抗倭斗争的性质

　　嘉靖年间的抗倭斗争，是一场反对外来劫掠的正义之战。这早已是历史定论。近些年，有的史论提出，当时倭寇中的多数来自中国沿海地区，其中有些是贫苦民众，"御倭战争实际上是一场压迫与反压迫、剥削与反剥削的斗争"。还有的甚至为汪直等人正名，认为汪直等人的船队进行海上贸易是明末出现的资本主义萌芽，他主张罢除海禁代表了东南沿海民众的利益。

　　倭患猖獗的一个重要原因是，大批中国沿海人士与倭寇勾结，甚至一定时期内占了倭寇数目中的大部。"大抵真倭十之三，从倭者十之七。"（《明史·日本传》）明人郑晓在《与彭草亭都宪》中讲述了当时加入倭寇队伍中的几种人：小民迫于贪酷，苦于徭赋，困于饥寒，相率入海从之；凶徒逸囚，罢吏黜僧，及衣冠失职，书生不得志，群不逞者为之奸细，为之向导。倭寇中有大批中国人，其中不少是受压迫、剥削而迫于生计的民众，这确是史实。但是，一场战争的性质，并不是取决于参加这场战争的是些什么人。列宁指出：我们研究战争，一定要搞清楚"当前的战争是由什么样的历史条件所造成的，是由哪些阶级进行的，是为了什么而进行的。"（《列宁全集》卷二十四）明朝的倭患，是日本封建领主为了扩充自己的势力，支持流民、海盗、武士、奸商、浪人等向外掠夺，用以对其他领主争霸。从倭患的发生以及掠夺行为看，这无疑是一场侵犯别国主权的强盗战争。犹如 20 世纪的日本侵华战争，并不能因为其中有大批伪军参加而改变这场战争的侵略性质，尽管伪军中也有一些因生活所迫的贫苦人。抗倭斗争，绝不是一场压迫与反压迫、剥削与反剥削的国内战争，而是一场反抗外敌侵略的正义战争。

至于沦为倭寇重要头目的汪直等人所代表的利益，更是一个不难辨清楚的问题。明朝中叶后期，长江下游和东南沿海手工业、商业的发展出现了某些资本主义萌芽。这种萌芽发展很不充分，是否已经到了需要开拓海外贸易的程度，史界存有争论。但有一点可以肯定，汪直等人的海盗行为和勾结倭寇，与正当开展对外贸易是性质完全不同的两回事。汪直原是走私的徽商，充当中日海上走私贸易的中间人，后来在许栋手下为海盗。许栋被擒斩后，汪直率领余众占据海中萨摩洲之淞浦津，三十六岛都听他的指使，横行海上，"倭人爱服之"，成为倭寇中的重要头目，在沿海一带抢掠。明朝政府后来定汪直的罪状是："始以射利之心，违明禁而下海，继忘中华之义，入蕃国以为奸，勾引倭夷。"（失名《汪直传》，借月山房汇钞本）李光头是逃犯，徐海是黠僧，林碧川、麻叶、邓文俊是海盗，张琏是杀人犯。他们中的大多数原本就是社会渣滓，后又勾结倭寇并且成为倭寇中的一员。"大奸若汪直、徐海、陈东、麻叶辈素窟其中，以内地不得逞，悉逸海岛为主谋。倭听指挥，诱之入寇。海中巨盗，遂袭倭服饰、旗号，并分艘掠内地，无不大利，故倭患日剧"（《明史·日本传》）。这些人根本不是沿海民众利益的代表，已经完全堕落为汉奸和民族的败类。

一个时期以来，出现了一股打着"冲破传统史学禁锢""重新梳理历史"的旗号，为某些历史事件、历史人物"正名""翻案"的现象。毫无疑问，历史需要不断地进行考证和发掘，一些历史定论也应当根据新的发现和认识进行充实完善甚至更正。但是，由于对历史事件、历史人物的评价，涉及国家和民族的价值取向，对世俗的是非观、美丑观、善恶观有极大的影响。这种考证、发掘和重新评价，不能随心所欲，不能为哗众取宠而标新立异，更不能混淆是非和颠倒黑白，必须尊重历史的本来面目，必须是全面的和实事求是的，必须坚持正确的舆论价值导向。

海瑞的刚直与清廉

读《明史·海瑞传》，对海瑞有两点印象最为深刻：一个是为人处事刚直不阿，另一个是为官行政清正廉洁。

先说海瑞的刚直不阿。

海瑞（公元1514—1587年），广东琼山（今海南省）人，嘉靖二十八年（公元1549年）参加乡试中举。他在福建南平任教谕一职时，御史到学宫考察，其他官吏都伏地拜见，唯有海瑞只是直身作揖，并说："如果到御史台拜见当以下属礼，这里是师长教士的地方，不应当屈身。"他任淳安知县时，总督胡宗宪的儿子从这里经过，恼恨驿站接待不周便把驿吏吊起来毒打。海瑞说："以往胡总督巡视部属，命令沿途不要铺张供给。这个人行装华丽，必定不是胡公的儿子。"于是，把此人袋中发现的几千两银子收缴府库，并派人飞马报告胡宗宪。胡宗宪虽然很不高兴却不好说什么，考虑到海瑞向来不阿权贵便没有罪责他。都御史鄢懋卿巡视路过淳安，海瑞供给很简便，并抗争说小镇不能容纳车马。鄢懋卿十分恼怒，然而素闻海瑞的声名，只好收敛威风而去。后来，海瑞升任嘉兴通判。鄢懋卿找茬公文上的手续不对，向朝廷告发，把海瑞降职为江西兴国知县。

最能反映海瑞刚直不阿精神的，当属他任户部主事时冒死向明世宗上书直谏。当时，明世宗朱厚熜在位已久，不理朝政，深居西苑，专心于斋戒，而大臣们争相献吉祥符瑞，进谏者纷纷被治罪，没有人敢议论朝政。嘉靖四十五年（公元 1566 年）二月，海瑞单独上书。他自知触犯皇上会被处死，上书前买了一副棺材，告别妻儿，遣散了僮仆。海瑞在奏疏中直言不讳地列举了明世宗一心修炼二十多年不理朝政、泛兴土木用尽百姓脂膏、背离刚明的品格用人不当、采集香料珠宝府库开支四出、迷于斋祭求长生不老、听信严嵩的恭顺导致法纪松弛等过错，用语十分犀利。奏疏最后写道："今大臣持禄而好谀，小臣畏罪而结舌，臣不胜愤恨。是以冒死，愿尽区区，惟陛下垂听焉。"（《明史·海瑞传》）明世宗看过海瑞的奏疏后极为恼怒，对左右大喊："赶快去抓住他，不要让他逃跑了！"当明世宗听到海瑞上书前买了棺材、告别妻儿，已经做好被处死的准备时，又被感动叹息说："此人可与比干相配，但是我不是商纣。"海瑞被逮捕投入诏狱，准备移交刑部论死。两个月后，明世宗朱厚熜病逝，海瑞获释。

明穆宗朱载坖即位后，海瑞历任两京左、右政通。隆庆三年（公元 1569 年），海瑞以右佥都御史的身份巡抚应天十府。他在巡抚期间锐意革故鼎新，奏请疏浚吴淞、白茆使百姓受益，极力折损豪强安抚贫弱，帮助贫民夺回被富户兼并的土地。当时徐阶任内阁首辅，海瑞一视同仁，对他家中的情况同样严格查问并不宽免。"下令飚发凌厉，所司惴惴奉行，豪有力者至窜他郡以避。"（《明史·海瑞传》）由于海瑞不畏豪强且行事有雷霆万钧之势，下面的官吏都惶恐奉行，有劣迹的官吏都自动免职，有势力的人都逃到外郡去躲避。海瑞在江南巡抚半年，老百姓听说他将离去，哭声载道，绘像在家中祭祀。一些达官显贵却对海瑞充满怨恨。都给事中舒化批评他"迁滞不达政体"。给事中戴凤翔弹劾他"沽名乱政"。高拱主管吏部，一向不喜欢并怀恨海瑞，将他的职务并入南京户部。于是，海瑞告病回乡。

　　万历初年，张居正主持朝政。张居正推行新政，而海瑞早在明穆宗朝巡抚江南时就力行"清丈田亩"和颁行"一条鞭法"。尽管如此，张居正害怕海瑞的峭直，也不喜欢他。虽然朝廷内外交相推荐，张居正始终不召见海瑞。张居正死后，海瑞被任命为南京右佥都御史，后改任南京吏部右侍郎。这时他已经七十二岁。海瑞向明神宗朱翊钧上疏，认为当前治化不臻是因为对贪婪官吏的处罚过轻，列举明太祖时期剥皮囊草的刑罚和定律贪污八十贯处绞刑的例证，称应当用这些刑罚严惩贪官。南京官吏们向来苟且懒惰，海瑞身体力行矫正此风，有位御史当职时演戏取乐，他打算遵循明太祖施以杖刑。对海瑞的这些做法，当时朝廷的舆论都认为不妥，把他视为另类。给事中钟宇淳、提学御史房寰等人多次上疏对海瑞进行丑化诋毁。海瑞一再请求退休，朝廷想利用他的声望没有批准。海瑞的诗作《谒先师顾洞阳公祠》云："两朝崇祀庙谟新，抗疏名传骨鲠臣。志矢回天曾叩马，功同浴日再批鳞。三生不改冰霜操，万死常留社稷身。世德尚余清白在，承家还见有麒麟。"顾洞阳即明代著名的骨鲠之臣顾可久，他因上书劝阻明武宗"南巡"而遭廷杖贬黜，嘉靖三年又因和众臣上疏抗言跪谏再受杖刑。这首诗既是海瑞对顾可久的敬仰，也是他自己节操和世德的写照。

　　再说海瑞的清正廉洁。

　　《明史》中对海瑞这方面的记述文字虽然很少，但廉洁爱民的清官形象却跃然纸上。万历十五年，海瑞死在职任上，享年七十四岁。"卒时，佥都御史王用汲入视，葛帏敝籝，有寒士所不堪者。因泣下，醵金为敛。"（《明史·海瑞传》）海瑞生前使用的是连穷寒士人都不能忍受的麻布帐和破竹箱，死后只能靠凑钱下葬，说明他不贪不占、家无余产。"小民罢市。丧出江上，白衣冠送者夹岸，酹而哭者百里不绝。"（《明史·海瑞传》）百姓罢市，为海瑞送葬的人们在江两岸长达百里，说明民众对他的爱戴和怀念。他在淳安任知县，穿衣袍吃粟米，让老仆种蔬菜自给，因给母亲祝寿才买了两斤肉。

吴晗著《海瑞的故事》中，讲了一些海瑞为官清廉的事例。明朝制度，知县薪俸不多，但按田粮里甲征收的常例却很多。海瑞把常例都革了，只领应得的薪水。过去供应县衙都是里甲负担，民众每人每年要出四五两银子。他仔细算账，每人只收两钱银子，一切用度，都在这笔钱上开销。海瑞从学谕到巡抚，做了十八年官，只买了一所值一百二十两银子的住宅，都是从薪俸中节省出来的。他一生除有祖田十余亩外，自己没有添置过田产。清丈田亩时，县吏照顾他，少算了一亩八分，他知道后不答应，一定要按实有田亩计算。海瑞被任命为南京吏部侍郎后，发现兵马司随便开票要坊上人办公宴和其他开应。一调查，各衙门有三百多张票，都是要坊上供应。他立即发布告禁革，连办事官吏共同凑份子和新任贺礼，也一概革除。

当年左宗棠被派戍守新疆，途中遇到被免职的林则徐，林则徐手书一副对联相赠："海纳百川，有容乃大；壁立千仞，无欲则刚。"钱穆在《论语新解》中也曾说："人多嗜欲，则屈意徇物，不得果烈。"海瑞的刚直与清廉，是紧密关联和相互承载的。正因为他从来不以权谋私，自入仕以来"俸金所入，仅仅足用，余无分文；可债可贷，田业止祖遗粮一石二斗外，未增一亩一升"，去世时"葛帏敝籯，有寒士所不堪者"，"贫不能具含殓"，才敢于不阿权贵、逆鳞直谏，对歪风邪气勇于叫板，向贪官污吏勇于开刀。反过来，如果自己一屁股屎，满身都是小辫子，必然是在权贵面前以唯诺求自保，对各种歪风邪气和贪官污吏不敢下手。

海瑞的刚直和清廉，又源于他的忠国爱民。他曾经说：为官要"始终一念，为国为民，而不知有他者哉"（《海瑞集·刻海忠介公文集序》）。又说："学者内以修身，外以为民；爵位者，所托以为民之器也。故服所以温体也，而以体温服则愚；爵位所以庇民也，而以民庇爵位则悖。"（《海瑞集·政序》）在海瑞看来，为官者心中要始终装着国家和人民，官位是报效国家、服务民众之器，只能用官位去报国庇民，绝不能放弃国家和民众利益去庇护官位。他一生历经正德、嘉靖、隆庆、万历四朝。这一时期，明朝从兴盛走向衰落，政治黑暗，官场腐败，多数官员私欲膨胀、阿谀自保、贪腐成性，已无节操可言。海瑞正是一生信守忠国爱民，才能够出淤泥而不染，始终保持着优秀士大夫刚正不阿、清正廉洁的冰洁情操和清白世德。

亡国之君的图治与无奈

天启七年（公元 1627 年）八月，明熹宗朱由校病逝，信王朱由检以兄终弟及入承大统，明年为崇祯元年。朱由检在位十七年时，朱明王朝轰然败亡，其成为明代的亡国之君。南明弘光政权谥其思宗，后改毅宗。清代谥其怀宗，后改庄烈帝。

土崩瓦解的烂摊子

朱明王朝自明英宗正统时期出现颓势，明神宗万历中期以后各种危机日益深重。庄烈帝朱由检即位前，明朝已是千疮百孔，几近土崩瓦解。

党争和阉祸致使朝政腐朽不堪。"门户之祸，起自万历。人主心厌言官，一切不理；言官知讥政府必不掇祸，而可耸外间之听，以示威于政府，政府亦无制裁言官之术，则视其声势最盛者而依倚之。于是言官各立门户以相角，门户中取得胜势，而政权即随之，此朋党所由炽也。"（孟森：《明史讲义·天崇两朝乱亡之炯鉴》）万历三十三年，被革职的文选司郎中顾宪成与同好高攀龙、钱一本等人，在故乡无锡东门外东林书院讲学，讽议朝政、品评人物，赵南星等一部分在职官吏也遥相呼应。"当是时，士大夫抱道忤时者，率退处林野，闻风响附。"（《明史·顾宪成传》）东林党由此得名。朝官中的文士也结为朋党，有以宣州人翰林院编修汤宾尹为首的宣党，以昆山人翰林编修顾天埈为首的昆党。东林党以正人自诩，指宣党、昆党为奸邪，宣党和昆党则指东林党为邪党。后来，科道言官依籍贯不同又形成齐党、楚党、浙党等。各朋党之间借端寻衅，排斥异己，不附己者即群起弹劾，愈演愈烈。明神宗死后，明光宗、明熹宗两次皇位继承中的移宫案，实质上是朝官与内廷势力争夺政权的斗争。郑妃和李妃等内廷势力被挫败后，以阁臣叶向高、韩爌、赵南星和言官杨涟、左光斗为中坚的东林党人掌握朝政。天启三年，东林党人赵南星借京考之机，力斥齐党、楚党、浙党官员，大量罢黜，三党在朝官员所余无几。与此同时，司礼监秉笔太监魏忠贤与明熹宗的乳母客氏相勾结，结纳朝臣形成阉党，操纵朝政，打击迫害不附己者。明熹宗一朝，又陷入了东林党与阉党的相互倾轧。朝臣们以梃击案、红丸案、移宫案为题目相互攻击。魏忠贤把东厂作为镇压异己的工具，大批东林党官员被罢黜或迫害致死。各地官员不附阉党者，均被指为东林党，夺官者达三百余人，下狱处死及流放边地者数十人。《明史》评价明末党争和阉祸对朝政带来的严重危害说："迨神宗末年，讹言朋兴，群相敌仇，门户之争固结而不可解。凶竖乘其沸溃，盗弄太阿，黠桀渠憸，窜身妇寺。淫刑痡毒，快其恶正丑直之私。衣冠填于狴犴，善类殒于刀锯。迄乎恶贯满盈，亟伸宪典，刑书所丽，迹秽简编，而遗孽余烬，终以覆国。"（《明史·阉党传》）

财政极端匮乏。明神宗、明熹宗时期，军费开支激增，皇室靡费不减，加上官员上下贪污，财政匮乏十分突出。以万历四十八年为例，仅辽东军饷银就达五百余万两。"是年，天下加赋八百万，辽饷三百二十四万，车三万七千辆，牛七万四千头，关门日造器械，辽东饷司岁五百余万。"（谷应泰：《明史纪事本末补遗·熊王功罪》）皇族生活奢侈糜烂。万历末

年，明神宗曾下令用银两千四百万两来采办珠宝。"皇长子及诸王子册
封、冠婚至九百三十四万，而袍服之费复二百七十余万"。据《神宗实录》
记载，明神宗即位，历朝积蓄银两，存于老库共二百万两，另有窖房银
四百万两，张居正主政期间又续积存三百余万两。神宗亲政以后连年入
不敷出，到万历三十六年（公元 1608 年）户部太仓库只有老库贮银八万
两，边地军饷不能按时发放，九边额欠一百二十万两。万历三十九年欠饷
至二百五十万两。万历四十四年，积欠军饷总计达五百万两。为解决财
政匮乏，连年横征暴敛，每亩税赋高达九厘。万历四十六年，"户部尚书
李汝华乃援征倭、播例，亩加三厘五毫，天下之赋增二百万有奇。明年
复加三厘五毫。明年，以兵工二部之请，复加二厘。通前后九厘，增赋
五百二十万，遂为岁额。"（《明史·食货志二》）尽管如此，每年入不敷出
的状况依然极为严重，国家财政难以为继。

后金的迅猛扩张和大肆侵略。万历年间，在努尔哈赤领导下的建州女
真部落迅速崛起，已成为明朝统治的严重威胁。永乐时期，明朝占领辽东
后建立卫所，进行统治。万历十一年（公元 1583 年），明军进攻建州右卫
王杲之子阿台，努尔哈赤的祖父和父亲塔克世等人在为明军做向导时，被
明军误杀而亡。二十五岁的努尔哈赤拥有父祖遗甲十三副，起兵统一周围
部落。万历十九年（公元 1591 年），努尔哈赤相继削平建州左、右卫诸
部和鸭绿江部，被明朝封授建州都督佥事，后来又晋升为左都督。万历
四十三年（公元 1615 年），努尔哈赤兼并海西与海东诸部，称雄建州。万
历四十四年，建州女真称帝号，建立金国（史称"后金"），建元天命。天
命三年（万历四十六年，公元 1618 年），努尔哈赤与明朝公开决裂，指责
明朝杀父、祖，开始发动对明朝大规模作战，先后攻克抚安、三岔等十一
堡和清河城。当时，明朝辽东军可作战的精壮不过两万，由于军官克扣军
饷，被称为"饿军"。清河城失陷后，明朝由杨镐经略辽东，从各地调集

军兵出战。结果，明军惨败，损失军士四万余人。努尔哈赤乘胜出击，东到海滨、朝鲜以北、蒙古以南，操女真语的诸部全部被后金平定。天命六年（明熹宗天启元年，公元1621年）三月，后金军先后攻克沈阳、辽阳，第二年春正月又攻占辽东重镇广宁，明军节节败退。天启五年（公元1625年），兵部尚书孙承宗自请督师辽东，与兵备副使袁崇焕计议，遣将分据锦州、松山、杏山、右屯及大、小凌河，修筑城郭，防守后金军入侵。这年十月，孙承宗去职，高第出任兵部尚书经略辽东。他认为关外必不可守，命诸将撤入关内。"乃撤锦州、右屯、大、小凌河及松山、杏山、塔山守具，尽驱屯兵入关，委弃米粟十余万。而死亡载途，哭声震野，民怨而军益不振。"（《明史·袁崇焕传》）后金占领辽东全境以后，实力大增，进一步兵指关内，大势进攻和掳掠，志在推翻朱明王朝的统治。明朝则处于消极防御和被动挨打的地位。

各地农民起义风起云涌。日益严重的土地兼并、税赋增加、各级官员贪婪奢侈，使广大农民遭受越来越惨重的剥削，陷入极端贫困的境地。万历中后期任左佥都御史、刑部侍郎的吕坤，在奏疏中反映当时土地兼并和农民的生活状况："臣久为外吏，见陛下赤子冻骨无兼衣，饥肠不再食，垣舍弗蔽，苫藁未完；流移日众，弃地猥多；留者输去者之粮，生者承死者之役"。"国初分封亲藩二十有四，赐田无至万顷者。河南已封周、赵、伊、徽、郑、唐、崇、潞八王，若皆取盈四万，占两河郡县且半。"（《明史·吕坤传》）分封到河南的八位王爷每人土地都超过四万顷，占到当地郡县一半的土地。民众受冻没有遮体的衣服，饥肠辘辘有上顿没下顿，连一所完整的茅屋都没有，流民一天天增多，留下的人要负担走了的人的税粮，活着的人要承担死人的劳役。万历中期以来，不堪重压的农民起义前赴后继。如，万历十四年（公元1586年）的河南滑县饥民起义、陕甘回民起义，万历十六年的太湖农民起义、蕲黄农民起义，万历十七年的福建莆田柯守岳起义、广东李圆朗起义，万历二十二年的河南王自简起义，万历二十八年的浙江山阴人赵古元起义，万历三十二年福建瓯宁人吴建发动的白莲教起义，万历三十九年的保定农民起义，万历四十三年的山东农民起义，万历四十五年至四十六年的山东田峨起义和庆阳白莲教首李文起义。明熹宗天启年间，农民起义的规模更加宏大。天启二年（公元1622年）五月，山东郓城人徐鸿儒发动白莲教举兵，教徒纷纷献出家产投入起义，起义军以红巾作标志，先后占领郓城，攻占邹县、滕县、峄县，围攻曲阜、郯城，众至数万人。同年七月，教首于弘志在河北阜城、武邑起兵响应，进攻景州，各地起义军不断壮大，发展到十几万人。朝廷急派大军残酷镇压，直到天启四年才被消灭。与此同时，四川、云贵地区彝族发起反明战争。天启元年九月，四川南部地区彝族首领奢崇明以援辽为名，遣兵在重庆刺死四川巡抚徐可求、道臣孙好古、重庆知府章文炳等明朝官吏，彝兵占领重庆，并北上焚劫泸州、江安等地。奢崇明兵败后，退至水西。水西宣慰司为奢崇明的妹妹奢社辉执掌。奢社辉与同知安邦彦起兵攻陷毕节、安顺，围困贵阳城，多次大败明军，这场叛乱直到天启六年才被平定。在接连不断的农民起义和少数民族叛乱的沉重打击下，朱明王朝统治已处于风雨飘摇之中。

昙花一现的新政

庄烈帝朱由检即皇帝位以后，推出了一系列新政，一时间令人耳目一新，颇有一番励精图治、复兴朱明王朝的气象。

铲除魏忠贤及其阉党。"方忠贤败时，庄烈帝纳廷臣言，将定从逆案。"（《明史·阉党传》）天启七年十一月，魏忠贤、客氏被处死。崇祯二年三月，诏书颁示天下，除首逆两人被凌迟处死外，首逆同谋决不待时者六人，交结近侍秋后处决者十九人，结交近侍次等充军者十一人，交结近侍又次等论徒三年输赎为民者一百二十九人，交结近侍减等革职闲住者四十四人，魏忠贤亲属及内官党附者又五十余人。朝廷上下人心大快。

平反冤案，整顿吏治。户部郎中刘应遇上疏言天下六大苦：拘捕太滥，狱中毙命太多，追赃太苛，仕途去就难以预料，新进之士限制太严，廷臣常被言官要挟。朱由检认为讲得很有道理。天启七年十一月癸酉下诏，"免天启时逮死诸臣赃，释其家属。"（《明史·庄烈帝本纪一》）天启七年十二月，南京御史刘汉陈奏四事：应当推崇正学以培养根本，磨砺廉节以清仕途，爱惜名器以尊体统，重视农耕以节财用。朱由检称赞他说得对，诏令吏部严加清理整顿，凡是《明令典》里规定的额外官，如添注、添设这类添加衔，有空缺也不要推补；文臣中不是九卿正职，武臣中不是有功勋的，总兵中不是有战功的，不得加太保、太傅这类荣誉衔。

严禁内臣干政。鉴于魏忠贤等太监专权乱政的严重教训，天启七年十一月戊辰，诏令撤去各边镇监军的内臣。崇祯元年正月，诏令"内臣非奉命不得出禁门"，禁止内臣与外臣交往。二月又下诏，"戒廷臣交往内侍"。

重视军备，立志收复辽东。朱由检即皇帝位以后，决心收复辽东失地，并为此积极选拔良将，整顿军务，筹划军饷。天启七年十一月，"慷慨负胆略"并具有军事才干的袁崇焕，被提升为右都御史，掌管兵部添注左侍郎的事务。第二年四月，又任命袁崇焕为兵部尚书兼右副都御史，督管蓟、辽两地军队，兼管登州、莱州、天津的军务。与此同时，与朝臣多次讨论辽东战事，指责户部筹措辽东军饷无术。崇祯元年六月，刑科给事中薛国观上疏谈军队的弊端。朱由检命令把奏疏中"关门虚冒"的内容发给诸大臣传看，并下诏给提都京营的保定侯梁世勋，让他加强军队训练。七月，朱由检亲自在平台召见赴任的袁崇焕，"慰劳甚至，咨以方略"。当他听到袁崇焕计划用五年收复全辽的决心后，兴奋地说："复辽，朕不吝封侯赏。卿努力解天下倒悬，卿子孙亦受其福。"（《明史·袁崇焕传》）急切收复辽东和寄厚望于袁崇焕的心境，溢于言表。

勤于国政，力行节俭。与前几位明朝皇帝生活荒淫奢侈、长期不上朝理政形成鲜明对比，朱由检十分勤政，生活也比较简朴。天启七年十一月，下诏暂停供宫廷衣物的江南织造。诏书曰："封疆多事，征输重繁，朕甚悯焉。不忍以衣被组绣之工，重困此一方民。甚俟东西底定之日，方行开造，以称朕敬天恤民至意。"（谷应泰：《明史纪事本末·崇祯治乱》）崇祯元年春正月，下令禁止衣饰过于奢侈和违背制度规定，士庶不得穿锦绣珠玉，普通妇女不许穿戴金冠、袍带等物。他不好声色，不用金银器皿，只用铜锡木器，减膳撤乐，身着素服，在御座讲筵时衣服袖口破损露了出来，就悄悄地往里面塞一塞。一次，他在批阅大臣奏章时闻到一股熏香味，询问宦臣这股香烟味从何处而来？当听到"这是宫中旧方"的回答后十分生气，说："我的父兄都是为此误了军国大事！"斥责他们立即毁掉，以后不许再弄这些东西。朱由检的勤政在明朝皇帝中也是少有的，坚持到文华殿或平台听讲经筵，诏对廷臣，日夜批阅奏章。崇祯元年八月，朱由检告谕群臣："朕欲与大小臣工日筹庶务，而诸司各有职掌，恐不暇给。惟是辅臣左右拂予，自今非盛暑祁寒，朕当时御文华殿阅章奏。"（谷应泰：《明史纪事本末·崇祯治乱》）由此，朱由检每日到文华殿处理政务，由翰林、科、道各二人备宣读，中书舍人二人侍班，成为定制。他还重视了解民间疾苦，为赈济饥民多次发放内库金银。

"即位之初，沈机独断，刬除奸逆，天下想望治平。"（《明史·庄烈帝本纪二》）朱由检即位初年发奋图强，天下称颂，一度给败落不堪的朱明王朝带来复兴的希望。但是，这股新风和希望，很快便烟消云散。

刚愎而寡断，志大而才疏

庄烈帝朱由检是一个性格上和才能上都有严重缺陷的人。谈迁在《国榷》中评述他"聪于始，愦于终，视举朝无一人足任者。"有的史论把朱由检的性格缺陷概括为：刚愎自用，猜忌多疑，刻薄寡恩，苛察残暴，出尔反尔。还有的史论说他，治国理政殚精竭虑却缺乏雄才大略，"小处虽明，大处甚暗"。崇祯时期工部右侍郎刘宗周，在奏疏中就直言不讳地指出，陛下"即位之初，锐意太平，甚盛心也。而施为次第之间，未得其要。"（谷应泰：《明史纪事本末·崇祯治乱》）权力和地位，往往会把一个人的缺点放大，至高无上的皇帝尤其如此。性格缺陷和才能不足，使庄烈帝朱由检在一系列重大问题上决策失误，不仅没能挽救明朝的危亡，还最终成为亡国之君。

用人上的失误。禁止宦官参政的号令实行仅一年，朱由检便又开始任用宦官。如，崇祯二年四月，以司礼太监曹化淳提督南京织造，后又东厂；冬十一月，遣乾清宫太监王应朝监视行营，由太监冯元升核查军营实情后才命令户部发饷，又命太监吕直慰劳军队；十二月，以司礼监太监沈良佐、内官太监吕直提督九门及皇城门，司礼太监曹化淳等荫封锦衣卫指挥佥事。崇祯四年秋九月，命太监张彝宪总理户、工两部钱粮，太监唐文征提督京师军务政务，太监王坤、刘文忠、刘允中分别前往宣府、大同、山西监视所在地军饷使用情况；冬十月，命令太监监察军事行动，王应朝前往关宁，张国元前往蓟镇东部协防区，王之心前往中部协防区，邓希韶前往西路协防区。自崇祯四年到明朝灭亡，宦官一直掌握着军事、财政大权，其间崇祯八年和十三年有两次短暂撤除宦官的行动，但都很快又恢复。朱由检说自己恢复任用宦官，是由于各地各级大小官员都是营私舞弊又拘泥固执之徒，"朕不得已"。工部右侍郎刘宗周上疏道：人才所以不旺盛，不是没有人才的祸患，而是无君子的祸患。现在每当紧要关头，都是对中官（宦官）委以重任，三军有他们在等于总督。中官兼总督，将把总督置于何地？"故自古有用小人之君子，终无党比中官之君子。皇上诚欲进君子退小人，而复用中官以参制之，此明示以左右祖也。"（谷应泰：《明史纪事本末·宦侍误国》）这一奏疏被拒而不报。

在廷臣的使用上也是变化无常。朱由检登基伊始，大胆起用东林党人，如任用韩爌、钱龙锡为内阁大学士参与机务，袁崇焕为兵部尚书督师蓟、辽，并对他们寄予厚望。崇祯四年后，所用阁臣又大多为非东林党人，如周延儒、温体仁、杨嗣昌、薛国观、陈演等，这些人大多只会明争暗斗、招权纳贿，军国大事毫无建树。周延儒"实庸驽无材略，且性贪"，清兵南侵，"延儒驻通州不敢战，惟与幕下客饮酒娱乐，而日腾章奏捷"（《明史·周延儒传》）。温体仁内阁居位八年，"专务刻核，迎合帝意"，"然当是时，流寇蹂躏畿辅，扰中原，边警杂沓，民生日困，未尝建一策，惟日与善类为仇。"（《明史·温体仁传》）"用人屡不效，又思用侯伯。"在被朱由检信任的勋戚中，像襄城伯李国桢、抚宁侯朱国弼、诚意伯刘孔昭等，也多是庸庸无为，才难堪用。朱由检刻薄多疑的性格，反映在用人上常常是自作英明，诿过臣下，动辄对大臣罢黜甚至诛杀。他在位十七年，先后更易内阁大臣五十人，更换重臣之频世所罕见。被杀戮的内阁首辅两人，总督七人，巡抚十一人，兵部尚书十四人。对边关将领的处置，也是"败一方即戮一将，隳一城即杀一吏"，而不细究到底该不该杀。袁崇焕督师蓟、辽后，使辽东战局很快转危为安。崇祯二年，后金军队不敢经山海关内犯，便绕经大安口南下，逼临京师。袁崇焕千里赴救解除了京师之危，朱由检"立召见，深加慰劳，咨以战守策，赐御馔及貂裘。"后金实施反间计，一些朝臣诬陷袁崇焕"引敌胁和，将为城下之盟"，"其人奔告于帝，帝信之不疑。"（《明史·袁崇焕传》）结果，明末一代名将被磔刑处死，惨遭误杀。袁崇焕被处死后，辽东战局遂陷入一片混乱。后来老将孙承宗受命收拾残局，收复了遵化、安平四城，因明军在大凌河战败，朱由检又不分青红皂白将孙承宗"夺职闲住"，从此辽东战局一发不可收拾。加上文武大臣处处都在宦官的监视之中，整日提心吊胆，勇于任事者更少。

明史专家孟森评曰：综庄烈帝之世，"庙堂所任，以奸谀险诡为多且久，文武忠干之臣，务摧折戮辱，或迫使阵亡，或为敌所禽。至不信外廷，专倚内侍，卒致开门引入，而当可以恤民时，君臣锐意刻剥，至临殉之日，乃叹曰：'苦我民！'使早存此一念，以为辨别用人之准，则救亡犹有可望，乃有几微大柄在手，即不肯发是心，犹不自承为亡国之君。何可得也？"（孟森：《明史讲义·天崇两朝乱亡》）

财政上的失误。明朝中叶以后，一直受困于财政危机。崇祯年间，辽东战事吃紧和镇压各地农民起义急需增加大量军饷，财政困乏的问题更加突出和棘手。崇祯元年，各边欠饷五百二十余万两，其中"宁夏欠十之四，甘肃欠十之六，山西欠十之七"。"不集兵无以平寇，不增赋无以饷兵"，而增赋饷兵必然加重民众困苦，进一步激起广大民众造反。在这种两难的境地中，朱由检始终一筹莫展，只是依靠一再增加税赋弥补军饷不足。崇祯三年，兵部尚书梁廷栋请增田赋，在每亩九厘之上复增三厘，岁增赋"百六十五万四千有奇"。崇祯七年，总督卢象升请加宦户田赋十之一，民粮十两以上同之，名曰"助饷"。崇祯十年，兵部尚书杨嗣昌推行"十面之网"镇压陕西、河南、山西、山东、四川等地农民起义，提议增兵十二万，增饷二百八十万，名曰"剿饷"。朱由检布告天下，称"暂累吾民一年"，但农民起义越剿越多，后来改为征收其半，成常例。崇祯十二年，清兵南侵济南，廷臣请练边兵，杨嗣昌又提议各镇练兵数至七十余万，在剿饷之外复增七百三十万，曰"练饷"。御史郝晋奏道："万历末年，合九边饷止二百八十万。今加派辽饷至九百万。剿饷三百三十万，业已停罢，旋加练饷七百三十余万。自古有一年而括二千万以输京师，又括京师二千万以输边者乎？"（《明史·食货志二》）

除增加税赋之外，朱由检也曾采取过其他一些措施缓和财政危机。比如，要求富室勋戚捐助开源，裁减驿站，废除官僚士绅的免税权，以及节俭宫廷开支等，但都因遭到顽强抵制而作罢。纵观崇祯年间的财政政策，最大的特点是急功近利，没有开源节流的长远考虑和根本之策。崇祯初年，户科给事中吴承昊就上疏请下令给守边都督巡抚清整历年增饷，京城各衙门严加清理各项开支，恢复商人输粮入仓、凭引支盐的旧制，责成有司在西北垦田以备军饷，朱由检虽然口头上同意，并没有实行。而依靠一再增加税赋解决财政危机，无异于竭泽而渔，结果必然是加速明朝的灭亡。加上吏治腐败，"今日民穷之故，惟在官贪。"这一时期，自然灾害也极为频繁，《明史》中有大量水、旱、蝗灾的记载。仅崇祯二年春至四年六月，黄河大决口就有五次。崇祯四年六月的河决，"下灌兴化、盐城，水深二丈，村落尽漂没。逾巡踰年，始议筑塞。兴工未几，伏秋水发，黄、淮奔注，兴、盐为壑，而海潮复逆冲，坏范公堤。军民及商灶户死者无算，少壮转徙，丐江、仪、通、泰间，盗贼千百啸聚。"（《明史·河渠志二》）

军事上的失误。考察庄烈帝朱由检的军事政策，基本上是头痛医头，脚痛医脚，始终没有一个对全国范围军事行动通盘考虑、相互协调的战略筹划。两线作战，历来是兵家大忌。实行抗击后金侵略与围剿农民起义军并举，就严重触犯了这一兵家禁律。朱由检即位之初，各地农民起义虽然不断爆发，但对明朝统治威胁最大的是辽东后金。天启六年（公元1626年）八月，努尔哈赤被明军炮火击伤后病逝，其子皇太极即位。从崇祯二年（公元 1629 年）起，后金军队多次挥师入关，直逼京师，连克保定以南多个城市，俘掠大批财产人口。这一阶段，朱由检把军事斗争的重心，一直放在抗击后金（清军）的南侵上。崇祯四年至六年，在陕西各地先后起义的王嘉胤、高迎祥、张献忠、李自成等农民起义军，迅猛发展并相互呼应，穿插于陕、山（山西）、豫、楚、川之间，攻城掠地，对明朝统治造成了严重打击。崇祯四年七月，朱由检以"剿灭不力"的罪名逮捕陕西总督、三边都御史杨鹤，任命洪承畴为陕西三边总督，调集重兵围剿农民起义军，正式拉开了大规模两线作战的帷幕。据《续修四库全书·史部》记载，皇太极曾苦于连年征战的疲惫，一度有与明朝修好之意，说："朕欲成和事，共享太平之福。诸王、贝勒或谓明朝时势已衰，正宜乘此机会，攻取北京，安用和为。但念征战不已，死伤必重，固有所不忍。纵蒙天眷，得或一统，世岂有长生之人，子子孙孙宁有世守不绝之理！昔大金曾亦一统，今安在哉！"若当时明朝能给予优待，后金未必不肯议和，可惜没有抓住这一机会。直到崇祯十一年，清军入关侵掠河北、山东，攻下城池五十余座，掳掠人口四十六万，俘虏德王朱由枢，总督宣大、山西军务的卢象升也被清军包围力战而亡，才使朱由检开始意识到应当结束两线作战的困境。他委托兵部尚书陈甲新秘密筹划与大清议和事宜。"帝既以和议委新甲，手诏往返者数十，皆戒以勿泄。"（《明史·陈新甲传》）后来由于走漏了消息，议和之事就此搁置下来。这样，明朝有限的军事力量在"辽战"和"剿除"两条战线上疲于应对，结果必然是"力屈于东，祸延于西"。

在"战与和"、"剿与抚"问题上摇摆不定。朱由检即位之初对敌我双方的力量对比、作战特点等并不了解，以天朝大国自居，对后金存有一种蔑视的自大情绪。崇祯二年发生后金第一次入关侵掠的"己巳之变"以后，他才对后金的军事力量有了一定的认识，不再谋求恢复全辽，转向采取战略防御。在与后金议和上，朱由检一直躲躲闪闪，一方面指示陈新甲秘密进行此事，又不愿承担责任。当议和的事情泄漏后，言路哗然，他便下诏严斥陈新甲，并将陈新甲腰斩街头。在对待农民起义军的政策上，也是左顾右盼，反复摇摆于"主剿"和"主抚"之间。"当夫群盗满山，四方鼎沸，而委政柄者非庸即佞，剿抚两端，茫无成算。"（《明史·流贼传》）杨鹤被治罪以后，洪承畴被任命为陕西三边总督，全力清剿，取得"西澳大捷"，一度迫使陕西的起义军把活动中心转移至山西。李自成部诈降，监军太监杨进朝信以为真并向朱由检报告，起义军趁机突破黄河，冲出明军包围圈，一路转战河南，又掠枣阳、当阳，破夷陵、夔州、广元，进入四川。崇祯七年，陈奇瑜总督五省军务，连续出击使农民起义军战斗力大丧。兵部尚书张凤翼主抚，朱由检信之下诏招安，结果，农民起义军尽杀安抚官，夺兵马后四处出击，立呈燎原之势。崇祯九年夏末，在洪承畴、孙传庭的围堵下，"闯王"高迎祥被俘，一些起义军首领在深受打击后纷纷乞降。可笑的是，朱由检为免前车覆辙，竟不辨真伪大肆屠杀投降的农民起义军。李自成、张献忠见招安无望，遂决意造反到底。不久，起义军声势日益浩大，席卷中原和陕西、山西、湖北、湖南、四川等地，向明朝政权发起战略进攻，已经不是剿杀或招抚所能够解决的了。

"庄烈虽锐意更始，治核名实，而人才之贤否，议论之是非，政事之得失，军机之成败，未能灼见于中，不摇于外也。且性多疑而任察，好刚而尚气。任察则苛刻寡恩，尚气则急遽失措。"（《明史·流贼传》）内忧外患和庄烈帝朱由检的一系列决策失误，使朱明王朝的统治走到了尽头。崇祯十七年（公元 1644 年）三月，李自成的农民起义军攻占京师。走投无路的朱由检逼死皇后，砍杀年方十五岁的公主（未死）和几位嫔妃，登上煤山自缢身亡。延续二百七十余年的明朝大一统政权统治宣告结束。

北京沦陷和庄烈帝朱由检身亡之后，史可法等人在南京拥立福王朱由崧建立弘光政权，史称南明。在清军的进攻面前，南明政权节节败退，先后逃亡于浙江、福建、湖南、广东、云南等地。公元 1661 年，南明永历帝朱由榔流亡缅甸，同年八月吴三桂率清军攻入缅甸，朱由榔被杀，南明灭亡。

庄烈帝朱由检是一位励精图治的亡国之君。他即位伊始，手翦元凶、诛除阉党，撤去各道镇守宦官；平反前朝冤案，选贤任能，肃整吏治；躬勤政务，不避寒暑到文华殿听讲经筵、召对群臣，日夜批阅奏章；罢除苏杭织造，减膳撤乐，不好声色，为挽救明朝灭亡做出了种种努力，"天下翕然称之"。然而，他刚愎自用又治国无术，在挽救明王朝灭亡的过程中屡屡失误，结果欲安而得危，图治而得乱，又难辞亡国之咎。中国历史上的亡国之君，多是荒淫无度的昏君。朱由检勤政图治却一朝倾覆，成为亡国之君，往往让后人对他多了少许惋惜和同情。

大厦颠倾，其势难阻。朱由检成为亡国之君的渊源，在于明朝自中期以来日益腐败，崇祯年间之前政治、经济、统治机器已是千疮百孔，呈现即刻崩塌之势。犹如人已病入膏肓，虽有扁鹊之术也不可起死回生。更何况，朱由检是一个虽有图治之心，却无雄才大略的平庸皇帝呢！《明史纪事本末》有这样的记载：李自成起义军围困京师，朝廷急调镇守山海关的吴三桂前来解救，需军饷一百万两。国库无钱，朱由检危急中决定发动朝中勋官旧戚资助，并传令让周皇后的父亲嘉定伯周奎带头。周奎先是拒绝，后经再三劝说答应捐出一万金。朱由检嫌太少，勒令他拿出两万金。周奎向皇后求助，皇后资助他五千金。周奎竟把这五千金隐匿两千，仅捐出三千金。勋戚们为了逃避捐纳，纷纷哭穷，有的在自己门上写着"此房急卖"，有的拿出家中物品摆在市上出卖。结果，仅仅筹集到二十万金，吴三桂的救兵未能到来。京师陷落后，周奎及全家被起义军捉拿，妻子、长子、儿媳丧命，从其家中抄出"银五十二万两，珍币复数十万"。勋官皇戚竟然也如此不顾朝廷危亡！一个已经腐败到这种地步的政权，岂有不亡之理?!

纵观历史上的朝代兴衰更替，有这样一个规律：夺取天下，往往历尽千辛万苦，如同滚着石头上山，奋斗的道路漫长而曲折，十分艰难；而一个朝代灭亡时，则如同滚石下山，势不可当地一砸到底，毁灭于一旦。其实，任何事物都有一个从量变到质变的渐进过程。朝代的兴衰更替也是如此，正是由于各种失误带来的社会矛盾和危机不断积累，才由兴变衰，最后轰然垮台。只有防患于未然，及时消除和化解各种社会矛盾与危机，才能够实现长治久安。否则，一旦呈土崩瓦解之势，便无可奈何、无力回天！

魏象枢"誓绝一钱"

清圣祖玄烨整饬吏治，使官场风气大为好转。这一时期出现了一批甘于清贫的廉臣，骨鲠事君的直臣，实心为民的能臣。魏象枢便是其中的一位。

魏象枢（公元 1617—1687 年），山西蔚州（今河北蔚县）人，历任刑科给事中、吏科都给事中、贵州道御史、都察院在都御史、刑部尚书等职。史家称赞他"躬行君子，本朝以来，谔谔一士"，"清操峻节，有声台谏，及官都御史，激浊扬清，以整饬纲纪为己任，豸冠触邪"，其立言躬身"确然于立身行己之大节，可以贯金石而通神明。"清圣祖玄烨亲书"寒松堂"额，褒奖他的冰洁仕风。

读《清史稿·魏象枢传》和有关史料，他为官清正"誓绝一钱"的风节，尤其令人敬叹。

魏象枢出身明末官僚家庭，其祖先魏元曾任大同总兵，授"明威将军"。父亲魏卿任江西新城主簿六年，清廉有声，辞官归乡"只携二竹箱，惟夏布竹篦数件而已"。这给年幼的魏象枢留下深刻印象，也为他日后从政树立了榜样。魏象枢自幼苦读，十二岁"作文即能成篇"，顺治三年（公元 1646 年）考中进士授翰林院庶吉士，开始步入仕途。顺治年间，魏象枢先后出任刑科给事中、工科右给事中、刑科左给事中、吏科都给事中。给事中品级虽然不高，但权力很大，"掌侍从、规谏、补阙、拾遗、稽察六部百司之事"。吏部握有办理任黜百官大权，吏科都给事中一职更为瞩目。魏象枢升任吏科都给事中后，面对朝廷任命书立下誓言："诸公争此一席，存心公私皆不可问。余自愧无才，谬掌大计。惟有誓绝一钱，以报圣恩。首肃计典，力复纠拾，以清吏治耳。"由此，"誓绝一钱"便成为他为官行政始终不渝的信条。

魏象枢任吏科都给事中期间，因弹劾安徽布政使刘汉祚贪冒，得罪其亲戚大学士宁完我。顺治十一年（公元 1654 年），宁完我参奏大学士陈名夏罪名七条，其中说魏象枢与陈名夏"为四门姻家，结为一党，票签本章有私"。后经调查和大学士范文程出面辩请，魏象枢虽然解脱了与陈名夏的牵连，却被降为詹事府主簿。顺治十六年（公元 1659 年），他以母老多病辞官回乡前后十四年。魏象枢并没有因官场的挫折而消沉下去。这十四年间，他在赡养母亲的同时，潜心研读理学，兴学授课，治学交友。由此，魏象枢政治上进一步走向成熟，为他后来的辉煌仕途打下了坚实基础。

康熙十一年（公元 1672 年），大学士冯溥上疏举荐魏象枢，称他"清能矫俗，才堪任事，用之于内，必能为朝廷振饬纲纪；用之于外，必能为朝廷爱养百姓。"魏象枢被补授贵州道监察御史。当时，清圣祖玄烨亲政后铲除鳌拜，实施一系列新政，清廷开始出现一派振兴景象。魏象枢的母亲也已去世。接到朝廷的任命，魏象枢感到这是报效国家的难得时机，又因家境不佳缺少路费而犯难。后来，由妻兄李云华资助三百金才前往赴任。就任贵州道监察御史后，他不忘"誓绝一钱"初心，为拒绝馈赠，特刻一木柬挂于府侧，上书："自揣凉薄，一切交际，概不敢当，承雅赐，谨璧谢。"（魏象枢：《寒松堂全集》）

　　由于为官清廉，政绩突出，魏象枢接连得到晋升。康熙十二年（公元1673年），"以岁满加四品卿衔，寻擢左佥都御史。""十三年，岁三迁，至户部侍郎。""十七年，授左都御史。""十八年，迁刑部尚书"（《清史稿·魏象枢传》）。进入京城成为朝廷大员以后，魏象枢看到"都门风俗奢靡，人心荡轶"，一些官吏"或驰情于声色，或熏心于货利，或旁惑于异端邪说，或沉溺于骄奢奔竞"。他唯恐自己沾染上这些不良风气，也时刻警惕随着位高权重而放纵自己有失众望。于是，自书一联："欺人如欺天，毋自欺也；负民即负国，何忍负之。"并将此联悬于堂前，用以警示自己始终保持清正为官的本色。

　　魏象枢为官不仅不侵占公产民财，为严防请托贿买，对同僚门生的馈赠也绝不收受。他认为朋友之间的道义交情，应当是"德业相成，学问相长，过失相规"，而不应是在区区钱物的交往上。同年好友魏裔介擢为吏部尚书，他便去信表示："以后瓜李多嫌，再不敢一字候起居，亦不敢再劳一字问山中矣。"门生王允大出任学政，深知魏象枢家境清贫资助一些钱物，也被他婉言谢绝。魏象枢给王允大的信中说："不佞屡以清白报知己，使天涯落落之人，倘有谅其肝膈而略其形骸者，即大幸矣。远辱来讽，知我更深，能无感激！但清俸凡何？分以赠我，不识门下何所赖以自赡乎？若因交际难割，有毫厘取之地方者，不但坏门下清白之操，反以贻不佞门墙之累，自爱爱人，俱失之矣。宜以为戒，嗣勿再来。"（《陆子全书》十一）从中可见魏象枢的自爱和爱人之心，既自己坚守清正不染，又奉劝他人不坏清白之操的用心良苦。

　　清初官吏俸禄较低，魏象枢清操自苦，以节俭为美德。诗作《病中魏石生同年惠俸米五斗志谢四首》，展现了他从来以"举家食粥"为安为乐，绝不一改清贫日月转身"乞大官"的克己奉公品格。他在《庸言》中说："俭，美德也。余谓仕路诸君子，崇尚尤急。数椽可以蔽风雨，不必广厦大庭也；痴奴可以应门户，不必舞女歌童也；绳床可以安梦魂，不必花梨螺钿也；竹椅可以延宾客，不必理石金漆也；新磁可以供饮食，不必成窑宜窑也；五簋可以叙间阔，不必盛席优觞也；经史可以悦耳目，不必名瑟古画也。去一分奢侈，便少一分罪过；省一分经营，便多一分道义。慎之哉！"康熙二十三年（公元 1684 年），魏象枢因病终养在乡，"安于俭朴，何曾问山寻水"，其"尚书门第，秀才家风"成为美谈。康熙二十六年（公元 1687 年），魏象枢病逝，终年 70 岁。当时大户官宦生前奢侈，死后葬礼大肆铺张成风。他却力主薄葬，死后不备棺木入殓，妻兄李云华送来杉棺一具，才办理了丧事。

　　一些贪官污吏大肆搜刮民脂民膏，为的是把财产留给子孙后代。魏象枢对此有自己的见解。他在《答晋抚刘勉之》中有言："执事廉介自持，肝肠如雪。尝言生平所见居官之家，祖父丧心取钱，欲为子孙百世之计，而子孙荡费只如粪土，不旋踵而大祸随之。此执事自爱爱人之格言也，尤当书绅，以志不忘。若一切是非毁誉，悉归于天与命，而平心处之，又何虑哉！"这段话的大意是，握有职权的官员应当自持廉洁，肝肠洁如冰雪。然而常常听到看到一些居官之家，祖辈父辈为了子孙后代的荣华，丧心病狂地捞取钱财，而子孙们挥金如土，很快便大祸临头。当官者应当以此作为自爱和爱人的格言，牢牢记住永志不忘。倘若能够以平常心来对待贫富荣辱，还有什么可以忧虑的呢！

　　魏象枢清廉为官"誓绝一钱"，对贪官污吏"去蠹如仇"。他在《答刘辑五书》中说："惟望执事执法如山，守身如玉，爱民如子，去蠹如仇。"魏象枢正是一位既"守身如玉，爱民如子"，又"执法如山"、"去蠹如仇"的人。他与贪官污吏水火不相容，顺治年间任刑科给事中、吏科都给事中曾多次建言立法，惩治贪腐。如，顺治八年（公元 1651 年），为免除地方官吏以私征侵吞钱粮，"疏陈其弊，请饬州县依易知单造格眼册，注明人户姓名、粮银、款目及蠲赈清数，上大吏核验，印发开征；又请定布政使会计之法，以杜欺隐，立内外各官治事之限，以清稽滞"（《清史稿·魏象枢传》）。魏象枢第二次入仕以后，更是成为协助清圣祖玄烨整饬吏治的股肱人物。他认为督抚这样的封疆大吏廉洁则阜富民安，贪冒则民穷财尽，主张惩治贪腐"勿避要津、大恶大贪"，"督抚任最重，有不容不尽之职分、不容不去之因循，宜责成互纠。"（《清史稿·魏象枢传》）康熙十七年（公元1678年），上《申明宪纲十事》疏，提出整饬官场腐败的"十不许"：不许州县官谒见督抚；不许督抚差内使人往各府州县；不许送督抚贺仪、金屏等物；不许督抚、布按私开便门；不许督抚、布按将优伶、游客等人转送各府州县；不许借公事需索陋规；不许纵容所属学道贿买生童；不许亏短行价，坑害百姓；不许借"补库"诸机任意洒派；不许庇"离任"，侵吞库银。清圣祖玄烨称赞宪纲十事切中时弊，颁发各地参照执行。

魏象枢长期专司风纪，以正气肃纪为己任，置个人安危于不顾，成为贪官污吏望而生畏的"克星"。康熙十八年（公元1679年），魏象枢由都察院左都御史，升任刑部尚书。他上疏道："臣作为专司风纪的总宪官，还没有完全尽到职责，愿学习西汉直谏廷诤的汲黯自请为郎的故事，继续留任御史台，为朝廷整饬纲纪。"于是以刑部尚书衔留任左都御史。当时明珠与索额图擅政，结党贪侈，权倾朝野。魏象枢借京师发生地震，上奏"臣失职，地为之不宁，请罪臣以回天变"，揭报"大臣受赇徇私，会推不问操守。将帅克敌，焚庐舍，俘子女，攘财物。外吏不言民生疾苦。狱讼不以时结正。诸王贝勒大臣家人，罔市利，预词讼。上干天和，严饬修省。"（张其昀等：《清史·魏象枢传》）实际上指向明珠、索额图预政贪侈。后来，索额图、明珠先后被罢黜。清圣祖玄烨曾对身边大臣说："二相之罢黜，皆象枢首发之也。"康熙二十一年（公元1682年），年近古稀的魏象枢奉命与吏部侍郎科尔坤巡察直隶畿辅重地，历经保定、河间、永平、正定、顺德、大名诸府，一路"按治豪猾"。其间，纠参贪酷官吏二人，革职提问知州二人，革职恶吏三人，绞恶绅三人，绞斩恶庄头四人，受流放罪和杖击处罚的逾百人，被追赃、罪款的也逾百人。魏象枢在诗作《捉虱行》中，把贪官污吏比作"虱虮"，发誓"我欲大索净根株"。然而，在封建制度下不可能真正解决官场腐败问题。他面对"小者弋获大者惊，少留一缝潜藏里"的现实，不由得感叹"自悔吾家针线疏，更缘积垢离清水"，"于今莫怪常处裈，大蠹难除类如此。"

清乾隆时期东阁大学士陈弘谋编辑的《从政遗规》，收录了魏象枢《答徐子星书》中这样一段话："书生即不能为朝廷建大功、持大议，以济时艰，然而爱人才、惜民命，书生犹或能之。若不大破势分利欲关头，则气不扬、骨不劲，安有靡靡然、唯唯然可任天下事哉！"意思是，读书人即使不能为国家建立大的功绩，以济时艰，然而爱惜人才和民众还是能够做到的。如果不勇敢地冲破利与欲的诱惑，就不可能做到立场坚定地弘扬正气，哪里有柔弱颓靡、唯唯诺诺担当起天下大事的。魏象枢"誓绝一钱"，表现出的正是这样一种"大破势分利欲关头"的境界。他这段为官之道的自白，对后人为官从政提出了两个重要启示。

为官者不可图发财。"当官不许发财"乃自古名训。司马光《谏院题名记》中曰：居是官者"专利国家而不为身谋"。元朝彭城郡公刘斌临终前告诫其子刘思敬、刘思恭："居官当廉正自守，毋黩货以丧身败家。"（《元史·刘斌传》）当官和发财，是人生道路的两种选择。做官就应当像魏象枢那样"誓绝一钱"，图发财就不要做官。提出这样的要求是为官者职责所系、胸怀社稷、造福一方便不能图谋一家私利，图谋一家私利的官员不可能造福万家百姓。官员一旦图谋发财，必然出现公权私用、以权谋私、贪赃枉法，肥一家而害万家。到头来，自己也难以逃脱伤身败家的下场。

抑私欲方可扬正气。无欲则刚，无私方能无畏。有正气的人才能讲正气。魏象枢所以能够做到"去蠹如仇"，成为激浊扬清的谔谔一士，就在于他"誓绝一钱"，心底无私。私欲若水火，不抑则滔天燎原。当官者多一分私欲，身上就少一分正气，在行政中就会少一分激浊扬清的底气和勇气；少一分私欲，必然多一分正气，才能在各种邪恶势力面前无所畏惧，成为扶正祛邪的斗士。

荒唐的"议罪银"制度

乾隆后期官场贪污成风，督抚等大员中贪墨数额巨大的案件迭起，与清高宗弘历改变惩治贪腐的政策有密切关系。其中之一，便是实行"议罪银"制度。

议罪银，又称"自行议罪银"，"自请认罚银"、"认缴银"、"自议罚银"等，即根据官员犯罪情节的轻重，以交纳多少不一的银子来免除应有的罪罚。议罪银制度，是一项以银顶罪的制度。

"高宗季年，督抚坐谴，或令缴罚项贷罪"（《清史稿·尹壮图传》）。关于议罪银制度设立于乾隆的具体年份，尚未发现史籍中记载，史家也看法不一。有的认为，大贪官和珅得宠于清高宗弘历是乾隆四十年（公元1775年）以后，乾隆四十五年（公元1780年）任户部尚书，议罪银制度是和珅出任户部尚书之后策划出来的。有的史家则指出，在和珅任户部尚书之前，已有罚议罪银之例。如，据《宫中档》记载，乾隆二十八年（公元1763年），果亲王弘瞻私托织造及税监督购买蟒袍、朝衣、优伶一事被揭发出来以后，弘历于当年六月十日上谕："萨载（苏州织造）代贝勒弘瞻购办刻丝朝衣等件，并垫借置买戏子银两，匿不奏闻，甚属徇私无耻，已降旨来京候旨……其萨载应作何自拟罪之处，并著高恒传旨代为陈奏。"

之后，萨载"自愿纳银一万两，仰乞圣恩宽限，匀作二年交全。"又如，乾隆三十三年（公元 1768 年），两江总督高晋因其弟高恒任两淮盐政时收受商人巨额贿赂一事，交刑部严加治罪。弘历朱批："交部议罪，不过革职留任，汝自议来！"高恒复奏："仰求皇上准奴才捐银两万两，以赎奴才之罪"，经同意，每年从养廉银中解扣五千两，分作四年完缴。综合分析有关史料从中看出：乾隆四十五年（公元 1780 年）以前，议罪银虽有个例，但属初期草创制度不甚完备；和珅出任户部尚书以后大力推行，议罪罚银案增多，不仅设有专门的办事机构和人员，而且在议罪对象、呈报、审批、罚银缴纳等方面有明确的管理规定，逐步形成了一套较为完备的制度。

　　议罪银制度不同于罚俸制度。罚俸制度可追溯到战国时期，秦律中有罚俸性质的条文。清制，凡官吏犯有渎职、违例、舛错、疏失等过失，轻微者均得受罚俸处分。据《钦定吏部处分则例》，"罚俸之例自一个月、两个月、三个月、六个月、九个月至一年、二年，凡七等。"乾隆时期，罚俸多者可增至四年之多。罚俸属于行政处分的范畴，权限在吏部，罚银由户部承追，所罚款项归户部银库。议罪银是"自行议罚"、"自请认罚"，由军机处下属的"密记处"办理，军机大臣兼户部尚书、议政王大臣和珅等亲自负责。乾隆五十二年（公元 1787 年），和珅在奏折中称："臣等遵旨将各关例应交纳并裁革陋规以及寓例等项银两删除不入外，今将各员自行议罪认罚各项分析缮写清单恭呈御览，嗣后即照此办理，按季具奏。"议罪银收缴后主要不是归户部银库，而是皇帝的私囊——内务府库。据《密记档》载，在全部现存的六十八件议罪银案中，奉旨交户部或工程备用的只有十三件，交进内务府库的五十五件；在银额上，户部和工程备用共四十三万两，内务府库达三百七十二万两。

　　议罪银制度与赎刑制度也有很大不同。《尚书·吕刑》有"吕命穆王，

训夏赎刑，作吕刑"的记载，说明赎刑在夏代已经出现。之后，赎刑制度
为历代沿袭，但能赎的刑种和实施方法各异，如隋唐时期"十恶"之罪
"不在八议、论赎之限"，宋朝"赎法惟及轻刑而已"（《宋史·刑法三》）。
明代"凡赎法有二，有律得收赎者，有例得纳赎者"，"杂犯死罪、徒流、
迁徙等刑，悉视今定赎罪条例科断。"（《明史·刑法一》）《大明律》规定，
除谋反、谋大逆等"十恶"之外，笞、杖、徒、流、死及绞、斩之罪皆可
赎，赎罪方式有罚役、纳银、纳米等多种方式。清朝参照明律，建立和实
行以银赎罪制度。"顺治修律，五刑不列赎银数目。雍正三年，始将《明
律赎图》内应赎银数斟酌修改，定为《纳赎诸例图》。"（《清史稿·刑法
二》）按照雍正三年（公元 1725 年）的定例，凡文武官员革职有余罪，及
革职后另有笞杖徒流杂犯死罪，俱照例图内数目纳赎，不能纳赎者，照无
力发落，其贪赃官役概不准纳赎。由此可以看出，赎刑属刑法范畴，是刑
罚中的一个辅助刑种，虽然不同朝代宽严各异，但对其适用范围，以及不
同刑种的罚银数目，都有严格的规定，而且罚银上缴户部国库。议罪银则
不同，认罚对象主要是督抚等地方高官，也包括布政使、盐政、织造、税
关监督以及其他一些肥缺官员，甚至包括个别富裕商人如盐商、参商等，
这些人凡有过失即在"自行认罪罚银"之列，对具体罪种和罚银数目也没
有明确规定。弘历曾直言不讳地宣称："督抚等坐拥厚廉，以其尸位素餐，
故议罚充公之项，令其自出己赀，稍赎罪戾。"（《清实录·高宗纯皇帝实
录》卷一三六七）可见议罪罚银的前提是督抚等养廉丰厚，出发点是为
了"议罚充公"。《密记档》中记载的议罪银案例五花八门，有的因行政失
职、办案不力，有的因参奏失当、办理盐务税务不善，有的几乎谈不上什
么正当理由。乾隆五十九年（公元 1794 年），户部右侍郎巴宁阿监修热河
庙宇工程中遇暴风雨大殿檐瓦毁坏，弘历闻知大怒指责其营私舞弊，并传
旨严查其在任两淮盐政时贪黩情节。两淮盐商汪肇泰因与巴宁阿联宗，交

"赎罪银"十万两，再罚十万两；盐商洪广顺因自认是巴宁阿门生，"赎罪交银"十万两。这些认罪银大部分被收入内务府库，为内务府特别收入，"以充非经制诸费"。

议罪银制度的推行，遭到了朝中一些正直大臣的反对。乾隆五十五年（公元 1790 年）一月，内阁学士兼礼部侍郎尹壮图上奏道："督抚自蹈愆尤，圣恩不即罢斥，罚银若干万充公，亦有督抚自请认罚若干万者。在桀骜者藉口以快其饕餮之私，即清廉者亦不得不望属员之佽助。日后遇有亏空营私重案，不容不曲为庇护。是罚银虽严，不惟无以动其愧惧之心，且潜生其玩易之念，请永停此例。"（《清史稿·尹壮图传》）其大意是，督抚们多行不法，陛下心怀圣恩不去罢斥，而是罚银充公便了事，有的督抚自请认罚数万两。这样就会使桀骜不驯者有了满足自己贪欲的借口，清廉者也不得不求助于属员的资助。日后遇有贪腐大案，怎么又能不受到庇护呢。即使罚银制度严格，也不能使贪腐者有愧惧之心。建议永远停止议罪银之制。弘历听不进这一建策，还要尹壮图就奏疏中所说督抚中有人"以措办官项为辞，需索属员，派令佽助"，指的是什么人，应指实参奏。尹壮图回奏说："各督抚声名狼藉，吏治废弛。臣经过地方，体察官吏贤否，商民半皆蹙额兴叹。各省风气，大抵皆然。"（《清史稿·尹壮图传》）又奏称钱粮亏空"各省皆有"。弘历认为这是对他临御五十余年治绩的否定，连降十余道谕旨对尹壮图进行驳斥，并命户部侍郎庆成与他到山西、山东、直隶及江南各地调查。由于和珅伙同庆成与各省督抚早已私下勾通做了手脚，尹壮图一路看到"仓库整齐，并无亏缺"，只得连连上书"自承虚狂，奏请治罪"。之后，尹壮图被贬为内阁侍读，于乾隆五十七年（公元 1792 年）以母老辞官。从此，没有人再敢对时政发表谏议，朝中充斥颂谀之声。

尹壮图等朝中大臣的反对，并没有能够阻止议罪银制度。直至嘉庆四年（公元 1799 年）正月弘历死后，清仁宗颙琰宣布："捐廉罚银等事，朕必不为"（《清实录·仁宗睿皇帝实录》卷四一），议罪罚银才告结束。这一制度的推行，带来了严重的后果，使乾隆后期已经日益腐败的政治进一步走向黑暗。

官吏肆无忌惮，加剧了贪腐横行。由于输银便可免罪，官吏们犯了罪为表示对皇帝的效忠，多自愿从重认罚。只要多罚银，就可以博取皇帝的欢心，不但可以继续任职，甚至可以擢取更大的官和更肥的缺。先后在广东、浙江出任封疆大吏的李质颖在给弘历的一篇奏疏中讲道："奴才于浙江巡抚任内未行奏参王燧，情愿罚银十万两，粤海关监督任内奏事错误，情愿交银二万两。四十六、七两年关税盈余短少，部议赔银三万六千余两。广东盐案不实，情愿罚银十万两。奴才自四十六年起至本年，交过造办处广储司共银十四万两，其余十一万六千余两，理宜竭力凑缴，按限完纳，庶于寸衷稍安。"从中可以看出他任职中一次次失误犯罪、一次次认交议罪银，又一次次被委以重任的为官经历。弘历宣称凡"犯侵贪徇庇之过者"，不能以议罪银赎罪。但事实相反，《密记档》中犯侵贪徇庇自行议罪罚银的案例并不少见，而且此类议罪往往罚银数目巨大。两淮盐政全德贪腐成性、屡犯过错，却"节经降旨从宽留任"。乾隆五十八年（公元 1793 年）五月，全德因"溺职"罪被内务府议处革职，弘历却命其"自行议赎具奏"，全德以"情愿缴银十万两"，被"以宽留任"。第二年八月，全德收受商人"供应银"十九万二千两，情愿加一倍缴出三十八万四千两，分限五年交完。弘历不仅没有治全德的"侵贪罪"，还让他继续留任，只是认为"该盐政所请分限五年之处未免过缓"，改令三年完交。全德为了保住两淮盐政这一肥缺，还经常以贪污银给掌管议罪银大权的和珅送礼，其中一次就送白银二十万两。和珅妻去世，送银二十万两，和珅嫌少，又增至四十万两。如此以议罪银代替罪罚，就是默许官吏们继续受贿，贪污犯罪。官吏们既把议罪银作为放胆贪污的借口，又以贪污和亏空的款额作为完纳议罪银的来源。乾隆后期各省贪污亏空大案层出不穷，与实行议罪银制度有着密切关系。

官吏们为了捞回议罪银的花费，对民众的盘剥进一步加深。清代官吏俸禄比较低，总督、巡抚等封疆大吏每年俸银也不过一百五十五两至一百八十两。议罪罚银数目动辄数万两甚至数十万两，远远超过官员的正常收入水平，即使把俸银和养廉银全部缴出，也难以完纳一次"议罚"之数。罚银对象虽然多是总督、巡抚、布政使等封疆大吏和盐政、织造、税关监督一类肥缺官员，他们为了完纳议罪罚银，势必变本加厉地"堤内损失堤外补"，加倍侵贪和向属官索贿，从而层层传导，逼廉为贪，形成上下行贿营私，贪污公行。乾隆末年翰林院编修洪亮吉曾撰《守令篇》，描述当时地方官员贪腐的情形：一个官员赴任前，亲戚朋友都公然来替他盘算，此缺出息若干，应酬若干，自己一年里可得若干。至于民生吏治，从不过问。官员到任后也是先问一年的陋规收入多少，属员的馈赠有多少，钱粮税务的盈余（贪污）有多少。他的妻子、兄弟、亲戚，朋友以至奴仆、妪保也都得到任上，帮他谋利。离任时，往往要用十只船，百辆车来运送财物，比到任时多上十倍。各级官员贪婪成性，对广大民众进行多方位的剥削，使日益积累的社会矛盾进一步激化。清高宗晚年陶醉于自炫功业，在驳斥尹壮图关于官吏贪婪、民间"蹙额兴叹"的奏报时，自诩"朕自缵绪以来，益隆继述。凡泽民之事，敷锡愈多，恩施愈溥。此不特胜国所无，即上溯三代，下迄宋元，亦复罕有伦比。"又说："尹壮图于朕爱民勤政之意，懵然罔觉，忍为此蹙额兴叹之语，几于摇惑人心。"（《清实录·高宗纯皇帝实录》卷一三六七）其实，乾隆末年的民间，已不只是"蹙额兴叹"，而是民怨沸腾，甘肃、福建、陕西、四川、湖广等地农民起义接连不断，清王朝统治危机四伏。

　　议罪银大多收入内库，皇室靡费愈演愈烈。议罪银的事项由军机处直辖的密记处掌管。《密记档》载，和珅曾传令："所有密记银两交圆明园、广储司、造办处银库。嗣后将收到的何项银两，数目若干，并收到日期，按月呈报军机处，以备查核汇奏。"弘历在斥责尹壮图的上谕中，曾辩白："即或议缴罚项，皆留为地方工程公用。"实际情况是，议罪银的绝大部分都收缴内务府银库，成了皇帝的私房钱。这从弘历在乾隆四十六年（公元 1781 年）的一段话中看得很清楚："忆乾隆初年，内务府大臣尚有奏拨部库银两备用之事，今则……不特无须奏拨，且每岁将内务府库银，命拨归户部者，动以百万计。"（《清实录·高宗纯皇帝实录》卷一一四一）内务府银库扭亏为盈之际，正是议罪罚银制度大肆实行之时。由于有了议罪银做私房钱，皇室的开销支出不必经过户部，生活竟尚豪侈失去节制，侈靡之风日炽。乾隆四十五年（公元 1780 年），弘历七十岁寿辰，仅造佛像一项就用银三十二万一千多两，金银、玉器、古玩和人参、珍珠等山珍海宝不计其数。乾隆五十五年（公元 1790 年）的八十岁寿辰庆典规模更为宏大、更为奢华，开支更加庞大。嘉庆时期曾任翰林院编修和侍读的姚元之，在《竹叶亭杂记》卷二中记载，弘历携和孝公主游买卖街（圆明园中仿民间交易而设的商业街），见有一大红夹衣一领，即让和珅"以二十八金买而进之"。乾隆五十四年（公元 1789 年），和孝公主下嫁，弘历除赏大量土地和奴仆，并赏给数量惊人的妆奁，现存妆奁清单分头饰、朝珠、皮衣、衣料、各种用品、梳妆用品、陈设品七大类，头饰等各类用品多用金银珠宝装嵌。另外，礼部和各级官员也送上大宗贺礼，据说这些礼品价值达白银数百万两。

　　有罪不究，法律形同虚设。赎刑制度以金钱等形式赎免所判刑罚，虽然法律适用不平等，维护了特权阶层利益，但有助于增加国库收入，也有利于对老年人、幼童、妇女、残疾人等难以承受刑罚之苦的人群，犯罪后通过罚银给予特殊的照顾。议罪银制度则完全是破坏和践踏法律公平、法律秩序，即使对于维护封建统治也没有什么积极作用可言。罚俸制度和赎刑制度都是公开的，议罪银制度却是秘密的。在清代典章制度中，查不到议罪银制度的条文，有关的记载也很少。这一制度的实施，在弘历的授意和指使下，由和珅掌管的"密记处"秘密执行，以逃避监督，使人们无法窥见其内幕。这种见不得阳光、脱离监督的制度安排，势必会成为各种犯罪活动和营私舞弊的防空洞。议罪银制度的执行，也不像罚俸依据《钦定吏部处分则例》，赎罪依据刑律，罚谁与不罚谁由弘历、和珅说了算，罚多与罚少也都是在"自议"、"自请"后由弘历与和珅裁定。《密记档》中的议罪银案例，少者交银一千五百五十两，多者达三十八万四千两。交银数量的多少并不取决于官员罪状的轻重，而是其所任职位的肥缺程度，交纳议罪银的效果也完全取决于弘历与和珅的态度。在这种情况下，官员们的行为可以不受法律纲纪的约束，只要踊跃"捐输"博取皇帝的欢心，通过向和珅等人行贿，千方百计打通关节，贪污受贿等罪行都可以免于被追究，国家法律和朝廷纲纪便成为无用之物。

南朝梁元帝萧绎所著《金楼子·立言》曰："人莫能左画方，右画圆。以骨去蚁，蚁愈多；以鱼驱蝇，蝇愈至。"议罪银制度是乾隆后期，清高宗弘历对官员贪污等腐败现象采取宽容、放纵态度，也是清王朝统治者自身日益腐败的产物。弘历声称实行这一制度的目的是令贪官们"自出己赀，稍赎罪戾"。然而，这种用腐败的制度去惩治腐败的做法，无异于"以骨去蚁"、"以鱼驱蝇"，结果只能是官员们"前腐后继"，各种腐败现象日炽一日。反对腐败，是一种"你弱它就强，你强它便弱"的"弹簧效应"。腐败现象若被宽容一分，就会增长十分、百分、千分；贪官污吏若被放纵一个，就会出现十个、百个、千个。惩贪治腐，来不得半点容忍和怜悯，必须有一种"宜将剩勇追穷寇"的精神！

　　清王朝处于我国封建社会晚期。如果说清圣祖玄烨整饬吏治、清世宗胤禛推行新政、清高宗弘历即位之初纠治"五风"，反映了统治者通过某些政策调整还能够使封建统治苟延残喘的话，议罪银制度则说明，这时候的封建专制统治已经腐败到了无力自救的地步，只能够是"无可奈何花落去"了。

"八大铁帽子王"的结局

"铁帽子王",是对清朝世袭罔替的王爵的俗称。清王朝建立以后,建立和实行了一套皇族封爵制度。

崇德元年(公元 1636 年)四月,清太宗皇太极建国号大清,下旨分叙诸兄弟子侄军功。"封大贝勒代善为和硕兄礼亲王,贝勒济尔哈朗为和硕郑亲王,多尔衮为和硕睿亲王,多铎为和硕豫亲王,豪格为和硕肃亲王,岳托为和硕成亲王,阿济格为多罗武英郡王,杜度为多罗安平贝勒,阿巴泰为多罗饶余贝勒。"(《清史稿·太宗本纪二》)这次分封亲王、郡王七人,贝勒二人,为后来的"铁帽子王"制度奠定了基础。

顺治元年(公元 1644 年)十月,清世祖福临在北京即皇帝位。"丁卯,加封和硕郑亲王济尔哈朗为信义辅政王,复封豪格为和硕肃亲王,进封多罗武英郡王阿济格为和硕英亲王,多罗豫郡王多铎为和硕豫亲王,贝勒罗洛宏为多罗衍禧郡王,封硕塞为多罗承泽郡王。"(张其昀等:《清史·世祖本纪一》)此前,豪格、阿济格、多铎曾坐事被除爵或降级。这次册封前和册封后的一段时间里,各王爷贝勒的爵位或黜或降或改,爵位世袭罔替仍没有制度化。

康熙年间,曾对宗室封爵进行规范。"宗室之爵,大加改革。亲王以下，有十二等。功臣之爵，从一等以下，有二十六等。"（[日]稻叶君山著《清朝全史·封爵制度之创置》）宗室爵位的十二个等级为：亲王、郡王、贝勒、贝子、奉恩镇国公、奉恩辅国公、不入八分镇国公、不入八分辅国公、镇国将军、辅国将军、奉国将军、奉恩将军。

清朝宗室爵位世袭罔替制度定型于乾隆时期。乾隆四十二年（公元1777年）春正月，清高宗弘历借为睿亲王多尔衮平反之机，恢复诸王最初封号，并将爵位世袭罔替制度颁行。"辛未，追复睿亲王封爵及豫亲王多铎、礼亲王代善、郑亲王济尔哈朗、肃亲王豪格、克勤郡王岳讬原爵，并配享太庙。"（《清史稿·高宗本纪五》）这次恢复清初诸王爵位名号的原则是：凡有爵位名称变迁者，以各王去世时的爵位名号为准；后世子孙偶有错罪致降爵者，仍恢复原来爵位；凡生前犯谋逆一类严重错罪而被削爵、降爵、处死者，或后人因严重错罪被削爵、黜宗室者，不再恢复。"计六亲王二郡王家，为国家之勋劳显著者，定为世袭罔替。此制乾隆帝，始公示之，俗谓八大王为铁帽子，即累世罔替之意也。"（[日]稻叶君山著《清朝全史·封爵制度之创置》）这八大王被赐世袭不降封典，俸禄优厚，岁俸银一万两，禄米一万斛，并赐予世袭罔替王府。在清初八大王之后，清代中后期，受封为亲王的有四人：雍正朝封康熙帝第十三子允祥为怡亲王；咸丰朝封道光帝第六子奕䜣为恭亲王，封道光帝第七子奕譞为醇亲王；光绪朝封乾隆帝第十七子嫡孙奕劻为庆亲王。

清朝在对宗室封爵进行规范的过程中，还逐步建立起一套对皇室宗族的管理制度。顺治九年（公元1652年），沿袭明制，设立宗人府。"宗令掌皇族属籍，以时修辑玉牒，奠昭穆，序爵禄，丽派别，申教诚，议赏罚，承陵庙祀事。"（《清史稿·职官一》）宗人府作为管理皇室宗族的专门机构，不仅负责皇族谱牒登记和管理爵禄、祭祀等事务，而且还具有教育宗室子弟、圈禁犯罪的重要职责。皇室宗亲触犯法律，刑部一般无权过问，由宗人府按皇室家法处置。宗人府长官称宗令，由亲王或郡王充任。清初八大王及其后代中的一些人，自恃爵高位显，目无法纪，恣意妄为，不乏被治罪夺爵者。

首位礼亲王代善，清太祖努尔哈赤次子，为清初"四大贝勒"之首，清太宗崇德元年（公元1636年）晋封和硕礼亲王，顺治五年（公元1648年）病逝。礼亲王世爵共传十三世，被治罪夺爵者二十六人。崇德八年（公元1643年），代善次子硕讬和其孙阿达礼，因私议立多尔衮为帝，下司法处死。第四子瓦克达，"硕讬遣死，缘坐，黜宗室。"（《清史稿·诸王二》）此外，子孙中还有二十三人被夺爵和降爵、革退。代善第七子满达海，顺治十六年（公元1659年）因多尔衮被削爵后夺其财产等罪，被降爵为贝勒。满达海之子常阿岱初袭亲王，后降贝勒。四世孙星海，"坐事夺爵"。六世孙昭梿，"坐陵辱大臣，滥用非刑，夺爵，圈禁。"

首位郑亲王济尔哈朗，清太祖努尔哈赤之弟舒尔哈齐第六子，崇德元年（公元1636年）封和硕郑亲王，清世祖福临即位后与多尔衮共同辅政，顺治十二年去世。郑亲王世爵共传十世，十八人被夺爵论罪。济尔哈朗之孙喇布在平定吴三桂反叛中任扬威大将军镇守南昌，被康熙帝谕斥"自至江西，无尺寸之功，深居会城，虚糜廪饷"（《清史稿·职官一》），康熙二十一年追论失机罪，夺爵。另一名孙儿雅布，在康熙二十七年讨伐噶尔丹中，"议不追敌罪，当夺爵，诏罚俸三年"。雅布长子雅尔江阿，雍正四年被诏责"耽饮废事"，夺爵。雅布第十四子神保住，乾隆十三年诏责其"恣意妄为，致两目成眚，又虐待兄女，夺爵。"（《清史稿·诸王一》）七世孙端华受御前大臣，同治帝即位后为顾命大臣。咸丰十一年九月，以"专擅跋扈罪"，端华被诏赐自尽。另一位七世孙承志，"坐令护卫玉寿殴杀主事福珣，夺爵，圈禁。"

首位睿亲王多尔衮，清太祖努尔哈赤第十四子，崇德元年封为睿亲王。清世祖福临即位后，多尔衮与郑亲王济尔哈朗共同辅政，后被称为"叔父摄政王"、"皇叔父摄政王"、"皇父摄政王"，顺治七年出猎死于喀喇城。多尔衮死后，以"独擅威权"等罪被削爵、黜宗室，籍财产入官，乾隆四十三年追谥为睿亲王。多尔衮无子，以豫亲王子多尔博为后袭亲王。多尔衮被削爵时多尔博奉诏归宗，后来命仍为多尔衮后代，以其第五世孙袭爵。睿亲王世爵，除去追封的，前后共八王。

首位豫亲王多铎，清太祖努尔哈赤第十五子，睿亲王多尔衮同胞幼弟，崇德元年封豫亲王掌礼部事，顺治四年为"辅政叔德豫亲王"，顺治六年病逝。顺治九年，睿亲王多尔衮被削爵，多铎以同母弟追降郡王。豫亲王世爵九世，十一人被削爵、夺爵。第三子董额，康熙十六年削爵。第四子察尼，康熙十九年征讨吴三桂反叛，在攻克辰龙关中因退缩罪，被议"削爵职，籍其家，幽禁"，后念其攻克岳阳有功，罚以削爵。第六子费扬古，坐事夺爵。七世孙裕丰，嘉庆十八年"林清之变"中，所属有从乱者，坐夺爵。另一位七世孙裕兴，嘉庆二十五年"亲丧未满，国服未除"奸淫婢女，婢女自杀，坐事夺爵，幽禁。

首位肃亲王豪格，清太宗皇太极长子，早年授贝勒，天聪六年进和硕贝勒，崇德元年进封肃亲王，因与睿亲王多尔衮不和，顺治元年被削爵，顺治五年又坐罪死于狱中。顺治八年，昭雪后恢复原封谥肃武亲王。肃武亲王世爵共传九世。豪格之孙延信，雍正五年"与阿其那等结党，又阴结允禵，徇年羹尧入藏侵帑十万两"。王公大臣按治，以"贪婪乱政，失误兵机"凡二十罪当斩，后来被夺爵，"上命幽禁，子孙降红带"（张其昀等：《清史·诸王五》）。四世孙蕴著，乾隆年间任漕运总督，"坐受商人馈遗"，坐绞刑，后被宽大处理，削爵降职。另一名四世孙揆惠，"坐事，夺爵"。五世孙永锡，官至都统，坐事被罢免。另有二子国泰、四世孙国纳等五人，"缘事革退"或"缘事革爵"。

首位庄亲王硕塞，清太宗皇太极第五子，顺治元年进亲王。顺治七年，"以和硕亲王下、多罗郡王上无止称亲王者，仍改郡王"（《清史稿·诸王五》），顺治八年复进和硕亲王，掌兵部、宗人府，顺治十一年病逝。庄亲王世爵传八世，子孙被夺爵治罪者十二人。硕塞第一子博果铎无子，死后以清圣祖玄烨第十六子允禄为其后，袭爵位。允禄曾被任命总理事务兼掌工部，乾隆二年因坐事夺爵，乾隆四年又因与允祁子弘晢往来诡秘被罢官停俸。硕塞第二子博尔果洛（又名"博翁果诺"），坐事，夺爵。四世孙球琳，"乾隆中，坐事，夺爵。"五世孙奕铸，道光十八年"坐与辅国公溥喜赴尼寺食鸦片，夺爵。"六世孙载勋，相结义和团，"设坛于其邸，纵令侵使馆"，后来朝廷与各国议和，以祸首罪夺爵，赐自尽。

首位克勤郡王岳讬，礼亲王代善的长子，天命十一年封贝勒，崇德元年封成亲王。其性格狂妄傲慢，两次论死罪得免，被降为贝勒。崇德元年八月，"坐徇庇莽古尔泰、硕讬，及离间济尔哈朗、豪格，论死，上宽之，降贝勒，罢兵部。"崇德二年八月，岳讬与清太宗皇太极一起比试射箭。岳讬借故说自己不能执弓，对皇太极的再三劝说不听，掷弓坠地扬长而去。"诸王论岳讬骄慢，当死，上再宽之，降贝子，罚银五千。"（张其昀等：《清史·诸王二》）崇德三年，岳讬在率军进攻山东济南时病逝军中，诏封为克勤郡王。克勤郡王世爵十三世，子孙十三人被削爵、夺爵。岳讬第五子巴思哈，顺治十一年追论其在随从尼堪征伐湖南时失援罪，被削爵。四世孙纳尔图，康熙二十六年"以殴毙无罪人及折人手足，削爵。"另一位四世孙鲁宾，雍正四年"坐狂悖，削爵。"五世孙纳尔苏，雍正四年"坐贪婪，削爵。"八世孙恒谨，嘉庆四年"以不避皇后乘舆，夺爵。"

首位顺承郡王勒克德浑，礼亲王代善第三子萨哈廉的第二子，顺治元年封贝勒，因战功于顺治六年九月进封顺承郡王掌刑部事，顺治九年三月病逝。顺承郡王世爵共传十世，被夺爵、削爵者九人。勒克德浑子勒尔锦，康熙十九年在平定吴三桂叛乱中，"以老师糜饷，坐失事机，削爵。"
三世孙布穆巴，康熙五十四年"坐以御赐鞍马给优人，削爵。"另一位三
世孙锡保，雍正十一年"寻以噶尔丹策零兵越克尔森齐老，不赴援，罢大
将军，削爵。"其子熙良也因受牵连，一并夺爵。

世袭罔替，即世代承袭享有某种权益，而且承袭者承袭原有的爵位、
封号、俸禄、领地等。这一制度是维护封建统治阶级特权的产物。我国的
封建世袭制度由来已久。汉代以后，封建帝王为了能够使宗室后代和朝中
重臣后代世世享有各种特权，甚至颁授"免死金牌"、"丹书铁券"一类特
权凭证。汉高祖刘邦在夺取政权以后，就曾颁给功臣元勋丹书铁契。"天
下既定，命萧何次律令，韩信申军法，张苍定章程，叔孙通制礼仪，陆
贾造新语。又与功臣剖符作誓，丹书铁契，金匮石室，藏之宗庙。"（《汉
书·高帝纪下》）北魏时期，孝文帝拓跋宏经常为宗亲、近臣颁授铁券，
甚至出现大臣们向皇帝乞求铁券，以作护身之符的现象。隋唐时期，颁授
给开国元勋、中兴功臣的铁券用金填字，被称为"金书铁券"。明代，朱
元璋于洪武三年大封功臣，李善长、徐达、李文忠等三十四人封爵，赐金
书铁券。明成祖朱棣嘉奖"靖难之变"中的功臣，丘福等二十六人赐予
铁券。

清朝实行宗室爵位世袭罔替制度，以及汉高祖刘邦、北魏孝文帝拓跋
宏、明太祖朱元璋等颁授丹书铁契、金书铁券，旨在使皇室宗亲和功臣元
勋的后代世世福禄。然而，这些做法对于那些宗亲和功臣元勋及其后代，
却绝非福音。高爵厚禄和不劳而获，使他们不思进取，消磨斗志，游手好
闲，沉湎于声色犬马。各种封建特权，使他们有恃无恐，胆大妄为，目无
国家法纪。"铁帽子"并不铁。据《清史稿》"皇子世表"和"诸王列传"
记载，清初八大王和他们享受世袭爵位的后代中，被处死、籍家、幽禁、
黜宗室、夺爵、削爵的，就多达九十八人。这些人当中，虽然有的属于宫

廷权力斗争的受害者，但绝大多数是在封建特权的庇护和孕育下，缺德少才又无法无天，最后发展到连维护特权的封建法律也不能够容忍。汉朝、北魏、隋朝、唐朝、明朝，那些被授予丹书铁契、金书铁券的开国元勋和中兴功臣，自恃铁券在手以功臣自居，或狂妄犯上，或专权乱政，或结党营私，或贪腐无度，被罢官、下狱、处斩者，也都是不乏其例。

　　"八大铁帽子王"的结局，再一次证明了福祸相依的规律。司马迁受宫刑，终著《史记》；勾践受会稽山之辱卧薪尝胆，终能灭吴；屈原被放逐，乃赋《离骚》。而世袭罔替的铁帽子，使清初八大王及其后代世世享受福禄，也使他们中的一些人在爵高位显权重和无功而爵、无功而禄中，铸就了自己的悲剧人生。

八旗特权与八旗衰败

"有清以武功定天下。太祖高皇帝崛起东方，初定旗兵制，八旗子弟人尽为兵，不啻举国皆兵焉。太宗征藩部，世祖定中原，八旗兵力最强。"（《清史稿·兵志一》）清王朝建立全国统一政权之后，这支被誉为"百战百胜"的劲旅却日益走向衰落和腐败，清朝后期更是由"战无不胜"变为"战无不败"，清王朝也"以兵兴者，终以兵败"。

在八旗走向衰败的诸多原因中，特权催生腐败是极其重要的一条。

圈地授田酿成"八旗生计"

顺治元年（公元1644年）冬十月，清世祖福临定都北京以后，命令满洲八旗诸王贵族以至兵丁奴仆大举南迁。满族在辽东实行奴隶制性质的计丁授田制，迁居北京及京畿地区后仍然推行这一制度，圈地侵占汉族大量田地，无偿授给八旗贵族和兵丁。同年十二月，清世祖福临谕户部："今我朝定都燕京，期于久远。凡近京各州县民人无主荒田及明朝皇亲、驸马、公、侯、伯、太监等，凡殁于寇乱者，无主田地甚多。尔部概行清查。若本主尚存，或本主已过而子弟存者，量口给与。其余田地尽行分给东来诸王、勋臣、兵丁人等。"(《钦定八旗通志·土田志一》)所谓明朝贵族的"无主田地",在农民战争中多已被贫苦农民所占有。这一规定的实质,是允许八旗贵族兵丁从农民手中夺取田地。与此同时,实行"满汉分居",不仅大块土地,汉族农民的小块土地也因此被圈占。据《畿辅通志》记载,顺治元年十二月至顺治四年,先后三次进行大规模圈地,京营各旗共圈占土地十四万零九百一十余顷,包括北起长城,南至河南,东起山海关,西达太行山的广大地区。其中,镶黄旗二万三千六百七十三顷四十亩,正黄旗二万三千五百四十三顷八十五亩,正白旗二万零七百九十六顷四十八亩,正红旗一万二千七百零七顷八十亩,镶白旗一万六千四百四十四顷三十亩,镶红旗一万三千零五十三顷七十亩,正蓝旗一万七千一百三十六顷六十亩,镶蓝旗一万四千一百零一顷二十八亩。把这些土地拨给八旗贵族和兵丁。如,顺治元年十二月定:"民间无主田地,拨给八旗壮丁,每人三十亩";顺治二年题准:"给诸王、贝勒、贝子、公等,大庄每所地一百三十垧,或一百二十垧至七十垧不等";顺治三年又题准:"副都统以上官员,各拨给园地三十垧并二名壮丁地";顺治七年题准:"拨给亲王园八所,郡王五所,贝勒四所,贝子三所,公二所。每所地三十垧。嗣后凡初封王、贝勒、贝子、公等,俱照此例拨给。镇国将军园地四十垧,辅国将军三十垧,奉国将军二十垧,奉恩将军十垧。"(《钦定八旗通志·土田志一》)后来,由圈占土地进而圈占房屋,并把大批被圈占的房产无偿拨授给八旗贵族和兵丁。

在各省八旗驻防的地区,也有圈地授田的情况。如太原有旗地三万九千二百五十亩,德州有旗地二万六千三百一十亩,宁夏有旗地二千六百亩,西安有旗地一千六百八十亩。不过,各省驻防旗地的分配并未按一丁三十亩授田,而是根据圈占土地多寡灵活掌握。例如,顺治四年题准:"江宁驻防旗员,给圈地三十垧至十垧不等,西安驻防旗员,给圈地四十垧至三十五垧不等"。顺治七年又题准："驻防官员，量给园地，甲兵壮丁，每名给地五垧"。一般说来，驻防八旗的兵丁授田，要比京畿禁旅八旗的兵丁授田为少。

清廷圈地授田给八旗贵族和兵丁，但这些田地仍由当地民人输租自种。"民人自种其地，旗人坐取其租。"旗兵占有民地，并不是"亦兵亦农"，而是坐取地租和粮饷。久而久之，八旗兵坐享优厚的待遇，整日无所事事在京城四处流荡，养成了游手好闲的习惯。军兵们不事耕种，按照清朝的规定又不得经营工商，粮饷不足便向佐领等官员借债（放印子），再不足便变卖朝廷拨授的田产和住房抵用。"凡官地，例禁与民交易。然旗人不习耕种，生齿日繁，不免私有质鬻。"（《清史稿·食货志一》）如此世代相传，家口不断增殖，生活日益困窘，便出现了所谓"八旗生计"问题。不仅京畿禁旅八旗生计问题日益突出，各省驻防八旗的贫困户也大量增加。乾隆六年（公元 1741 年），宁古塔将军鄂弥达奏报，吉林乌拉满洲兵丁三千，其中可称富户者仅二十一户。贫户一千一百八十五户，八千九百三十五口。赤贫户六百七十八户，两千八百九十四口。其余为中户，共八百四十八户，八千八百二十九口。贫户和赤贫户占一半以上。

康熙末年以后，八旗生计已经成为清廷严重的社会问题。清朝统治者为解决这一问题绞尽脑汁，也伤透了脑筋。这些措施包括：（一）赏赐银两。康熙一朝，先后发帑金一千二百万两白银赈济旗人，其中一次发帑五百四十一万五千余两，平均每户旗人获赏银数百两。康熙五十六年（公元 1717 年）十一月，清圣祖玄烨在给户部的谕旨中宣布，自第二年正月开始，八旗官库不再扣兵丁欠款，以使他们每月都得到"全份银两"。雍正朝曾数次赏给八旗兵丁钱粮，每次约白银三十五六万两，并每旗发帑十万生息以为婚丧之费。乾隆朝也给八旗赏赐大批银两，其中乾隆八年（公元 1743 年）八旗各赏银一万两，内务府三旗亦各赏银一万两，但兵丁们并未用来置办产业，而是"妄用于饮食"，"不及十日，悉成乌有"。（二）赎回旗地。将旗人典卖给民人的旗地，由朝廷出资赎回。雍正七年，清世宗胤禛谕曰："各旗务将典卖与民之地一一清出，奏请动支内库银，照原价赎出，留在各该旗。给限一年，令原业主取赎。"（《钦定八旗通志·土田志二》）乾隆朝先后四次大规模赎回旗地，总计三万七千余顷。因贫苦旗人无力购回朝廷赎回的旗地，贵族、官僚和富裕旗人却趁机买进廉价土地。（三）设立养育兵制度。所谓养育兵制度，即从那些生活窘迫的旗人家庭中挑补闲散幼丁来训练艺业，充当预备役的一种救济办法，目的是借以收容救助贫窘至"不能养其妻子"的闲散八旗兵丁。雍正朝设养育兵额四千八百人。乾隆朝增加至二万五千余人，其中乾隆三年（1738年）添养育兵一万零七十余名，乾隆十八年（公元1753年）又增一万零八十八名。嘉庆朝养育兵数额又有增加。嘉庆后期养育兵饷银等，每年不低于六十万两。这些"童子军"根本不具备起码的军事技能，无法在战场上发挥应有的作用，实际上是空吃粮饷。（四）"出旗为民"。八旗原有满洲、蒙古、汉军之分，旗人中也有正身旗人与非正身旗人之分。"出旗为民"，就是将一部分八旗汉军和非正身旗人脱离八旗另谋生路，由此空出的名额由满族旗丁补充。乾隆七年（公元1742年），清高宗弘历颁布《筹汉军归籍移居谕》。一年后，京师八旗汉军出旗为民者一千三百九十余人。又如，广州、杭州驻防汉军和福州水师汉军，各出旗一千余人，由京师满洲旗丁往补。此外，雍正朝着眼解决八旗兵丁恒产，曾设立井田。乾隆二十一年（公元1756年），迁移京师满洲八旗三千户，赏给立产银并官房田地、牛犋籽种，去东北拉林地区开垦荒地。清高宗弘历告诫说："伊等至彼，各宜感戴朕恩，撙节用度，以垦屯为务。稍有余暇，勤习骑射技勇。"（《清实录·高宗纯皇帝实录》卷五〇四）清廷虽然采取种种措施保护八旗利益，缓解八旗生计问题，却收效甚微。自乾隆以来，历代清廷统治者一直被八旗生计问题所困扰。

厚重恩恤造就养尊处优

清朝全国统一政权建立之前，八旗军没有严格的粮饷制度，主要依靠战争掠夺得以供军、赏军。"贝勒将帅，率兵深入其境，凡兵士所获，不计多寡，听其自取。"（《皇清开国方略》卷一七）定都北京以后的八旗饷制和一系列恩恤制度，具有明显的不平等性，处处对满洲八旗给予特殊的待遇。

八旗饷制包括兵丁月饷、月米，武官俸银、禄米，以及马乾草料等诸项内容。八旗兵丁的月饷、月米与绿营相比，相差悬殊。如，康熙年间八旗马兵月饷为白银三两，步兵月饷一两半；绿营马兵月饷为二两，步兵月饷为一两，八旗比绿营高出二分之一。八旗步兵月米岁支二十四斛（十二石），绿营马、步兵月米岁支仅三石六，八旗比绿营高出三倍多。八旗马兵月米岁支达四十六斛，比绿营马兵更是高出六倍多。

在正饷之外，八旗还有名目繁多的补贴。驻防八旗兵丁都占有一定的空额名粮，称为"兵丁名粮"。康熙中期以后，兵丁名粮成为普遍制度，但各省略有差异。如陕西西安驻防，马甲、领催每名支给十名口粮，步甲每名二口，炮手每名七口；广州驻防，马甲、领催每名十口，步甲每名四口，炮手、匠艺每名各八口。八旗武官也通过"随甲银"和"丁粮马乾"获得一定的空额粮饷。"随甲银"在禁旅八旗中实行，"丁粮马乾"在驻防八旗中实行，各按职别而定空额粮饷数额。如，嘉庆年间禁旅八旗的随甲数额为：侍卫内大臣、满洲都统各八名，蒙古都统、汉军都统、前锋都统、护军都统各六名，步兵都统五名，以下各职数额不等。每随甲一名，月支银三两，米折银一两，按月支放。驻防八旗的"丁粮马乾"，分别于顺治末年、康熙、乾隆等朝作过多次规定，其数额是：将军和都统，顺治朝家口数六十、马匹数八十，康熙朝家口数三十八、马匹数二十，乾隆朝家口数四十、马匹数五十；副都统，顺治朝家口数四十、马匹数六十，康熙朝家口数三十三、马匹数十五，乾隆朝家口数三十五、马匹数四十。以下各职数额不等。朝廷还对驻防各省的八旗兵丁"加恩赏给滋生银两，以利济兵丁。"（《钦定八旗通志·兵制志四》）乾隆三年，清高宗弘历着赏凉州满洲兵丁滋生银一万五千两，庄浪满洲兵丁滋生银八千两，并上谕："各省驻防兵丁生息银两，皆系咨部转交八旗查核摺奏，而督抚提镇则皆具本报销，事不画一。此项生息银两，乃国家嘉惠兵丁之特恩，非正项钱粮可比。嗣后，着各省督抚提镇每年咨达兵部，兵部逐一查核，一省汇为一摺，陆续奏闻。"（《钦定八旗通志·兵制志四》）

此外，八旗官员还享有一定数量的养廉银、心红纸张银或纸张煤炭银等，兵丁享有红白事银等。乾隆十年，特旨赏给八旗大臣官员养廉，岁支八万六千两。"计领侍卫内大臣九百两。八旗满洲都统七百两。前锋护军统领，蒙古、汉军都统，各六百两。步军统领、满洲副都统、内务府总管，各五百两。内大臣、散秩大臣，蒙古、汉军副都统，两翼翼尉，内府三旗统领，内务府奉宸、上驷、五备院卿，各四百两。健锐、火器营翼长、围场总管，各二百两。围场翼长一百两。"（《钦定八旗通志·兵制志五》）其他八旗官员，也按规定数额每年支给养廉银两。乾隆四十七年（公元1782年），经"户部酌核章程，统归画一"，"提督每员给养廉银二千两，总兵一千五百两，副将八百两，参将五百两，游击四百两，都司二百六十两，守备二百两，千总一百二十两，把总九十两，经制、外委、千把总每员十八两。每年照文职养廉例于耗羡项下动支。"（《钦定八旗通志·兵制志五》）赏恤兵丁红白银两，"自乾隆四十七年为始，俱著于正项支给，造册报部核销。"心红纸张银或纸张煤炭银支给并不普遍，数额也不大。如，福州将军岁给心红纸张银一百八十五两，杭州将军岁给心红纸张银二十二两四钱，察哈尔都统岁给煤炭银十七两五钱五，山海关副都统岁给十两。

清廷对八旗实行恩养政策，期望八旗将士在优厚的兵饷政策下振作勇武，效果却恰恰相反。优厚待遇促成了八旗将士的养尊处优和奢侈之风，恩养的结果使八旗成为一个寄生集团。八旗兵坐享优厚的待遇，并不知爱惜，"终日居家弹筝击筑，从子弟宾客饮"，饷银一经入手，"辄先市酒肉，以供醉饱，不旋踵而资用业已告竭"。京畿八旗兵丁在京城四处流荡，或三五成群，臂鹰架雀，在街上闲游；或结帮聚伙，在茶坊酒馆消磨日子；或斗鹌鹑、斗蟋蟀，乃至嫖娼聚赌。道光至同治年间在山西、福建、陕西、四川等地出任知府、按察使、布政使的张集馨，所著《道咸宦海见闻录》中这样记述八旗兵丁的颓废状况：饷银不足靡费，往往典当衣物、武器，或者借债、赖账以供娱乐，"榆林一镇，兵如乞丐，军械早已变卖糊口。"清末学者王先谦在《东华录续编》中写道：八旗将士"日就华靡，饮食衣服无一不竞美艳，毫无节制。以致数月之用，罄于一日，数人之养，竭于一人，甚或饮酒看戏，游荡赌博。"

不战不耕导致荒废骑射

八旗起家于"遗甲十三副"，经过长期艰苦环境和战场的锤炼，以精于骑射、不畏艰险、英勇善战著称。然而，长期的和平环境和优厚的待遇，使八旗官兵在不战不耕中安于享乐，日益懈怠，武业荒废，战斗力迅速下降。

疏于训练，丧失骑射善战的武风。康熙末年，不少八旗将领就已经暮气沉沉。清圣祖玄烨曾在朱批奏折中斥责："西安兵大变，较前西安兵相去甚远，此皆将军卑劣，属下不服所致。"（《康熙朝满文朱批奏折全译》

第二七八〇条，康熙五十五年四月十四日）雍正时期的广州将军柏之蕃，"莅任已经数月，并未操阅一次，每日念佛诵经，至四鼓方卧，次日巳刻方起，属官有事禀见，难以伺候，所管旗营渐至懈怠。"（《雍正朝汉文朱批奏折汇编》，雍正十年十一月初一日，柏之蕃奏折）乾隆时期，八旗疏于训练、荒废骑射的情况更为普遍和严重。清高宗弘历多次严加训诫。乾隆三年上谕："今满洲兵丁为习俗所染，惟好安逸，不甚演习技艺，该管将军大臣等又不以操演为事，技艺渐至废弛，远不及先矣。"（《钦定八旗通志·兵制志八》）乾隆十年，御史和其衷上疏，劾奏驻防旅顺口和天津的八旗海防水师营说："该管各员，既不勤加操练，兵丁巡哨，不过掩饰虚文。即军营器械，半皆朽坏。似此怠玩成风，何以固疆圉而资弹压！"乾隆十九年，弘历南巡至杭州阅兵，八旗兵射箭箭虚发，驰马人坠地，时人以为笑谈。盛京八旗兵丁与吉林、黑龙江八旗兵丁在行围演武猎兽中，竟然把从汉民手中买来的射猎用来诈称自行射猎。弘历听后大怒，训斥道："盛京为我朝根本之地，兵丁技艺宜较各处加优，乃至不能杀兽，由汉人买取交纳，满洲旧习竟至荒废，伊等岂不可耻！"（《大清高宗纯皇帝圣训》卷三〇〇）朝鲜历史学家柳得恭《滦阳录》有载，清高宗弘历曾说："升平日久，八旗子弟如鹰居笼，日饱肉，不能奋击。"八旗兵丁被喻为不能奋击的鹰，饱食终日，无所事事。

禁旅八旗和皇家侍卫也是耽于安乐，久不操练。乾隆十年，清高宗弘历视察禁旅八旗操练，上谕："今见前锋营兵丁尚属可观，而护军营兵丁，该管大臣、章京等平素甚不以训教为要务，视操演如故事，兵丁等亦惟求安逸，并不勤习。直至考验之时，始各勉力习学。似此懈怠，旧习必至渐废，兵丁如何尚能勇健！"（《钦定八旗通志·兵制志八》）乾隆十六年，弘历考验皇家侍卫骑射，近半因平时不操练溜之大吉。弘历降旨斥责道："侍卫等乃武员之表率，骑射尤为紧要。去岁因侍卫等步射庸劣，业经降旨儆饬，皆已治罪。本日引见之侍卫等，步射仍属庸劣，多有半不到地出溜者，是何道理？其步射庸劣之哈鲁等十四员，交领侍卫内大臣严加议处具奏。至领侍卫内大臣本系专任管教侍卫之人，平时并不善为训练，以致如此庸劣，甚属怠惰。将领侍卫内大臣等，俱交部查议。"（《钦定八旗通志·兵制志八》）嘉庆时期，八旗兵上操、应差大都雇人顶替，就连皇帝、大臣要出席的玉泉山阅兵大典，也是由仆人携带着兵器，骑马乘车赶赴演习场，掌握鞍马骑射技艺的官兵越来越少。嘉庆二十年（公元 1815 年），清仁宗颙琰阅看左右翼前锋营官兵射靶，二百人内竟无一人能五箭全部射中。

清廷对八旗的体恤，还表现在不愿利用宝贵的战争机会锤炼八旗官兵。清朝统治者为了保存"国之根本"，竟然在战争中不去大量使用八旗军队。平定三藩之乱时，八旗大军集结昆明城下，不思进攻。汉军将领赵良栋认为应当立即发起进攻，否则会贻误战机。满洲贵族、定远平寇大将军彰泰却说："皇上豢养满洲兵，岂可轻进委之于敌？且尔兵初来，亦宜体养，何可令其伤损？"（《清史稿·赵良栋传》）赵良栋不听，率部夜攻南坝，彰泰才无奈令诸军悉进，遂攻陷昆明城。康熙、雍正、乾隆时期历次南北战争中，都有少用或尽量不用八旗兵的情况。如，乾隆三十二年（公元 1767 年）征伐缅甸之役，用兵二万五千人，其中云贵和四川绿营兵二万二千人，八旗满兵仅三千人。乾隆五十二年（公元 1787 年）镇压台湾林爽文领导的农民起义，征用广东、浙江、广西、贵州、四川、福建等地绿营兵一万人，八旗满兵仅一千人。清廷在征战中不用或少用八旗兵，既有八旗衰落已不堪重用的原因，也有格外体恤的因素。

骑射荒废使八旗的战斗力日益丧失。各级军官平日克扣军饷、优游享乐，遇有战时沿途勒索、乘机中饱，作战时拥兵自卫、不敢向前。康熙年间平定三藩之乱，宁南靖寇大将军、多罗顺承郡王勒尔锦驻守荆州，劳师数载不敢进兵，听说吴三桂军队到来，匆忙把大炮埋入土中仓皇退去。贝勒尚善、察尼、鄂鼐等领兵进攻岳州，借口舟楫未具、风涛不测，屯兵城下一年之久不敢一战，听到退却命令，竟然"三军欢声如雷"。乾隆年间大金川之战，清初名将额亦都之后、经略大臣纳亲，临战躲在帐内指挥，传为笑柄。大学士温福领兵出征大小金川，只知在军中置酒高会，挞辱士卒。同行的四川提督马铨讥笑他"空摇羽扇，无计请缨"。嘉庆年间镇压川陕楚地区的白莲教农民起义，曾一度把京营八旗中最精锐的健锐营和火器营调往前线，结果军纪败坏，不听约束，未及投入战斗就被迫撤军回京。乾隆朝八旗满洲兵虽然仍有十余万人并保持着优越的地位，但已基本上丧失了战斗力。之后，清廷不得不用汉人组成的绿营兵逐步代替八旗兵，绿营兵成事实上的主力军。

军职世袭和法律特权加速腐败衰落

清军入关之前，八旗官员的选拔主要是按军功大小论功行赏。入关以后，功赏罪罚逐渐被恩荫制所代替，实行爵位和官职世袭罔替制度。顺治五年（公元 1648 年），清廷明文规定："满洲官员开国以来，屡世从征，劳绩久著……实授官员一概给与世袭诰命。"（《清实录·世祖章皇帝实录》卷四十一）武职封荫，"其现任本职及终养丁忧回籍人员，恭遇覃恩，得请封赠一品上及三代，二品、三品上及二代，四品、五品上及一代，给以诰命。六品、七品给以敕命，亦上及一代。""凡恩荫内外现任武职二品以上，恭遇恩诏锡荫，各送一子入监读书。三年期满，咨吏部授官。其荫监生未仕而殁或病废者，准其补荫。"（《钦定八旗通志·兵制志五》）按照这样的世袭制度，八旗的高级将领如都统、副都统，全部由满洲贵族世代垄断；属中级军官的佐领，大部分由勋旧世家子弟承袭；初级军官，也主要由官学中学习满汉语言、骑射功夫的八旗军官子弟中选拔。无功者子袭父职、仰享世俸世禄者，在八旗中比比皆是。

军职世袭，使八旗军职的晋升失去了公正性和竞争力，军官队伍充斥大量昏庸无能、不思进取之辈。乾隆十七年，清高宗弘历在诏书中说："看来八旗世袭官员内，并不学习清语，骑射庸劣不堪者甚多。皆由幼时袭官，赖有俸养，惟求安逸，该都统等又不劝勉教训所致。此项官职，皆伊等祖父宣力所得。伊等承袭后，因年未及岁，即闲散安逸，并不学习正事，恣意流荡，遂成无用之人。"又说："八旗世职官员，皆系承袭伊等先人宣力所得之职，现食俸禄。除旗下官差外，并无操演之处，惟安于逸乐，遂至清语、技艺均属不堪。"（《钦定八旗通志·兵制志八》）清廷经常委派缺乏行伍经历和战场阅历的皇亲国戚担任八旗统帅。这些人从小生长在深宫官府，过惯了骄奢淫逸的生活，大多不具备统帅军队的素质，却被置于关系战争胜负、国家安危的重要岗位上，由此埋下了失败的种子。康熙二十九年（公元1690年）六月乌兰布通之战，正白旗副都统色格临阵怯战，推托中暑而下马。他的仆人说："你为二品大员，如此临阵脱逃有何脸面见人？"仆人把他扶上马，色格再次从马鞍上滚下来，躲在草丛中，直到打完仗还浑身战栗不已。雍正年间对准噶尔用兵，清廷委任怯懦无能、寡谋鲁莽的满洲贵族傅尔丹为靖远大将军，结果损兵折将，一败涂地。清世宗胤禛上谕："损兵诚有罪，朕因尔等竭蹶力战，特宽恕之。痛恻难忍，不觉泪下！解朕亲束带赐傅尔丹。"（《清史稿·傅尔丹传》）傅尔丹打了败仗赐给御带，却将汉人宁远大将军岳钟琪，"尽夺官爵，交兵部拘禁"。

八旗官兵还享有法律特权。《大清律例》中"八议"条明确规定，勋贵功臣、皇亲国戚犯非"十恶"罪时，适用"议"的程序。即"凡八议者犯罪，实封奏闻取旨，不许擅自勾问。若奉旨推问者，开具所犯及应议之状，先奏请议，议定，奏闻，取自上裁"。(故宫博物院编：《钦定大清律例》) 上裁的结果，多数是赦免，或减等处罚。同时，审讯中不得用刑，"凡应八议之人，问鞫不加考讯，皆据各证定罪"。旗人犯罪，往往从轻发落。"凡重囚应刺字，旗人刺臂，平民刺面"。"凡旗人犯罪，笞、杖，各照数鞭责。军、流、徒免发遣，分别枷号。徒一年者，枷号二十日，每等递加五日，总徒准徒亦递加五日；流二千里者枷号五十日，每等亦递加五日；充军附近者枷号七十日，近边者七十五日，边远沿海边外者八十日，极边烟瘴者九十日。"(故宫博物院编：《钦定大清律例》) 旗人犯罪也不在普通司法机关审理，而是根据旗人的身份，分别在宗人府、内务府慎刑司、步兵统领衙门、理事厅进行审理。

法律特权使旗人违法犯罪也可以运用特殊法律条款受到保护，八旗更加走向堕落。优厚的待遇和军职世袭使八旗官兵怀有优越感，而法律特权则使他们进一步变得有恃无恐。康熙时期，左都御史王鸿绪上奏各省驻防八旗侵害民众的情况："驻防将领恃威放肆，或占夺民业，或重息放债，或强娶民妇。或诳诈逃人，株连良善；或收罗奸棍，巧生扎诈。种种为害，所在时有。"(《清史稿·王鸿绪传》) 康熙二十一年 (公元 1682 年)，清廷曾下令："外省驻防旗人，串通土棍放债开赌，折人子女，强买市肆，伐人树木，辱官罢市，种种凶恶者，枷号三个月，鞭一百。此外更有不法，酌量轻重，照律治罪。该管官不行察究者，佐领、防御、骁骑校各降二级调用，协领、参领各降一级留任，将军、副都统各罚俸一年。若协领以下官员有犯者，俱革职，将军、副都统，各降一级留任。"(《大清会典》康熙朝) 然而，各种违法乱纪并未收敛，反而变本加厉。如，广州将军锡特库克扣军饷，将空额五百余饷银尽数装入个人腰包。奉天将军额尔图克勒私派旗民，建桥受贿。绥远将军旺昌动用官房租银，侵冒匠役名粮，需索属员马匹，副都统数人牵连在内，形成一个贪腐团伙。清世宗胤禛曾怒斥放纵士兵为恶的宁夏将军傅泰："玩忽性成，将国家公事，视同膜外。以致所管弁兵，恣肆放纵，目无法纪，殴毙人命，扰累地方。溺职负恩，莫此为甚。"（《清实录·世宗宪皇帝实录》卷一五一）乾隆时期，"八旗子弟大半沾染习俗"，吃喝嫖赌，吸食鸦片，作奸犯科，"所为之事，竟同市井无赖"。到嘉庆时期以后，腐败腐化更为严重。八旗在衰败的道路上狂奔，犹如悬崖转石，已是无可挽回。

清廷视八旗为"国之根本"。清朝历代统治者对八旗恩宠有加，实行圈地授田、厚重恩恤给予经济上的特权，爵位和军职世袭罔替给予政治上的特权，违法犯罪后宽恕给予法律上的特权。当出现"八旗生计"一类问题后，为了维护八旗的优越地位，又千方百计去扩大这些特权。其目的是，让八旗官兵对清廷感恩戴德，"所由人人感奋，迅奏朕功，昭赫濯于千古也"（《钦定八旗通志·兵制志五》），从而使八旗这个"国之根本"永盛不衰。但是，正是这些特权，使八旗官兵在优越感和优厚待遇中丧失斗志，安于享乐，荒废武业，军纪松弛，军风败坏，昔日攻无不克的劲旅在腐败中日益烂掉，一步一步地走上衰败和灭亡。这种结果，显然是清廷统治者当初所未能料及，也不愿意看到的。

特权与腐败，是一对孪生社会现象。特权以权力资源配置不公为前提，与社会公平正义背道而驰，是滋生各种腐败现象的土壤和条件。古人云："譬犹疗饥于附子，止渴于鸩毒，未入肠胃，已绝咽喉，岂可为哉！"（《后汉书·霍谞传》）清廷冀希于通过扩大特权去维系八旗的持久兴盛，犹如饮鸩止渴，带来的只能是加速腐败和走向衰亡。特权催生腐败，特权横行势必腐败泛滥，治理和防止腐败必须反对和扼制特权。这是历史发展的一条规律。

关于特权的界定，人们的认识尚不一致。有的认为，特权是指法律和制度之外的权力。其实，特权作为超越一般公民权利的权力，既包括法律和制度之外的权力，也包括那些受阶级制约和经济文化发展制约形成的不平等法权。清廷和《大清律例》赋予八旗的种种特权，就属于后一种情况。因此，反对和扼制特权，一方面要坚决打击各种违法违纪行为，不允许任何人有超越法律和制度之外的权力；另一方面，要根据社会经济文化的发展，不断进行法律制度调整，努力减少不平等的法权，并且加强对法律和制度赋予权力的监督，特别是对各级官员权力的监督，警惕公权的异化，防止公权私用、假公济私、以权谋私。

"权利永远不能超出社会的经济结构以及由经济结构所制约的社会的文化发展。"（马克思：《哥达纲领批判》）特权是一种历史社会现象。只要制约社会权力资源配置不平等的政治、经济、文化条件存在，特权现象就不可能完全消除。反对和扼制特权，与治理腐败相伴随，是一项长期的任务，必须持之以恒。

左宗棠收复新疆之爱国精神

清王朝自道光以后，已是积贫积弱、危机重重，屡受列强欺凌。鸦片战争清廷战败，道光二十二年（公元 1842 年）被迫与英国殖民者签订中国近代史上第一个不平等条约——《南京条约》。咸丰六年（公元 1856 年），英、法两国以亚罗号事件和马神甫事件为借口，发动英法联军之役，火烧圆明园，签订《天津条约》及《北京条约》。与此同时，沙俄逼迫清廷先后签订《瑷珲条约》、《中俄勘分西北界约记》，割占大片中国领土。

这一时期，唯一能够使国人引为振奋的事件，当属左宗棠收复新疆。研读有关史料，颇为左宗棠的爱国精神和壮举所感染，并引发诸多思考。

新疆及中亚时局

新疆，古称西域，自西汉武帝刘彻设西域都护府起，已是中国领土不可分割的组成部分。东汉设都护及长史治之。唐朝于西州置北庭大都护府，统沙陀、突厥、回纥、西突厥等都护；于龟兹置安西大都护府，统龟兹、于阗、疏勒、碎叶四镇及濛池、昆陵等都护。元朝置三行尚书省，增天山南、北宣慰司，理西域事务。明朝设立俄力思军民元帅府，又设哈密

卫。清政权建立以后，多次征伐准噶尔，并于乾隆二十三年（公元 1758
年）彻底平定准噶尔叛乱，实现了对天山南北路的统治。乾隆二十七年
（公元 1762 年），"设伊犁总统将军及都统、参赞、办事、协办、领队诸大
臣，分驻各城，并设阿奇木伯克理回务。"（《清史稿·地理志》）从而，清
廷在新疆进一步完善了统治机构，建立和巩固了统治秩序。

　　从十九世纪初起，英国和沙俄在中亚地区激烈争夺势力范围。沙俄把
控制中亚看作是涉足印度和中国的重要通道，在拿破仑战争中便制定了远
征印度和南下计划。1801 年，沙俄夺取原属伊朗的格鲁吉亚。1803 年，
沙俄与波斯订立《古利斯坦条约》，夺取里海及原属波斯的达格斯坦、打
耳班、巴库等地的大片领土。1812 年，兼并哈萨克草原，实行俄国的管
辖制度。到十九世纪前期，沙俄向西侵入到南高加索，逼近伊朗；向南，
扩张到南哈萨克、锡尔河以北地区；向东，正逐步侵入巴尔喀什湖以东以
南地区。1864 年，又夺取土耳其斯坦。同时，沙皇还大量蚕食中国新疆
地区领土。如，1847 年在巴尔喀什湖以南建立科帕尔堡，1852 年强占托
乌楚别克和雅尔，1854 年强占古尔班阿里玛图，1860 年强占托克玛克和
皮什彼克。沙俄又于 1864 年强迫清政府签订《中俄勘分西北界约记》，通
过这个条约割占了中国西北四十四万平方公里的领土。面对沙俄的大举南
进，已经占据印度的英国殖民者，采取以攻为守的战略北进阿富汗。马克
思在《东印度公司：它的历史与结果》一文中指出："到 1838—1849 年时
期，在同锡克教徒的战争和同阿富汗人的战争中，英国用武力并吞了旁遮
普和信德，这样，从人种边界、政治边界和军事边界上看，就在东印度大
陆全境最终建立了不列颠的统治。占有了旁遮普和信德，就可以击退来自
中亚的任何侵犯，对抗正向波斯边境扩张的俄国了。"（《马克思恩格斯全
集》第 9 卷，第 171 页）后来，英国的北进在阿富汗民众的坚决反击下受
挫，便改变策略避免与沙俄直接对抗，而是努力使中亚各汗国和中国新疆

成为缓冲地区，以减轻沙俄对英属印度的安全威胁。由于沙俄占有地缘上的便利条件，侵略行动比英国更加咄咄逼人。

清廷在咸丰年间以后，因镇压太平天国、捻军等农民起义和向西方列强赔款，财政日益危机，每年由内地各省拨解新疆的二三百万协饷逐年减少，最终断绝。新疆地区大小伯克官吏任意摊派勒索，致使民怨沸腾。受甘陕回族起义的影响，同治三年（公元 1864 年）四月，修建渭干河水利的库车河工杀死监工和伯克发起暴动。暴动的领导权很快被混入队伍中的封建主和宗教上层人士所控制，他们打着"排满、反汉、卫教"等口号蛊惑群众，制造民族分裂，把斗争方向转向实行分裂割据和民族仇杀。库车、和阗、喀什、吐鲁番等地先后建立起割据政权，相互攻伐，混战不已。同治四年（公元 1865 年），喀什割据势力久攻疏勒城不下，向邻国浩罕求援，浩罕阿力木库尔汗派部将阿古柏（穆罕默德·雅霍甫）率兵进入新疆。阿古柏进入新疆后，先后攻占喀什噶尔、阿克苏、叶尔羌（今莎车）、库车等地，同治六年（公元 1867 年）建立"哲德沙尔"（七城之意）政权，自立为汗，后又把分裂的政权改名为"洪福汗国"（又称"毕杜勒特汗国"）。这一时期，清廷疲于平定各地的农民起义，无力处置新疆局势。同治九年（公元 1870 年），阿古柏又攻占乌鲁木齐、吐鲁番等地，占领了天山南路和天山北路的大片领土。

阿古柏为了维持其入侵新疆建立的政权统治，与英国、沙俄进行勾结。英国由东印度公司与阿古柏建立直接联系，并通过土耳其帝国给予武器装备援助。公元 1873 年，英国派使团会见阿古柏，带去英国女王的亲笔信和大批武器。第二年，双方签订《英国与喀什噶尔条约》，使英国取得在新疆自由进出、商品自由流通、派驻领事享有治外法权等特权。同时，阿古柏还多次派人到塔什干和彼得堡与沙俄政府联系。1871 年，沙俄以"安定边界秩序"为名，悍然出兵侵占伊犁，扬言"伊犁永归俄辖"，

并四处扩张控制了准噶尔盆地西部地区。阿古柏为了取得沙俄对其政权的
承认与支持，第二年与沙俄使团签订了《俄国和喀什噶尔条约》，使沙俄
在新疆地区攫取大量侵略利益。

新疆是中国的领土，却由阿古柏这个外国人侵者占领建立起政权，并
肆意向英、俄出卖新疆地区的主权和利益。伊犁已由沙俄所肢截。新疆正
陷入被从祖国分裂出去的严重威胁，危在旦夕！

海防与塞防之争

新疆局势的发展，特别是沙俄出兵占领伊犁，使清廷认识到西北边境
安全威胁的严重性。这时，太平军、捻军等各地的农民起义已经基本平
定，清廷急派署伊犁将军荣全与沙俄交涉。俄方在谈判中百般推托，使
清朝统治者看到：沙俄"不止在要求重币，亦不仅窃据伊犁，将尽新疆之
地，皆为己有而后已"（《筹办夷务始末》，同治卷八九）；而解决新疆问题，
"断非空言所能有济，必须中国兵力足以震慑，先发制人，方能操纵自如，
杜其觊觎之渐"（《清实录·穆宗毅皇帝实录》卷三四七）。同治十三年（公
元 1874 年）八月，清廷任命景廉为钦差大臣督办新疆军务，命令时任陕
甘总督左宗棠的部将金顺、张曜，自肃州出关进军新疆。

正当此时，日本借口琉球船民在台湾遇难出兵侵占台湾，清廷被迫接
受美、法等国"调停"，与日本订立《中日北京专条》，赔款白银五十万
两，承认琉球属日本属国。这使清廷再一次感到"海疆备虚"的严重威
胁。恭亲王奕䜣等人于同治十三年十一月提出购买铁甲船等筹备海防的
建议，清穆宗载淳谕令李鸿章等沿江沿海各省将军、督抚详议。由此引发
了一场是加强海防，还是加强西北边防的大辩论，史称"海防与塞防之
争"。其主要代表人物和观点如下：

以李鸿章等为代表的海防派。大学士、直隶总督兼北洋通商事务大臣李鸿章，两江总督李宗羲，湖广总督李瀚章，原江苏巡抚丁日昌等，持这一观点。他们纷纷呈奏朝廷，要求优先筹办海防，认为"凡外国陆地之与我毗连者，不过得步进步，志在蚕食，不在鲸吞；其水路之实逼处此者，则动辄制我要害，志在鲸吞，而不在蚕食"（朱克敬辑：《边事续钞》卷三）。李鸿章在同治十三年十二月十日呈递的《筹议海防折》中，不仅强调加强海防，还提出停兵移饷，放弃新疆。他在奏折中说：新疆"北邻俄罗斯，西界土耳其、天方、波斯各回国，将来断不能久守"，"而论中国目前力量，实不及专顾西域，师老财痛，尤虑别生他变"，"新疆不复，于肢体元气无伤；海疆不防，则腹心之大患愈棘"。他建议朝廷停撤西北"已经出塞及尚未出塞各军"，饬令西征部队"严守现有边界，且屯且耕，不必急图进取"，"停撤之饷，即均作海防之饷"。并说，可以"招抚伊犁、乌鲁木齐、喀什噶尔等回酋，准其自为部落，如云贵粤蜀之苗猺土司，越南、朝鲜之略奉正朔可矣"，这样便使"英俄既免各怀兼并中国，亦不至屡烦兵力，似为经久之道"（《李鸿章全集·奏稿》卷二十四）。

以湖南巡抚王文韶等为代表的塞防派。王文韶和漕运总督文彬、山东巡抚丁宝桢、江苏巡抚吴元炳等认为，沙俄与我国东北、西北接壤，今又久假伊犁不归，当务之急在于防俄。丁宝桢指出："各国之患，四股之病，患远而轻；俄人之患，心腹之疾，患近而重"（《筹办夷务始末》，同治卷一百）。王文韶则进一步认为："俄人攘我伊犁，殆有久假不归之势。履霜坚冰，其几已见。今虽关内肃清，大军出塞，而艰于馈运，深入为难。我师迟一步，则俄人进一步，我师迟一日，则俄人进一日。事机之急，莫此为甚。"（《筹办夷务始末》，同治卷九十九）塞防派又有西北塞防论与东北塞防论之别。王文韶主张"目前之计，尚宜以全力注重西征"。丁宝桢则主张加强东北边防，以保清廷"根本重地"。

　　以左宗棠为代表的海防、塞防并重派。办理台湾等处海防事务兼理各国事务大臣沈葆桢等，也持"海塞并重"的观点。当时，左宗棠原不在"饬议之列"，总理衙门鉴于他"留心洋务，熟谙中外交涉事宜"，奏请清穆宗让左宗棠参加这场讨论。早在道光二十九年（公元1849年），左宗棠与途经长沙的林则徐彻夜畅谈，在国人众议抗英海战时，便忧虑沙俄的野心和西北边防守备薄弱松弛。光绪元年（公元1875年）初，左宗棠上《复陈海防塞防及关外剿抚粮运情形折》，系统地阐述了自己的主张。他认为海防与塞防不能偏废，"东则海防，西则塞防，二者并重"，并驳斥了李鸿章放弃新疆的主张。针对李鸿章放弃新疆"于肢体元气无伤"的论点，左宗棠指出："停兵节饷于海防未必有益，于边塞则大有所妨。"他后来在《遵旨统筹全局折》中进一步指出："重新疆者所以保蒙古；保蒙古者所以卫京师。西北臂指相连，形势完整，自无隙可乘。若新疆不固，则蒙部不安，匪特陕、甘、山西各边时虞侵轶，防不胜防，即直北关山，亦将无晏眠之日。"（《左宗棠全集·奏稿（六）》，第648页）针对李鸿章认为新疆"断不能久守"，左宗棠指出，加强以抵御沙俄刻不容缓，"俄人侵占黑龙江北地，形势日迫，兹复窥吾西陲，蓄谋已久，发机又速，不能不急为之备"，并提出守卫新疆的具体部署，"就兵事而言，欲杜俄人狡谋，必先定回部，欲收伊犁，必先克乌鲁木齐"。针对李鸿章的"自为部落"、"略奉正朔"之策，左宗棠指出，在沙俄的虎视眈眈下，如果对新疆实行分封土司的办法，其结果将是"势分力弱，必仍折入俄边"，"不一二年形见势绌，而西北之患日亟，将求如目前局势且不可得矣。"针对李鸿章移塞防之饷均作海防之饷的建议，左宗棠指出，西征协饷本来入不敷出，即使停兵也不能节饷，"论者拟停撤出关兵饷，无论乌鲁木齐未复，无撤兵之理，即乌鲁木齐已复，定议画地而守，以征兵作守兵，为固圉之计而嵥嶂防秋，星罗棋布，地可缩而兵不能减，兵既增而饷不能缺"，"是塞防可因时制宜，而兵饷仍难遽言裁减也"。

此外，还有两江总督彭玉麟等人主张加强长江防御的"江防论"。这一主张在当时影响不大。

争论的结果，清廷接受了左宗棠的主张。光绪元年三月，清廷颁发谕旨："左宗棠奏海防塞防实在情形并遵旨密陈各折片，所称关外应先规复乌鲁木齐，而南之巴哈两城，北之塔城，均应增置重兵，以张犄角，若此时即拟停兵节饷，于海防未必有益，于边塞大有所妨，所见甚是。"（《清实录·德宗景皇帝实录》卷六）任命左宗棠以钦差大臣督办新疆军务，率领征西部队"速筹进兵，节节扫荡"。同时，分别任命李鸿章为北洋大臣，沈葆桢为南洋大臣，负责海防事宜。

长期以来，史学界对这场海防与塞防之争的性质争议很大。有的认为是淮军与楚军两个利益集团之争。有的认为是爱国与卖国之争。还有的认为属国家防御两种战略策略之争。毫无疑问，对于历史事件和历史人物，允许以不同的观点、从不同的角度进行解读，但无论何种解读，都必须以重大原则问题上分清是非为前提。在维护国家领土安全的现实斗争中，根据国力的实际和斗争形势，有时需要在防御重点上有所侧重。但这绝不是保卫一方领土，而丢弃另一方领土，绝不能突破确保国家领土和主权整体安全这个底线。左宗棠主张塞防与海防并重，反对停撤西征兵饷，体现了捍卫国家领土和主权完整这一爱国主义的最高原则，更能够维护国家领土的整体安全，也反映了西北边防安全威胁更加紧迫的实际。当时，沙俄正在筹划联合罗马尼亚、保加利亚对土耳其宣战，西征解决新疆问题没有大的风险。这也为后来成功收复新疆的历史事实所证明。

这次海防与塞防之争的另一个积极成果，是在西征新疆的同时，开始注重海防建设，很快组建起北洋水师、南洋水师这样的近代海军。有的认为，如果清廷当时采纳李鸿章等海防派的主张，后来在中日甲午战争中或许不会遭到惨败。这种假设是站不住脚的。单纯以海军实力而论,当时仅北洋水师的舰船数量就号称"东亚第一"。但是,战争不仅是军事力量的较量,更是包括政治、经济等综合国力的博弈。甲午之前,日本通过明治维新已经开始走上资本主义道路,中国仍在半封建半殖民的泥潭中挣扎。清廷在战略上一味依靠外国调停奉行妥协,统治集团内部明争暗斗不止,军队和军事工业分属几个洋务集团各行其是,有限的海军经费被大量挪用修建皇家园林,官员勾结外商建造军舰等装备偷工减料中饱私囊,军队素质低下不堪一击,如此等等。政治上的极度没落腐败,才是清廷在甲午战争中失败,乃至在列强入侵面前屡战屡败的根本原因。

光复新疆的壮举

左宗棠自光绪元年被任命为钦差大臣总理新疆军务,到光绪七年(公元1881年)初入值军机处改任他职,前后近六年。这期间,他投身于收复和开发新疆,展现了非凡的爱国报国情操。

衰病余生,以西事为重。 左宗棠受命西征时已经六十三岁,加上夫人周诒端、长子左孝威于同治九年(公元1870年)、同治十二年(公元1873年)先后去世的连续沉重精神打击,身体越发衰弱多病。他在给家人和友人的信中这样讲述自己的身体状况:"健忘亦甚,喘咳亦增,坐阅文书稍久,则两足木强,起立殊艰,阶除缓步,亦非曳杖不可。""秋劳之后,衰态日增。腹泻自吸引河水稍减,然常患水泄,日或数遍,盖地气高寒,亦有以致之。腰脚则酸痛麻木,筋络不舒,心血耗散。"

然而,他却不顾年暮体衰,毅然挺身而出,担当起收复新疆的重任。左宗棠曾赋诗表达不辱使命的决心:"双清心迹拟名臣,朔雪炎风见在身。且蹴昆仑令西倒,再勤诗酒老湘滨。"(左宗棠:《吴桐云西来且喜且恼出册索题漫书二绝句》）光绪元年五月三十日夜，他写信给其子孝宽、孝勋、孝同说："现奉谕旨督办新疆军务，应预筹出关驻节。衰病余生，何能担荷重任？惟密谕'英、俄有暗约扰我西路之说，英由印度窥滇之腾越，俄窥喀什噶尔，使我首尾不能相顾'云云。现值俄使由湖北、陕西前来，到兰接见后，由凉、甘、安、肃赴哈密，由哈密归国。所遣两使名为游历，实则窥我虚实。此时西事无可恃之人，我断无推卸之理，不得不一力承担。"在带病西征中，左宗棠顶冒炎暑严寒，日夜运筹挥师，斗志不衰。他在光绪二年给朝廷的奏折中写道："臣年已六十有五，正苦日暮途长，乃不自忖度，妄引边荒艰巨为己任，虽至愚极陋，亦不出此。"（《左文襄公年谱》卷八）铲除阿古柏"洪福汗国"以后，沙俄尚未归还伊犁，左宗棠于光绪五年（公元 1879 年）一月写信给孝宽、孝勋、孝同："吾归计早决，但西事未了，不敢恝然。""能于三年内将甘肃、新疆事局定妥，不但国势强固，国计亦纾矣。届时悬车，于义有合，于必斯安耳。"其耿耿丹心，跃然纸上。

排除干扰，乘胜进击。根据新疆地理和阿古柏的兵力部署，左宗棠制定了"先北后南"、"缓进急击"的收复新疆作战方针。光绪二年（公元1876 年）四月，征西大军在肃州祭旗拔营出关，依次续进，打响了收复新疆之役。到光绪二年年底，清军先后攻克古牧地（今米泉）、黄田、乌鲁木齐、玛纳斯等坚城要地，盘踞新疆北路的阿古柏势力被扫荡殆尽。这时，清廷内部在要不要继续进军上却出现了分歧。与李鸿章交往甚密的都察院左副都御史鲍源深上奏朝廷："自乌鲁木齐、玛纳斯二城克复，天威已足远震，似规取南路之举尚可缓进徐图"，主张停止进军。库伦办事大臣志刚担心进军南疆会遭俄、英干涉，上奏清廷先在已收复地区"安置兵勇，招徕农商"，与俄、英商议后再定进止。"廷臣亦谓西征费钜，今乌城、吐鲁番既得，可休兵。"（《清史稿·左宗棠传》）就连在支持左宗棠进军新疆中曾起过重大作用的武英殿大学士文祥，也主张以收复乌鲁木齐为进军的终点，说："乌垣既克之后，宜赶紧收束，乘得胜之威，将南八城及北路之地酌量分封众建而少其力"，"慎勿因好大喜功，铺张过甚，致堕全功"。英国公然出面干涉，公使威妥玛向李鸿章和总理衙门提出"调停建议"，以"保南八城自主"为条件，阿古柏"作为属国，只隶版图，不必朝贡"。

面对一片罢兵停进声，左宗棠毫不动摇，坚决继续进军。光绪三年七月、十月，先后向朝廷上《遵旨统筹全局折》和《复陈办理回疆事宜折》，反复强调新疆的重要战略地位，陈述自己的意见。他指出，西北边要之得失关系国势之盛衰，英国的调停之议"实则侵占中国为蚕食之计"，我收复新疆"兵以义动"，不怕英俄从中干涉。为了使朝廷打消顾虑，左宗棠论述当时的斗争形势，英俄之间矛盾重重，"俄方争土耳其与英相持"，认为两国都不可能在新疆采取直接干涉的军事行动。就军饷而言，南疆富于北疆，"若全境收复，经画得人，军食可就地采运，饷需可就近取资，不至如前此之拮据忧烦，张皇靡措也"，"非速复腴疆，无从着手"（《左文襄公全集·奏稿》卷五〇）。大声疾呼：南疆"地不可弃，兵不可停"。由于左宗棠的力争，也由于前线的节节胜利，使清廷作出了继续进军南疆的决断。征西大军夺取天山南北通道要隘达坂，之后一路高歌攻克库车、阿克苏、乌什、英吉沙尔、喀什噶尔、和田，至光绪四年（公元 1878 年）一月，由阿古柏控制的新疆失土全部收复。

舁榇出关迫使沙俄归还伊犁。收复阿古柏控制的失地之后，沙俄仍然拒绝交还侵占的伊犁地区。光绪四年六月，清廷派吏部左侍郎崇厚为全权大臣同沙俄谈判。第二年十月，崇厚在沙俄愚弄和威逼下，签订了《交收伊犁条约》。根据这个条约，沙俄虽然交还伊犁，却割去了伊犁城之外的大片土地，交回的只是一个三面被围的弹丸孤城。一时，朝野舆论为之鼎沸，纷纷要求清廷拒绝批准这一条约。

这时，左宗棠已经从新疆回到肃州。他听到上述消息后，立即上疏朝廷，指出："今崇厚又议界俄陬尔果斯河及帖克斯河，是划伊犁西南之地归俄也。武事不竞之秋，有割地求和者矣。兹一矢未加，遽捐要地，此界务之不可许者也。""臣维俄人包藏祸心，妄忖吾国或厌用兵，遂以全权之使臣牵制疆臣。为今之计，当先之以议论，委婉而用机，次决之以战阵，坚忍而求胜。臣虽衰惽无似，敢不勉旃。"（《清史稿·左宗棠传》）于是，清廷再次任命左宗棠为钦差大臣，统筹新疆军务。光绪六年（公元1880 年）五月，六十八岁的左宗棠"舆榇发肃州"，再次出关，向新疆挺进，让士兵抬着棺材，以示誓死捍卫国家领土完整的决心。大军抵达新疆后，东路据精河，中路沿特克斯河，西路屯布鲁特，对伊犁地区形成包围之势。与此同时，清廷派驻英法大使曾纪泽为驻俄大使，赴俄交涉修改条约。光绪七年，签订《中俄伊犁条约》，沙俄向中国归还伊犁和特克斯河一带领土。

开发新疆，谋长治久安之策。阿古柏集团在入侵新疆的十多年间，严刑酷敛、动辄屠城，实行各种暴政，造成新疆广大地区人员锐减，田园荒芜，民不聊生。左宗棠在收复新疆的同时，着眼新疆的长治久安，在恢复生产、发展经济、政策改制等方面有一系列建树。比如，着眼密切新疆各民族之间关系，一方面严厉镇压入侵之敌和"积年叛卒"，另一方面对被裹胁民众"悉予释放"，帮助他们安家立业，并提出"以平待回"，善待各少数民族；为了减轻新疆民众负担，轻徭薄赋，实行十一税一制，将田分为九等，"按亩升科"，先征六成，缓征四成，改变原来"按丁索赋，富户丁少赋役或轻，贫户丁多则赋役反重"的现象；为了安置难民，解救出来后一律资遣返回原籍，并发给赈粮、籽种、牲畜、农具等；为了发展生产，修渠凿井，兴办水利，先后修筑和修复石河子渠、赛马里柯渠、库车阿柯寺塘、玛喇尔巴什渠、吐鲁番官渠坎井等多处水利工程；为了发展新疆贸易，在阿克苏钱局统一铸造"乾隆通宝"，打击投机，稳定市价；为了发展新疆文化事业，兴办义学，在迪化开设书局刊发书籍。此外，还结合西征军事行动的需要，开山筑路架桥，打通了哈密到巴里坤、南八城通向乌鲁木齐和关内等多条交通要道。实行兵屯垦荒，仅哈密一处垦地二万余亩，岁获粮数千石，绥来所垦水田岁获稻谷四五十万斤。

左宗棠对新疆建设的另一个突出贡献，是提议新疆建省。光绪三年（公元1877年），收复吐鲁番后，左宗棠就上奏朝廷，提出在新疆设省的建策："为新疆画久安长治之策，纾朝廷西顾之忧，则设行省、改郡县，事有不容己者。"（《左宗棠全集·奏稿（六）》，岳麓书社1996年版，第703页）光绪四年一月，一举收复南疆，左宗棠再次奏请新疆建省，建议朝廷从速裁定。之后，又多次就新疆建省一事上疏建策。这一建议得到了清廷的同意，但由于当时沙俄归还伊犁一事尚未解决，不便实施。光绪十年（公元1884年）九月，清廷颁布诏令："新疆改建行省，置巡抚、布政使各一，裁南北路都统、参赞、办事、领队诸职。"（《清史稿·德宗本纪》）改制建省，从体制上加强了新疆内部和新疆与内地的统一，有利于强化中央政府对新疆的管理和控制，排除外部威胁和干涉，是中国近代开发建设新疆史上的重要里程碑。

爱国精神与境遇

爱国，作为道德标准和价值取向是历史的、具体的，在不同的历史时代和政治环境下，有着不同的内涵。对于左宗棠的爱国精神，也需要放在他所处的历史境遇中去看待。

左宗棠在收复新疆中所表现出的爱国精神是值得尊敬和称道的。作为一名封建官僚，他的爱国又势必打上"忠君"的烙印。在封建制度下，"普天之下，莫非王土，率土之滨，莫非王臣"，君和国是一体的，君主被看作国家的象征。长期以来的儒家思想灌输，爱国、报国与忠君，在士大夫阶层主观上是一致的。屈原爱的是昏庸守旧的楚怀王熊槐统治下的楚国。岳飞"仰天长啸，壮怀激烈"，发誓"待从头收拾旧山河"，为的是"朝天阙"。封建士大夫阶层的"爱国"，往往被"忠君"所左右，或多或少地包含着卑微的、盲目的崇拜和屈从。这是爱国精神的阶级局限性。左宗棠奉旨镇压太平天国革命和捻军、甘陕回族农民起义，就是这种局限性的表现。

爱国精神又是一个动态的历史范畴。鸦片战争之后，列强纷纷欺凌和瓜分中国，国家面临被分裂和亡国灭种的危险。反对列强侵略，捍卫国家主权和领土完整，救亡图存，成为这一历史时期爱国精神的时代主题。左宗棠多次上疏力主收复新疆，不顾年高体衰挺身而出受命率军西征，舁榇出关迫使沙俄归还伊犁，提议建省谋新疆长治久安之策，正是反映了这一历史时期的爱国精神时代主题。收复新疆，捍卫了祖国领土完整，沉重打击了英、俄两个殖民大国掠夺我国西北边疆的阴谋和野心，是我国近代史上罕有的一个成功案例。

然而，任何个人包括杰出人物在历史上的作用，都要受到他所处社会历史条件的制约。这个时期的清王朝，已是病入膏肓，行将就木。左宗棠的所作所为，显然不可能改变清廷及其封建制度走向灭亡的历史命运。尽管如此，收复新疆在中国近代史中的历史地位和左宗棠的爱国精神，仍然应当给予充分肯定。

叫板清廷的"东南互保"

十九世纪末，声势浩大的义和团运动席卷北方数省。光绪二十六年（公元 1900 年），清廷利用义和团运动发布上谕对西方列强宣战。以刘坤一、张之洞为代表的东南督抚违抗圣命，同以英国为主的列强商定维持东南和平局面的互保章程，史称"东南互保"。这一事件虽然时间不长，却在当时引起极大震动，并对清廷的最后命运有着深刻影响。

事情经过

清廷在甲午战争中战败被迫签订《马关条约》以后，西方列强进一步掀起瓜分中国的狂潮，中华民族危机空前严重。日本割占台湾，德国割占胶州，英国割占九龙，俄国侵占金州、旅顺，"淫虐残贼，民不堪命"，"百姓饮恨吞声，痛入骨髓"。列强入侵导致民族情绪激化。长期流行于山东、直隶一带的民间秘密社会组织义和拳，开始转向支持清朝政府抵抗西方列强。时任山东巡抚毓贤，将义和拳招安纳入民团，"为更名曰'团'，团建旗帜，皆署'毓'字"（《清史稿·毓贤传》）。义和拳改名为义和团，其口号由"反清复明"改为"扶清灭洋"。义和团运动在北方数省迅猛发展，并出现了烧教堂、杀教士等过激行动。这引起了西方列强的恐慌和严重不满，纷纷向清廷提出抗议和照会要求"剿除义和团"，并以保卫使馆和侨民安全为名迅速增派军队。

这一时期，清廷顽固派对戊戌变法实行血腥镇压后，慈禧太后重新垂帘听政，康有为、梁启超等逃亡海外谋求日本、英国对保皇运动的支持。以慈禧太后为首的顽固派企图废除清德宗载湉，光绪二十六年一月二十四日以光绪帝名义颁诏，称其不能诞育子嗣，立端王载漪之子溥儁为大阿哥。诏下后国内舆论哗然，各国公使提出警告拒绝入贺。清廷原先对义和团采取剿灭的政策。但义和团运动的兴起和列强在帝位废立上的不合作态度，使慈禧太后等看到义和团是可以用来与列强抗衡的力量，逐步改变了对义和团的政策，实行招抚。当年六月，义和团进入北京。其间，先后发生日本使馆书记杉山彬、德国公使克林德被清军枪杀事件。

光绪二十六年五月底，英、俄、日、法、德、美、意、奥等八国在天津大沽口集结军舰二十余艘、联军二万余人。六月中旬，八国联军先后攻占天津火车站、大沽口炮台等，并向北京进攻。义和团与清军联合作战，英勇抗击八国联军的入侵。

光绪二十六年六月十六日至十九日下午，慈禧太后连续四次召开御前会议，商讨对策。会上，清德宗载湉和户部尚书协办大学士王文韶等主和，认为我国积弱兵不足战，外衅不可启，用乱民以侥幸求胜实不可恃。慈禧太后驳之曰："法术不足恃，岂人心亦不足恃乎！今日中国积弱已极，所仗者人心耳！若并人心而失之，何以立国。"特别是当载漪讲到列强照会中有"勒令皇太后归政"、"代掌天下兵权"的内容后，慈禧太后激怒异常，坚决主战。光绪二十六年六月二十一日，发布"宣战"上谕。这份谕旨声讨了列强的罪行，号召义民义兵抵抗侵略："近畿及山东等省义兵，同日不期而集者不下数十万人，下至五尺童子，亦能执干戈以卫社稷。彼仗诈谋，我恃天理，彼凭悍力，我恃人心，无论我国忠信甲胄，礼义干橹，人人敢死，即土地广有二十余省，人民多至四百余兆，何难翦彼凶焰，张我国威。其有同仇敌忾，陷阵冲锋，抑或尚义捐赀，助益饷项，朝廷不惜破格懋赏，奖励忠勋。苟其自外生成，临阵退缩，甘心从逆，竟作汉奸，朕即刻严诛，决无宽贷。尔普天臣庶，其各怀忠义之心，共泄神人之愤。"（国家档案局明清档案馆编：《义和团档案史料》，第163页）

两江总督刘坤一、湖广总督张之洞等东南地区官员密切关注着北方局势的发展。光绪二十六年六月十五日，张之洞会同刘坤一致电清廷，要求当机立断剿灭义和团，严防列强以此为借口出兵干涉。电文道："拳匪势甚猖獗，各国纷纷征兵调舰，大局危急。……就目下局势观之，断难就抚。如再迟疑不自速剿，各国兵队大至，越俎代谋，祸在眉睫。此实宗社安危所系，不敢不披沥上陈。拟恳明降谕旨，定计主剿。"（《刘坤一遗集·寄总署》）六月二十日，刘坤一、张之洞又会同巡阅长江水师大臣李秉衡、江苏巡抚鹿传霖、安徽巡抚王之春联衔会奏，认为义和团是邪教、乱民，应予痛剿，指出："今海口已被占夺，都城布满洋兵，增兵增舰，日来日多，祸在眉睫，直不忍言，从古无国内乱民横行惨杀而可以治国者，亦未闻一国无故与六七强国一同开衅而可以自全者。"（《张文襄公全集》第二册，卷八十）这些建议，并没有得到清廷的采纳。

在清廷酝酿对列强宣战的同时，刘坤一、张之洞等东南督抚便相互联络，酝酿"东南互保"。"拳祸作，各国兵舰纷集江海各口。宣怀倡互保议，电粤、江、鄂、闽诸疆吏，获同意，遂与各领事订定办法九条，世所称《东南保护约款》是也。"（《清史稿·盛宣怀传》）官办商人太常寺少卿盛宣怀，与上海电报局的职司关系密切，消息灵通，又是时任两广总督李鸿章的亲信，与刘坤一、张之洞等关系密切，在"东南互保"中起到穿针引线作用。清廷宣战上谕发布之前，盛宣怀便在与李鸿章、刘坤一、张之洞的电文来往中探明他们的态度。宣战上谕南传后，盛宣怀遂于六月二十三日联络刘坤一、张之洞、王之春及山东巡抚袁世凯会同电奏清廷，请派李鸿章为全权议和大臣，向各国声明朝廷"无助拳匪之意"，与列强议和。六月二十四日，盛宣怀又急电李鸿章、刘坤一、张之洞，劝说他们不必拘泥，趁未奉宣战上谕前，速订互保条约以定江南。电文称："如欲图补救，须趁未奉旨之先，岘帅、香帅会同电饬地方官上海道与各领事订约。上海租界准归各国保护，长江内地均归督抚保护，两不相扰，以保全商民人命产业为主。一面责成文武弹压地方，不准滋事，有犯必惩，以靖人心。北事不久必坏，留东南三大帅以救社稷苍生，似非从权不可，若一拘泥，不仅东南同毁，挽回全局亦难。"李鸿章、张之洞、刘坤一立即复电，表示赞同。张之洞、刘坤一又电令所辖五省封锁清廷的宣战谕旨，"饬电局，不得泄露"。同时，以"北上勤王"为名调走不赞同"互保"的巡阅长江水师大臣李秉衡，授权盛宣怀和上海道余联沅，就"互保"一事与各国领事进行磋商。

　　英、法、德、美、日等列强为了维护其在东南地区的利益，对张之洞、刘坤一的"互保"建议，作出了积极回应。英国驻上海总领事霍必澜致电英国外交大臣索尔兹伯理，说中国北方局势越来越坏，有同清廷中央政府断交的可能，应当立即与汉口及南京的总督达成谅解，并相信湖广总督张之洞、两江总督刘坤一如果得到英国有效支持，将在所辖地区内尽力维护和平。索尔兹伯理立即回复同意，授权霍必澜通知两江总督，他们采取维护秩序的行动将得到英国女王陛下军舰的支持，并派英国驻汉口领事法磊斯会见张之洞，传达了同样的信息。为了争取美国对"互保"的支持，张之洞于光绪二十六年六月二十一日致电清政府驻美公使伍廷芳，让他向美国政府传达东南督抚的意向："特请转达美总统及外部，恳其与各国切商保全东南大局，不可遽派船入江，弟与刘岘帅当力任保护，认真弹压匪徒，断不容稍滋事端。"（《张文襄公全集》第三册，卷一百六十）美国国务卿海约翰复电伍廷芳表示欢迎和支持，并称："我们的军队已经受到训令，勿去攻击中国中部及南方各省，因当地大吏足以维持秩序及保护外国人民，我们并已将此项目通知了其他列强。"德国、日本、法国、沙俄等列强，也相继表态支持"互保"。

在张之洞、刘坤一等东南督抚的授权下，盛宣怀、余联沅与列强驻上海各领事进行协商，并于六月二十六日、七月一日、七月七日三次召开互保会议，形成了《东南保护约款》和《保护上海城厢内外章程》。《东南保护约款》的主要内容有：（一）上海租界归各国共同保护，长江及苏杭内地均归各省督抚保护，两不相扰，以保全中外商民人命产业为主。（二）上海租界共同保护章程，已另立条款。（三）长江及苏杭内地，各国商民、教士产业，均归南洋大臣刘、两湖督宪张允认切实保护，并移知各省督抚及严饬各该文武官员一体认真保护。（四）长江内地，中国兵力已足使地方安静，各口岸已有各国兵轮者，仍照常停泊，惟须约束水手人等，不可登岸。（五）各国以后如不待中国督抚商允，竟至多派兵轮驶入长江等处，以致百姓怀疑，藉端起衅，毁坏洋商教士生命产业，事后中国不认赔偿。（六）吴淞及长江各炮台，各国兵轮切不可近台停泊，及紧对炮台之处，兵轮水手亦不可在炮台附近地方操练，彼此免致误犯。（七）上海制造局火药局一带，各国允兵轮勿往游弋、驻泊及派洋兵巡捕前往，以期各不相扰。此局军火专为防剿长江内地土匪，保护中外商民之用，设有督抚提用，各国毋庸惊疑。（八）内地如有各国洋教士及游历各洋人，遇偏僻未经设防地方，切勿冒险前往。（九）凡租界内一切设法防护之事，均须安静办理，切勿张惶，以摇人心云。《保护上海城厢内外章程》共十款，主要是对保护租界安全作出一些具体规定。议约互保之初，盛宣怀、余联沅代表刘坤一、张之洞，只限于江苏、江西、安徽、湖南、湖北五省，后来浙江、福建、广东、广西、四川、山东也先后响应。

在东南互保议约过程中，列强各国的援军源源不断抵达北方，天津城陷在即，中国败局已定。列强们在观望中担心本国利益在中国东南地区的扩张会受到限制，也为在今后的行动有自由的余地，并在将来的停战谈判中争取更大的侵略利益，最后拒绝在议约文稿上签字。领事团领袖华师德在给上海道余联沅的照会中对盛宣怀和张之洞、刘坤一表示赞美，声称："我愿意向贵大人保证，我们的政府以前及现在都没有企图，无论个别的或集体的，在扬子江流域采取任何仇视的行动，或者是派兵登陆，以直到贵大人按照中国政府所订的条约上能够而且做到他们省份内维持外人的权利时为止。"按照这个照会，双方的议约虽然不像正式条约那样具有约束力，却使互保的开展有了根据，对列强构成了一定的钳制，为实现东南地区的安定创造了条件。

督抚何以敢抗旨不遵

封建制度下皇权至高无上。为什么张之洞、刘坤一等东南督抚敢于挑战皇权，对清廷宣战上谕拒不执行，与列强搞"东南互保"呢？这需要从清朝末年的政局走向中去寻找答案。

地方势力坐大导致内轻外重。清朝沿明代行省之制，行省设总督、巡抚。总督"掌厘治军民，综制文武，察举官吏，修饬封疆"。巡抚"掌宣布德意，抚安齐民，修明政刑，兴革利弊，考核群吏，会总督以诏废置"（《清史稿·职官志》）。为了防止督抚权势过重，由六部综合治理全国军政大权，并在行省置布政使司和提刑按察使司分割督抚的事权，户部通过藩司控制一省的财政。道光朝以前，在中央集权的种种制约下，督抚虽贵为封疆大吏，实际行使权力不过是承旨办事，且时常"畏惧凛凛，殿陛若咫尺", 不敢稍违。鸦片战争特别是太平天国起义之后, 旧的督抚体制被打破, 督抚的权势不断增大, 日益形成枝强干弱、内轻外重的局面。

在经济权力方面。鸦片战争之前, 清廷以解饷协饷制度为基础, 保证中央对地方财政的控制权和全国财力的统一调配权。全国财政由户部统理, 各省布政使司只是中央财政机构的分支, 布政使掌管的藩库只是户部银库的分库。遇有战争, 户部按照解饷协饷制度, 或直接拨发军饷, 或从邻近战区省份调拨粮饷。鸦片战争以后, 支付战争赔款、镇压各地农民起义造成财政支出大量增加。中央政府财政陷入窘境无力满足庞大的军事开支, 被迫允许督抚"就地筹饷"。咸丰三年(公元 1853 年) 实行厘金制度, 后来又把捐纳权下放到行省, 督抚成为地方财政的实际掌控者。洋务运动兴起, 允许督抚就地筹款兴办近代工业, 经济实权进一步扩大。东南诸省最为富庶, 有资料显示, 当时这一地区的税赋、厘金和捐纳占到全国总额的近三分之二。离开东南督抚的支持, 清廷在经济上便难以为继。

在军事权力方面。清朝中期以后, 八旗衰朽不堪征战, 绿营因种种弊端也日益丧失战斗力。军事上的失利, 迫使清廷组建新的军队。于是, 嘉庆、道光年间, 兴团练用以镇压白莲教等农民起义。太平天国起义爆发之后, 清文宗奕詝谕令大江南北在籍官绅举办团练。团练采取"将必亲选, 兵必自招"的方式, 用将帅自招的募兵制度代替了兵权掌于兵部的世兵制度, 形成了一个个"臂指相连"的军事集团。"命曾国藩治湖南练勇, 定湘军营哨之制, 为防军营制所防。迨国藩奉命东征, 湘勇外益以淮勇, 多至二百营。左宗棠平西陲, 所部楚军亦百数十营。军事甫定, 各省险要, 悉以勇营留防, 旧日绿营, 遂同虚设。"(《清史稿·兵志》)平定太平天国起义之后, 清廷变革军队体制, 屯驻地方的防军隶属于督抚, 屯防要镇的练军编练之权也操之于督抚, 驻守在各省的军队由兵部控制进一步变为由督抚掌握。甲午战争后, 清廷下令"就饷练兵", 督抚自筹军饷、自行练兵。张之洞在两江总督任上,还仿德国营制组建了自强军。

在官吏任用方面。清朝中期以前,主要官吏的任用权集中在皇帝和吏部,督抚仅有保举权,所举官职多为道府县衙门的正印、佐杂和教职人员,而且在数额上有限制。如,清世宗胤禛即位后上谕:"道、府、州、县,亲民要职,敕总督举三员,巡抚举二员,布、按各举一员,将军、提督亦得举一员,密封奏闻。"(《清史稿·选举四》)太平天国兴起,大批地方官员因兵败或死或黜罢,清廷屡屡降旨要督抚不拘资格保荐人才,不仅保荐范围扩大,资格和数额也大大突破限制。各地督抚纷纷借机推举自己的部将、门生,使他们占据军政要职。有学者统计,曾国藩任两江总督之后,举荐和提携门生、部将出任总督者三人,巡抚者九人,占当时全国督抚的近三分之一,位居提镇以上的高级将领达七十余人。这些人身居要职之后,形成了诸如湘军、淮军、楚军等掌握地方军政实权的不同派系。

在外交权力方面。鸦片战争以前,清廷以"天朝大国"自居,视外国异族为"蛮夷",没有近代意义上的外交。鸦片战争之后,对外交涉事务增多,先在广州设立五口通商大臣由两广总督兼任,后将五口通商大臣迁至上海改称南洋通商大臣由两江总督兼任,在天津设北洋通商大臣由直隶总督兼任,署理有关外交、海防、关税等各项事务。清廷总理衙门及后来设立的外务部,尽管名义上是办理外交的中央机构,但"遇事辄电询疆臣,候疆臣复电,即声称准某督抚咨云云,不置可否",只能起到"顾问和代传"的作用。洋务外交的大部分实权操纵在南洋、北洋大臣和各省督抚手中,由此形成了独特的督抚外交体制。两江总督、直隶总督兼领南、北洋大臣,包揽了通商、对外交涉等事务,更是成为清廷联系列强的枢纽。

洋务派极力维护自身的政治、经济利益。力主"东南互保"的张之洞、刘坤一、李鸿章等既是封疆大吏,又是洋务派的领袖人物,其经济利益和社会基础都在东南。张之洞长期担任湖广总督、两江总督，所兴建的芦汉铁路南段，创办的汉阳铁厂、湖北织布局、煤矿等，创立的两湖书院、农务学堂、铁路学堂、商务学堂等，基本上都在长江流域。刘坤一自光绪二年（公元 1876 年）调任两江总督，曾四次担任此职，其间虽有变动，在上海南京等地创办船政等多项实业，江南一直是他的大本营。李鸿章在上海创办江南制造局，在南京创办金陵制造局，并在上海、南京、合肥、芜湖、安庆有大量地产和房产。兴办的这些企业，不仅是平时税收的来源，而且有其家族的大量投资，是他们的经济和政治资本。其他东南督抚，也都在当地有自己的政治经济利益。盛宣怀"一手官印，一手算盘"，是一个亦官亦商的人物，湖北、广东、南京、上海等地的汉冶萍煤铁厂矿公司、海运公司招商局、华盛纺织厂、通商银行等一批近代企业，都由他创办、主持和控制。义和团运动和列强借机挑起战争之后，东南虽然还算平静，但民情恐慌，与北方贸易锐减，市面萧条，经济上受到很大影响。据张之洞估计，仅光绪二十六年二月至四月，东南地区商税就少收六百多万厘金。战火如果烧到江南后果更是不堪设想。张之洞、刘坤一、李鸿章、盛宣怀等人，绝不会坐视经营多年的基地毁于一旦。他们策划和实行的"东南互保"，名义上是保中国、保东南、保上海，实质上也是保自己。

对于东南督抚来说，实行互保不仅可以保护自身利益，又可以因担起保护列强利益的责任而受到重视，从而接受列强更多的援助来扩充自己的实力。商议互保过程中，湖广总督张之洞就曾向英国驻上海领事霍必澜提出，急需五十万两借款用于军饷，愿以他的织布局作担保。霍必澜请示外交大臣索尔兹伯理后，立即满足了这一要求，承诺："女王政府准备通过汇丰银行垫付湖广总督七万五千英镑的款项。借款期限为十年，利息四厘半。"（《英国蓝皮书有关义和团运动资料选译》，第 169 页）要求此款项专用于支付该省驻军，"不得用于装备北上的部队"。

商品贸易观念影响对皇权至上的冲击。在中国两千多年的封建社会里，士大夫们形成了忠君奉旨的传统观念：朝廷的一切决策都是正确的，做臣子的只能够奉旨行事。然而，当闻知清廷酝酿对列强宣战时，张之洞、刘坤一、李鸿章等封疆大员，却做出了有违于传统观念的判断和选择。张之洞坚决反对与列强开战，称："从古无一国与各强国开衅之理，况中国兵力甚弱，岂可激众怒召速祸。查拳匪乃乱民妖术，无械无纪，断不能御洋兵。董军仅五千，勇而无谋，断不能敌各国，即合各省兵力，饷缺械少，岂能抵御群强？今拳匪、董军无故乱杀，是与各国一齐开衅，危殆必矣。"（《张文襄公全集》第三册，卷一百六十）刘坤一立即表示，赞同张之洞的意见。后来，多位东南督抚联衔会奏，进一步表明了与清廷截然不同的立场："仰恳皇太后、皇上圣断，念宗社之重，速持定见，勿信妄言，明降谕旨，力剿邪匪，严禁暴军，不准滋事，速安慰各使馆，力言决无失和之意，告以已召李鸿章，李到当与各国妥商办法。"（《张文襄公全集》第二册，卷八十）清廷对列强宣战的谕旨下达后，张之洞、刘坤一断然拒绝执行，决定"议不从旨"。李鸿章更是认为"此系矫旨"，表示"两广断不从命"。

著名作家王树增在《1901年：一个帝国的背影》中有这样一段话："在洋人们以军舰大炮开路，同时裹挟着工业制品、科技成果、贸易观念以及社会文明等等附属物强行进入中华帝国的同时，也为这个古老的帝国带来了近代欧洲的政治风格。这种风格随着商品贸易和经济生活的日益活跃而悄悄地改变着帝国某些官员的思维方式，从而风蚀岩石般缓慢但却是无法逆转地影响了这个帝国的政治格局和统治模式。"平等、互利、竞争等商品经济观念的影响，势必撬动忠君奉旨的思想禁锢。李鸿章、张之洞、刘坤一等洋务派，是清廷官僚中最早最多同西方开展经济贸易交流和向西方学习近代科学技术的那部分人，他们在这个过程中思维方式的改变，也是促成"东南互保"的一个重要原因。

西方列强的赞同与支持。鸦片战争特别是甲午战争之后,中国一步步沦为殖民地,西方列强的态度已经成为左右清廷政局发展的重要因素。义和团运动兴起,清廷企图利用义和团对付列强。以列强们当时能够投入的兵力,不可能在幅员辽阔的中国同时开辟北方和南方两个战场,最好的办法和最大的利益,就是在进攻北京迫使清廷停战议和的同时,保持南方的和平局势,使其在南方的既得利益不因动乱而遭受损失。

西方列强在通力协作进犯京津地区的同时,也在为长江流域的势力范围进行明争暗斗。英国欲独占长江流域蓄谋已久。该国外交大臣索尔兹伯理曾向俄国表示,如果赞成各国在自己利益范围内独立行动,并因此承认英国对扬子江流域的要求,将接受一位俄人或法人为进军北京联军的最高总司令。其他列强对英国独占长江流域的野心反应强烈。当英国向吴淞派出军舰时,法国外交部立即表明:"如果英军在上海登陆,法军也将在上海登陆。"俄、美、日、德等国也密切注视着英方的动向,虎视眈眈,跃跃欲试。列强们相互牵制,谁也不敢贸然出兵,又要维护秩序、保护本国在这一地区的利益,便把目光投向东南督抚,转为策划"东南自保"。东南督抚也想利用列强之间的相互牵制,借重列强势力,实现东南地区的稳定。有了西方列强的认同和支持,张之洞、刘坤一等拒不执行清廷的开战谕旨,实行"东南互保",就有恃无恐。

后果、影响及其他

朝廷对外国宣战,地方大员却与交战国订立协议"互保",这在中国历史绝无仅有。一些史论对这一事件的看法大相径庭,有的斥之为"一幕与列强勾结,投降卖国的丑剧";有的则赞之为"抵制清廷顽固派,使东南半壁江山免遭战争蹂躏的救急要著"。这样的绝对否定和绝对肯定，都有失历史公允。

一方面，"东南互保"确实维护了当时江南地区的相对安定。按照互保的协议，东南督抚严格禁止义和团在该地区的一切活动。刘坤一调动军队驻扎在徐州、皖北一带，阻止义和团南下。东南各地都张贴镇压义和团的告示："造谣闹事，即作匪论，严行查拿，立正典型。"浙江衢州、江西南丰等地爆发反洋教斗争，官府立即派军队镇压。与此同时，张之洞、刘坤一等利用诸列强之间的矛盾和互保协议的有关内容，对各列强在上海等地的活动进行控制。如英国曾以弹压"变乱"为名，提出派军舰进入长江，张之洞立即照会英方："此时长江一带，弹压痞匪，尚不须外人相助，若英水师遽进长江相助，不惟无益，且内恐百姓惊扰，外恐他国效尤，更致不可收拾。"（《张文襄公全集》第二册，卷一〇三）这样，北方遭受战乱之祸，东南却有一个相对安稳的环境。当时的《新闻报》称："上海为中国第一安土。"

相对安定的环境，为南方经济的稳定和发展创造了有利条件。一些绅商为了躲避北方战乱，携资南下开业办厂。光绪二十七年至三十三年（公元1901—1907年），全国平均每年注册工厂二十家左右，绝大部分在长江以南地区。光绪二十七年至三十一年（公元1901—1905年），仅上海、苏常地区新办的工矿企业就有六十余家。民族实业家荣氏兄弟的保兴面粉厂、张謇的大生纱厂、祝大椿的华兴面粉厂等，都是这一时期兴办起来的。严复等一批文化人也在战乱中从北方来到上海。

另一方面，"东南互保"也加速了义和团运动的失败，列强空前勒索进一步加深了民族危亡。"东南互保"使西方列强可以无顾忌地集中兵力在北方挑起战争，镇压义和团运动。光绪二十六年（公元1900年）七月，英、日、法、德、意、美、俄、奥等八国联军四万余人占领天津。八月，八国联军攻占北京，大肆进行烧杀抢掠，慈禧太后及皇室仓皇逃往西安。慈禧太后把战争的责任推到义和团的身上，在逃往西安途中发布上谕："此案初起，义和团实为肇祸之由，今欲拔本塞源，非痛加铲除不可。"遂下令各地清军对义和团予以剿杀。在清军和八国联军的共同围剿下，义和团运动迅速被镇压下去。与此同时，沙俄派出二十万军队从南北两路进犯中国东北，光绪二十七年（公元 1901 年）十月占领东北全境。

义和团运动被镇压之后，清廷命庆亲王奕劻和李鸿章、刘坤一、张之洞等与西方列强议和。光绪二十七年（公元 1901 年）九月七日，签订《辛丑条约》，其主要内容包括：清政府向俄、德、法、英等国赔款白银四亿五千万两，分三十九年还清，年息四厘，本息共计九亿八千二百万两，以海关税、常关税和盐税作担保；将北京东交民巷划定为使馆区，各国可派兵驻守，区内中国人不得居住；拆除大沽及有碍北京至海通道的所有炮台，外国可在自北京至山海关沿铁路重要地区的十二个地方驻扎军队；永远禁止中国人成立和参加任何"与诸国仇敌"的组织，违者处死，各省官员必须保证外国人的安全，否则立予革职永不录用；清政府派亲王、大臣赴德、日"谢罪"，在德国公使克林德被杀处建立牌坊，等等。这一奴役性条约，严重侵犯了中国的主权，给广大人民带来了沉重的负担，使中国彻底沦为半殖民地半封建社会。之后，西方列强进一步加强了对中国的全面控制和掠夺。

"东南互保"的深刻影响还在于，中央政府的权威丧失殆尽，加剧了清廷的崩溃。对于东南督抚抗旨实行互保，当时朝野上下一片谴责，被指为"君父战于西北，臣子和于东南"，"弃宗社于度外，委君父于死地，臣节之亏大矣"（国家档案局明清档案馆编：《义和团档案史料》）。尽管慈禧太后等清廷统治者对此事大动肝火，但由于政治上、经济上有赖东南督抚，更慑于西方列强的态度，竟未办其罪，批谕表示本意"与该督等意见正复相同"（国家档案局明清档案馆编：《义和团档案史料》），反而论功行赏，刘坤一加太子太保衔，张之洞、袁世凯、盛宣怀均赏加太子少保衔。一位日本领事曾讽刺说："地方大员彼此联合，不遵满洲政府之命令，实乃当朝开国以来一大异观。"抗旨不遵不加追究却大加奖赏，更是异观之异观。清廷中央政府已经毫无权威可言。

这一事件之后，慈禧太后以清德宗载湉的名义颁布"预约变法"的上谕，实行军事、政治、法制等一系列变革。其目的是，吸聚各省之财权、收集各省之兵权归于中央，以求改变内轻外重的状况，重建清廷的权威。这些变革举措，遭到刘坤一、张之洞等地方实力派的坚决抵制，并没有能够得到有效实施。在这一过程中，小站练兵起家的袁世凯迅速崛起，署理直隶总督兼北洋大臣成为地方实力派的显赫人物，对掌握中央政柄的满洲亲贵集团构成严重威胁。清德宗载湉和慈禧太后死后，摄政王载沣立即以"现患足疾，回籍养疴"为由将袁世凯罢黜回乡。北洋军由袁世凯一手缔造，清廷无法掌控。宣统三年（公元 1911 年）武昌起义爆发，清廷命令陆军大臣荫昌率领北洋军前往镇压，袁世凯暗中授权北洋军不听调遣。清廷出于无奈起用袁世凯。袁世凯待价而沽不肯出山，直到清廷任命他为内阁总理大臣并节制陆海各军后，才走马上任。镇压武昌起义后，袁世凯凭借北洋军的实力，在西方列强和立宪派的支持下，"进皇室优待条件八，皇族待遇条件四，满、蒙、回、藏待遇条件七"，迫使清帝退位，由他"全权立临时共和政府"（《清史稿·宣统皇帝本纪》）。张之洞、刘坤一等实行"东南互保"，只是对清廷矫旨不遵。袁世凯则是直接把清朝皇帝赶下台，后来又篡国称帝。

"东南自保"及其造成的后果和影响再一次表明，能否正确处理中央与地方的关系，事关国家的统一与分裂、稳定与动乱、兴盛与衰亡。国家必须有一个强有力的中央政府，能够在政治、经济、军事、思想文化等领域，具有维护统一和稳定的足够力量和手段。特别是武装力量的建设与指挥、对外交往一类与国家统一和安全至关重要的权力，一定要牢牢地掌握在中央政府的手里，决不能与地方实行分权。

从一定意义上讲，一部国家或王朝史，就是处理中央与地方关系的历史。在我国历史上，清朝以前既有过汉唐藩镇坐大之祸，也发生过宋朝过度集权的积弱之患。正确处理中央与地方的关系，不能是无节制、无限度地扩大中央集权，也不能把中央集权与地方分权的关系简单地视为此消彼长。中央集权，要兼顾地方的自主，不损伤地方的积极性、主动性和创造性；地方分权，要在中央的统一领导下进行，确保中央政令军令畅通，绝不能够不利于维护国家的统一和安全。随着历史的发展，人们的政治、经济关系和社会交往越来越广泛，日益呈现出复杂化、多样性的特点。这一方面需要加强中央政府的政治职能、经济职能和社会职能，合理配置和利用各种资源去调节各种社会矛盾以及人与自然的矛盾；另一方面，也需要各地根据千差万别的情况，在不违背中央精神的前提下精准施策，创造性地去解决面临的各种问题。中央集权化与地方分权化并存，已经成为现代国家管理的一个基本轨迹。

从变法维新到保皇复辟

康有为的政治生涯，可分为两个显著不同的阶段：前期救亡图强力主变法，成为"百日维新"的领袖；后期思想保守，变为保皇复辟派的核心人物。

"公车上书"的变法旗手

康有为（公元 1858—1927 年），广东省南海人，祖父康赞修官至连州训导，叔祖康国器为护理广西巡抚，父亲康达初官任江西补用知县。他少年敏锐好学，博闻强记，"六岁读大学、中庸、论语并朱注孝经"，"十二岁能文"。光绪二年（公元 1876 年），康有为应乡试不售，师从弃官归乡办学的朱次琦，"博通经史，好公羊家言"（《清史稿·康有为传》）。他在研读经史的过程中，"探求事事物物之本原"，面对世乱方棘、民生多艰的社会现实，遂有"揽辔澄清之志"，欲以天下为己任。

光绪六年（公元 1880 年），二十二岁的康有为离开朱次琦，在参加科考之余，先后游历香港、上海和各地名胜古迹，开始接触西方文化。特别是在香港、上海看到一些资本主义事物，收集和阅读了《海国图志》、《瀛环志略》等介绍西方国家情况的书刊，使他"益知西人治术之有本"，萌发了学习西方以革新中国，挽救祖国危亡的念头。光绪十年（公元1884年），中法战争爆发广东受到法国侵扰。康有为"感国难，哀民生"，进一步激发了忧国之情，"日日以救世为心，刻刻以救世为事"。光绪十四年（公元1888年）冬，康有为趁到京城应试，第一次上书清廷。他在这份上书中陈述"外患日逼"的严重形势，痛斥朝野上下无视"大厦将倾"，只图"嗜利而借以营私"的劣风，提出了"变成法，通下情，慎左右"（汤志钧编：《康有为政论集》上册）的变革主张。由于顽臣的阻挠，这些意见未得上达。之后，康有为南归在广州致力于办学授教，培养出了梁启超、麦孟华等一批思想开阔、力求进取的青年学生，并先后编著了《新学伪经考》、《孔子改制考》、《人类公理》（后定名为《大同书》）等，为变法进行了必要的人才和思想理论准备。

中日甲午战争之后，清廷与日本签订丧权辱国的《马关条约》，激起全国民众极大义愤。光绪二十一年（公元1895年）四月初八日（公历五月二日），赴京应试的康有为联合各省应试举人一千三百余人，举行声势浩大的请愿运动，史称"公车上书"。他在梁启超等人的协助下，一天两夜奋笔疾书，写出一万八千余言的《上清帝第二书》。康有为在这一上书中，警告朝廷"割地之事小，亡国之事大，社稷安危，在此一举"，提出"下诏鼓天下之气，迁都定天下之本，练兵强天下之势，变法成天下之治"（汤志钧编：《康有为政论集》上册），以及变法重在"富国"、"养民"、"教民"的建议。"富国"之法，有造钞票、设银行以扩充商务，建筑铁路，制造机器、轮舟发展民族工业，兴办矿务、开设矿学，各省设铸银局以塞漏卮，设邮电局等；"养民"之法，有务农、劝工、惠商、恤穷等；"教民"之法，有分立学堂、开设报馆，以"化导愚民，扶圣教而塞异端"。康有为曾作《公车上书诗》记叙这次请愿的情景和影响："海东龙泣舰沉波，上将辕轩出议和。辽台膴膴割山河，抗章伏阙公车多。连名三千彀相摩，联轸五里塞巷过。台人号泣秦桧歌，九城谣谍遍网罗。杠棺摩拳，击鼓三挝，桧避不朝，辞位畏诃，美使田贝惊士气则那。索稿抄传天下墨争磨。呜呼椎秦不成奈若何!"这次上书虽仍未能上达清帝，但其内容辗转"传遍都下"，产生了强烈反响。

"公车上书"未成之后，康有为会试及第，被授予工部主事。他却心系国事无意做官，将一万八千言的上书进行修改后形成《上清帝第三书》，并于五月六日请都察院代呈送到清德宗载湉手中。之后，又写出力言变法"缓急先后之序"的《上清帝第四书》。为了争取自上而下的变法，康有为还于光绪二十一年（公元1895年）六月在北京创办《万国公报》（后改为《中外纪闻》），"遍送士夫贵人"，使之"渐知新法之益"；于同年十一月创立"强学会"，梁启超、陈炽、沈曾植、文廷式等参加，得到清德宗的老师、时任军机大臣兼户部尚书翁同龢的支持，成为讨论变法的政治团体。光绪二十一年八月，康有为又到南方游说，在上海成立强学会，创办《时务报》，宣传变法的主张。

光绪二十三年（公元1897年）冬，德国借口两名教士在山东兖州被害，派军舰占领胶州湾。康有为激奋满怀写出《上清帝第五书》，鲜明地举起图强救亡的旗帜，指出德国侵占胶东之后"瓜分豆剖"已"渐露机牙"，此危亡系于一发之际迫切要求"及时变法，图保疆圉"，"图保自存之策，舍变法外别无他图"。这份上书很快由总理衙门大臣递交给清德宗载湉。康有为关于变法方案的《上清帝第六书》也于光绪二十四年（公元1898年）一月十八日呈到清德宗面前。随着国家和民族危机的加剧，康有为加快了推动变法的步伐，周围聚集了梁启超、谭嗣同、严复，以及翰林院编修宋伯鲁、山东道监察御史杨深秀、内阁侍读杨锐等一批主张变法图强的志士仁人。四月十七日，康有为在北京召开保国会成立大会。《保国会章程》中宣告:

"本会以国地日割，国权日削，国民日困，思维持振救之"，以"保国、保种、保教"为宗旨，以"激励愤发，刻念国耻"为己任，号召四万万同胞，皆应发奋以"救天下"。(《戊戌变法资料》(4))

面对国家与民族危机有志于更张图新的清德宗载湉，日益向维新派靠拢。光绪二十四年四月中旬（公历六月初），支持变法的山东道监察御史杨深秀、翰林院侍读徐致靖，先后把康有为的《请告天祖誓群臣以变法定国是折》、《请明定国是疏》递呈给清德宗载湉。康有为在奏疏中指出："泰西诸国为政，亦未尝无新旧之分，然皆以见诸实事为断，无以空言聚讼，敷衍塞责者，盖亦虑夫众喙繁兴，国是莫定，进退失据，坐误事机"（汤志钧编：《康有为政论集》上册），强烈要求通过明定国是"力行新政"，把变法维新作为国家的"行政方针"。四月二十三日（公历六月十一日），清德宗颁布《明定国是诏》，正式向中外宣告进行变法维新。诏曰："数年以来，中外臣工讲求时务，多主变法自强。……惟是风气尚未大开。论说莫衷一是，或托于老成忧国，以为旧章必应墨守，新法必当摈除，众喙哓哓，空言无补，试问今日时局如此，国势如此，若仍以不练之兵，有限之饷，士无实学，工无良师，强弱相形，贫富悬绝，岂真能制梃以挞坚甲利兵乎？……用特明白宣示，嗣后中外大小诸臣，自王公以及士庶，各宜努力向上，发愤为雄，以圣贤义理之学，植其根本，又须博采西学之切于时务者，实力讲求，以救空疏迂谬之弊。"(《清实录·德宗景皇帝实录》卷四一八)

光绪二十四年四月二十八日（公历六月十六日），清德宗载湉在圆明园勤政殿召见康有为。康有为利用这一机会，进一步陈述在列强的围逼下，只有奋起变法方可求存图强。载湉任命康有为为总理衙门章京，准其专折奏事，筹备变法事宜。在康有为等人的筹划和参与下，迅速形成了一个变法救亡的热潮，各项革新要求和图强主张，通过诏书像雪片一样飞向全国上下。据史料统计，自发布《明定国是诏》到慈禧太后宣布变法维新为非法的一百零三天中，先后发布有关革新的各种诏令一百八十余条，其中七月二十七日（公历九月十二日）一天颁发维新谕旨十一条。这些诏令的内容包括：选拔、任用"通达时务"和有志于维新的人才；变通科举，发展近代教育，提倡出国留学；改革行政规制，裁减机构、冗员，整顿吏治；广开言路，鼓励臣工士民上书言事；振兴农、工、商及交通邮政，奖励发明创造；提倡译书、办报，据实倡言；整政民事，改革财政，命旗民自谋生计；实行富国强兵，整建陆、海军等。

这场变法维新遭到以慈禧太后为首的清廷顽固派的坚决反对。慈禧太后根据其亲信和耳目的密报，认为变法是"乱家法"的叛逆行为，已经严重威胁到其统治地位，决定下毒手实行镇压。已经觉察到险情的清德宗载湉两次向康有为发出密诏。七月三十日（公历九月十五日）的密诏说："朕惟时局艰难，非变法不足以救中国，非去守旧衰谬之大臣，而用通达英勇之士，不能变法。而皇太后不以为然，朕屡次几谏，太后更怒。今朕位几不保，汝康有为、杨锐、林旭、谭嗣同、刘光第等，可妥速密筹，设法相救，朕十分焦灼，不胜企望之至。"（《戊戌变法资料》(2)）八月二日（公历九月十七日）的密诏进一步云："汝可迅速出外，不可迟延。"（《戊戌变法资料》(2)）八月七日（公历九月二十一日），慈禧太后宣布再次"临朝听政"，清德宗被软禁，谭嗣同、康广仁、林旭、杨深秀、杨锐、刘光第等六人被杀。康有为星夜出都航海南下，经吴淞、香港，逃往日本。

保皇复辟的精神领袖

戊戌变法失败以后，康有为流亡海外继续从事各种活动。他主张保皇尊孔，反对资产阶级民主革命，与北洋军阀张勋发动复辟拥立废帝溥仪登基，成为保守派的代表人物。

康有为逃到日本后，立即发表《奉诏求救文》。文中数列慈禧太后大罪十条，赞扬清德宗载湉"勤政爱民，大开言路"等圣明，声称自己"过承知遇，毗赞维新，屡奉温室之言，密受衣带之诏"，准备"奉诏求救"。当时，孙中山、陈少白等资产阶级革命党人也在日本。孙中山托人与康有为联系。康有为表示自己奉有"密诏"，不便与革命党人往来，拒绝会晤。孙中山又通过日本人的关系组织一次会谈，康有为不到会，派梁启超为代表，没有谈出结果。孙中山复派陈少白往访，陈少白与康有为见面反复辩论，请康有为"改弦易辙，共同实行革命大业"。康有为答曰："今上圣明，必有复辟之一日，余受恩深重，无论如何不能忘记，惟有鞠躬尽瘁，力谋起兵勤王，脱其禁锢瀛台之厄，其他非余所知。"（冯自由：《革命逸史》上，《戊戌后孙康二派之关系》）拒绝合作。

光绪二十五年（公元 1899 年）初，清廷向日本交涉不准康有为留日。康有为由日本前往加拿大。他在温哥华等地演说称："惟我皇上圣明，乃能救中国"，希望华侨"齐心发愤"，"洒血以救圣主"。七月二十日，康有为与李福基等创建保皇会（又称"中国维新会"）。保皇会《会例》指出："专以救皇上，以变法救中国救黄种为主"，"凡我四万万同胞，有忠君爱国救种之心者，皆为公司中同志"。同年印布的《保救大清皇帝公司序例》说：要保国保种非变法不可，要变法"非仁圣如皇上不可"，"救圣主而救中国"。并提出，在美洲、南洋、港澳地区、日本各埠设会，推举总理，总部设于澳门，以《知新报》、《清议报》为宣传机关，并集资作铁路、开矿股份，"出力捐款之人，奏请照军功例破格优奖"，"凡救驾有功者，布衣可至将相"。

义和团运动爆发后，康有为认为这是反击后党、"决救皇上"的大好时机，主张"助外人攻团匪以救上"（冯自由：《中华民国开国前革命史》上编第十一章《庚子唐才常汉口之役》），"先订和约以保南疆，次率劲旅以讨北贼"（康有为：《上粤督李鸿章书》二）。康有为还组织"武装勤王"，由唐才常在武汉等地组织自立军起义。后因消息泄露，遭到湖广总督张之洞镇压，唐才常等遇难，自立军起义失败。

　　义和团运动被镇压和签订《辛丑条约》，使清廷腐朽、反动的本质进一步暴露，推翻清朝统治成为时代主流。形势的发展，使康有为的弟子梁启超等人对保皇会的立场也有所摇惑。康有为坚持反对革命的保皇立场不变，"切责"梁启超之函不下数十次，令其不准"叛我"、"背义"，以"迫吾死地"、"断绝"、"决裂"相威胁。光绪二十八年（公元1902年），康有为先后发出《与同学诸子梁启超等论印度亡国由于各省自立书》、《答南北美洲诸华商论中国只可行立宪不可行革命书》，指出革命自立是"求速灭亡"，而"立宪可以避免革命之惨"，并控制捐款，敛资自给，不准各埠再言革命，不准保皇党人稍涉游移。加拿大保皇会负责人李福基等担心康有为这种蛮横态度会"愈激愈深，势将决裂"。康有为强调："革命之事，必不能成，徒使四万万自相屠戮耳"，"本会以保皇为宗旨，苟非皇上有变，无论如何万不变。若革命扑满之说，实反叛之宗旨，与本会相反者也。谨布告同志，望笃守忠义，勿听莠言。仆与诸公既同为保皇会人，仆以死守此义，望诸公俯鉴之。"（《致李福基等书》，光绪二十九年（公元1903年）五月初六日，《康档》）革命党人对康有为和保皇会抗拒革命的言论进行坚决反击。孙中山发表《敬告同乡书》指出："革命者志在扑满而兴汉，保皇者志在扶满而臣清，事理相反，背道而驰。"章太炎发表《驳康有为论革命书》，批驳康有为的改良主义，斥责被康有为称颂"圣仁英武"的光绪帝为"载湉小丑"，认为"公理之未明，即以革命明之，旧俗之俱在，即以革命去之，革命非天雄大黄之猛剂，而实补泻兼备之良药矣"。

清廷为了抵制日益蓬勃兴起的革命运动，于光绪三十二年（公元1906年）九月颁布"预备立宪"。康有为及其保皇会大受鼓舞，发出《布告百七十余埠会众丁未新年元旦举行大庆典告，保皇会改为国民宪政会文》，声称："仆审内外，度形势，以为中国只可君主立宪，不能行共和革命，若行革命，则内讧纷争，而促外之瓜分矣。"并表示"向日之诚，戴君如昔"，与清廷沆瀣一气。第二年三月二十三日，康有为在纽约召开大会，保皇会正式改名为"帝国宪政会"，对外称"中华帝国宪政会"。其章程申明："本会名为宪政，以君主立宪为宗旨，鉴于法国革命之乱，及中美民主之害，以民主立宪万不能行于中国，故我会仍坚守戊戌旧说，并以君民共治、满汉不分为本义，凡本会会众当恪守宗旨，不得误为革命邪说所惑，致召内乱而启瓜分"，"本会以尊帝室为旨。"（《帝国宪政会大集议员会议序例》，光绪三十三年二月十日，《康档》）康有为还指使梁启超等与清廷皇室贵族、国内立宪分子联系，"伸张势力于内地"。光绪三十四年（公元1908年）八月，清廷宣布自本年起第九年召开国会，再于九月颁布《宪法大纲》，目的在于拖延时间继续保留封建专制制度。革命派对此表示坚决反对，康有为及其帝国宪政会则对此表示拥护。清德宗载湉死后，康有为无皇可保，仍坚持帝制，把帝国宪政会改名为"帝国统一党"。

宣统三年（公元1911年）八月，武昌起义爆发，清朝政府被推翻。康有为忧心如焚，企图挽救清廷帝制，说："中国帝制行已数千年，不可骤变，而大清得国最正，历朝德泽沦浃人心，存帝号以统五族，弭乱息争，莫顺于此。"（《清史稿·康有为传》）他还急救一篇《共和政体论》，宣称自己发明了一种最适合中国的新政体："虚君共和。"说什么"以共和为主体，而虚君为从体。故立宪犹可无君主，而共和不妨有君主。既有此新制，则欧人立宪、共和二政体，不能名定之，只得为定新名曰虚君共和也，此真共和之一新体也"。那么由谁来做这个有名无实、能够凝聚人心的虚君呢？康有为又说："素者，空也。素王素帝，真虚君也。"孔子曾有尊号曰"素王文宣帝"。于是，他便提出推举孔子后人衍圣公来做虚君。康有为还提出，"以孔子为国教，配享天坛"，"以孔子为大教，编入宪法"。袁世凯窃取革命成果，就任中华民国大总统，并于民国四年（公元1915年）12月改元洪宪称帝。康有为反对袁世凯逼迫清廷退位，加上对他出卖戊戌变法的旧恨，曾电请袁世凯退位。

民国六年（公元1917年），安徽督军张勋发动政变，拥护清朝废帝溥仪在北京复辟。康有为是这场复辟的主要参与者，亲自起草复辟诏书。史学界虽然对后来正式颁布的《复辟登报诏》是否为康有为所拟有不同看法，但康有为在政变前曾把自拟的一份复辟诏书交给张勋，确有史料记载。这场复辟闹剧失败后，康有为曾写诗云："围城惨淡睹龙争，蝉嗲声中听炮声。诸帅射王敢传檄，群僚卖友竟称兵。晋阳兴甲何名义？张柬无谋召丧倾。信义云亡人道绝，龙袭收影涕沾缨。"表现了他对复辟帝制失败的沉郁、伤沮与无奈。

大浪淘沙中的沉浮

鸦片战争以后，中国被西方列强疯狂瓜分，广大民众饱受殖民统治和封建统治双重深重压迫，中华民族面临亡国亡种的危险。与此同时，一批又一批志士仁人探寻救亡图存的道路，各种思想和主义竞相争鸣，各样人物纷纷走上历史舞台，呈现出百舸争流和大浪淘沙的局面。研读康有为政治生涯的有关史料，有助于认识中国近代以来的历史发展大势。

反对西方列强与反对封建统治不可分割。康有为出身于封建官僚家庭，自幼受到严格的忠君思想和封建礼教熏陶。他无力与整个封建统治阶级决裂，反对的不是清朝封建政权，只是以慈禧为代表的顽固派。他所领导的变法维新，以承认和依赖现有君权，以不损害清朝封建专制统治为前提。这样的变法无异于与虎谋皮，一开始就注定要失败。变法受到残酷镇压以后，康有为仍然把希望寄托在清德宗载湉身上，先是拒绝与革命派合作，创立"专以救皇上"的保皇会；接着组成帝国宪政会，鼓吹封建衣钵的君主立宪制，反对民主共和制；直至在清王朝被推翻以后，与张勋一起上演复辟帝制的闹剧。这样，他便使自己一步一步地走向反帝、反封建这一时代主题的对立面，被历史发展的潮流所唾弃。

中国封建制度自明朝日益没落，晚清时期已是腐朽不堪。统治集团和吏制严重腐败，残酷的压迫剥削，闭关锁国，使国家积贫积弱，在西方列强坚船利炮的进攻面前一次次遭受失败。清政府为了保住其统治权，不惜丧权辱国，一次次割地赔款，已经成为列强在中国实行殖民统治的帮凶。封建统治与殖民统治相互借重。此外，中国的封建统治有别于欧美和日本，在两千多年的发展中形成了一套极为完备、严密的以皇权为中心的高度集权的专制体制机制，这就决定了中国不可能发生英国那样的"光荣革命"，也不可能出现日本那样成功的明治维新。即使实行君主立宪制，也只能是封建专制式的有君主，无立宪。这些情况说明，中国近代以来的救亡图存，只能走革命的道路，不能走改良的道路，而且民族独立与人民解放是紧密联系在一起的。必须把反对列强殖民统治与反对封建专制统治统一起来、紧密结合起来。离开了反封建，就不会赢得民族独立；同样，离开了反帝，也不可能实现人民解放。

仿效和求救西方的道路走不通。康有为青年时期开始阅读介绍西方的书籍，了解和接触西方文明，"自是大讲西学，始尽释故见"（马洪林：《康有为大传》）。他领导的变法维新，很大程度上受到西方特别是日本明治维新的影响。康有为写的七篇上清帝书，几乎篇篇涉及日本明治维新，并把自己编撰的《日本政变考》呈给清德宗载湉，说："每一新政，皆借发一义于按语中，凡中国变法之曲折条理，无不借此书发之"（吴天任：《康有为先生年谱》上）。变法失败以后，康有为又依靠西方列强挽救败局。他逃往日本途经香港，就想动身去英国，并先告知英使署参赞、香港总督，"请其电英廷相救"，还谒见英国子爵柏丽斯辉"请其出力相救"。到达日本后，拜会文部大臣犬养毅请求支持，上书同文会领袖近卫笃麿，说明"受衣带之诏，万里来航，泣血求救"。结果，在清廷的交涉下被赶出日本。之后，他又促成美国政府向清廷施压，亲赴英伦游说，企图由英国政府干涉中国内政扶助清德宗载湉重掌政权，借义和团运动提出"助外人攻团匪以救上"，每一次都遭到挫败。

中国近代以来，从魏源、林则徐等"睁眼看世界"，到李鸿章、张之洞等开展洋务运动，再到康有为效法日本明治维新实行变法，都没有能够使中国摆脱半殖民地半封建的命运。究其原因，很重要的一点是西方列强不允许中国发展资本主义。列强们为扩大资本积累，必然要在世界范围内进行殖民扩张，其本质是侵略和掠夺。它们为占领中国的市场，掠夺中国的资源，绝不允许中国发展成为一个独立的强大资本主义国家。因此，中国曾经一心一意地向西方看齐，却一次次被列强们打得遍体鳞伤。"笃行信道，自强不息。"民族复兴之路植根于本国的国情。实现国家的富强，必须有坚强的民族自信心，自立自强，从本国的国情出发，走自己的发展道路。

尊崇儒学不能实现救亡复兴。康有为曾经这样讲述自己的求学经历以及与儒学的深厚渊源关系："予小子六岁而受经，十二岁而尽读周世孔氏之遗文，乃受经说及宋儒先之言，二十七岁而尽读汉、魏、六朝、唐、宋、明及国朝人传注考据义理之说，所以考求孔子之道者，既博而劬矣。"（汤志钧：《康有为政论集》上册）他认为，天下义理、制度皆出于孔子，《春秋》和《易》包含了孔子改制的微言大义，是改制和变革现实的利器。"《春秋》发明改制,《易》取其变易,天人之道备矣。"(汤志钧:《康有为政论集》上册)他借鉴吸收西方近代自然科学中的进化观点,把《春秋公羊传》的"三世说"与政治体制的进化对应起来,提出"据乱世为君主制,升平世为君主立宪制,太平世为共和制",认为当前处于乱世,只能实行君主制,实行共和制将是很久以后的事情,以此反对民主革命和共和制。马克思曾经说过:"一切已死的先辈们的传统,像梦魇一样纠缠着活人的头脑。当人们好像只是在忙于改造自己和周围的事物并创造前所未闻的事物时,恰好在这种革命危机时代,他们战战兢兢地请出亡灵来给他们以帮助,借用它们的名字、战斗口号和衣服,以便穿着这种久受崇敬的服装,用这种借来的语言,演出世界历史的新场面。"(马克思:《路易·波拿巴的雾月十八日》)康有为正是这样,穿着中国封建圣人的古老服装,借用孔子改制和公羊"三世说"的魔杖,企图演出一台救亡图强的大戏。尽管康有为对儒学进行某些改造被称为新儒学,这种托古改制的思想理论指导,也是戊戌变法失败的一个重要原因。

自汉武帝推行"独尊儒术"以来,中国两千多年的封建社会里,儒学一直在官方意识形态领域占据统治地位,对于巩固封建统治秩序和推动经济社会发展发挥了重要作用,儒学业已成为中华传统文化的主流和重要组成部分。但是,儒学思想特别是"君君臣臣"、"非礼勿视,非礼勿听,非礼勿言,非礼勿动"一类政治理念,毕竟属于封建意识形态。康有为托儒学改制变法的失败,说明历史的前进已经抛弃了儒学在意识形态领域的主导地位,儒学不能成为反帝反封建斗争的思想旗帜,尊崇儒学并不能实现民族独立解放和国家振兴。毫无疑问,中华传统文化一定要继承和大力发扬,但这种继承和发扬,必须坚持去其糟粕、取其精华,必须坚持推陈出新、赋予时代内涵。

　　历史在前进，时代在发展。反帝反封建的时代主题，呼唤新的社会力量，以新的思想理论为指导，开辟新的道路，担负起救亡图存，实现中华民族伟大复兴的历史重任。

责任编辑：汪　逸
封面设计：王欢欢

图书在版编目（CIP）数据

品史录／秦怀保 著 . —北京：人民出版社，2019.7
ISBN 978－7－01－019982－5

I.①品…　Ⅱ.①秦…　Ⅲ.①中国历史－研究　Ⅳ.① K207

中国版本图书馆 CIP 数据核字（2018）第 245053 号

品　史　录
PINSHILU

秦怀保　著

人民出版社 出版发行
（100706　北京市东城区隆福寺街 99 号）

北京汇林印务有限公司印刷　新华书店经销

2019 年 7 月第 1 版　2019 年 7 月北京第 1 次印刷
开本：710 毫米 ×1000 毫米 1/16　印张：28.5
字数：379 千字

ISBN 978－7－01－019982－5　定价：89.00 元

邮购地址 100706　北京市东城区隆福寺街 99 号
人民东方图书销售中心　电话（010）65250042　65289539